제대로 배우는

파이썬

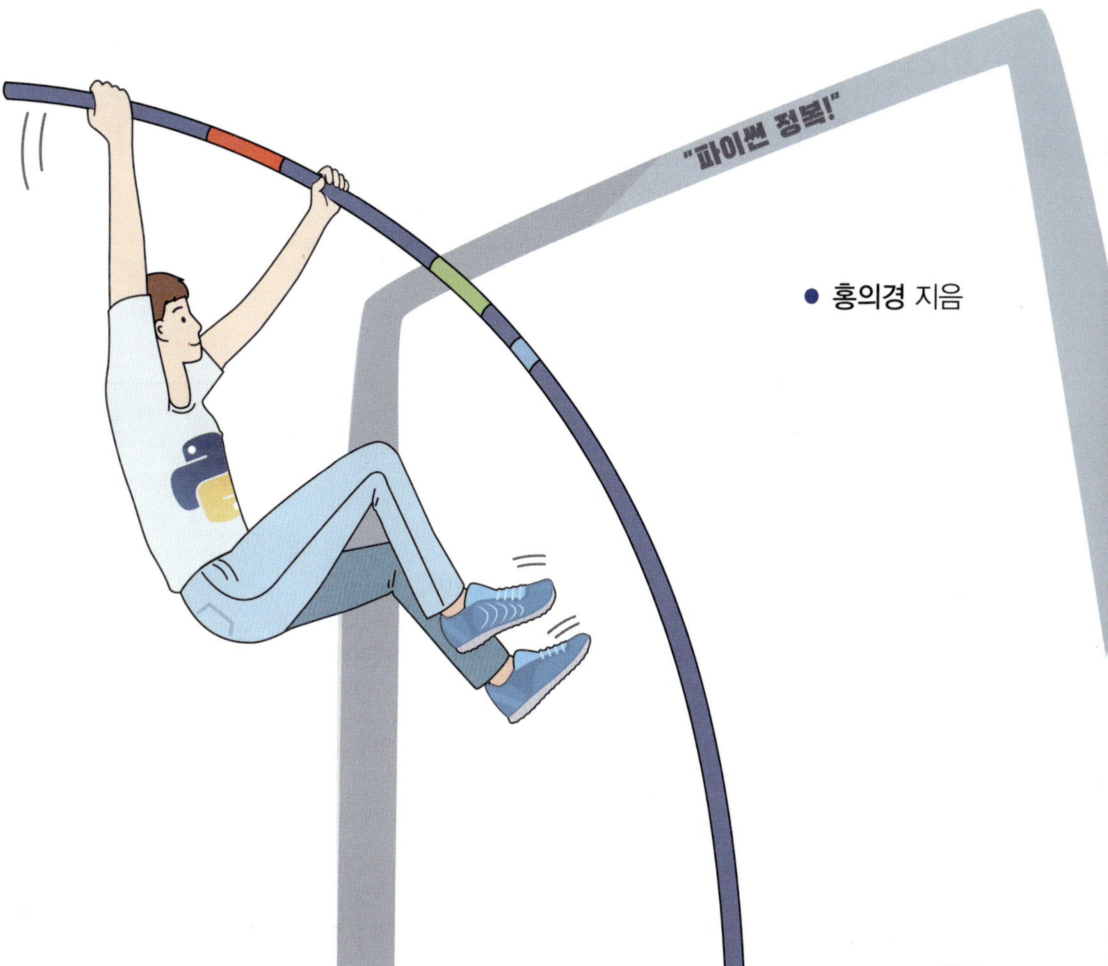

홍의경 지음

생능출판

저자 소개

홍의경

- 서울대학교 사범대학 수학교육과 졸업(1981년 이학사)
- 카이스트 전산학과 졸업(1983년 공학석사)
- 카이스트 전산학과 졸업(1991년 공학박사)
- VLDB, ACM SIGKDD, DASFAA, PAKDD, FEGIS, HSI 등 다수의 국제학술대회 program committee, registration chair, organization chair 역임
- 행정자치부 행정고시(전산직) 데이터베이스 과목 문제 선정 및 채점위원 역임
- 대학 수학능력시험 수리영역 출제위원 역임
- 미국 텍사스 주립대학(Austin 소재) visiting scholar
- 저서: 고등학교 교과서 정보사회와 컴퓨터. (공저. 생능출판사), 중학교 교과서 정보1, 정보2, 정보3 (공저. 생능출판사), MS SQL Server 기반 데이터베이스 배움터 (생능출판사), ORACLE을 기반으로 하는 데이터베이스 배움터 (생능출판사), 원리와 개념에 충실한 엑셀 2013 (생능출판사), 원리와 개념에 충실한 엑셀 2016 (생능출판사), 엑셀과 파워포인트 2013 (공저. 생능출판사)
- 역서: 데이터베이스 시스템(공역. 피어슨), 순서도를 활용한 프로그래밍 원리와 실습 (공역. 생능출판사)
- 한국정보과학회 논문지(데이터베이스) 편집위원장 역임
- 한국정보과학회 데이터베이스 소사이어티 회장 역임
- 서울시립대학교 전산정보원장(2003년~2005년)
- 서울시립대학교 컴퓨터과학부 교수(1984년~현재)

| 사진 출처: 각 장의 시작 페이지의 사진은 저자가 이곳저곳 여행하면서 똑딱이로 찍은 사진입니다. |

제대로 배우는 **파이썬**

초판인쇄 2022년 3월 2일
초판발행 2022년 3월 9일

지은이 홍의경
펴낸이 김승기
펴낸곳 (주)생능출판사 / **주소** 경기도 파주시 광인사길 143
출판사 등록일 2005년 1월 21일 / **신고번호** 제406-2005-000002호
대표전화 (031)955-0761 / **팩스** (031)955-0768 / **홈페이지** www.booksr.co.kr

책임편집 김민보 / **편집** 신성민, 유제훈 / **디자인** 유준범
마케팅 최복락, 김민수, 심수경, 차종필, 백수정, 최태웅, 명하나, 김민정
인쇄 · 제본 교보 P&B

ISBN 978-89-7050-678-4 93000
정가 32,000원

서문

코딩 실력을 키우는 지름길은 실습이다.

2008년 즈음에 검인정 중학교 교과서 정보1, 정보2, 정보3을 공저로 저술하였습니다. 그 당시에 8종류의 교과서가 검인정에 합격하였는데, 파이썬을 기반으로 하는 교과서가 2종류, C언어를 기반으로 하는 교과서가 2종류, 베이직을 기반으로 하는 교과서가 2종류, 스크래치를 기반으로 하는 교과서가 2종류였습니다.

교육용 언어로 시작한 파이썬이 중학교 학생들이 비교적 쉽게 학습할 수 있는 프로그래밍 언어라고 생각했는데 10여년의 세월이 흐른 지금 파이썬이 활용되는 분야가 가히 폭발적으로 증가하였습니다.

파이썬에 관한 쉽고 좋은 교재를 저술하기 위해서 인터넷에서 30,000페이지 이상의 자료를 찾아서 검토하였습니다. 어쩌면 파이썬이 첫 프로그래밍 언어일 본 교재의 독자들이 두려움 없이 파이썬을 기초부터 쉽게 공부하다가, 교재를 다 읽고 나면 "어느새 중급 수준에 도달했구나"라는 생각이 들도록 완성도 높은 교재를 목표로 하였습니다.

입문자를 대상으로 하는 교재일수록 집필하는데 훨씬 더 많은 정성과 노력이 필요하다는 것을 잘 알고 있습니다. 개인적으로는 데이터베이스 전공교재를 저술할 때보다 몇 배 더 힘들었고, 공을 많이 들였습니다.

원고를 버전 9까지 작성하는 동안 셀 수 없이 원고를 읽어보면서 꼭 필요하지 않은 문장은 삭제하고, 필요한 문장은 반드시 넣었습니다. 고등학교 검인정 교과서 1권, 중학교 검인정 교과서 3권, 데이터베이스 전공 교재 2권, 엑셀 교재 1권, 번역서 2권을 집필하면서 나름대로 한글을 정확하고 간결하게 표현하는데 자신이 있습니다.

본 책의 장점은 다음과 같습니다.

- 중간시험과 기말시험 기간을 제외하고 1주마다 1장씩 강의하도록 총 13개 장으로 구성
- 컴퓨팅 사고와 문제해결 능력을 키울 수 있도록 프로그래밍 원리와 개념을 충실히 설명
- 개념을 이해하는 데 도움을 주는 그림들을 풍부하게 사용
- 단순한 따라하기 방식과 매뉴얼 방식을 지양
- 파이썬에 관한 모든 장에서 파이썬의 기능을 설명하는 프로그램과 예제 프로그램들을 파이썬의 IDLE 셸 창 또는 편집기 창에 입력하고, 실행 결과와 함께 설명함으로써 독자들이 직접 실행했을 때 본 교재와 동일한 결과를 보장
- 본문에서 설명하고 실습한 내용을 복습해볼 수 있는 객관식, 단답식, 프로그램 작성 연습문제들을 각 장에 넉넉하게 배치

본 교재를 학습한 많은 독자들이 컴퓨팅 사고력과 문제해결 능력을 배양하고, 파이썬을 실제 업무에 잘 활용할 수 있는 코딩 실력을 키울 수 있기를 희망합니다.

교재를 저술하는 동안 적극적으로 응원해주신 생능출판사의 김승기 사장님께 먼저 감사드립니다. 이 교재를 편집하고 인쇄하는 작업을 열심히 해주신 편집부의 김민보 차장님께도 감사드립니다. 본 원고를 세심히 검토하고 아낌없이 조언을 주신 최윤철 교수님, 황기태 교수님, 박종학 교수님, 김선용 교수님께 감사드립니다. 본 교재를 저술하는 작업에 몰두하여 정신없이 지낸 저를 이해하고 성원해준 가족에게도 고마움을 표합니다.

본 교재를 집필할 수 있도록 연구년을 제공해준 서울시립대학교에 감사를 드리며 “이 저서는 2020년도 서울시립대학교 연구년교수 연구비에 의하여 연구되었음”을 밝혀둡니다.

2022년 새해를 맞이하며

홍의경

본 교재를 수업에 활용하는 방안

본 교재를 학습하는 독자들은 아마도 파이썬이 첫 프로그래밍 언어일 가능성이 높습니다. 파이썬은 객체지향 프로그래밍 언어이면서 절차적 프로그래밍 언어입니다. 한 학기에 15주간 수업을 진행하고, 8주차에 중간시험을 치르고, 15주차에 기말시험을 치른다는 전제하에 본 교재를 강의에 활용하는 두 가지 방안을 제안합니다.

(1) 프로그래밍 입문 수업

프로그래밍 기초부터 객체지향까지 본 교재에서 다루고 있는 파이썬의 모든 기능과 **13장 프로그래밍 응용: 정렬과 탐색**을 강의할 때 아래의 일정표를 제안합니다. 부록에 배치한 **컴퓨터 시스템**은 관심 있는 학생들이 스스로 읽어보도록 안내합니다.

주차	장	장 제목
1	1장	프로그래밍 기초
2	2장	파이썬 기초
3	3장	변수와 식
4	4장	선택문
5	5장	반복문
6	6장	함수
7	7장	리스트
8	중간시험	
9	8장	투플, 집합, 딕셔너리
10	9장	파일 입출력
11	10장	예외 처리
12	11장	모듈과 터틀
13	12장	객체지향
14	13장	프로그래밍 응용: 정렬과 탐색
15	기말시험	

(2) 컴퓨터개론을 포함하는 프로그래밍 수업

컴퓨터개론을 요약하여 부록에 배치한 컴퓨터 시스템을 첫 주에 먼저 강의하고, 2주차부터 교재의 1장에서 12장까지 강의하는 아래의 일정표를 제안합니다. 비교적 난이도가 높은 **13장 프로그래밍 응용: 정렬과 탐색**은 생략하는 일정표입니다.

주차	장	장 제목
1	부록	컴퓨터 시스템
2	1장	파이썬 기초
3	2장	파이썬 기초
4	3장	변수와 식
5	4장	선택문
6	5장	반복문
7	6장	함수
8	중간시험	
9	7장	리스트
10	8장	투플, 집합, 딕셔너리
11	9장	파일 입출력
12	10장	예외 처리
13	11장	모듈과 터틀
14	12장	객체지향
15	기말시험	

차례

5 CHAPTER

6 CHAPTER

7 CHAPTER

8 CHAPTER

13 CHAPTER

프로그래밍 응용: 정렬과 탐색 524

부록 CHAPTER

컴퓨터 시스템 560

Python

CHAPTER 1

프로그래밍 기초

| 학습 목표 |

우리는 일상생활 중에 끊임없이 문제를 만나게 된다. 쉬운 문제의 해결 방안은 바로 구할 수 있지만 어려운 문제의 해결 방안은 바로 머릿속에 떠오르지 않는다. 본 장에서는 논리적인 사고력을 키울 수 있도록, 일상생활에서 흔히 접하는 문제를 이해하고 분석하여 해결 방안을 순서도와 의사 코드 등으로 표현할 수 있도록 안내한다. 또한 2장부터 본격적으로 실습할 파이썬을 배우기 전에 프로그래밍에 관한 기초를 알아본다.

CHAPTER 1

프로그래밍 기초

1.1 컴퓨팅 사고와 문제 해결

컴퓨팅 사고(computational thinking)가 무엇을 의미하는지 공식적인 정의는 없다. 하지만 컴퓨팅 사고에 대한 여러 가지 정의에서 공통적으로 포함되는 개념은 주어진 복잡한 문제가 무엇인가를 이해하고, 이 문제를 작은 문제들로 분해하고, 다양한 도구와 기법들을 사용하여 작은 문제들에 대한 해답을 개발하는 것이다.

시모어 페퍼트(Seymour Papert)가 컴퓨팅 사고라는 용어를 처음 사용했지만 쟈넷 윙(Jeannette Wing) 교수가 이 용어를 대중화시켰다고 알려졌다.

어떤 문제를 접하자마자 바로 해결 방안을 알아내기는 어렵다. 더욱이 해결해야 할 문제가 어렵고 복잡하다면 이런 문제를 보자마자 즉시 풀 수 있는 사람은 거의 없다. 문제를 해결하기 위해서는 단계를 밟아서 해답을 찾아가야 한다.

컴퓨팅 사고의 네 가지 주요 단계는 아래와 같다.

(1) 문제 분석

문제가 무엇인지 분석하여 명확하게 이해한다. 일단 문제를 완전하게 이해하면 이 문제를 해결하는데 필요한 과제들을 도출할 수 있다.

- 문제를 이해한다.
- 관련되지 않은 사항들은 제거한다.
- 문제를 정확하고 완전하게 서술한다.
- 입력이 무엇인가, 출력이 무엇인가를 파악한다.
- 어떤 처리 과정을 거쳐서 입력으로부터 출력이 구해지는가를 서술한다.

(2) 문제 분해

하나의 크고 복잡한 문제를 작고 다루기 쉬운 여러 개의 문제들로 나누는 과정을 **분해**(decomposition)라고 부른다. 처음의 큰 문제를 해결하는 방법을 찾는 것은 막막했지만 작은 문제들로 나누면 각각의 작은 문제를 해결하는 방법은 훨씬 쉽게 찾을 수 있다.

큰 문제 T가 네 개의 작은 문제 A, B, C, D로 이루어진다고 가정했을 때 큰 문제 T를 해결하기 위해서 바로 달려드는 것보다, 작은 문제 네 개를 각각 해결하는 것이 수월하다.

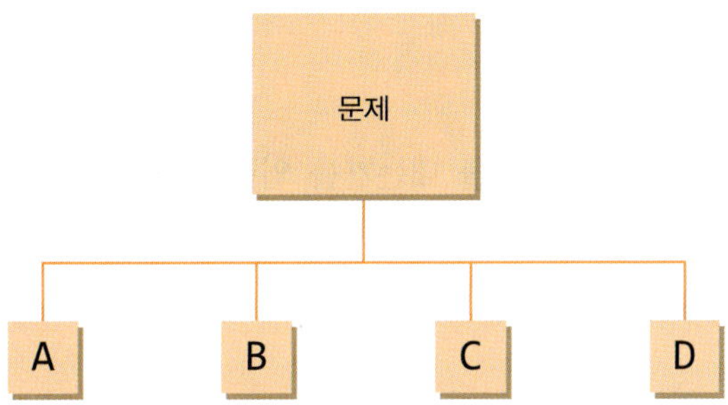

[그림 1-1] 큰 문제를 작은 문제들로 분해

물론 A, B, C, D 중에서 바로 달려들기에 벅찬 문제가 있다면 이들을 다시 더 작은 문제들로 분해한 후 해결한다. 어디까지 문제를 분해할 것인지가 항상 명확하지는 않다. 경험과 연습이 중요한 역할을 할 것이다. 이제 작은 문제들을 충분히 해결할 수 있다면 각각의 작은 문제들의 해결책을 구하고, 이들을 합하여 원래 문제의 해결책을 구한다.

(3) 추상화

중요하지 않은 세세한 사항들은 무시하고, 문제의 핵심에 집중한다.

(4) 알고리즘

문제에 대한 해결 방안을 마련하려면 문제 해결 단계들을 올바른 순서에 맞도록 작성해야 한다. 이를 **알고리즘**(algorithm)이라고 부른다. 필요한 단계를 생략하거나 불필요한 단계를 추가해서는 안 된다. 문제에 따라 해결 방법이 여러 가지 있을 수 있지만 꼭

지켜야 할 순서는 있다.

컴퓨팅 사고의 네 가지 주요 단계를 거쳐 문제 해결에 대한 알고리즘을 작성한 후에 추가로 구현과 테스트 단계를 거쳐 프로그램을 완성할 수 있다.

● 구현

파이썬 등의 프로그래밍 언어를 사용하여 알고리즘을 프로그램으로 구현한다. 구현 단계는 2장부터 자세하게 다룬다.

● 테스트

구현한 프로그램이 정확한 결과를 내는가를 입력 데이터를 사용하여 확인한다. 만일 에러가 있으면 찾아서 수정한다. 이런 과정을 **디버깅**이라고 부른다. 디버깅에 관해서는 10장에서 자세하게 설명한다.

실제로 대규모 소프트웨어 개발은 매우 복잡한 프로젝트이므로 작은 부분들로 나눠서 개발하는 것이 필수적이다. 여러분이 사용하는 대부분의 프로그램들은 수천에서 수십만 개의 명령문들로 이루어진 큰 프로그램이다. 예를 들어 사용자는 아래한글이나 엑셀의 풍부한 기능들을 다양한 메뉴들을 통해서 활용할 수 있다. 각 메뉴별로 서로 다른 프로그래머 또는 개발팀이 독립적으로 구현하면 보다 짧은 시간에 완성할 수 있을 것이다. 복잡한 업무를 작은 단위들로 나누고, 프로그래머들이 작은 단위들을 프로그램으로 작성하여 하나로 합하는 것이 바람직한 방법이 되고 있다.

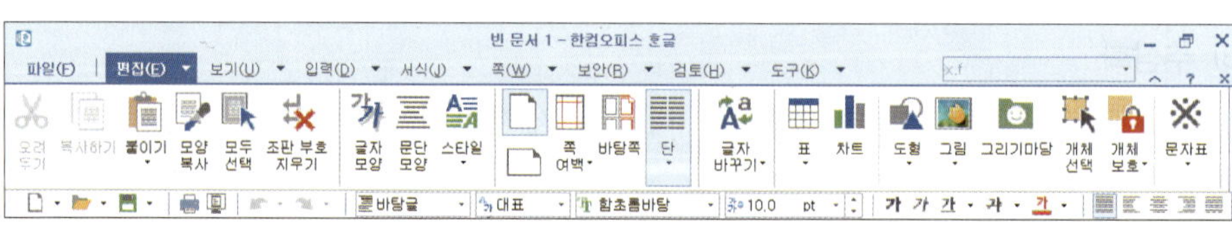

[그림 1-2] 아래한글 메뉴

1.2 알고리즘은 문제 해결의 첫걸음

알고리즘은 주어진 문제를 해결하기 위해 수행하는 작업 단계들의 순서이다. 알고리즘이 외래어이고 익숙하지 않은 용어라고 하여 미리 겁먹을 필요는 없다. 사람들은 일상생활 중에도 자주 알고리즘을 사용하고 있다. 예를 들어 학교 가는 방법, 음식 조리법, 컴퓨터 조립 순서 등도 알고리즘이다. 이런 일들은 워낙 익숙하기 때문에 별다른 생각 없이 하고 있을 뿐이다.

일반적으로 프로그램을 작성하기 전에 문제의 해결 방안에 대한 알고리즘을 먼저 작성해야 한다.

[그림 1-3] 알고리즘 작성 후 프로그램 작성

1.2.1 알고리즘은 일상에 널려 있다

우리의 일상생활이 알고리즘들의 영향을 받고 있다면 알고리즘이 무엇인지 이해해 볼만 한 가치가 있지 않을까? 주변에서 흔히 볼 수 있는 일상적인 알고리즘의 사례를 먼저 살펴본 후 컴퓨터에서 문제를 정확하고 빠르게 처리하기 위해서 어떤 알고리즘을 사용하고 있는가를 알아보자.

- 택배기사의 택배상자 배달

택배기사는 택배상자들을 가능한 한 총 주행 거리가 짧고, 배달 시간이 적게 드는 순서대로 택배상자들을 배달하기 위한 방법을 알고 있다. 배달 지역에 익숙한 택배 기사의 경험에 기반을 둔 알고리즘이다.

[그림 1-4] 배달 경로

- 인터넷 정보검색 엔진

인터넷 정보검색 엔진에 키워드를 입력했을 때 사용자에게 결과를 빠르고 정확하게 제공하기 위해서 정보검색 엔진 내부에 탐색 알고리즘이 사용된다.

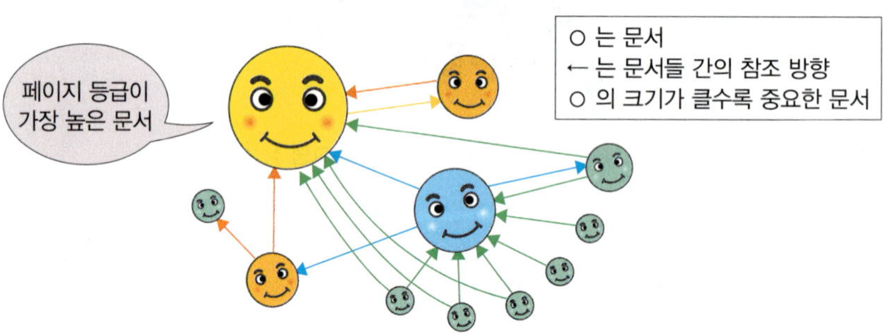

[그림 1-5] 다른 문서들이 많이 참조하는 문서일수록 페이지 등급이 상승하여 중요한 문서

- 온라인 서점/온라인 쇼핑몰 정렬

온라인 서점이나 온라인 쇼핑몰에서는 사용자가 입력한 키워드에 부합하는 상품들을 상품명순, 판매량순, 출간일순, 신상품순, 낮은 가격순, 높은 가격순 등 여러 가지 기준으로 정렬하여 볼 수 있도록 서비스한다.

인기도 | 정확도 | 신상품 | 최저가 | 최고가 | 평점순 | 리뷰순

[그림 1-6] 온라인 서점의 정렬 기준

- 암호화

인터넷에서 온라인으로 쇼핑을 하고 신용 카드로 결제할 때, 다른 사람이 내 신용 카드 번호를 알아내지 못하도록 암호 알고리즘이 사용된다.

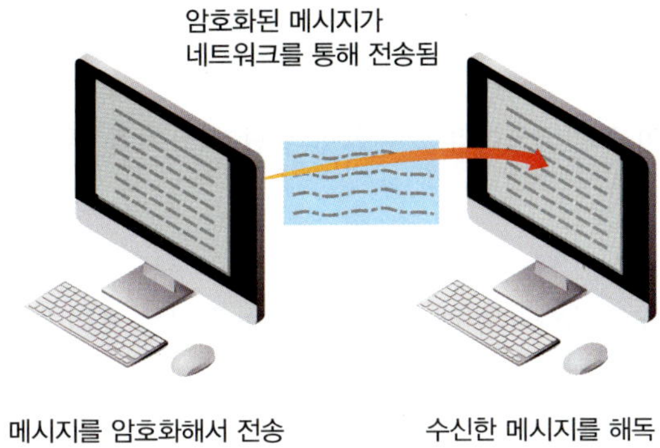

[그림 1-7] 암호 알고리즘

1.2.2 알고리즘의 요건

알고리즘은 아래와 같은 요건을 만족시켜야 한다. 학자들에 따라 조금 다르게 정의하기도 한다.

(1) **입력**

알고리즘은 0개 이상의 입력을 외부로부터 받아들인다.

(2) **출력**

알고리즘의 결과로 적어도 1개 이상의 출력이 생성된다.

(3) 명백함

알고리즘을 애매하게 작성하면 문제를 올바르게 풀지 못할 수 있다. 알고리즘은 모호하지 않은 명령문들로만 표현해야 한다. 모호하지 않은 명령문은 더 이상 단순화하거나 설명할 필요 없이 바로 이해할 수 있는 명령문이다.

(4) 효과성

각 단계는 충분히 단순하고 기본적이어서 사람이 연필과 종이만 사용해서 수행해 볼 수 있어야 한다.

(5) 유한성

알고리즘에 반복문이 포함되었더라도 유한개의 단계를 거친 후에, 즉 유한 시간 안에 반드시 종료해야 한다.

알고리즘의 요건을 이해하기 위해서 라면 1개를 끓이는 조리법을 아래와 같이 표현해보자.

[그림 1-8] 라면 끓이기

라면 조리법

준비할 재료: 라면 1봉지, 계란 1개, 물 550cc

① 냄비에 물 550cc를 넣고 펄펄 끓인다.
② 면, 수프, 계란을 넣는다.
③ 4분 30초간 더 끓인다.

위의 단계들이 알고리즘의 요건을 만족하는가를 하나씩 확인해보자.

- 입력: 준비할 재료인 라면 1봉지, 계란 1개, 물 550cc가 라면 조리법의 입력이다.
- 출력: 끓인 라면이 라면 조리법의 출력이다.
- 명백함: "냄비에 물 550cc를 넣고 펄펄 끓인다."에서 '펄펄'이 몇 도를 의미하는지 명확하지 않다. 어디에 냄비를 올려서 물을 끓여야 하는지도 명확하지 않다. 물이 끓는 온도(예: 100도)와 냄비를 올려놓는 곳을 명백하게 표현해야 한다.
- 효과성: 라면 조리법의 각 단계는 충분히 단순하고 기본적이다.
- 유한성: 물이 100도로 끓은 후 면, 수프, 계란을 넣고 4분 30초간 더 끓이면 라면 조리가 끝나므로 유한 시간 안에 라면을 끓이는 작업이 종료된다.

이 정도 수준으로 표현하면 사람들은 라면 조리법을 이해할 수 있지만 위의 단계들은 알고리즘의 요건을 일부 만족시키지 못하므로 알고리즘이 아니다.

알고리즘의 요건을 만족하도록 수정한 라면 조리법은 아래와 같다.

라면 조리법

준비할 재료: 라면 1봉지, 계란 1개, 물 550cc

① 냄비에 물 550cc를 넣어 가스레인지에 올려 놓고, 섭씨 100도의 온도가 되도록 끓인다.
② 면, 수프, 계란을 넣는다.
③ 4분 30초간 더 끓인다.

컴퓨터에서 수행되는 어떤 프로그래밍 문제에도 알고리즘이 필요하다. 알고리즘이 없으면 프로그램을 작성할 수 없다. 효율적인 알고리즘을 사용하면 프로그램의 수행이 빨라지고, 동일한 시간에 더 많은 데이터를 처리할 수 있다. 알고리즘을 공부하면 문제를 분석하고 해결할 수 있는 능력을 키울 수 있다.

또한 알고리즘이 반드시 프로그램을 작성하기 위해서만 사용되는 것은 아니다. 알고리즘을 잘 이해하면 일상생활 중에 접하게 되는 다양한 문제들의 해결 방법을 체계적으로 생각하는 데 도움이 된다.

1.3 순서도 vs. 의사 코드

알고리즘은 자연어, 순서도, 의사 코드 등 여러 가지 방법으로 표현할 수 있다. 한글이나 영어처럼 일상생활에서 사람들이 사용하는 언어를 **자연어**라고 부른다. 일상생활에 필요한 의사소통에는 자연어가 훌륭하다. 그러나 자연어로 알고리즘을 표현하게 되면 알고리즘이 장황하고, 부정확하고, 애매하고, 문맥에 따라 의미가 달라지는 단점이 발생할 수 있다.

예를 들어 "갑돌이가 울면서 떠나는 갑순이를 배웅했다."라는 문장을 살펴보자. "갑돌이가 울면서, 떠나는 갑순이를 배웅했다."는 뜻인지 또는 "갑돌이가, 울면서 떠나는 갑순이를 배웅했다."는 뜻인지 애매하다.

[그림 1-9] 우는 갑돌이 또는 우는 갑순이

일반적으로 알고리즘을 표현할 때는 **순서도**(flowchart) 또는 **의사 코드**(pseudocode, 슈도 코드로 읽음)를 사용한다. 완성된 순서도나 의사 코드는 여러 가지 프로그래밍 언어로 표현할 수 있다.

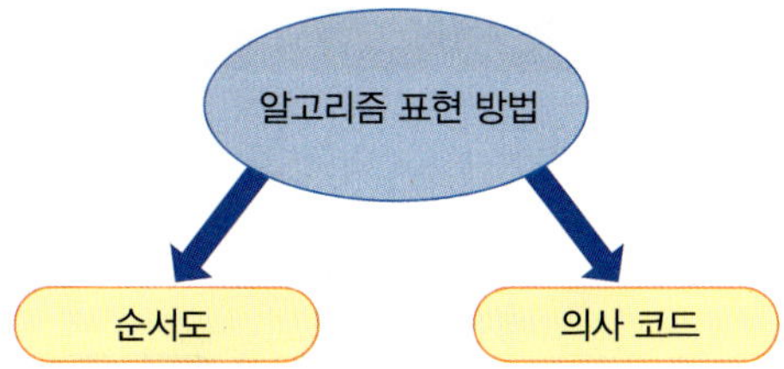

[그림 1-10] 알고리즘 표현 방법

1.3.1 순서도

순서도는 어떤 문제를 해결하기 위해 필요한 논리적인 단계들을 그림으로 표현한 것이다. 순서도의 기본적인 구성 요소는 기호와 연결선이다. 순서도의 각 기호마다 고유한 의미가 있다. 타원은 시작 또는 종료를, 평행사변형은 입력이나 출력을, 직사각형은 처리를, 다이아몬드는 선택을 나타낸다. 화살표는 논리의 방향을 나타낸다.

〈표 1-1〉 순서도의 기호와 의미

기호	의미
	시작과 종료
	입력과 출력. 입력과 출력할 데이터를 기호 안에 표시
	처리. '변수 = 식'을 기호 안에 표시
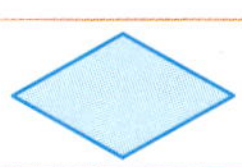	선택. 조건식을 기호 안에 표시
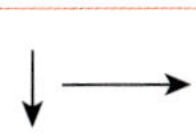	논리의 방향

예 순서도

- 직사각형의 가로와 세로를 읽고 면적과 둘레를 구하는 순서도
- 두 개의 숫자를 읽고, 이 중에서 큰 수를 구하는 순서도 (조건을 포함)

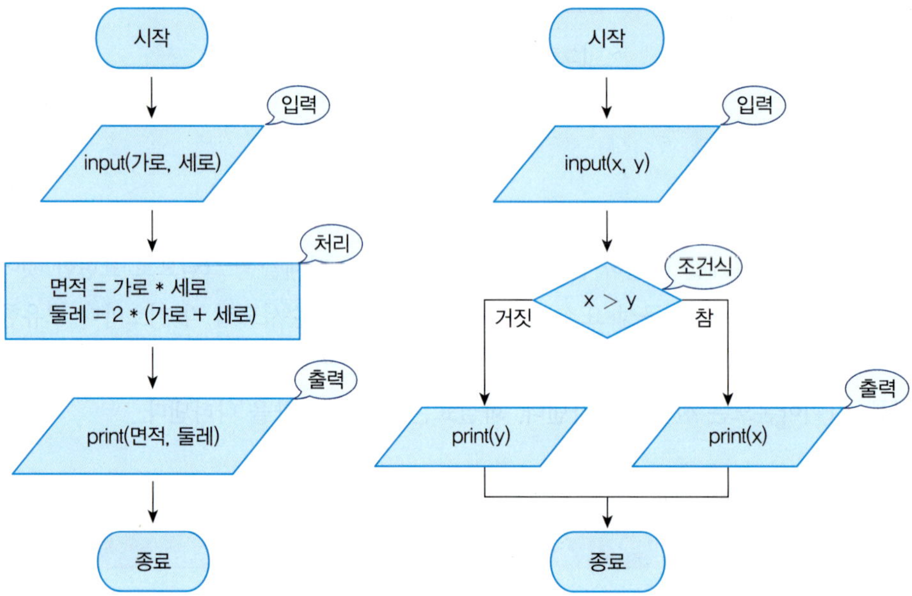

[그림 1-11] 순서도의 두 가지 예

[그림 1-11]의 순서도가 나타내는 프로그램의 논리는 프로그래머가 최종적으로 어떤 프로그래밍 언어를 사용하는가에 관계없이 정확하다.

- 순서도의 장점

기호들이 매우 직관적이어서 이해하기 쉽다. 순서도가 알고리즘의 논리적인 흐름을 명확하게 보여 주기 때문에 프로그래밍 개념을 교육하는데 유용한 도구이다. 작은 문제의 알고리즘을 표현하는 데 장점을 갖는다.

- 순서도의 단점

큰 문제에 대한 순서도는 매우 복잡해진다. 순서도를 작성하는 데 시간이 많이 걸리

고, 수정하기가 어렵다. 이런 이유 때문에 전문적인 프로그래머들은 순서도보다 의사 코드를 더 선호한다.

1.3.2 의사 코드

의사 코드는 프로그래머나 컴퓨터 과학자들이 알고리즘을 나타내기 위해서 흔히 사용하는 표기법이다. **의사**(pseudo)는 '가짜'를 의미하는 접두어이고, **코드**(code)는 '프로그래밍 언어로 표현하는 것'을 의미하는 말이다. 따라서 의사 코드는 프로그래밍 언어로 작성해야 하는 내용이지만 특정 언어의 구문 규칙을 따르지 않는 명령문들을 의미한다.

의사 코드는 사람들이 이해하기 쉬운 구문 규칙을 갖는다. 의사 코드는 비공식적인 언어이므로 표준화된 **구문**(syntax)이 없다. 의사 코드를 바로 번역해서 실행할 수 없다.

의사 코드로 알고리즘을 표현할 때 들여쓰기를 적절하게 사용하여 의사 코드를 읽기 쉽게 한다. 의사 코드로 문제를 표현하면 쉽게 컴퓨터 프로그램으로 바꿀 수 있다. 의사 코드를 파이썬 같은 프로그래밍 언어를 사용하여 표현하면 된다. 사실 파이썬의 구문은 고급 프로그래밍 언어들 중에서 의사 코드와 많이 유사한 편이다.

아래의 〈표 1-2〉는 의사 코드의 기본 구조들과 이들의 의미이다.

〈표 1-2〉 의사 코드의 기본 구조와 의미

기본 구조	의미
input, print	입력과 출력
변수 = 식 (또는 변수 ← 식)	배정문. = 기호 오른쪽의 식의 계산 결과를 = 기호 왼쪽의 변수에 배정한다.
if (조건식) then A else B	선택문. 조건식이 참이면 A를 수행하고, 조건식이 거짓이면 B를 수행한다. A와 B는 하나 이상의 명령문들의 모임이다. else 부분은 생략할 수 있다.
while (조건식) do A	반복문. 조건식이 참인 동안 A를 반복해서 수행한다. A는 하나 이상의 명령문들의 모임이다.

● 의사 코드의 장점

의사 코드는 순서도에 비해서 빠르게 작성할 수 있다. 순서도보다 의사 코드를 프로그래밍 언어로 작성하는 것이 더 쉽다. 순서도에 비해서 의사 코드를 수정하는 것이 더 쉽다.

● 의사 코드의 단점

초보자는 순서도보다 의사 코드로 표현된 프로그램의 논리를 이해하거나 의사 코드를 직접 작성하는 것이 더 어려울 수 있다.

1.3.3 순서도와 의사 코드의 비교

순서도는 프로그램의 명령문들이 어떻게 서로 연관되었는가를 시각적으로 보여 주기 때문에 특히 초보 프로그래머에게는 훌륭한 알고리즘 표현 수단이 된다. 하지만 크고 복잡한 프로그램의 순서도를 작성하는 것이 힘들고, 순서도는 흔히 매우 길기 때문에 논리적인 흐름을 따라가기가 어렵다. 또한 순서도를 수정하려면 전체를 다시 그려야 한다.

일반적으로, 순서도는 작은 문제에 잘 어울리고, 의사 코드는 큰 문제에 적합하다. 알고리즘을 표현하는 방법을 처음 배우는 과정에서는 한 가지 알고리즘에 대해 순서도와 의사 코드 등 두 가지로 표현해 보면서 두 방법의 장점과 단점을 잘 이해하는 것이 좋다.

아래의 〈표 1-3〉은 순서도와 의사 코드의 기본 구조들을 비교하여 보여 준다.

〈표 1-3〉 순서도와 의사 코드의 기본 구조 비교

연산	순서도	의사 코드
입력과 출력	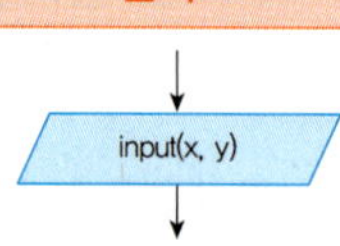	`input(x, y)`
처리	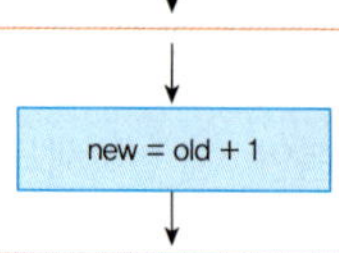	`new = old + 1`

선택, 반복	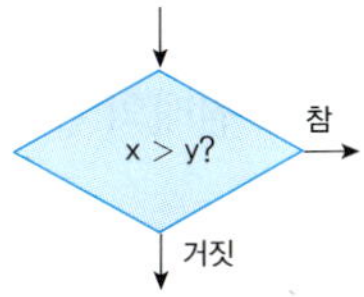
	
		`if (x > y)`
		`then ...`
		`else ...`

논리의 방향	↓ ⟶	

1.4 알고리즘 설계

알고리즘이 무엇인지 이해했고, 알고리즘을 표현하는 방법까지 학습했으니 알고리즘을 설계하는 방법을 알아보자. 집을 짓기 전에 먼저 설계도를 그리듯이, 알고리즘 설계 단계에서는 주어진 문제를 해결하는 알고리즘을 작성한다.

알고리즘 설계 기법으로 **억지 기법**(brute force)과 **분할 정복 기법**(divide and conquer) 등이 개발되었다. 억지 기법은 가장 원시적인 방법으로 문제를 해결하는 기법이다. 즉 문제에 대해 가능한 모든 해결 방안을 열거하고, 이들을 일일이 적용한다. 억지 기법은 일반적으로 효율성이 낮기 때문에 문제의 크기가 작을 때만 적용할 수 있다.

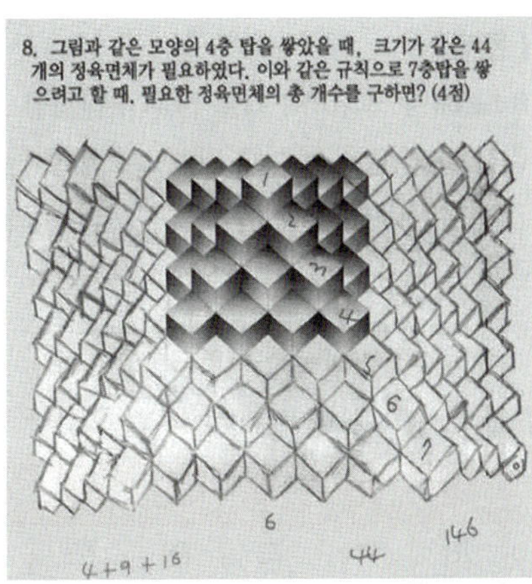

[그림 1-12] 억지 기법으로 수학 문제의 해답을 구한 학생의 답안지

분할 정복 기법은 어렵고 큰 문제를 작은 문제들로 나누어 각 작은 문제의 해결 방법을 찾고, 작은 문제들의 해결 방법을 결합하여 원래의 문제에 대한 해결 방안을 구하는 알고리즘 설계 기법이다.

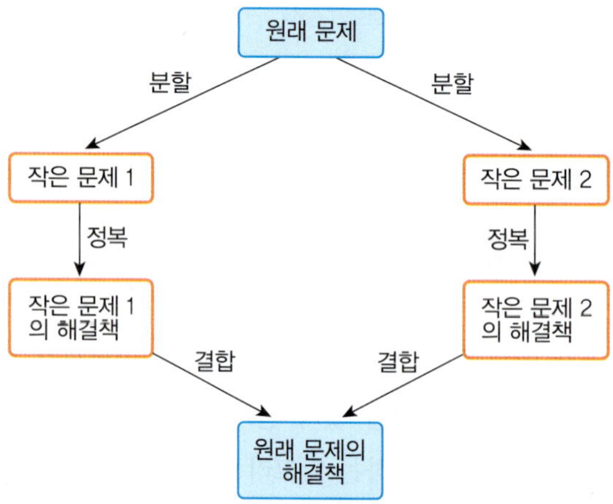

[그림 1-13] 분할 정복 알고리즘

예 분할 정복 기법

분할 정복 기법으로 아래의 문제에 대한 알고리즘을 설계해보자.

| 문제 |

어느 해 우리나라의 월별 원유 수입량을 조사해 보니 아래의 표와 같다. 이와 같은 통계를 기반으로 월별 원유 수입량의 최대값과 연간 총 수입량이 얼마인지를 구하여 출력하는 프로그램의 알고리즘을 설계하라.

〈표 1-4〉 월별 원유 수입량(단위: 백만 배럴. 1배럴은 159리터)

1월	2월	3월	4월	5월	6월	7월	8월	9월	10월	11월	12월	합계
73	70	81	68	78	71	73	69	68	71	88	84	?

이 문제를 해결하면서 분할 정복 기법이 무엇인지 이해해보자.

(1) 어렵고 큰 문제를 나눈다.
이 문제를 몇 개의 작은 문제들로 나누고, 작은 문제의 해결 방안을 알아보자.

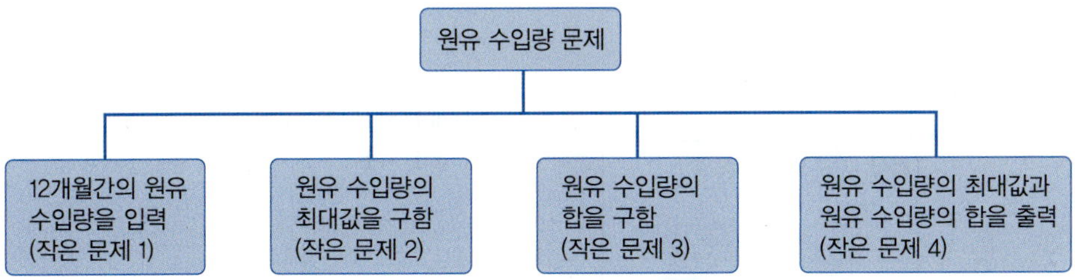

[그림 1-14] 원래의 문제를 네 개의 작은 문제로 분할

아직 알고리즘을 작성하는 데 익숙하지 않으므로, 원유 수입량을 입력하는 것과 결과값을 출력하는 것도 작은 문제로 취급했다.

(2) 작은 문제들의 해결 방안을 구하자.
작은 문제 네 개의 해결 방법을 각각 구한 후에 이들을 하나로 모으면 전체 문제의 해결 방법이 된다.

- 작은 문제 1: 12개월간의 원유 수입량을 입력

원소 12개짜리 리스트(배열)를 사용하면 아래와 같이 이름은 같고, 인덱스만 다른 12개의 기억 장소가 할당된다. 리스트는 7장에서 자세하게 논의한다.

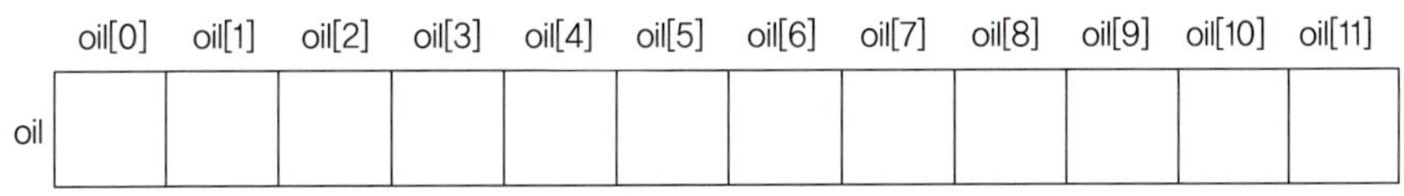

반복문 안에서 인덱스를 0부터 11까지 변경하면서 리스트 oil의 원소들에 〈표 1-4〉대로 입력한다. 다시 말해서 리스트의 원소 oil[0]에는 1월의 원유 수입량을, oil[1]에는 2월의 원유 수입량을, …, oil[11]에는 12월의 원유 수입량을 입력한다.

〈표 1-5〉 작은 문제 1의 순서도와 의사 코드

순서도	의사 코드

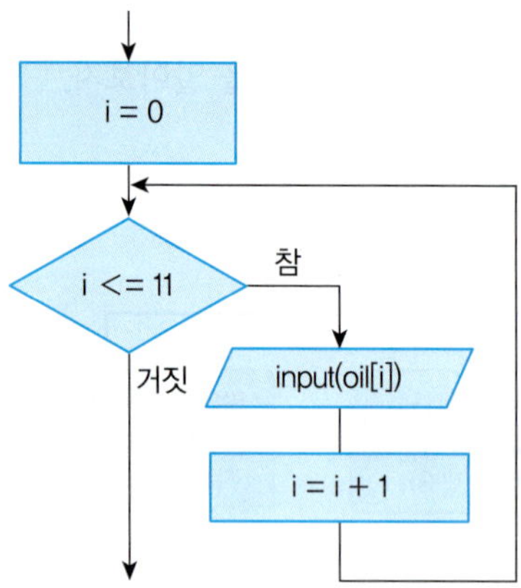	i = 0
	while (i <= 11) do
	   input(oil[i])
	   i = i + 1

작은 문제 1을 마치면 리스트 oil에는 아래와 같이 값들이 채워진다.

	oil[0]	oil[1]	oil[2]	oil[3]	oil[4]	oil[5]	oil[6]	oil[7]	oil[8]	oil[9]	oil[10]	oil[11]
oil	73	70	81	68	78	71	73	69	68	71	88	84

- 작은 문제 2: 원유 수입량 중 최대값

12개월간의 원유 수입량 중에서 최대값을 찾기 위해서 다음과 같은 방법을 생각해 볼 수 있다. 우선 최대값을 저장할 변수를 max라고 하자. 1월의 원유 수입량이 최대값이라고 가정하고, 반복문을 시작하기 전에 아래의 배정문을 사용하여 max에 1월의 원유 수입량을 넣는다.

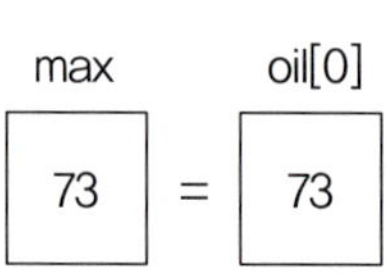

max를 2월부터 12월까지의 원유 수입량, 즉 oil[1], oil[2], …, oil[11]과 차례대로 비교하면서 어떤 달의 원유 수입량이 max보다 크면 현재의 max가 더 이상 최대값이

아니므로 그 달의 원유 수입량을 max에 배정한다.

〈표 1-6〉 작은 문제 2의 순서도와 의사 코드

순서도	의사 코드
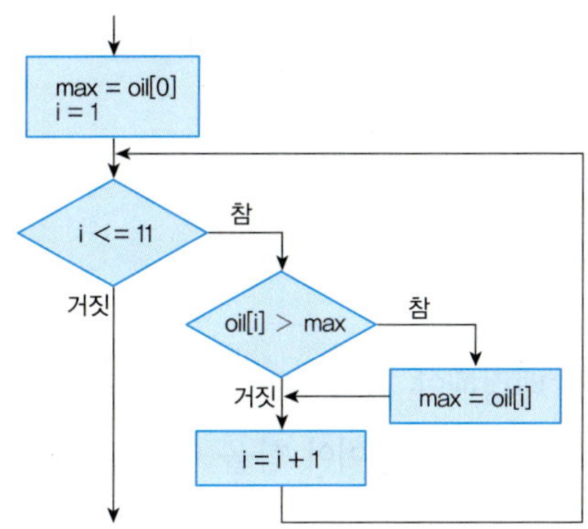	see code below


```
max = oil[0]
i = 1
while (i <= 11) do
   if (oil[i] > max)
      then max = oil[i]
   i = i + 1
```

i가 1부터 11까지 변하는 동안, 각 달의 원유 수입량인 oil[i]와 max를 비교해 가면 max에 저장되는 값이 아래와 같이 변한다.

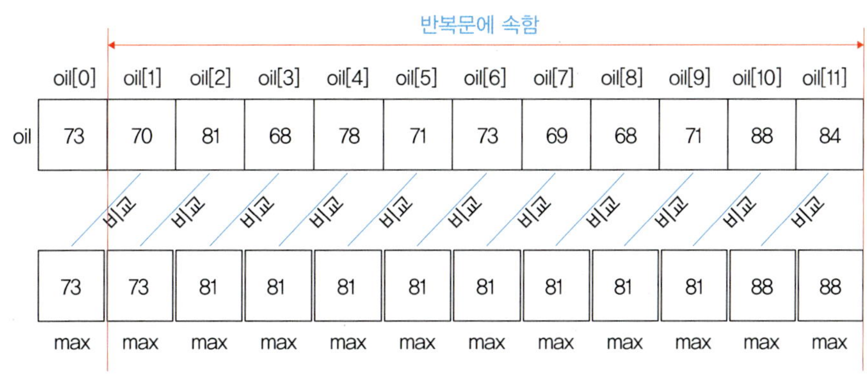

- 작은 문제 3: 원유 수입량의 합

작은 문제 3은 12개월간의 원유 수입량의 합을 구하는 문제이다. 합을 저장할 변수를 sum이라고 하자. 아래와 같이 12개의 원소를 하나의 배정문에서 모두 더하여 sum에 넣어도 되지만, 이런 방식은 리스트의 원소의 개수가 달라질 때 사용하기 어렵다.

```
sum = oil[0] + oil[1] + oil[2] + oil[3] + oil[4] + oil[5] + oil[6] + oil[7] + oil[8] +
      oil[9] + oil[10] + oil[11]
```

만일 원소의 수가 100개짜리 리스트 또는 1000개짜리 리스트를 더할 때는 어떻게 표현할 것인가? 일반적으로 리스트의 원소들의 합을 구하기 위해서는 반복문 안에 다음 명령문을 사용한다.

```
sum = sum + oil[i]
```

반복문에 들어가기 전에 sum에 초기값 0을 배정해야 한다. 배열의 원소들의 합을 더할 변수에는 반복문을 만나기 전에 반드시 초기값 0을 넣어야 함을 잊지 말자.

〈표 1-7〉 작은 문제 3의 순서도와 의사 코드

순서도	의사 코드

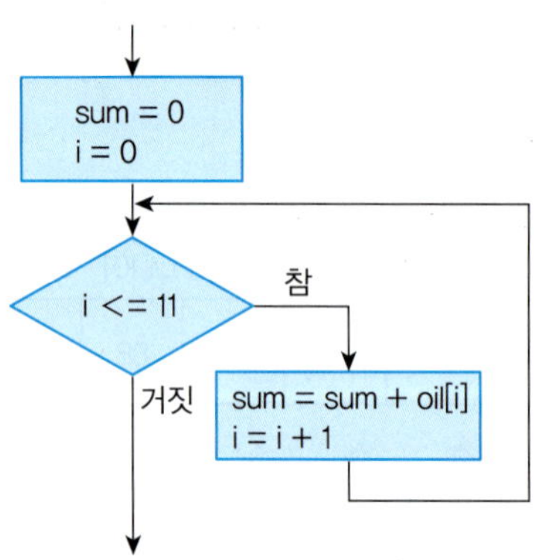	`sum = 0`
	`i = 0`
	`while (i <= 11) do`
	`   sum = sum + oil[i]`
	`   i = i + 1`

i가 0부터 11까지 변하는 동안, 각 달의 원유 수입량인 oil[i]가 sum에 더해지면서 sum에 저장되는 값이 아래와 같이 변한다.

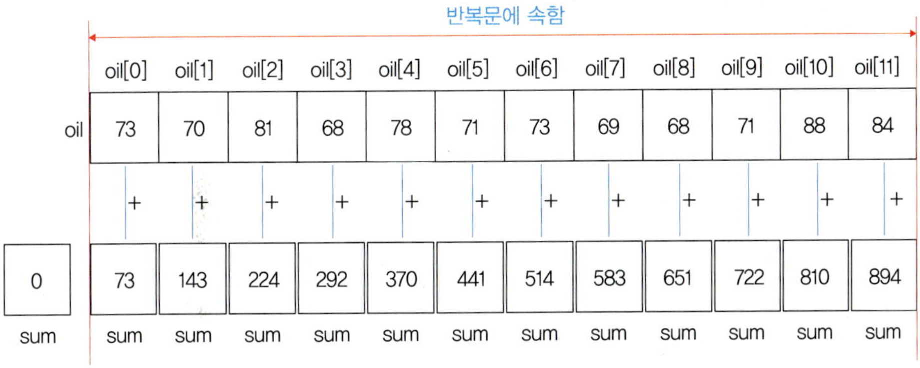

- 작은 문제 4: 원유 수입량의 최대값과 원유 수입량의 합을 출력

작은 문제 4는 작은 문제 2와 작은 문제 3에서 구한 두 개의 변수를 출력하는 문제이므로 아래와 같이 간단하게 나타낼 수 있다.

〈표 1-8〉 작은 문제 4의 순서도와 의사 코드

순서도	의사 코드
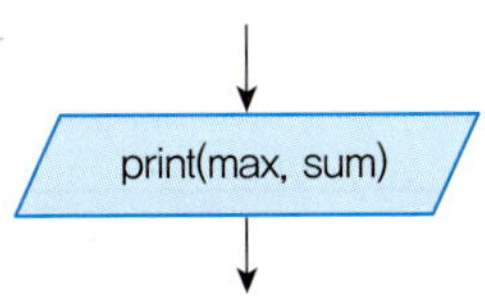	`print(max, sum)`

(3) 작은 문제들의 해결 방법을 합치자

작은 문제 1부터 작은 문제 4는 원래의 문제를 푸는 순서대로 나눈 것이므로 이들의 알고리즘을 차례대로 이으면 원래의 문제에 대한 알고리즘이 된다.

〈표 1-9〉 원래 문제의 순서도와 의사 코드

순서도	의사 코드

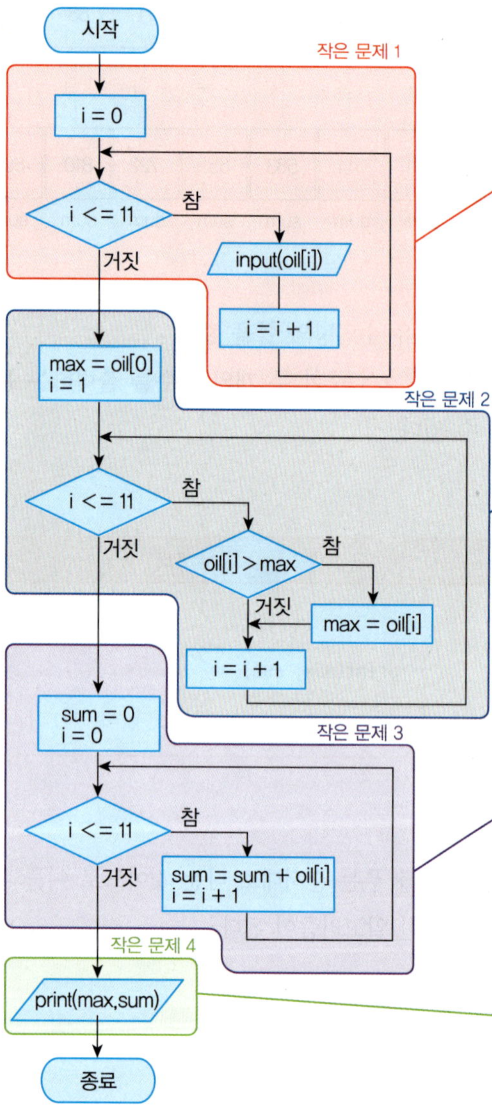


```
i = 0
while (i <= 11) do
    input(oil[i])
    i = i + 1
```

```
max = oil[0]
i = 1
while (i <= 11) do
    if (oil[i] > max)
        then max = oil[i]
    i = i + 1
```

```
sum = 0
i = 0
while (i <= 11) do
    sum = sum + oil[i]
    i = i + 1
```

```
print(max, sum)
```

1.5 프로그래밍 언어

프로그래밍 언어는 컴퓨터에 대한 명령문을 표현하는 데 사용하는 특별한 언어이다. 지구상에서 사람들이 수많은 언어를 사용하는 이유는 다양한 문화와 사회의 전통이 존재하기 때문이다. 프로그래밍 언어도 서로 다른 유형의 문제와 필요성을 해결하기 위해 다양한 프로그래밍 언어가 존재한다.

많은 고급 프로그래밍 언어들이 선택, 반복 등과 같은 주요 개념들을 공유한다. 그래서 하나의 프로그래밍 언어에 익숙해지면 다른 프로그래밍 언어를 배우는데 시간과 노력이 별로 들지 않는다.

서울에서 지하철을 타는 방법을 안다면 부산에서 지하철을 타는 방법도 금방 배울 수 있는 이유이다. 나아가 다른 나라에서 지하철을 타는 방법도 쉽게 적응할 수 있다.

구문은 특정 프로그래밍 언어를 사용할 때 지켜야 하는 문법(규칙)이다.

비유를 들자면 영어 문장을 작성할 때

주어 + 동사 + 목적어 (I like Python.)

의 순서는 문법에 맞지만

주어 + 목적어 + 동사 (I Python like.)

의 순서는 문법에 맞지 않는다.

실제 생활에서는 문법에 맞지 않는 문장을 사용하더라도 사람들은 틀린 문장을 대충 이해할 수 있는 경우가 많다.

하지만 컴퓨터는 프로그래머가 지시한대로 수행하기 때문에 해당 프로그래밍 언어를 사용하여 반드시 구문에 맞게, 모호하지 않고 정확하게 작성해야 한다. 알고리즘을 프로그래밍 언어로 표현하는 과정을 흔히 **코딩**(coding)이라고 부른다.

1.5.1 프로그래밍 언어의 분류

(1) 기계어(machine language)

기계어는 0과 1로 이루어진 이진수로 프로그램을 작성하는 언어이다. 컴퓨터는 오직 기계어만 인식한다. 기계어는 컴퓨터 종류마다 서로 다르기 때문에 호환성이 없다.

예

```
0010 0000 0000 0100
1000 0000 0000 0101
```

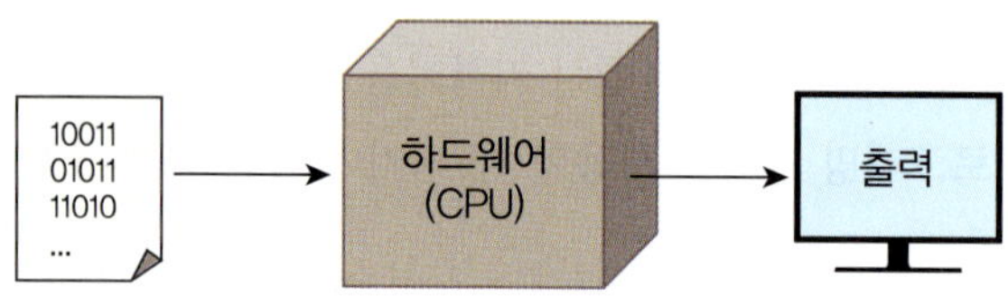

[그림 1-15] 기계어 코드 실행

(2) 고급 프로그래밍 언어(high-level programming language)

사람들이 기계어로 프로그램을 작성하려면 시간이 오래 걸리고, 오류가 많이 발생하고, 매우 힘들기 때문에 1950년대 말에 첫 고급 프로그래밍 언어가 등장하였다. 그 후 수백개가 넘는 고급 프로그래밍 언어들이 등장하였다. 이들 중에서 많은 언어들은 더 이상 사용되지 않는다.

고급 프로그래밍 언어는 영어 키워드, 수식 등을 사용하기 때문에 기계어에 비해서 사람들이 훨씬 쉽게 프로그램을 작성하고 프로그램을 이해할 수 있다. 여기서 '고급'은 '사람'이 더 이해하기 쉬운 수준임을 의미한다.

예를 들어 기계어로 표현된 아래의 세 개의 명령문은 사람에게는 단지 0과 1들의 조합일 뿐이지만 컴퓨터에서는 중앙처리장치가 수행할 특정 명령문을 나타낸다.

```
0011010010000010
0100110010000100
0011001100000001
```

위의 세 개의 명령문을 고급 프로그래밍 언어에서는 다음과 같이 한 개의 명령문으로 표현할 수 있다.

```
sum = price + tax
```

현재 수십 개 이상의 고급 프로그래밍 언어들이 꾸준히 사용되고 있는데, 고급 프로그래밍 언어의 대표적인 몇 가지 예는 〈표 1-10〉과 같다.

〈표 1-10〉 현재 많이 사용되고 있는 고급 프로그래밍 언어 및 특징

프로그래밍 언어	특징
파이썬	절차적 프로그래밍 언어이면서 객체지향 프로그래밍 언어이다. 인터프리터 방식을 따른다.
C	C 언어는 벨 연구소에서 1972년에 개발된 범용 프로그래밍 언어이다. 임베디드 시스템 개발에 많이 사용된다. 컴파일 방식을 따른다.
C++	C++ 언어는 벨 연구소에서 1983년에 개발된 객체지향 프로그래밍 언어이다. 임베디드 시스템 개발에 많이 사용된다. 컴파일 방식을 따른다.
자바	자바는 선 마이크로시스템즈에서 1990년대에 개발된 프로그래밍 언어이다. 웹과 모바일 분야 프로그램 개발에 많이 사용된다. 컴파일 방식을 따른다.

모든 유형의 업무에 최적인 단일 고급 프로그래밍 언어는 존재하지 않는다. 각 프로그래밍 언어마다 장점과 단점이 있기 때문에 여러 가지 고급 프로그래밍 언어가 각자 적합한 분야에서 계속 사용되고 있다. 어떤 프로그래머들은 한 언어만 사용하고, 어떤 프로그래머들은 여러 개의 프로그래밍 언어를 구사하는 능력을 보유하고, 업무에 따라 적합한 프로그래밍 언어를 사용한다.

고급 프로그래밍 언어는 사람이 이해하고 사용하기 쉽지만, 컴퓨터는 고급 프로그래밍 언어를 인식하지 못한다. 따라서 고급 프로그래밍 언어로 작성한 프로그램을 컴퓨터에서 수행하려면 기계어로 번역해야 한다. 고급 프로그래밍 언어로 작성한 프로그램은 컴퓨터가 인식할 수 있는 기계어로 **컴파일러**(compiler)나 **인터프리터**(interpreter)가 번역한다.

1.5.2 컴파일러와 인터프리터

컴파일러와 인터프리터는 고급 프로그래밍 언어로 작성된 프로그램을 컴퓨터가 인식할 수 있도록 기계어로 작성된 프로그램으로 번역하는 시스템 소프트웨어이다. 동작하는 방식이 다르지만 기본적인 기능은 동일하다.

만일 프로그래밍 언어의 명령문을 부정확하게(예를 들어서 단어의 철자를 잘못 사용하거나 문법을 틀리게 사용) 작성하면 컴파일러나 인터프리터는 **구문 에러**(syntax error)가 발생했음을 나타내는 에러 메시지를 내보낸다.

컴파일러는 프로그램을 실행하기 전에 프로그램 전체를 한꺼번에 기계어로 번역한다. 한 번 컴파일하여 실행 파일을 만들면 다시 컴파일할 필요 없이 반복해서 수행할 수 있다. 오늘날 상업용 소프트웨어를 개발하는 데 사용되는 대부분의 고급 프로그래밍 언어는 컴파일 방식을 따르고 있다.

이에 반해서 인터프리터는 프로그램을 실행하는 과정에서 한 명령문씩 읽어서 기계어로 번역한다. 프로그램을 수행할 때마다 매번 인터프리터 과정이 필요하다. 일반적으로 인터프리터 방식은 컴파일 방식보다 속도가 느리다.

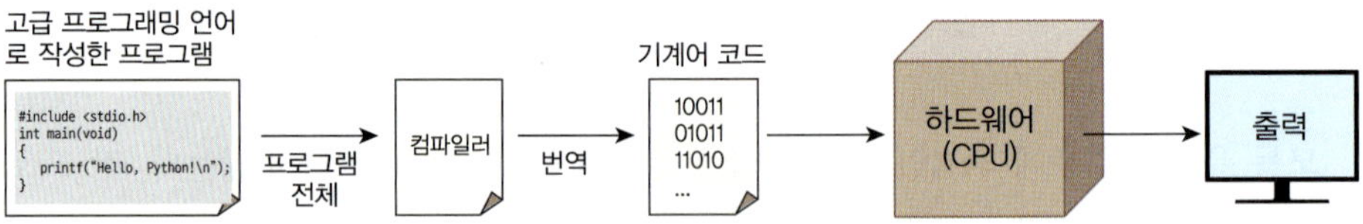

[그림 1-16] 컴파일러 방식

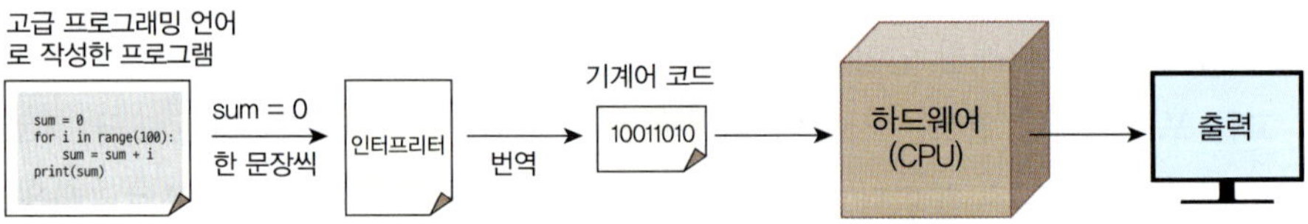

[그림 1-17] 인터프리터 방식

컴파일 방식과 인터프리터 방식의 차이점을 좀 더 쉽게 이해하기 위해 피자를 만들려는 상황을 가정하자. 조리법이 이탈리아어로 적혀 있다. 나는 요리는 자신 있는데 이탈리아어를 해석할 수 없다. 내게는 이탈리아어를 잘 아는데 피자를 만들 줄은 모르는 친구가 있다. 어떻게 하면 친구의 도움으로 피자를 만들 수 있을까?

① 친구에게 이탈리아어 조리법을 건네주고, 한꺼번에 한글로 번역해달라고 요청한다. (컴파일 방식)

② 주방에 친구와 함께 서서 친구가 조리법을 순서대로 한 줄씩 한글로 번역해준다. (인터프리터 방식)

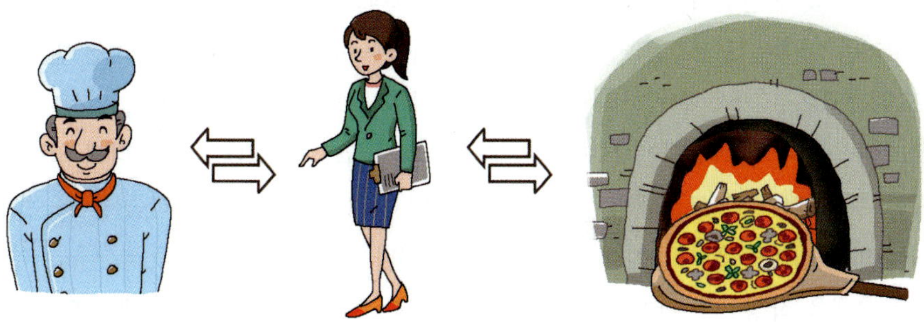

[그림 1-18] 피자를 만드는 과정

인터프리터 방식으로 피자를 만들면 전체 조리법을 한글로 번역하지 않고 바로 피자를 만드는 일을 시작할 수 있기 때문에 빠른 것처럼 보이지만, 피자를 만들 때마다 친구가 주방에서 조리법을 한 줄씩 한글로 번역해줘야 하는 단점이 있다.

〈표 1-11〉 컴파일러와 인터프리터의 비교

컴파일러	인터프리터
프로그램 전체를 한 번에 번역한 후 실행	한 명령문씩 번역하면서 실행
빠름	느림
전체 프로그램을 번역한 후 에러 메시지들이 (있으면) 표시됨	각 명령문을 번역할 때마다 에러 메시지들이 (있으면) 표시됨
프로그래밍 언어 예: C, 자바	프로그래밍 언어 예: 파이썬, 루비

1.6 프로그래밍

음식 조리법 자체는 큰 의미를 갖지 못한다. 음식 조리법을 보고 음식을 만들었을 때 비로소 음식 조리법이 빛을 발한다. 컴퓨터 알고리즘도 알고리즘으로만 머물면 큰 가치를 갖기 어렵다. 알고리즘을 프로그램으로 작성해서 컴퓨터에서 수행할 때 비로소 알고리즘이 빛을 발한다. 이제 알고리즘을 프로그램으로 구현하는 방법을 알아보자.

알고리즘 자체는 프로그램이 아니므로 알고리즘을 컴퓨터에서 수행하려면 알고리즘을 프로그램으로 작성해야 한다. 알고리즘을 의사 코드로 표현했더라도, 의사 코드는 프로그래밍 언어와 독립적인 문법을 가지므로 의사 코드를 그대로 컴퓨터에 입력하여 수행할 수는 없다. **프로그래밍**은 컴퓨팅 사고의 주요 아이디어(알고리즘)를 프로그래밍 언어의 명령문들을 사용하여 표현하는 작업이다.

프로그램을 작성하는 단계에서는 알고리즘의 각 작업 단계를 프로그래밍 언어로 표현한다. 대부분의 컴퓨터 과학의 연구 결과는 최종적으로 프로그램으로 구현하여 컴퓨터에서 수행함으로써 우리 삶의 여러 영역에 도움을 주게 된다.

실생활에 활용

[그림 1-19] 알고리즘이 실생활에 활용되기까지

전문적인 프로그래머를 희망하지 않더라도 아래와 같은 이유 때문에 프로그래밍을 배우는 게 바람직하다.

- 프로그래밍 자체가 재미있는 활동이 될 수 있다.
- 문제 해결 능력을 향상시키는데 도움이 된다.
- 만일 내가 필요로 하는 업무를 정확하게 처리해주는 프로그램을 찾지 못했다면 스스로 그런 프로그램을 작성할 수 있다.

- 전공을 불문하고 프로그래밍 능력을 갖춘 인재를 채용하는 회사들이 있다.
- 프로그래밍을 배우는 것은 사고하는 방법을 배우는 것이다(스티브 잡스).

프로그래밍을 배우는 것은 바이올린이나 피아노와 같은 악기를 배우는 것과 비슷해서 시간과 인내심을 갖고 꾸준히 연습해야 한다. 프로그래밍은 중간시험이나 기말시험 때 며칠 전부터 밤새 학습한다고 능력이 크게 향상되지 않는다. 프로그래밍을 배우는 최선의 방법은 컴퓨터 앞에 앉아 직접 짜보는 것이다.

만일 프로그래머가 틀린 명령문을 제시하더라도 컴퓨터는 그 명령문을 무조건 따를 것이다. 따라서 프로그래머가 원하는 대로 컴퓨터가 어떤 작업을 수행하도록 하려면 매우 정확하게 단계적으로 명령문들을 작성해야 한다. 컴퓨터에게 정확하게 지시한다면 컴퓨터는 인간과 비교할 수 없을 정도로 빠르게 엄청난 일을 수행할 수 있다.

[그림 1-20] 프로그램과 음악의 비교

1.7 구조적 프로그래밍

아무리 복잡하고 긴 도로도 직선 구간, 곡선 구간, 터널 구간, 다리 구간으로만 이루어진다. 1960년대 중반에 컴퓨터 학자들은 프로그램이 아무리 복잡하더라도 단지 세 가지 기본적인 **구조**(structure)를 사용하여 작성할 수 있다고 증명하였다. 구조는 프로그래밍 논리의 기본적인 단위이다. 기본적인 구조에는 **순차**(sequence) 구조, **선택**(selection) 구조, **반복**(loop) 구조가 있다.

만일 프로그램이 순차적인 흐름으로만 구성되어, 프로그램 안의 모든 명령문을 한 번씩만 차례대로 실행한다면 어떨까? 이런 프로그램이 수행할 수 있는 작업은 크게 제약을 받을 것이다.

선택 구조와 반복 구조는 컴퓨터를 단순한 계산기와 구별하는 요인이다.

[그림 1-21] 단순한 계산기와 다른 컴퓨터

구조적 프로그래밍(structured programming)은 순차, 선택, 반복 등 세 가지 기본적인 제어 구조만 사용해서 프로그램을 작성하는 기법이다. [그림 1-22]는 세 가지 구조를 함께 보여준다. 각 구조마다 1개의 입구와 1개의 출구가 있음을 주목하자.

세 가지 제어 구조는 아래와 같은 성질을 보장한다.

- 제어 구조로 진입하는 입구는 오직 한 개뿐이다.
- 제어 구조에서 나가는 출구는 오직 한 개뿐이다.

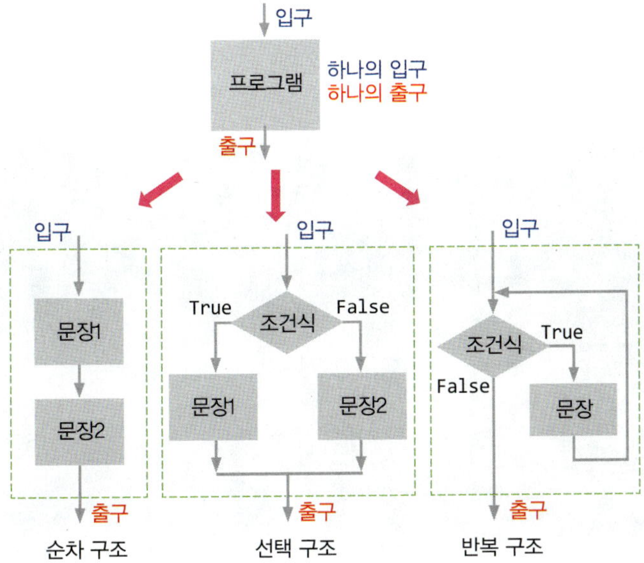

[그림 1-22] 프로그램의 세 가지 제어 구조

(1) 순차 구조

순차 구조에서는 각 명령문이 차례대로 한 번씩 수행된다. 하나의 순차 구조에는 여러 개의 명령문들이 포함될 수 있지만 중간 명령문부터 시작하거나 일부 명령문을 생략할 수는 없다. 일단 순차 구조를 시작하면 첫 번째 명령문부터 마지막 명령문까지 차례대로 따라가야 한다.

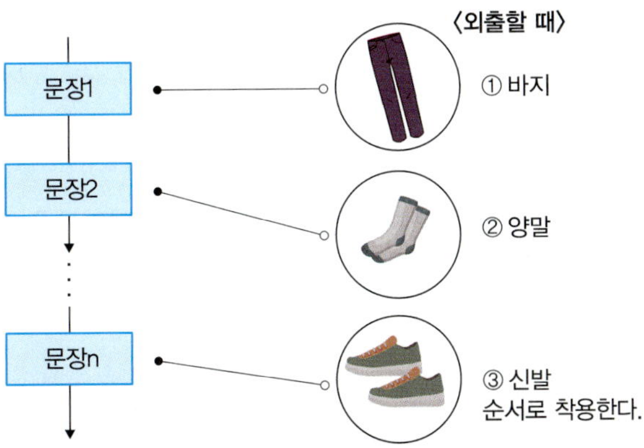

[그림 1-23] 순차 구조

(2) 선택 구조

선택 구조는 **조건**(condition) 구조라고도 부른다.

[그림 1-24] 갈림길

조건식을 사용하여 프로그램 내에서 참 또는 거짓의 결과에 따라 수행할 문장(들)을 결정한다. 선택 구조를 **if-else 구조**라고도 부른다. 왜냐하면 선택 구조가 아래와 같은 명령문과 잘 대응되기 때문이다.

```
if 조건식이 참이면
    어떤 것을 처리한다
else
    다른 것을 처리한다
```

(3) 반복 구조

반복 구조는 어떤 조건이 만족되는 동안 한 개 이상의 명령문을 반복해서 수행한다. 반복해야 하는 명령문들을 반복문의 몸체라고 부른다.

[그림 1-25] 회전관람차

반복 구조에서는 질문(조건식)을 한다. 질문의 답이 참이면 명령문(들)을 수행하고 다시 질문으로 되돌아간다. 질문의 답이 다시 참이면 명령문(들)을 다시 수행하고 또 다시 질문으로 되돌아간다. 질문의 답이 거짓일 때 반복 구조에서 빠져나온다. 다시 말해서 "조건이 거짓이 될 때까지 명령문(들)을 반복"하는 것이다.

세 가지 구조의 결합

세 가지 구조는 여러 가지 방식으로 결합할 수 있다. 예를 들어 순차 구조 다음에 선택 구조가 오거나 반복 구조 다음에 순차 구조가 올 수 있다. 예를 들어 [그림 1-26]은 구조들을 중첩하여 작성한 구조적인 순서도와 이 순서도의 논리를 따르는 의사 코드를 함께 보여준다. 하나의 구조 내에 다른 구조가 포함되는 것을 구조들의 **중첩**이라고 한다. 한 구조는 다른 구조의 입구 또는 출구에만 붙일 수 있다.

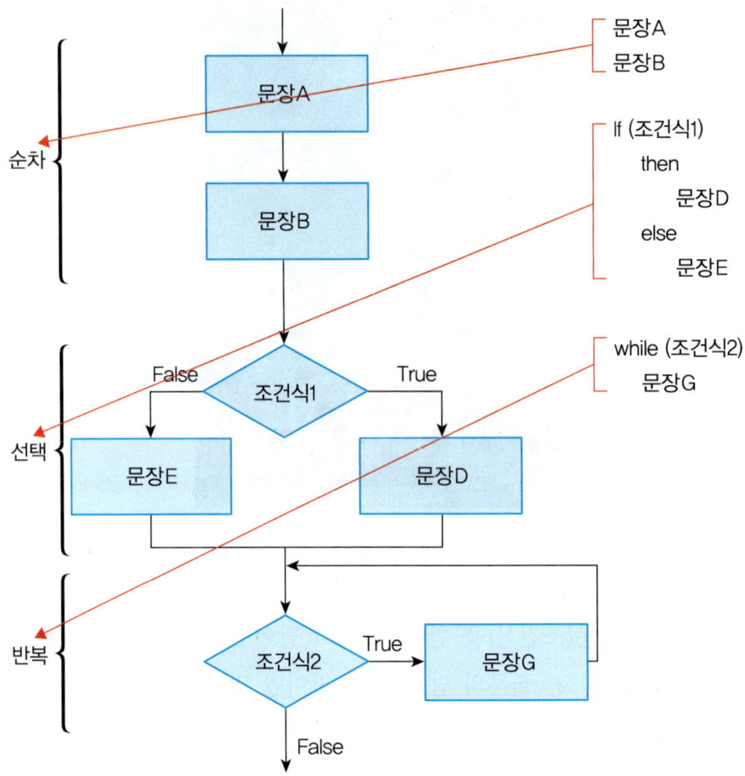

[그림 1-26] 구조적인 순서도와 의사 코드

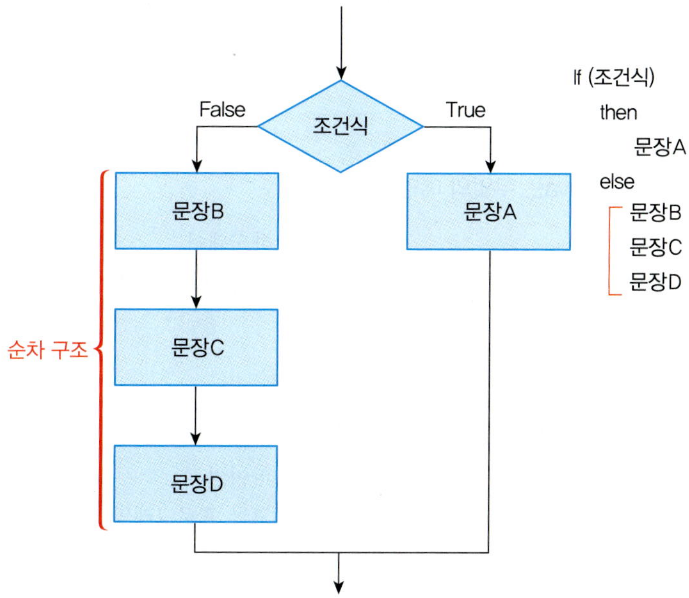

[그림 1-27] 선택 구조 속에 중첩된 순차 구조가 있는 순서도와 의사 코드

[그림 1-27]의 논리에 대한 의사 코드를 작성할 때 조건식이 같은 결과에 속하는 모든 명령문들의 들여쓰기 위치를 맞추는 것이 관례이다.

TIP 구조적인 프로그램이라도 세 가지 구조가 모두 있어야 할 필요는 없다. 구조적인 프로그램에는 한 개의 구조 또는 두 개의 구조만 들어 있어도 된다.

객관식 문제

1 파이썬, C++, Java는 무엇의 예인가?

① 운영체제 ② 하드웨어
③ 기계어 ④ 고급 프로그래밍 언어

2 다음 중 컴퓨터 하드웨어가 사용하는 언어는?

① 자연어 ② 파이썬
③ 기계어 ④ 고급 프로그래밍 언어

3 소프트웨어 개발 과정에서 가장 먼저 진행해야 하는 작업은?

① 프로그래밍 언어로 코딩을 한다. ② 문제를 분석한다.
③ 프로그램을 테스트한다. ④ 프로그램을 위한 알고리즘을 설계한다.

4 프로그래밍 언어의 규칙들을 무엇이라고 하는가?

① 구문(syntax) ② 논리(logic)
③ 형식(format) ④ 선택(option)

5 다음 설명 중에서 참인 것은?

① 어떤 문제를 해결하는 알고리즘은 일반적으로 한 개만 존재한다.
② 어떤 문제를 해결하는 방법이 흔히 두 가지 이상 존재하지만 이들의 효율성은 동일하다.
③ 어떤 문제를 해결하는 방법이 흔히 두 가지 이상 존재하고, 이들의 효율성은 서로 다를 수 있다.
④ 위의 세 개의 설명이 모두 참이다.

6 컴파일러 또는 인터프리터의 가장 중요한 역할은?

① 프로그래밍 언어를 위한 규칙을 생성
② 영어 문장들을 Java와 같은 언어로 번역
③ 프로그래밍 언어의 명령문들을 기계어로 번역
④ 유용한 업무를 수행하기 위해서 기계어 프로그램을 실행

7 생수 뚜껑을 여는 아래의 알고리즘에서 잘못된 부분은?

1. 뚜껑을 손가락으로 쥔다.
2. 뚜껑을 제거한다.
3. 반시계 방향으로 뚜껑을 비튼다.

① 알고리즘에 너무 많은 단계들이 포함되어 있다.
② 명령문이 명확하지 않다.
③ 이 코드를 다른 음료수 병에 적용할 수 없다.
④ 명령문들의 순서가 올바르지 않다.

8 기계어 대신 파이썬과 같은 고급 프로그래밍 언어를 사용하여 프로그램을 작성하는 이유는?

a. 프로그래머가 프로그램을 읽기 쉬워서
b. 프로그램이 훨씬 더 빠르게 수행되기 때문
c. 컴퓨터가 프로그램을 이해하기 쉬워서
d. 프로그램 속의 에러들을 찾아내기 쉬워서
e. 프로그램 개발 시간이 적게 걸려서

① b, c　　② a, d, e
③ a, c, d　　④ b, d, e

9 다음의 의사 코드 명령문들을 1개의 명령문으로 올바르게 나타낸 것은?

```
salePrice = salePrice - discount
finalPrice = salePrice + tax
print(finalPrice)
```

① print(salePrice + tax)

② print(salePrice - discount)

③ print(salePrice − discount + tax)

④ print(discount + tax - salePrice)

단답식 문제

10 자연어 문장 "동생은 나보다 컴퓨터를 더 좋아한다."를 살펴보자. 이 문장을 두 가지 의미로 해석할 수 있는가?

11 다음의 용어를 적절한 도형과 연결하라.

1. 입력 A. 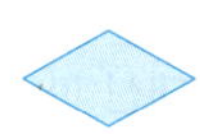

2. 처리 B. 

3. 판단 C. 

4. 터미널 D. 

5. 연결자 E. 

실습 문제

12 다음 작업을 완성하라.

(1) 사용자로부터 원(circle)의 반지름(radius)을 나타내는 1개의 값을 입력으로 받고, 반지름에 2를 곱하여 지름(diameter)을 구하고, 지름에 3.14를 곱해서 원주(circumference)를 구하고, 지름과 원주를 출력하는 프로그램의 논리를 나타내는 순서도를 그려라.

(2) 위의 문제를 의사 코드로 작성하라.

13 다음 작업을 완성하라.

(1) 사용자로부터 3개의 값을 받아 다음과 같이 처리하는 프로그램의 논리를 나타내는 순서도를 그려라. 3개의 값 중에서 첫 번째 값은 시간당 급여를 나타내고, 두 번째 값은 근무 시간을 나타내고, 세 번째 값은 세전 급여에서 공제하는 비율을 나타낸다. 프로그램은 시간당 급여에 근무 시간을 곱해서 세전 급여를 계산한다. 그 다음에 세전 급여에 공제 비율을 곱해서 공제 금액을 구한다. 마지막으로, 프로그램은 세전 급여에서 공제 금액을 빼서 세금 공제 후의 순수 급여를 계산하고 출력한다.

(2) 위의 문제를 의사 코드로 작성하라.

14 수영장에 물을 가득 채우려면 시간이 얼마나 걸리는지 알아보려 한다. 수영장의 크기를 측정해보니 아래 그림과 같았다. 수도꼭지 1개를 틀러 1리터 생수통을 채우는 시간을 재어보니 5초가 걸렸다. 수영장에 물을 가득 채우기 위해 동시에 사용할 수 있는 수도꼭지의 개수는 20개이다. 수영장에 물을 가득 채우는데 시간이 얼마나 걸릴까? 이 문제를 해결하는 방안을 자연어와 순서도로 표현해보라.

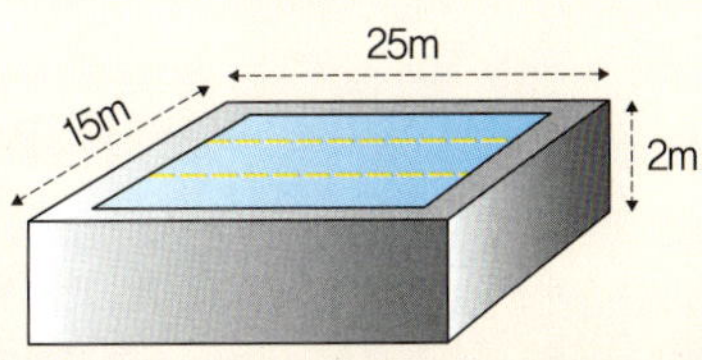

프로젝트

15 아래의 표는 제주도의 강수량을 나타낸다. 제주도의 강수량을 리스트(배열)에 읽어서 연간 강수량의 합과 평균을 구하고, 제주도는 1년 중 어느 달에 가장 비가 적게 오는가를 구하는 문제의 알고리즘을 설계해보려고 한다.

〈표〉 제주도의 연간 강수량(단위: mm)

1월	2월	3월	4월	5월	6월	7월	8월	9월	10월	11월	12월
63.0	66.9	83.5	92.1	88.2	189.8	232.3	258.0	188.2	78.9	71.2	44.8

(1) 작은 문제들로 나누어보라.

(2) 작은 문제들을 해결하는 알고리즘의 순서도와 의사 코드를 작성하라.

(3) 작은 문제들의 해결 방법을 합쳐서 전체 문제를 해결하는 알고리즘의 순서도와 의사 코드를 작성하라.

Python

2 CHAPTER

파이썬 기초

| 학습 목표 |

문제를 분석하여 해결 방안을 구체적인 형태로 표현하고, 프로그래밍 언어를 사용하여 해결 방안에 대한 프로그램을 작성하여 수행할 수 있는 능력을 갖추는 것이 중요하다. 파이썬은 교육용 언어로 출발하였으나 뛰어난 장점 때문에 데이터 분석, 과학 분야, 인공지능, 게임 개발 등으로 활용 범위가 확대되고 있다.

특정 사이트에 접속해서 파이썬 프로그램을 입력하고, 결과를 확인하는 등의 실습이 가능하지만 파이썬을 내 컴퓨터에 설치하고, 입출력 문을 포함해서 파이썬의 기초를 실습을 통해 알아본다.

2 CHAPTER

파이썬 기초

2.1 파이썬이란?

파이썬(Python)은 네덜란드의 **귀도 반 로섬**(Guido van Rossum)이 프로그래밍 교육을 목적으로 1989년에 만들었다. 영어 단어 python이 비단뱀을 뜻하지만 1970년대 영국의 TV 코미디 쇼 이름을 따왔다고 한다.

[그림 2-1] 비단뱀과 파이썬 로고

[그림 2-2] 귀도 반 로섬

2000년에 파이썬 2.0이 등장하였고, 2008년에 파이썬 3.0이 등장하였다. 파이썬 2.x와 파이썬 3.x 간에 100% 호환되지는 않는다. 파이썬 2.x 버전에 대한 공식적인 지원은 2020년 1월 1일 이후 종료되었다.

파이썬은 절차적 프로그래밍 언어이면서 완전한 객체지향 프로그래밍 언어이다. 하지만 파이썬으로 프로그래밍을 시작하는 단계에서는 객체지향 개념들을 처음부터 알아야 할 필요는 없다. 본 교재에서는 11장까지는 파이썬의 객체지향 개념을 최소로 언급하면서 파이썬의 기능들을 설명하고, 12장에서 파이썬의 객체지향 개념을 간략하게 소개한다.

파이썬은 인터프리터 방식을 따르는 고급 프로그래밍 언어이다. 다소 모순된 표현처럼 보이는데, 파이썬은 단순하면서 강력한 프로그래밍 언어이다. 초보자부터 전문가에 이르기까지 좋은 프로그래밍 언어이다. 여러 교육 기관을 비롯하여 인텔, 야후, 나사 등의 기업과 연구 기관에서 파이썬의 사용이 증가하고 있다.

파이썬의 특징 및 장점

- 오픈 소스이며 공짜이다.
- 웹 사이트 개발과 데이터 분석 등의 업무, 특히 과학 분야 업무에서 널리 사용된다. 최근에는 인공지능, 게임 개발 등에도 사용되고 있다.
- PC, 노트북, 서버 컴퓨터 등 다양한 종류의 컴퓨터에서 동작하고, 윈도우, 리눅스, 유닉스, Mac OS, 안드로이드, iOS 등 다양한 운영체제에서 동작한다.
- 다른 고급 프로그래밍 언어들보다 구문이 훨씬 간결하고, 명확하고, 읽기 쉽고, 배우기 쉽다(의사 코드와 비슷).
- 객체지향 프로그래밍 언어이며 절차적 프로그래밍 언어이다.
- 수많은 표준 모듈(라이브러리)과 제3자의 라이브러리가 존재한다. 이런 특징을 "배터리 내장(battery included)"이라고 부른다.

파이썬의 단점

파이썬으로 작은 프로그램을 작성했을 때는 충분히 빠르지만, 계산을 많이 수행하는 큰 프로그램을 작성했을 때는 C 프로그램보다 느리다. 주된 이유는 파이썬이 인터프리터 방식의 언어이어서 전체 프로그램을 한꺼번에 컴파일하지 않으므로 최적화가 거의 이루어지지 않기 때문이다.

2.2 파이썬 설치

프로그래밍을 배우는 최선의 방법은 직접 프로그램을 작성해보는 것이다. 여러분의 PC 또는 노트북에 파이썬을 설치하도록 하자.

2.2.1 파이썬 설치

http://www.python.org/downloads에서 파이썬을 내려받을 수 있다. 현재의 파이썬 버전 중에서 파이썬 3.9.6 버전을 사용하여 본 교재의 프로그램을 작성하였다. 여러분이 이미 파이썬 3.x 버전을 사용하고 있다면 이 교재의 프로그램들을 실행해보는데 아무런 문제가 없다. 앞으로 파이썬 3.x 버전을 단순히 파이썬이라고 부르겠다.

본 교재에서는 파이썬을 윈도우 운영체제에 설치한다고 가정한다. 일반적으로 리눅스와 Mac OS 운영체제에는 이미 파이썬이 디폴트로 설치되어 있다.

아래의 화면에서 [Download]를 클릭한 후 [Download Python 3.9.6]을 클릭한다. 크롬에서 다운로드하면 python-3.9.6-amd64.exe 파일이 [다운로드] 폴더에 저장된다.

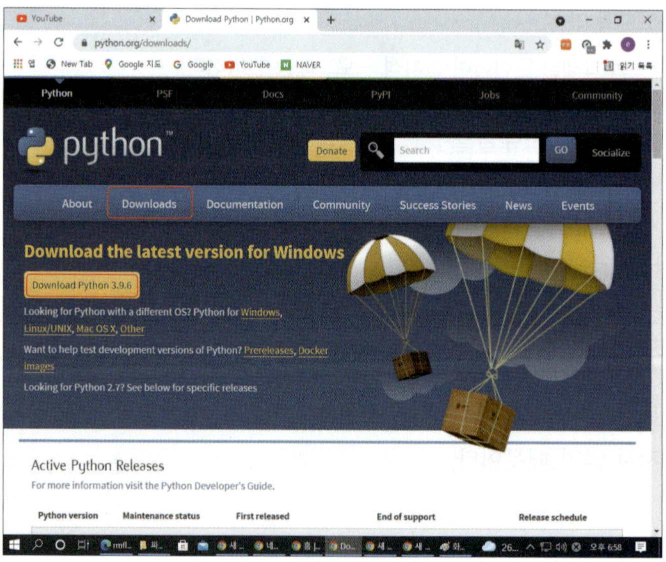

[그림 2-3] 파이썬 다운로드 사이트 (http://www.python.org/downloads)

[다운로드] 폴더에서 python-3.9.6-amd64.exe 파일을 더블 클릭하여 설치를 시작한다. 아래의 설치 화면에서 [Install Now]를 클릭한다. IDLE, pip, 문서 등도 함께 설치된다.

[그림 2-4] 설치 화면

진행 과정이 초록색 막대기로 표시된다.

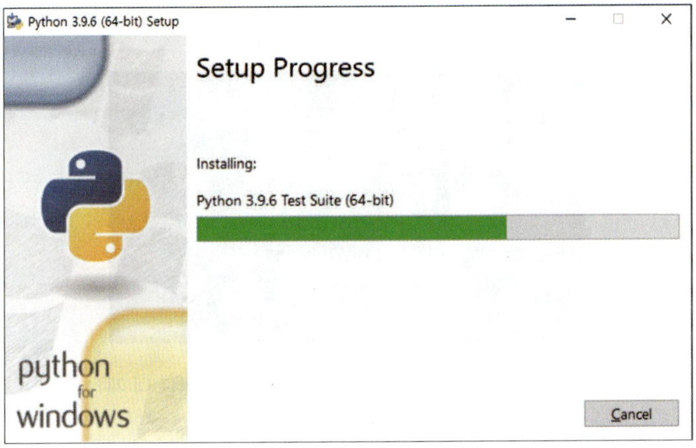

[그림 2-5] 설치 과정

잠시 후 [Setup was successful] 메시지와 함께 설치가 끝난다.

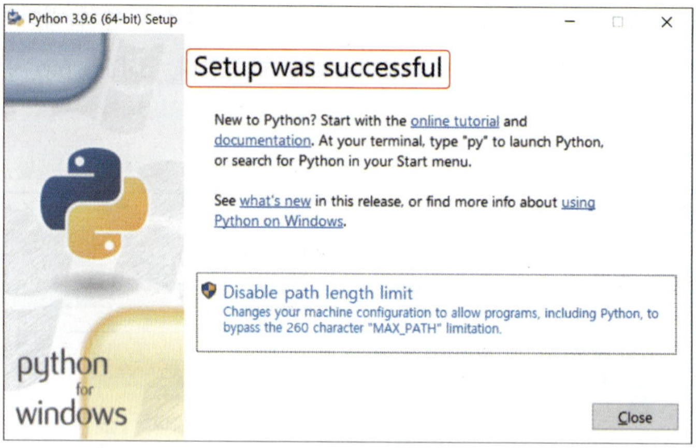

[그림 2-6] 설치 종료

파이썬이 설치되는 폴더는 사용자 PC의 환경에 따라 다소 차이가 있을 수 있다.

파이썬이 윈도우에 성공적으로 설치되면 IDLE, 파이썬 매뉴얼, 표준 모듈 등도 함께 설치된다. 파이썬을 설치한 후에 윈도우의 [시작] 버튼을 누르면 나타나는 창에서 [Python 3.9] 그룹 밑에 파이썬과 관련된 명령 네 개가 표시된다. 이 중에서 첫 번째 명령인 IDLE을 주로 사용할 것이다.

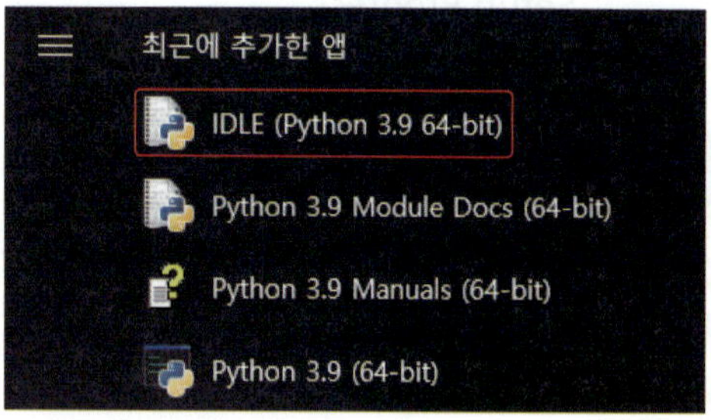

[그림 2-7] [시작] 메뉴에서 파이썬과 관련된 명령 네 개

IDLE 위에서 마우스의 오른쪽 버튼을 클릭한 후 팝업 메뉴에서 [시작 화면에 고정]을 선택하는 것이 좋다. IDLE 명령을 더 쉽게 접근하려면 [작업 표시줄에 고정]을 선택해도 좋다.

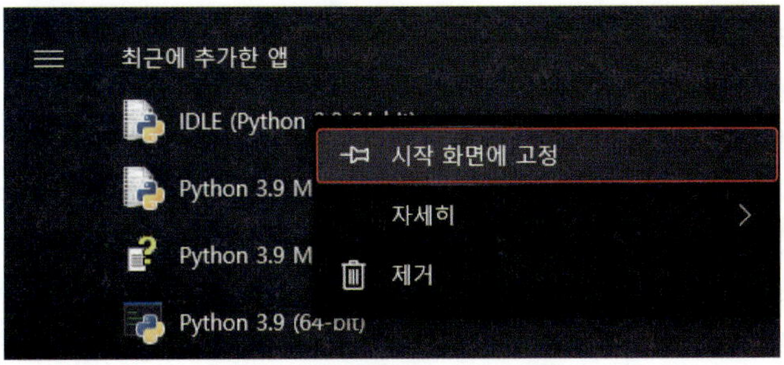

[그림 2-8] IDLE 명령을 시작 화면에 고정

[그림 2-7]의 명령들의 기능은 아래와 같다.

- IDLE: IDLE은 파이썬의 **그래픽 사용자 인터페이스**(GUI: Graphical User Interface)이다. GUI는 창, 메뉴, 버튼 등으로 이루어진 인터페이스를 의미한다. IDLE은 초보자가 파이썬을 배우는데 충분한 기능을 갖고 있다. 통합 개발 환경이다.
- Python 3.9 Module Docs: 파이썬 표준 라이브러리에 포함된 모듈들에 관한 문서를 둘러보는 명령이다.
- Python 3.9 Manuals: 파이썬 문서들을 둘러보는 명령이다.
- Python 3.9: 파이썬 문장을 대화식으로 실행하는 명령이다.

2.2.2 IDLE

[그림 2-7]에서 IDLE을 클릭해보자. **IDLE 셸**(IDLE Shell) 창이 화면에 나타난다. 이 창 안에서 파이썬 인터프리터가 대화식 모드로 수행되고 있다. 창의 상단에는 IDLE의 다양한 기능을 사용할 수 있는 메뉴 표시줄이 있다. IDLE 셸은 사용자가 명령을 입력하고 수행 결과를 바로 확인하는 등 파이썬 인터프리터와 상호작용하도록 한다. 사용 중인 파이썬의 버전 등도 표시된다.

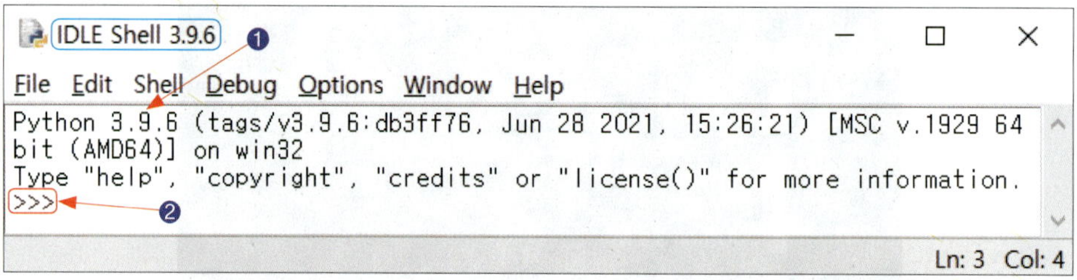

❶ Python 3.9.6은 파이썬의 버전을 나타낸다. 소프트웨어를 처음 만들었을 때 일반적으로 버전을 1.0으로 표시한다. 소프트웨어에 큰 변화가 있을 때는 1.0, 2.0, 3.0, …으로 구분하고, 작은 변화가 생기면 3.2, 3.9.6처럼 소수점 아래 숫자를 높여 구분한다.

❷ 파이썬이 문장을 받아들일 준비를 하고 있음을 나타내는 프롬프트이다. 명령문을 입력하고 Enter 키를 누르면 실행 결과가 바로 화면에 나타난다.

[그림 2-9] IDLE 셸(IDLE Shell) 창

'>>>'는 사용자가 파이썬 명령문을 입력할 때까지 인터프리터가 기다리고 있음을 의미한다. 이를 **프롬프트**라고 부른다. >>> 자체는 프로그램의 요소가 아니다.

파이썬이 인터프리터 방식을 따르므로, >>> 오른쪽에 명령문을 입력하고 Enter 키를 누르면 파이썬 인터프리터는 그 명령문을 실행한 후 결과를 화면에 표시한다. 실행 결과가 표시되고 다시 >>>가 나타나서 인터프리터가 사용자로부터 새로운 명령문을 기다리고 있음을 보여준다.

if 문이나 반복문처럼 여러 줄로 이루어진 명령문을 입력하면 파이썬은 필요한 곳에 자동적으로 들여쓰기를 한다.

IDLE

IDLE은 Integrated DeveLopment Environment의 약어이다. 통합 개발 환경이란 의미를 갖는 IDLE은 아래와 같은 프로그램들을 하나의 프로그램으로 통합해 놓은 것이다. IDLE은 프로그램 작성, 실행, 테스트 등의 작업을 편하게 만들어준다.

- 대화식 모드로 수행되는 파이썬 셸
- 편집기: 프로그램 작성 및 수정 도구. IDLE에 내장된 편집기는 파이썬 구문을 인식하므로 메모장 같은 편집기보다 파이썬 프로그램 작성이 훨씬 편함
- 디버거: 프로그램 내의 에러들을 찾아서 수정하는데 도움을 주는 도구

2.2.3 대화식 모드 vs. 스크립트 모드

사용자는 파이썬 인터프리터를 대화식 모드와 스크립트 모드 등 두 가지 모드로 사용할 수 있다. 대화식 모드에서는 사용자가 키보드에서 파이썬 명령문을 입력할 때까지 인터프리터가 기다리고, 사용자가 파이썬 명령문을 입력하면 그 명령문을 바로 실행한 후 다시 사용자가 키보드에서 또 다른 명령문을 입력할 때까지 기다린다. 대화식 모드는 바로 결과를 보여주기 때문에 짧은 프로그램을 작성하고 테스트하는데 적합하다.

대화식 모드에서 사용자가 입력한 명령문들은 저장되지 않는다. 동일 프로그램을 반복해서 수행하고자 할 경우에 매번 같은 명령문들을 키보드에서 입력해야 한다.

동일 프로그램을 반복해서 실행할 때마다 프로그램에 속한 명령문들을 IDLE 셸 창에 다시 입력해야 한다면 매우 불편할 것이고, 파이썬의 유용성은 크게 떨어질 것이다. 수십 줄짜리 프로그램이라면 실행할 때마다 다시 입력할 엄두가 나지만 수백~수만 줄짜리 프로그램을 다시 입력하는 것은 거의 불가능하다. 긴 프로그램은 스크립트 모드에서 작성하여 파일에 저장하는 것이 편리하다.

스크립트 모드에서는 프로그램의 명령문들을 한꺼번에 모두 입력하여 디스크 파일에 저장(확장자 .py)하고, 디스크로부터 파일을 읽어서 파일 안의 모든 명령문들을 한 번에 한 문장씩 실행한다. 이런 파일을 **파이썬 프로그램** 또는 **파이썬 스크립트**라고 부른다.

파이썬 인터프리터가 대화식 모드로 동작하는 IDLE 셸 창에는 항상 >>>가 표시되지만 파이썬 인터프리터가 스크립트 모드로 동작하는 편집기 창에서는 >>>가 표시되지 않는다. 이 교재에 포함된 예제 프로그램들은 대화식 모드와 스크립트 모드를 선택적으로 사용할 것이다.

2.2.4 대화식 모드

>>> 오른쪽에 아래와 같이 입력하고 Enter 키를 누른다. Enter 키는 하나의 명령문이 완성되었으니 파이썬에게 그 명령문을 실행해달라고 요청하는 것이다. print 문은 결과를 화면에 출력한다.

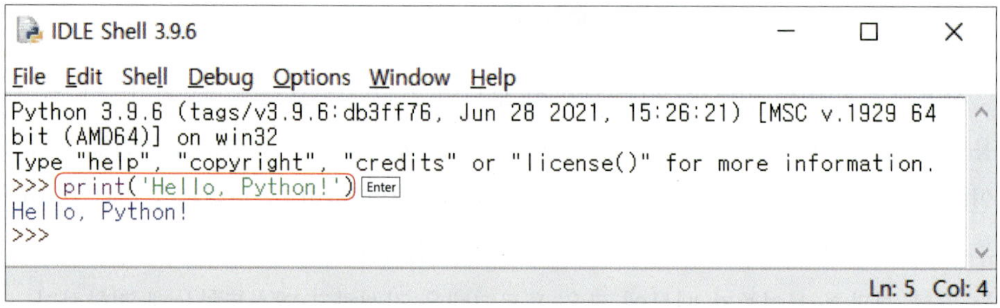

파이썬은 print 문의 실행 결과로 단일 따옴표 없이 Hello, Python!을 보여준다. 또 다시 표시된 >>>는 사용자가 파이썬 문장을 입력할 때까지 인터프리터가 기다리고 있음을 의미한다.

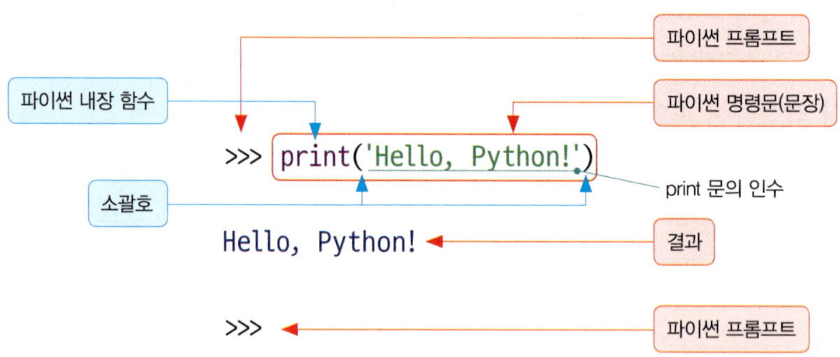

'Hello, Python!'에서 단일 따옴표 ' 대신 이중 따옴표 "를 양쪽에 사용해도 된다. 따옴표 자체는 문자열의 일부가 아니다.

여러분은 방금 첫 프로그램의 실행을 성공적으로 마쳤다. 한 줄로 이루어진 이 프로그램을 C 언어로 작성하면 다음과 같이 여러 줄의 명령문들이 필요하다. 이만큼 파이썬이 C, C++, 자바 등 다른 고급 프로그래밍 언어들보다 구문이 단순하고 강력하다.

〈표 2-1〉 파이썬과 C 언어의 구문 비교

파이썬	C 언어

`print('Hello, Python!')`	`#include <stdio.h>`
	`int main(void)`
	`{`
	`   printf("Hello, Python!\n");`
	`}`

색깔 구분

IDLE 셸 창 또는 편집기 창에서 키워드, 문자열(string) 등 사용자가 입력하는 프로그램의 구성요소들을 고유한 색깔로 구분하므로 프로그램을 읽기 쉽게 만든다.

- 키워드: 오렌지색
- 내장 함수: 자주색
- 문자열: 초록색. 따옴표로 에워싸인 문자들이 문자열
- 함수명처럼 정의된 이름 또는 실행 결과: 파란색
- 변수: 검정색
- 주석: 빨간색

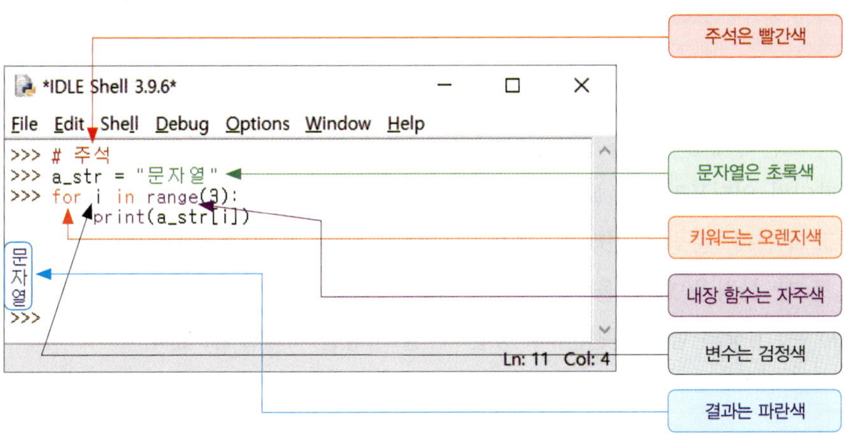

[그림 2-10] 색깔 구분

에러 메시지

프로그램을 작성하여 실행하다보면 자주 에러가 발생할 수 있다. 예를 들어 아래와 같이 명령문을 입력하고 Enter 키를 누르면 에러 메시지가 나타난다. 이 에러 메시지는 인터프리터가 인식할 수 없는 무언가를 사용자가 입력했다는 것이다. 이 예에서는 print를 pront로 잘못 타이핑했다.

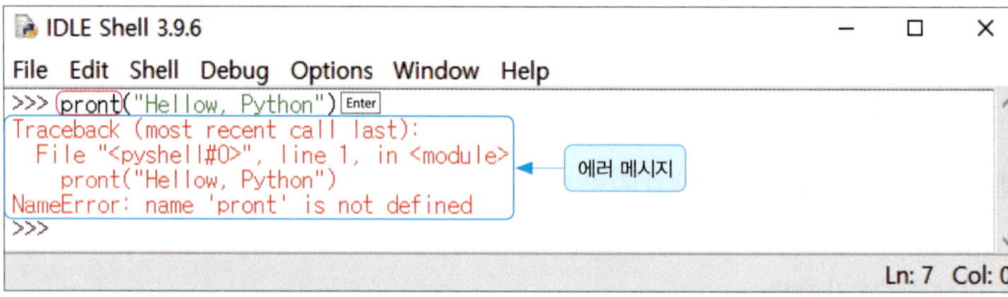

[그림 2-11] 틀린 명령문을 실행할 때 나타나는 에러 메시지의 예

또한 파이썬은 대문자와 소문자를 구분하기 때문에 키워드를 소문자로 입력해야 한다.

```
print ≠ PRINT ≠ Print
```

문장 또는 문

>>> 오른쪽에 5 + 6을 입력하고 Enter 키를 누르면 덧셈 결과인 11이 바로 나타난다. 파이썬 인터프리터가 실행할 수 있는 하나의 명령문을 **문장**(statement), 줄여서 **문**이라고 부른다. 문장은 인터프리터가 수행할 수 있는 가장 작은 단위를 말한다. 일반적으로 한 문장은 한 줄을 차지하지만 4장의 선택문(if 문), 5장의 반복문(for 문과 while 문), 6장의 함수 선언문(def) 등은 두 줄 이상을 차지할 수 있다.

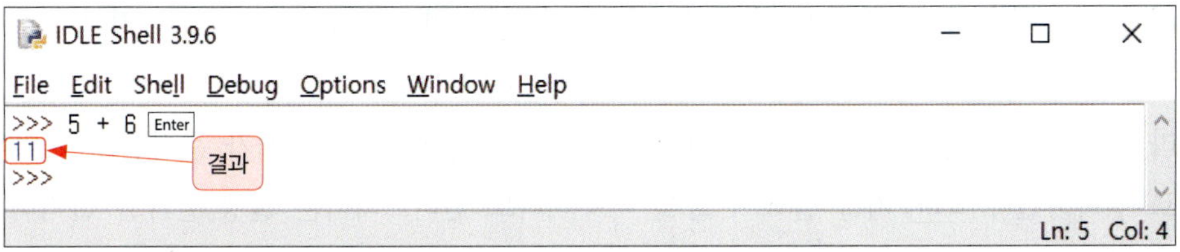

파이썬에서 아래의 명령문을 수행해 보자. 결과가 11이 아니다. 5와 6이 각각 따옴표 속에 있으므로 문자로 취급되므로 문자 두 개를 붙이게 된다.

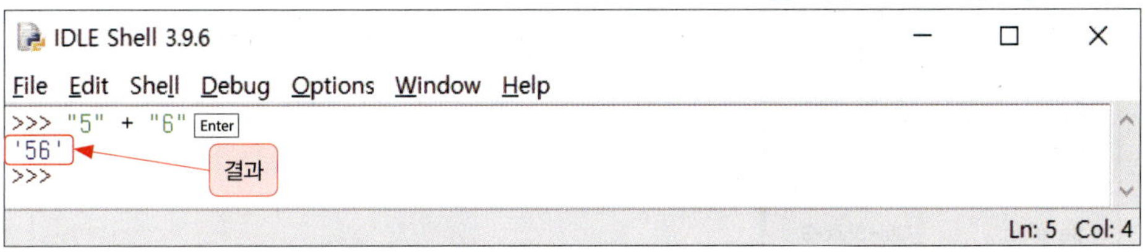

2.3 프로그램 저장 및 불러오기

다수의 문장들로 이루어진 프로그램을 작성하고 파일에 저장하려고 하는 경우에는 인터프리터를 스크립트 모드에서 실행하는 것이 좋다. 프로그램을 구성하는 모든 문장들을 입력하고, 이 프로그램을 파일에 저장할 때 폴더를 선택한 후 확장자는 .py로 지정한다. 사용자가 확장자를 별도로 입력하지 않으면 파이썬이 자동적으로 .py를 확장자로 붙인다.

> **TIP** IDLE에 내장된 편집기 외에 메모장(notepad) 등의 편집기를 사용하여 프로그램을 작성할 수도 있지만 메모장은 파이썬의 키워드, 내장 함수, 주석, 들여쓰기 등을 구분하지 못하기 때문에 매우 불편할 것이다. 아래한글, Word 등도 피하도록 하자.

스크립트 모드에서 프로그램을 작성하려면 [그림 2-12]처럼 IDLE의 메뉴 표시줄에서 [File] → [New File]을 선택한다(또는 Ctrl+N 단축키). [그림 2-13]과 같은 편집기 창이 열린다. 편집기 창이 처음 열렸을 때 >>>를 포함해서 아무 내용도 없음을 주목하라. 사용자는 문장들만 입력해서 편집기 창을 채워야 한다. 사용자가 문장들을 차례로 입력하면서 Enter 키를 눌러서 줄을 바꾸더라도 인터프리터는 실행 결과를 출력하지 않는다.

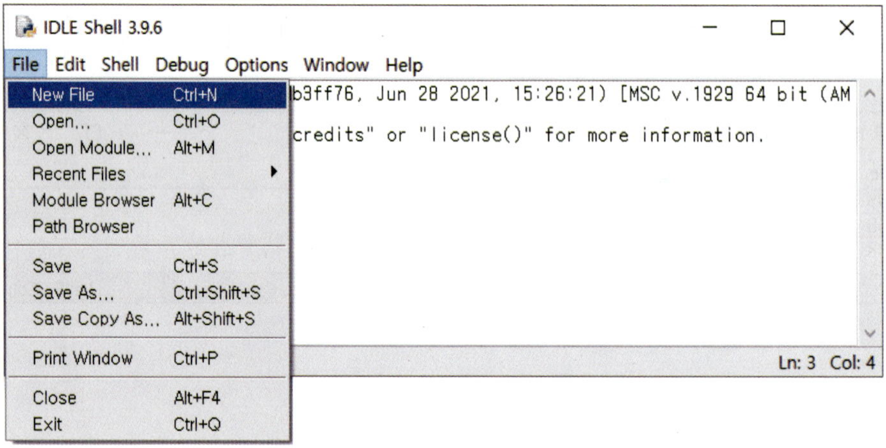

[그림 2-12] IDLE 셸 창에서 [File] → [New File]

앞에서 언급한 바와 같이 >>>는 파이썬 프로그램의 일부가 아니기 때문에 편집기 창에서 프로그램을 작성할 때 오로지 파이썬 문장만 입력해야 한다. 프로그램을 저장할 파일에 대해 이름을 부여하기 전에는 제목 표시줄에 Untitled가 표시된다.

편집기 창의 메뉴 표시줄은 IDLE 셸 창의 메뉴 표시줄과 크게 다르지 않다. IDLE 셸 창의 'Shell'과 'Debug' 메뉴 대신에 'Format'과 'Run' 메뉴가 표시된다.

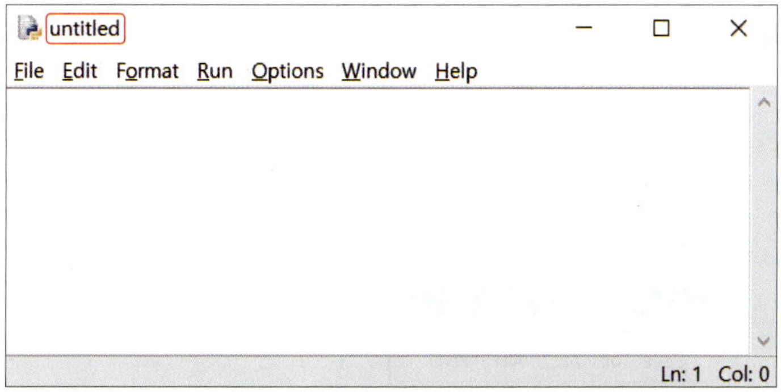

[그림 2-13] 편집기 창(스크립트 모드)

편집기 창에서 [그림 2-14]처럼 한 줄짜리 프로그램을 입력하고 [File] → [Save] (또는 [Save As])를 선택하여 파일을 디스크에 저장할 때 파일 이름(예: hello.py)을 부여하면, 그 파일 이름이 제목 표시줄에 나타난다. 파이썬 실습을 위한 프로그램들을 저장할 폴더(예: D:₩파이썬 실습)를 만들고 앞으로 이곳에 프로그램들을 저장하도록 하자.

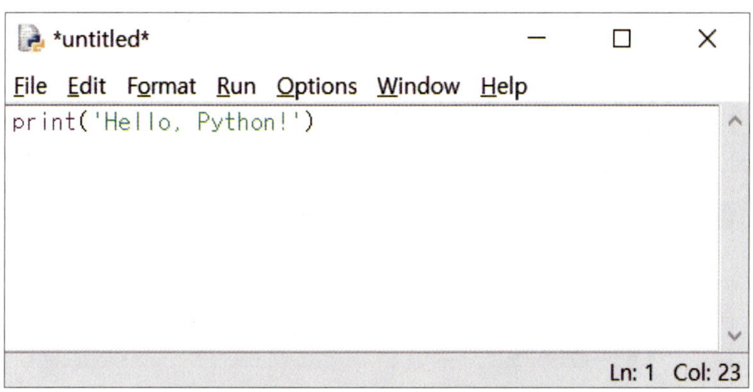

[그림 2-14] 편집기 창에 한 줄짜리 프로그램 입력

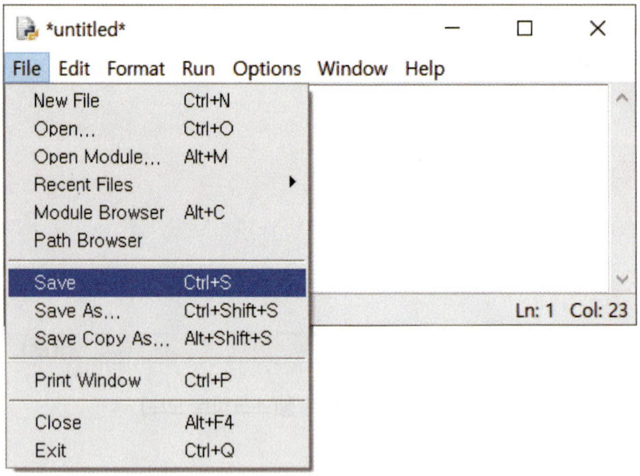

[그림 2-15] 편집기 창에서 [File] → [Save]

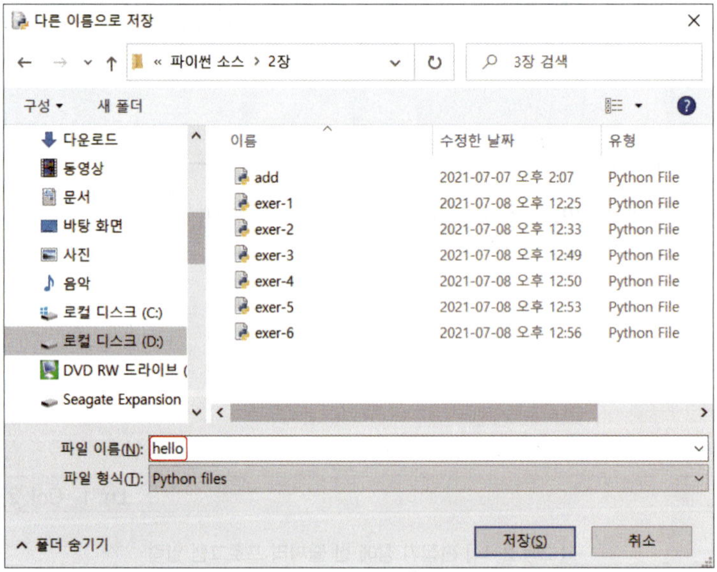

[그림 2-16] 프로그램을 파일에 저장

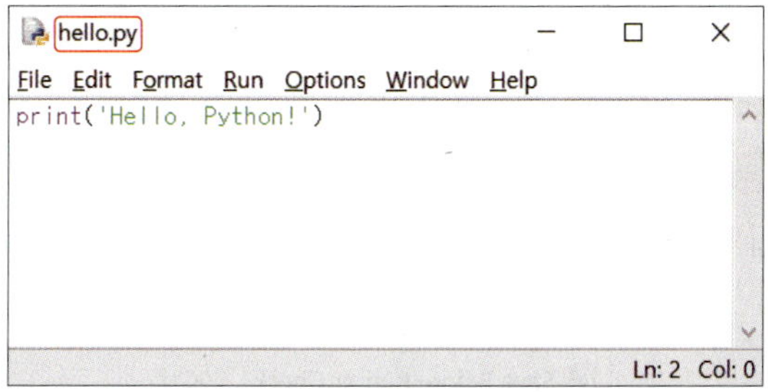

[그림 2-17] 편집기 창(hello.py)

이제 편집기 창에서 F5 키를 누르거나 메뉴 표시줄에서 [Run] → [Run Module]을 선택하면, 프로그램 실행 후 IDLE 셸 창이 다시 활성화되고, 이 창에 프로그램 실행 결과가 나타난다.

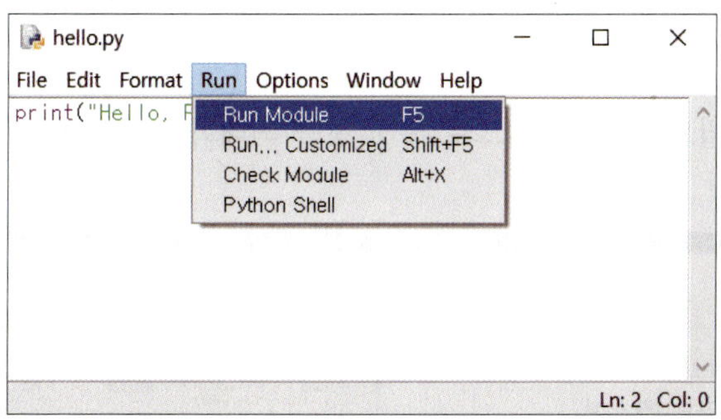

[그림 2-18] [Run] → [Run Module]

실행 결과가 출력되기 전에 아래와 같은 RESTART 메시지가 먼저 나타난다.

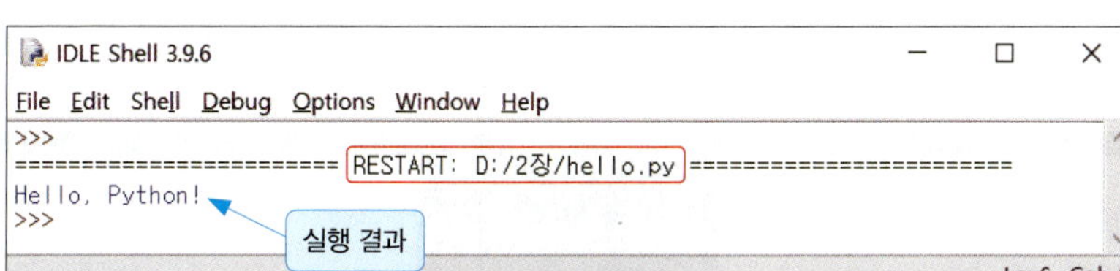

[그림 2-19] IDLE 셸 창에 실행 결과가 나타남

주의

프로그램을 디스크에 파일로 저장하지 않은 채 또는 저장한 후에 프로그램을 조금이라도 수정한 후 F5 키를 누르거나 [Run] → [Run Module]을 선택하면 프로그램을 먼저 저장하라는 팝업 창이 나타난다.

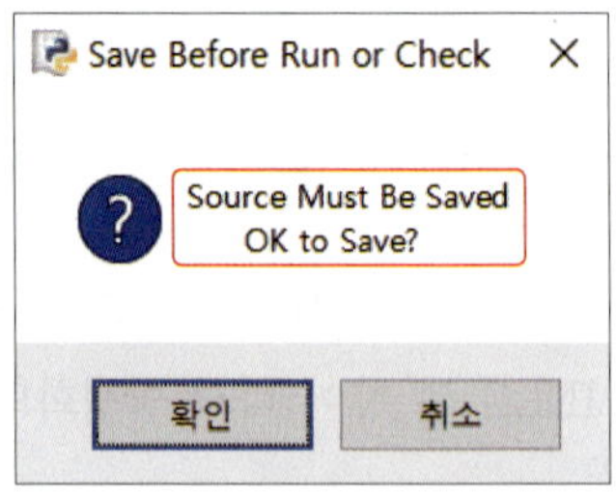

IDLE 셸 창과 편집기 창의 크기를 조정하고 드래그하여 화면상에 잘 배치하면 편집기 창에서 프로그램을 작성하고 IDLE 셸 창에서 결과를 확인하는 과정을 편하게 진행할 수 있다. 필요하면 일시적으로 특정 창을 최대화할 수도 있다.

[그림 2-20] 모니터에 두 개의 창을 열어놓고 프로그램 작성 및 결과 확인

이전에 작성해서 저장해둔 프로그램을 열기 위해서 편집기 창 또는 IDLE 셸 창의 메뉴 [File] → [Open](또는 Ctrl+O 단축키)을 선택한다. 프로그램 파일이 저장된 폴더를 찾아서 원하는 파일을 클릭한다. 그 파일이 편집기 창 안에 나타난다.

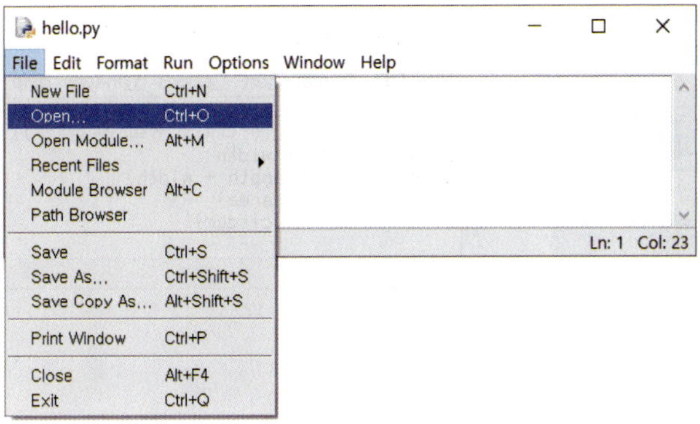

그 다음에 F5 키를 누르거나 [Run] → [Run Module]을 선택하여 그 프로그램을 실행할 수 있다.

예 순서도를 프로그램으로

1장 [그림 1-11]에서 순서도의 예로 소개한, 직사각형의 가로와 세로를 읽고 면적과 둘레를 구하는 프로그램을 아래와 같이 작성해서 rectangle.py 파일에 저장해보자. 파이썬을 포함한 모든 고급 프로그래밍 언어에서 *는 곱셈을 의미한다. 수학의 수식에서처럼 곱셈을 위해 x를 쓰거나 ·을 사용해서는 안 된다. 이 프로그램에 사용된 input 문, print 문, 수식 등은 차차 설명한다.

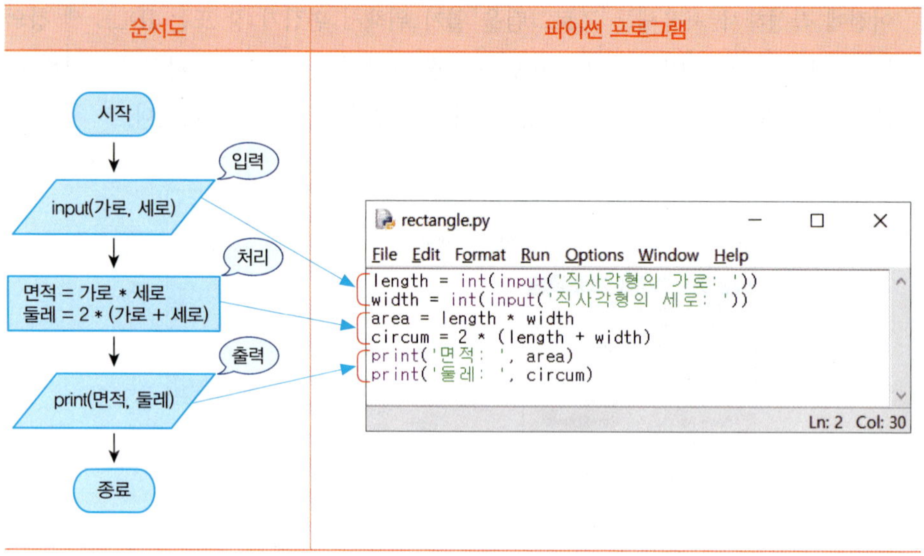

[그림 2-21] 순서도와 대응되는 파이썬 프로그램

구문 에러

파이썬을 포함한 모든 고급 프로그래밍 언어들은 고유한 구문을 갖는다. 영어로 글을 쓰려면 영문법을 따라야 하듯이 파이썬으로 프로그램을 작성하려면 파이썬 구문을 반드시 지켜야 한다.

구문 에러가 포함된 프로그램을 실행하면 다음과 같은 팝업 창이 나타난다. [확인]을 클릭하면 편집기 창은 구문 에러가 존재하는 문장을 강조해서 표시한다. 다시 편집기 창으로 돌아가서 구문 에러를 수정한 후 다시 저장하고, 프로그램을 다시 실행하도록 한다. 모든 구문 에러들을 바로 잡을 때까지 이런 과정을 반복해야 한다.

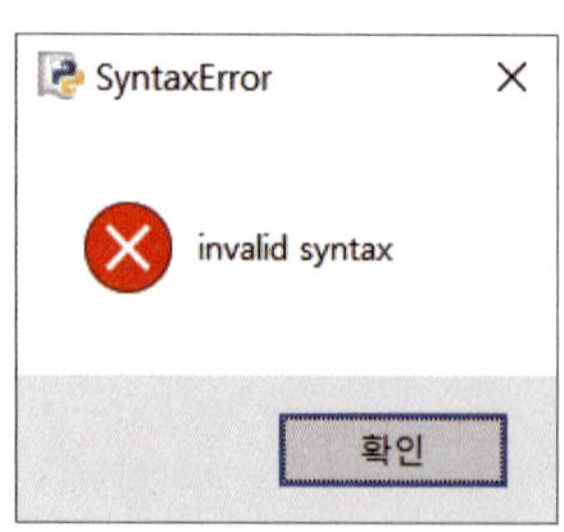

[그림 2-22] 구문 에러 발생시 나타나는 팝업 창

2.4 입출력문

일반적으로 프로그램은 수행 중에 입력문을 통해 사용자로부터 데이터를 입력받고, 그 데이터에 대해 어떤 연산을 수행하고, 출력문을 통해 결과를 사용자에게 보여준다.

2.4.1 input 문

input 문은 사용자가 입력한 내용을 읽어서 **변수**(variable)에 배정한다. 변수는 3장에서 자세하게 설명한다. print 문과 달리 input 문의 인수의 개수는 항상 1개 또는 0개이다.

input 문의 두 가지 형식

- 변수 = input("프롬프트")

프롬프트를 화면에 표시하고, 사용자가 키보드에서 입력한 내용을 = 기호 왼쪽의 변수에 문자열 형태로 저장한다. 프롬프트는 화면 위에 표시되는 문자열이다.

- 변수 = input()

사용자가 입력한 내용을 = 기호 왼쪽의 변수에 문자열 형태로 배정한다.

인터프리터가 input 문을 만나면 괄호 안에 "프롬프트"가 있으면 화면에 표시하고 사용자가 키보드에서 값을 입력할 때까지 기다린다. 이때 print 문과 달리 새 줄을 추가하지 않는다. 일반적으로 프롬프트의 맨 끝에 공백 문자를 넣는 것이 좋다. 앞으로 ␣는 키보드에서 스페이스바를 눌러서 입력하는 공백 문자를 나타내기 위해 종종 사용한다.

```
>>> name = input("당신의 이름은?␣") Enter
당신의 이름은?␣
```

input 문의 괄호 안에 프롬프트가 없으면 당연히 아무 것도 화면에 나타나지 않는다. 키보드에서 이름을 입력한 후 Enter 키를 누르면 입력한 이름이 변수 name에 문자열로 저장된다.

프로그램 안에 input 문이 여러 개 포함되어 있을 때 사용자에게 현재 어떤 내용을 입력해야 하는가를 알려주는 용도로 프롬프트를 사용하는 것이 좋다.

예 원의 면적을 계산하는 프로그램

아래의 프로그램은 원의 반지름을 입력받고, 원의 면적을 계산하여 출력한다. 프로그램의 여러 구성요소들을 설명하기 위해서 때로 프로그램의 각 문장 왼쪽에 라인 번호를 표시하겠다. 라인 번호들은 문장을 식별하는 역할만 하며, 프로그램의 일부는 아니다.

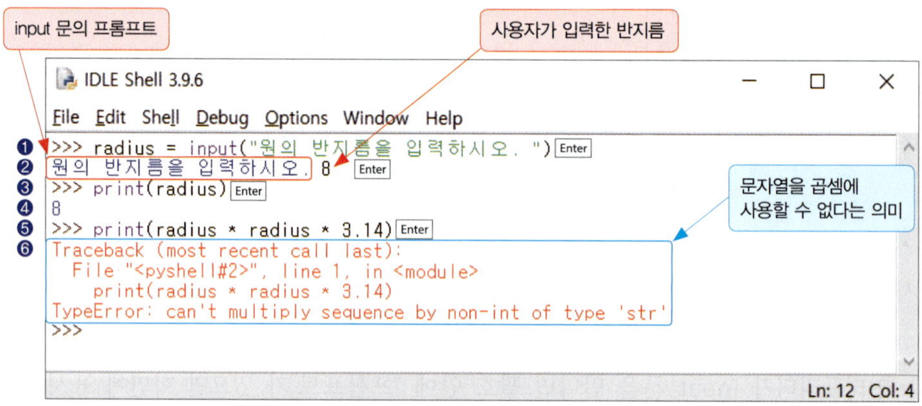

[그림 2-23] 원의 면적을 계산하는 프로그램

❶번 줄에 input 문을 입력하고 Enter 키를 누르면 인터프리터는 ❷번 줄에 input 문의 괄호 안의 프롬프트를 표시하고, 사용자가 데이터를 입력할 때까지 기다린다. 사용자가 8을 입력하고 Enter 키를 누르면 문자열 8이 변수 radius가 가리키는 곳에 저장된다. ❸번 줄에 print 문을 입력하고 Enter 키를 누르면 radius가 가리키는 곳에 저장된 8이 ❹번 줄에 출력된다. input 문은 프롬프트 다음에 자동으로 공백 문자를 넣어주지 않기 때문에 공백 문자를 포함해서 프롬프트를 정확하게 표현해야 한다.

input 문을 실행할 때 사용자가 숫자를 입력했더라도 문자열로 반환된다. 즉 ❷번 줄에서 숫자 8을 입력해도 문자열 '8'이 반환되는 것이다. 숫자를 입력하더라도 ❹번 줄처럼 단순히 화면에 표시하는 경우에는 숫자든 문자열이든 차이가 없다.

하지만 수학적 계산에 사용할 숫자를 입력할 때는 문제가 발생한다. 문자열은 수식에 사용할 수 없는데, ❺번 줄에서 원의 면적을 계산하는 πr^2 수식에서 radius가 가리키는 문자열이 수식에 사용되기 때문에 ❻번 줄처럼 에러 메시지가 나타나게 된다. 파이썬에서 에러를 **예외**(exception)라고 부른다. 예외에 관해서는 10장에서 자세하게 논의한다.

2.4.2 cast 함수

파이썬은 숫자 데이터 타입(정수, 실수)을 문자열로, 문자열을 숫자 데이터 타입으로 변환하는 함수들을 제공한다. 이런 함수를 **cast 함수**라고 부른다.

〈표 2-2〉 데이터 타입 변환 함수

함수	기능
`int(data)`	문자열 또는 실수를 int 함수에 인수로 전달하면 정수로 변환되어 반환된다.
`float(data)`	문자열 또는 정수를 float 함수에 인수로 전달하면 실수로 변환되어 반환된다.
`str(data)`	정수 또는 실수를 str 함수에 인수로 전달하면 문자열로 변환되어 반환된다.

예 cast 함수

int(a)는 실수 a를 반올림을 하지 않고 정수로 변환하기 때문에 int(3.14)는 소숫점 아래를 모두 제거하고 정수 부분 3을 반환한다.

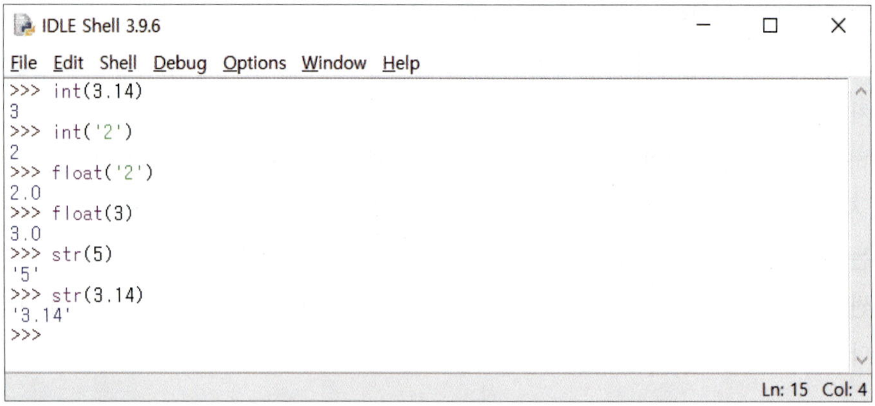

[그림 2-24] cast 함수의 예

숫자가 아닌 데이터에 대해서 int 또는 float 함수를 적용하면 에러가 발생한다. 'xy'는 숫자가 아니기 때문에 int('xy')는 에러 메시지를 표시한다. 에러 메시지는 파이썬이 문자열 'xy'를 숫자로 변환할 수 없음을 의미한다. 정수로 변환할 수 없는 값에 대해서 int 함수를 적용해도 에러가 발생한다. 3.14는 실수이므로 int 함수가 정수로 변환하지만 '3.14'는 문자열이므로 정수로 변환하지 못한다.

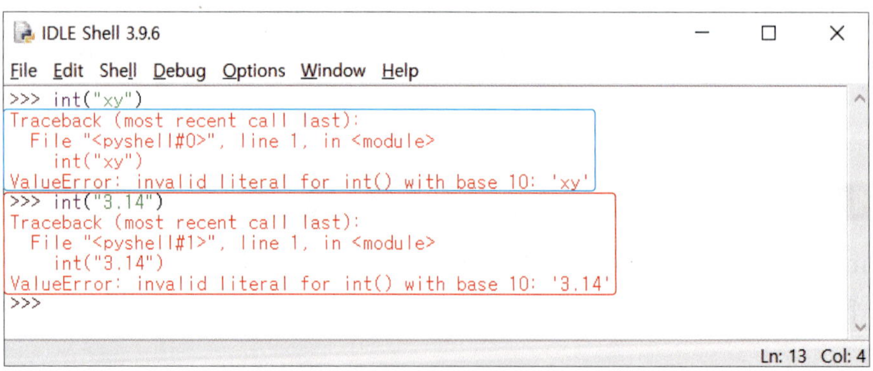

에러 메시지가 나타난 [그림 2-23] 프로그램을 아래와 같이 수정해보자.

```
IDLE Shell 3.9.6
File Edit Shell Debug Options Window Help
❶ >>> radius = input("반지름을 입력하시오. ")
❷ 반지름을 입력하시오. 8
❸ >>> radius = int(radius)
❹ >>> print(radius * radius * 3.14)
❺ 200.96
>>>
                                                  Ln: 8 Col: 4
```

❷번 줄에 입력한 정수 8이 컴퓨터 내부에서 변수 radius에 문자열 '8'로 배정된 것을 ❸번 줄에서 int 함수를 통해서 정수 8로 변환하여 변수 radius에 배정한다. 이제 ❹번 줄에서 원의 면적을 계산할 때 에러 메시지가 나타나지 않는다. 물론 ❷번 줄에서 정수가 아닌 값을 입력하면 에러 메시지가 나타난다.

❶번 줄과 ❸번 줄을 합쳐서 아래와 같이 한 개의 문장으로 나타낼 수 있다. 이를 중첩된 함수라고 부른다. 가장 안쪽의 함수(input)를 먼저 실행하고, 그 결과로 문자열이 반환되면 이를 int 함수에 전달하고, 그 결과로 정수가 반환된다.

```
>>> radius = int(input("반지름을 입력하시오:␣"))
```

2.4.3 print 문

print 문은 괄호 속의 수식의 계산 결과, 임의의 문자열 등을 화면(IDLE 셸 창)으로 내보낸다. print 문의 형식은 아래와 같다.

```
print(한 개 이상의 인수)
```

인수는 출력할 항목이다. 쉼표를 사용해서 하나의 print 문에서 여러 개의 인수들을 출력할 수 있다. 인수에 문자열, 변수, 식 등이 사용된다. 인수가 문자열이면 따옴표 안의 내용을 화면에 출력하고, 변수이면 변수가 가리키는 곳에 저장된 값을 출력하고, 식이면 식의 계산 결과를 화면에 출력한다.

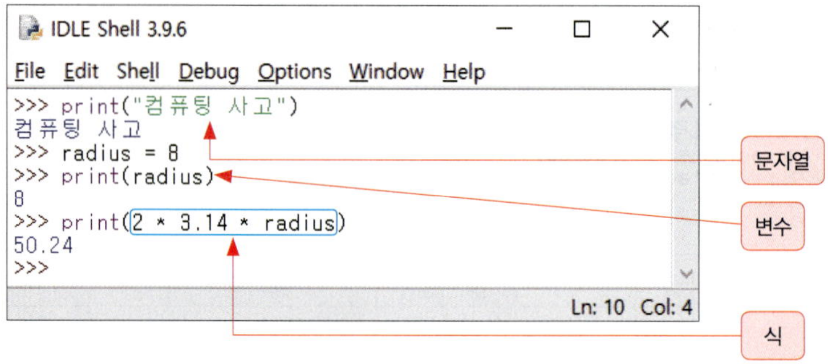

인수들이 쉼표로 구분되었을 때는 출력되는 값들 사이에 공백 문자가 표시된다.

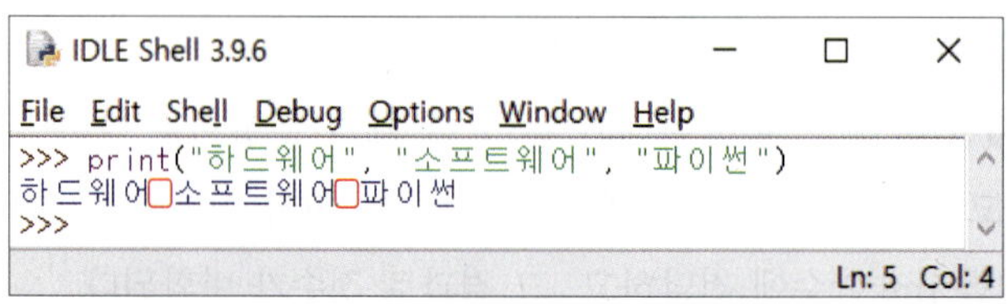

각 print 문은 괄호 속의 인수들을 출력한 후 자동적으로 줄바꿈(\n) 문자를 출력하기 때문에 그 다음 print 문은 새 줄에 인수를 출력하게 된다. 따라서 인수가 없는 print() 문을 실행하면 단지 줄바꿈만 일어난다.

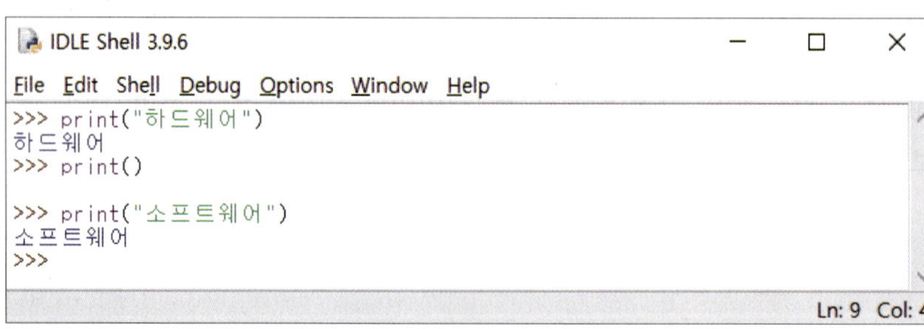

만일 스크립트 모드에서 여러 개의 print 문의 결과를 한 줄에 출력하려면 각 print 문의 마지막에 end=""를 넣는다. end=""는 print 문의 인수를 출력한 후 새 라인으로 이동하지 않도록 한다.

탈출 문자

탈출 문자(escape character)는 '\' 다음에 놓이는 문자를 말한다. 탈출 문자를 포함한 문자열을 print 문에서 출력할 때 탈출 문자는 특별하게 취급된다.

아래의 print 문처럼 문자열 안에 탈출 문자로 \n을 사용하면 \n을 만날 때마다 줄 바꿈을 하게 된다. 탈출 문자로 \t를 사용하면 \t를 만날 때마다 새로운 탭으로 이동한다.

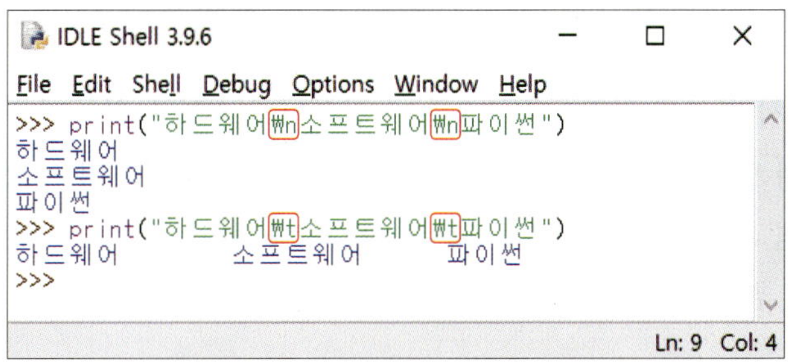

〈표 2-3〉 몇 가지 탈출 문자

탈출 문자	기능
\n	줄바꿈을 한다.
\t	다음 탭 위치로 이동한다.
\\	역 슬래시가 출력되도록 한다.

2.5 들여쓰기

들여쓰기(indent)는 파이썬 IDLE 셸 창 또는 편집기 창의 가장 왼쪽부터 문장을 채우지 않고 한 칸 이상 오른쪽부터 문장을 채우는 것을 말한다.

C, 자바 등의 고급 프로그래밍 언어에서는 각 문장을 구분하기 위해서 세미콜론 등을 사용하고, 문장들의 블록을 구분하기 위해서 중괄호 { }를 사용하므로 엄격한 들여쓰기를 요구하지 않는다. 이에 반해서 파이썬에서는 들여쓰기를 통해서 문장들의

블록을 구분한다.

파이썬에서 동일 크기만큼 들여쓰기 한 문장들의 모임을 블록이라고 부른다. 블록들에 관한 세 가지 규칙은 다음과 같다.

- 들여쓰기가 증가하면 새로운 블록이 시작된다.
- 블록 안에 다른 블록이 포함될 수 있다.
- 들여쓰기가 감소하면 현재의 블록이 끝난다.

예 문장들의 블록

아래 그림에서 파란색 문장1~문장3은 첫 칸부터 입력한 문장들이고, 블록1을 형성한다. 윗부분의 빨간색 문장4~문장5와 아래 부분의 빨간색 문장9~문장11은 블록 1보다 네 칸만큼 들여쓰기 했으므로 새로운 블록2를 형성한다. 자주색 문장6~문장8은 블록 2보다 추가로 네 칸만큼 들여쓰기 했으므로 블록3을 형성한다.

[그림 2-25] 문장들의 블록

파이썬 인터프리터에서 일단 새로운 블록을 작성하기 시작하면 빈 줄에서 BackSpace 키를 누를 때까지 현재의 블록이 계속된다.

들여쓰기는 다른 언어보다 파이썬 코드를 더 읽기 쉽고 이해하기 쉽게 만드는 주요 특징이다. 파이썬은 사용자가 IDLE 셸 창 또는 편집기 창에서 문장들을 입력할 때 해당 문장의 구문에 맞게 자동적으로 들여쓰기를 한다. 이 기능은 선택문(4장), 반복문

(5장), 함수(6장) 등에서 다시 설명한다.

편집기 창에서 아래의 간단한 if 문(4장)을 입력해보자. 첫째 줄에 가장 왼쪽부터 a = 2를 입력하고 ❶에서 Enter 키를 누르면 둘째 줄의 가장 왼쪽에(❷) 커서가 위치한다. 둘째 줄에 문장을 입력하고 Enter 키를 누르면 셋째 줄의 가장 왼쪽에 커서가 위치한다. ❸의 끝에서 Enter 키를 누르면 편집기는 자동적으로 다음 줄(if 문의 몸체)을 4칸만큼 들여쓴다(❹). 들여쓰기된 줄의 맨 앞에서 BackSpace 키를 누르면 한 단계(4칸)만큼 들여쓰기가 감소된다.

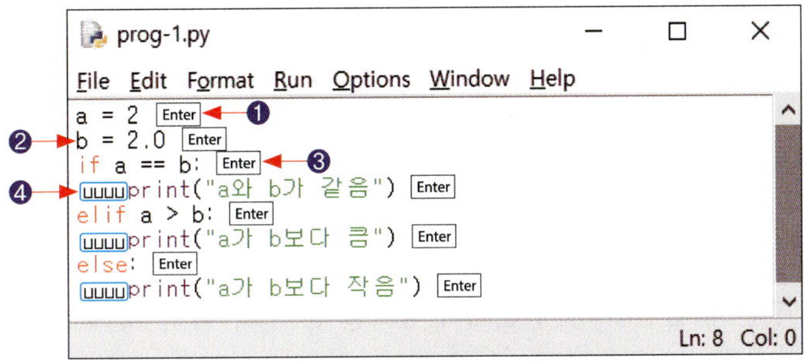

[그림 2-26] if 문의 들여쓰기

IDLE 셸 창의 Options 메뉴에서 기본적인 들여쓰기 값(4칸)을 변경할 수 있지만 파이썬에서 4칸 들여쓰기가 표준이기 때문에 이 표준을 따를 것을 권장한다.

주의

겉으로 보기에는 동일한 크기만큼 들여쓰기를 한 것처럼 보여도 탭(tab) 키와 ␣(공백 문자)를 섞어서 문장을 입력하면 에러 메시지가 나타난다.

편집기 창에 아래와 같이 두 개의 print 문을 입력한 후 파일에 저장하고 F5 키를 누르면 두 번째 print 문의 시작 부분에 공백 문자가 한 개 존재하기 때문에 에러 메시지가 나타난다.

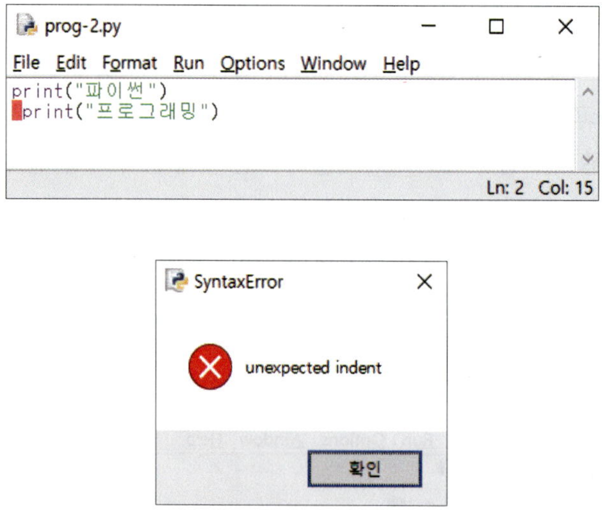

[그림 2-27] 들여쓰기 에러

문장의 시작 부분에 삽입된 공백 문자가 중요할 뿐이고, 다른 곳에 삽입된 공백 문자는 대부분 아무런 영향을 주지 않는다.

예 print 문 내의 공백 문자

아래의 세 개의 print 문의 실행 결과는 동일하다. 물론 불필요한 곳에 공백 문자를 넣는 것은 지양하고, 첫 번째 print 문처럼 작성하는 것이 좋다.

```
>>> print('Hello, Python!')
>>> print␣('Hello, Python')
>>> print(␣'Hello, Python'␣)
```

2.6 서식 있는 print 문

print 문을 사용하여 정수, 실수, 문자열 등을 출력하면 파이썬에서 정해놓은 전체 자리수, 소수점 아래 자리수 등에 따라 결과가 화면에 표시된다.

데이터 처리 응용에서 결과를 출력할 때 표의 형식을 따르는 경우가 많다. 사용자가 원하는 모양으로 결과가 화면에 출력되도록 하려면 서식을 지정하는 방법을 활용해야 한다. 특히 계산 결과로 구해진 실수를 그대로 출력하면 소수점 아래 숫자가 매우 길게 나타나서 보기 불편할 수 있으므로 소수점 아래 자리수를 지정하는 것이 좋다. 예를 들어서 123.4567890보다 123.46을 원할 때가 많을 것이다.

순번	이름	직급
1	김창섭	대리
2	박영권	사원
3	이수민	부장
4	조민희	과장
5	최종철	사원

[그림 2-28] 표 형식으로 출력

데이터를 출력할 때 지정할 수 있는 서식들의 옵션이 매우 다양해서 이들을 일일이 설명하지 않고 출력 결과의 서식을 지정하는 방법두 가지를 소개한다. 구문은 서로 다르지만 바탕이 되는 개념은 비슷하다.

2.6.1 format 함수를 사용하지 않고 서식 지정

아래와 같은 형식으로 서식을 지정한다. 맨 앞에 서식_문자열을 입력한다. 서식_문자열은 서식을 지정하는 문자열이다. 하나의 서식_문자열에 여러 개의 **서식 지정자**를 포함할 수 있다. 그 다음에 %가 오고, 출력할 데이터를 마지막에 입력한다.

형식

```
print(서식_문자열 % 데이터)
```

예 서식 있는 print 문

아래의 프로그램은 주어진 반지름을 갖는 원의 면적을 계산한 후 반지름과 면적을 출력한다. print 문의 첫 번째 인수("로 에워싼 문자열)는 서식_문자열이다. 서식_문자열에 어떤 변수의 값을 출력한 것인지 알려주는 문자열(예, 반지름, 면적)과 서식 지정자를 포함할 수 있다. %5d와 %6.2f는 서식 지정자이다. print 문의 두 번째 인수는 (radius, area)이다. 두 번째 인수의 값이 서식 지정사에 따라 출력된다.

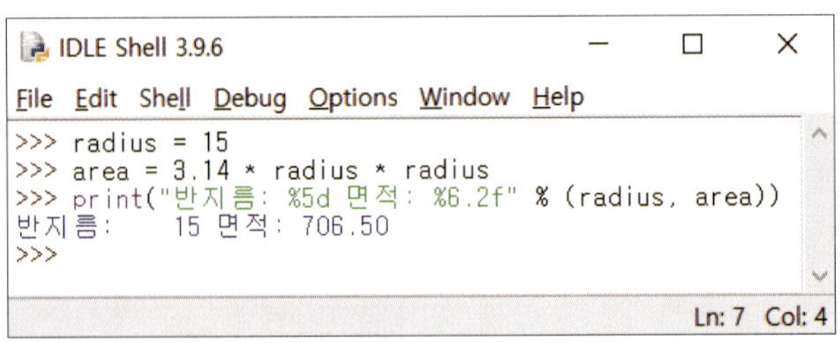

반지름인 radius는 첫 번째 서식 지정자인 %5d와 대응되는데, 5는 전체 자리수, d는 정수를 의미한다. 즉 radius를 다섯 칸의 너비에 오른쪽 맞춤으로 출력한다. 면적인 area는 두 번째 서식 지정자인 %6.2f와 대응되는데, 6은 소수점 자체(1자리)와 소수점 아래 자리수를 포함해서 전체 자리수, 2는 소수점 아래 자리수, f는 실수를 의미한다. 즉 area를 소수점을 포함해서 여섯 칸의 너비에 소수점 아래 두 자리까지 오른쪽 맞춤으로 출력한다.

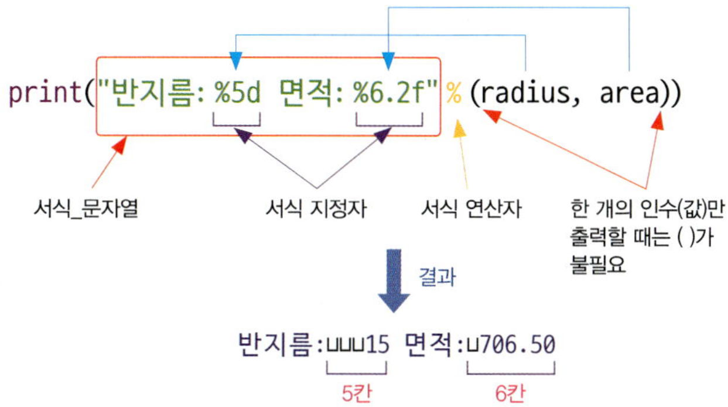

예 서식 지정자

서식 지정자가 %6.2f일 때 몇 개의 숫자들을 출력한 결과는 다음과 같다.

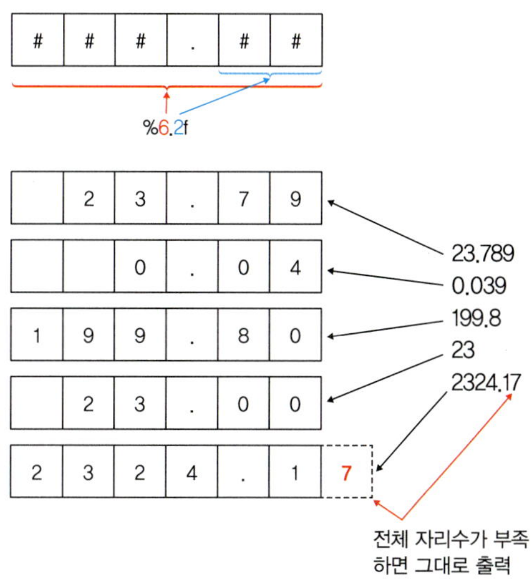

Quiz

아래의 print 문의 실행 결과가 무엇인가? s는 문자열에 대한 서식 지정자에 사용된다.

```
>>> print('%10s %8s %8s %10s' % ('이름', '중간성적', '기말성적', '평균'))
```

2.6.2 format 함수를 사용하여 서식 지정

(1) 실수에 대한 서식 지정

format 함수를 사용하여 실수를 출력할 때 format 함수에는 두 개의 인수가 필요하다.

- 첫 번째 인수는 출력할 데이터
- 두 번째 인수는 서식 지정자. 서식 지정자는 전체 자리수, 소수점 아래 자리수처럼 숫자 데이터를 어떤 서식대로 나타낼 것인가를 명시하는 문자열이다.

형식

```
print(format(출력할 데이터, 서식 지정자))
```

예를 들어 아래의 format 함수에서

```python
print(format(1234.56789, '10.2f'))
```

- 1234.56789는 출력할 실수이다.
- 10.2f는 서식 지정자이다. 10은 소수점 자체(1자리), 소수점 왼쪽 자리수, 소수점 아래 자리수를 모두 합친 전체 자리수이다. 2는 소숫점 아래 자리수이다. 소수점 아래 셋째 자리에서 반올림하여 소숫점 아래 둘째 자리까지 나타낸다.
- f는 서식을 지정하려는 데이터가 실수임을 의미한다.

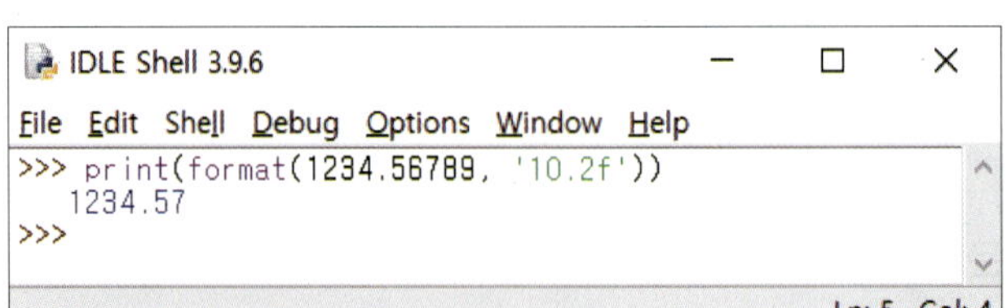

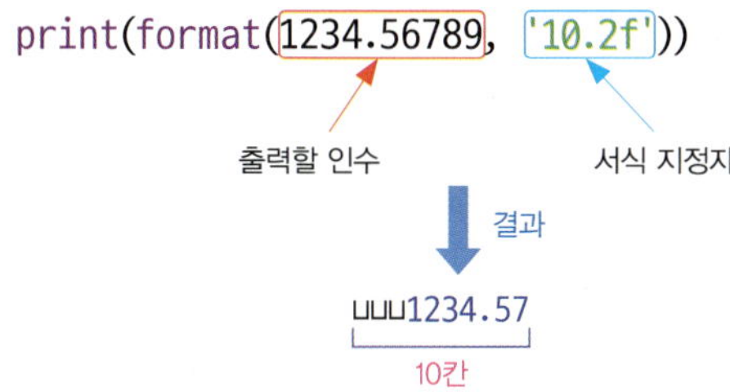

(2) 정수에 대한 서식 지정

1234를 몇 가지 서식 지정자를 사용하여 출력해보자.

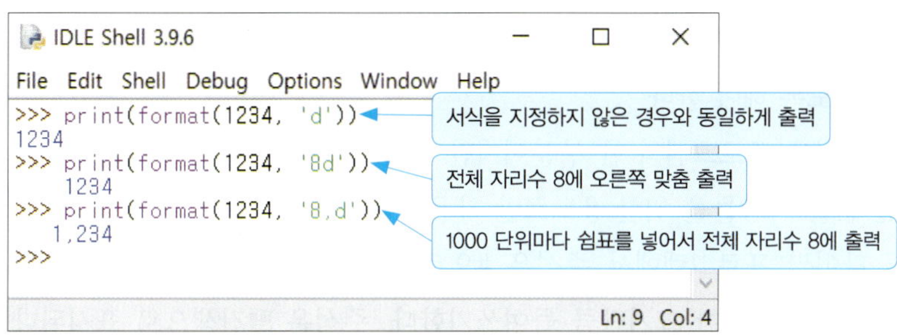

(3) 문자열에 대한 서식 지정

'xyz'를 아래와 같이 10자리 칸에 출력해보자. 서식 지정자를 '10s' 또는 '<10s'로 지정하면 문자열이 10자리 칸의 왼쪽 맞춤으로 출력되고, '>10s'로 지정하면 오른쪽 맞춤으로 출력된다.

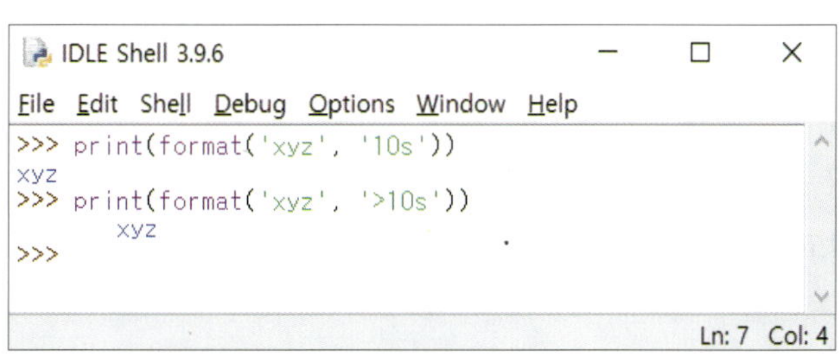

2.7 주석

주석(comment)은 전체 프로그램의 목적과 작성자 및 작성일, 일부 문장들에 대해서 이들이 왜 사용되었는가를 자연어로 설명한 것이다. 주석은 프로그램을 작성한 본인은 물론 다른 사람들이 이 프로그램을 이해하는 데 도움이 된다. 다른 사람이 작성한, 주석이 없는 프로그램을 읽으면서 완전히 이해하는 것은 매우 어려울 수 있다. 또한 본인이 작성한 프로그램이라 하더라도 주석이 없으면 오랜 시간이 지난 후에 다시 읽게 되면 이해하기 어려울 수 있다.

특히 여러 프로그래머들이 협업해서 큰 프로그램을 개발할 때, 각 프로그래머는 자신이 작성한 부분에 대해서 적절하게 주석을 달아서 다른 프로그래머들도 잘 이해할 수 있도록 해야 한다.

주석은 프로그램의 한 부분이지만 인터프리터는 주석을 무시한다. 주석은 프로그램을 읽을 사람들을 위한 용도로만 사용된다.

파이썬 프로그램에서 주석은 #으로 시작한다. #으로 시작하는 문장은 그 아래의 문장들과 동일한 크기만큼 들여쓰기한다. 주석은 빨간색으로 표시된다. 주석은 두 가지 형식으로 사용한다.

① 라인 전체를 주석으로

```
# 나의 첫 프로그램
print("Hello, Python!")
```

② 파이썬 문장 오른쪽에

일부 문장의 끝 부분에 그 문장의 역할을 설명하는 주석을 넣는다. 이런 유형의 주석은 남용하지 말고, 꼭 필요한 곳에만 넣도록 한다. # 오른쪽에 입력된 모든 내용은 주석이다.

예

```
x = 3.14 * radius * radius    # 원의 면적을 계산함
```

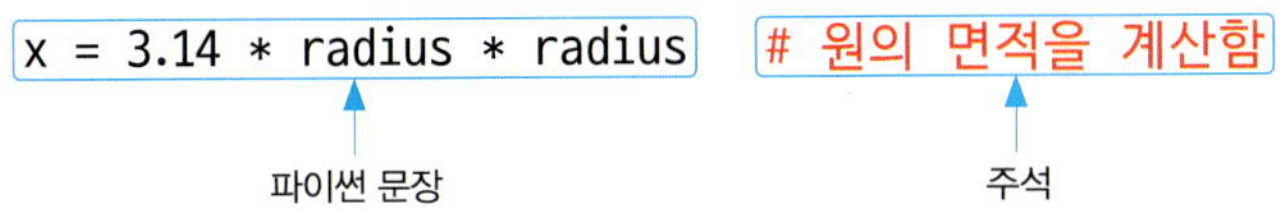

TIP

① 프로그래머는 이따금 프로그램을 테스트하는 동안, 일부 문장들 맨앞에 #을 붙여서 임시로 그 문장들을 프로그램에서 삭제한 효과를 거두기도 한다. 나중에 이 문장들이 다시 필요하면 맨앞의 #을 지우면 된다.

② 파이썬은 문장들 사이의 빈 줄을 무시한다. 빈 줄 자체가 주석은 아니지만 빈 줄을 적절하게 사용하면 프로그램을 읽기 쉬워지고, 연관된 문장들을 서로 구분하는 효과를 얻을 수 있다.

③ IDLE 셸 창에서 입력한 명령들은 디스크에 파일로 저장되지 않고, 프로그램이 종료되면 모든 내용이 사라지므로 주석을 달 필요가 없다.

예 주석

```
# 이 프로그램은 직사각형의 가로와 세로를 입력받아 면적과 둘레를 계산한다.
# 프로그램 작성자: 홍길동
# 프로그램 작성일: 0000년 00월 00일
length = int(input("직사각형의 가로를 입력하시오. "))
width = int(input("직사각형의 세로를 입력하시오. "))
...
```

삼중 따옴표 주석

주석이 여러 줄에 걸쳐 있으면 첫 줄에 시작 삼중 따옴표를 적고, 마지막 줄 끝에 삼중 따옴표를 적는다. 물론 매 줄마다 #을 적고 주석을 달 수도 있다.

```
""" 2차 방정식의 근을 계산하는 프로그램
작성자: 김순미
작성일: 0000년 00월 00일 """
```

일반적으로 주석은 프로그래머가 무엇을 수행하는가 또는 어떻게 수행하는가를 설명하는 것보다 왜 수행하는가를 설명하는 것이 좋다. 주석은 문장들로부터 바로 파악할 수 없는 정보를 제공해야 한다. 무의미한 주석은 달지 말자.

나쁜 예

```
count = 0       # count에 0을 배정함
x = x + 1       # x의 값을 1만큼 증가시킴
```

좋은 예

```
count = 0       # 처리할 데이터의 개수를 세기 위해서 초기값 0을 설정함
```

> **TIP** 주석을 입력하는데 드는 시간을 아끼면 좀 더 많은 문장들을 작성할 것처럼 느낄 수 있을 것이다. 하지만 주석을 달 것인지 말 것인지에 대해 절대로 고민하지 말고, 유용한 주석을 적절하게 작성하도록 하자. 본 교재에서는 프로그램에 주석을 표기하면 프로그램의 분량이 늘어나기 때문에 앞으로 대부분 예제에서 주석을 포함하지 않는다.

객관식 문제

1 사용자가 3을 입력했을 때 아래의 프로그램의 실행 결과가 무엇인가?

```
num = input("숫자를 입력하시오: ")
n2 = int(num)
y = num * 3
z = n2 * 5
print(y, z)
```

① 333 33333　　② 9 15
③ 9 33333　　④ 333 15

2 float(int(3.5))의 결과가 무엇인가?

① 3　　② 3.0　　③ 4　　④ 4.0

3 아래의 프로그램을 실행하고 2*4를 입력하면 결과가 무엇인가?

```
>>> x = float(input('X를 입력하시오: '))
```

① 에러 메시지가 나타난다.
② x에는 8이 배정된다.
③ x에는 2가 배정된다.
④ 사용자에게 다른 값을 입력하는 프롬프트가 표시된다.

단답식 문제

4 다음과 같은 print 문의 실행 결과를 보여라.

```
>>> print('Kim', 'Lee', 'Park', 'Choi', sep='/')
```

5 IDLE 셸 창에서 아래의 명령을 그대로 입력해서 실행 결과를 확인하라.

(1) print('본인의 이름을 입력하시오: ')

(2) printt('본인의 이름을 입력하시오: ')

6 아래의 두 print 문의 실행 결과가 같은가 다른가? 그 이유를 설명하라.

```
>>> x = 7
>>> print(x)
>>> print("x")
```

7 아래의 프로그램에서 에러를 식별하고, 수정하라.

```
>>>  print("안녕 파이썬")
>>> print("파이썬은 쉽고 재미 있어").
```

8 아래의 프로그램의 실행 결과가 무엇인가?

```
x = 2.5679
y = 9.0
print('{:.3f}과 {:.2f}'.format(x, y))
```

9 a가 정수이고 bc가 정수를 나타내는 문자열이라고 가정하자. 예를 들어서 a는 23이고 bc는 '45'이다. cast 함수를 사용하여 두 개의 값을 더하는 print 문을 작성하라.

실습 문제

10 아래와 같이 *로 박스 모양을 출력하는 프로그램을 작성하라.

```
****************
*              *
*              *
*              *
****************
```

(1) print 문을 한 개 사용

(2) print 문을 다섯 개 사용

11 아래와 같은 프로그램을 작성하라.

(1) 사용자에게 이름을 입력하라고 프롬프트를 표시한다.

(2) 사용자에게 나이를 입력하라고 프롬프트를 표시한다.

(3) 이 사용자의 내년 나이를 계산해서 메시지를 출력한다.

12 파이썬 인터프리터는 계산기 역할도 잘 수행한다. 반지름이 r인 구의 부피를 계산하는 공식은 $4/3 * \pi * r^3$이다. 사용자로부터 r의 값으로 5를 입력받고, π를 3.14로 가정해서 구의 부피를 계산하는 프로그램을 작성하라.

프로젝트

13 편집기 창에서 사용자로부터 화씨 온도를 입력하라고 프롬프트를 표시하고, 입력된 값이 정수라고 가정하고, 이 온도를 섭씨 온도(C)로 변환해서 출력하는 프로그램을 작성해서 확장자가 .py인 파일에 저장하라. 저장한 파일을 편집기 창으로 읽어서 실행해보라.

온도 변환 공식: C = (F − 32) / 1.8

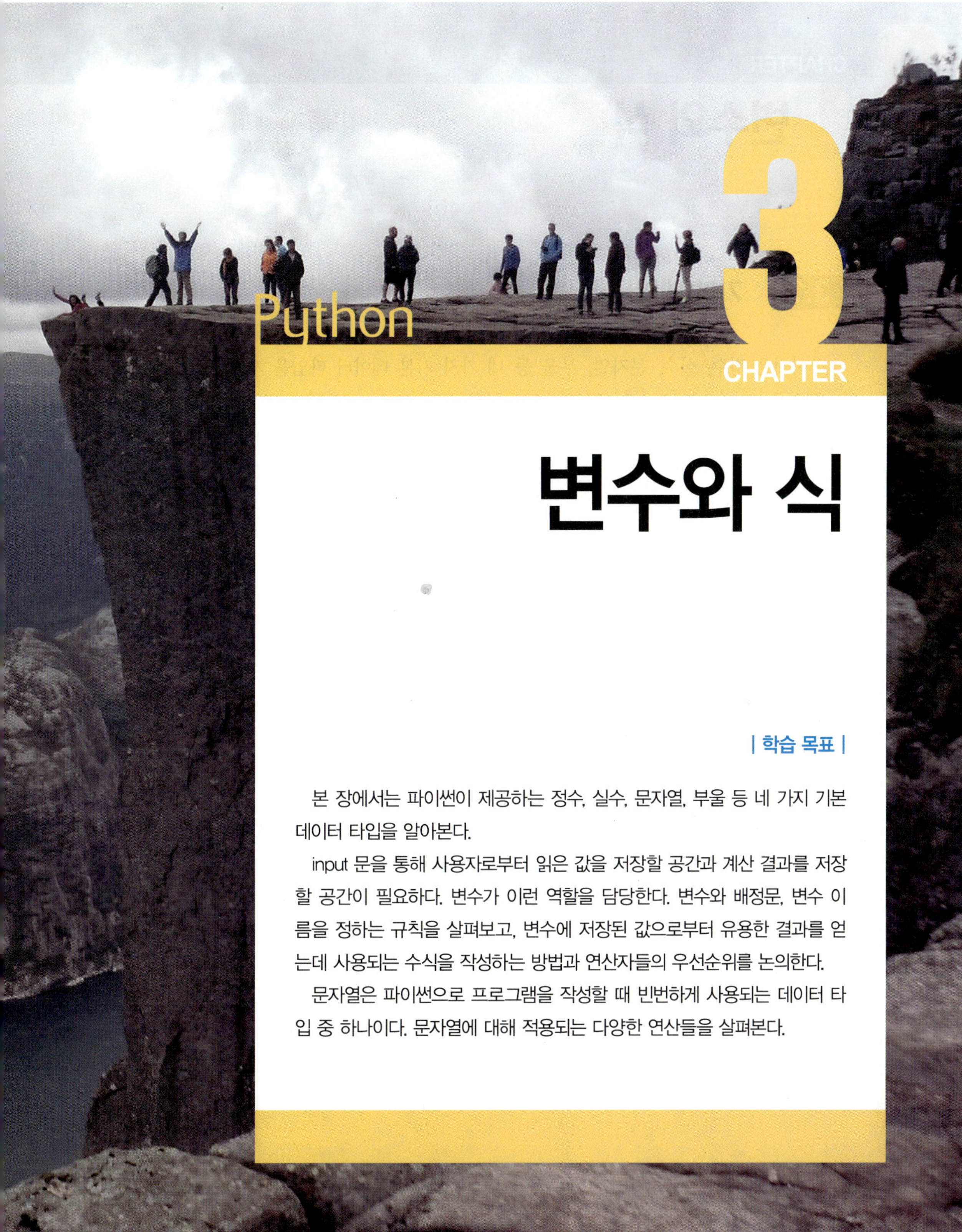

Python

CHAPTER 3

변수와 식

| 학습 목표 |

본 장에서는 파이썬이 제공하는 정수, 실수, 문자열, 부울 등 네 가지 기본 데이터 타입을 알아본다.

input 문을 통해 사용자로부터 읽은 값을 저장할 공간과 계산 결과를 저장할 공간이 필요하다. 변수가 이런 역할을 담당한다. 변수와 배정문, 변수 이름을 정하는 규칙을 살펴보고, 변수에 저장된 값으로부터 유용한 결과를 얻는데 사용되는 수식을 작성하는 방법과 연산자들의 우선순위를 논의한다.

문자열은 파이썬으로 프로그램을 작성할 때 빈번하게 사용되는 데이터 타입 중 하나이다. 문자열에 대해 적용되는 다양한 연산들을 살펴본다.

CHAPTER 3 변수와 식

3.1 기본 데이터 타입

파이썬은 정수, 실수, 문자열, 부울 등 네 가지 기본 데이터 타입을 제공한다. 어떤 연산의 수행 방식은 데이터 타입에 따라 달라지고, 어떤 연산은 특정 데이터 타입에 대해서만 수행된다. type() 함수를 사용하여 어떤 데이터의 타입을 확인할 수 있다.

〈표 3-1〉 데이터 타입의 의미

데이터 타입	설명	예
정수	소수점이 없는 수	-1, 99, 1234
실수	소수점이 있는 수	-1.0, 3.14, 12.34
문자열	따옴표로 에워싼 문자 또는 숫자	'abc', '1234'
부울	부울 값	True, False

파이썬은 네 가지 기본 데이터 타입 외에 리스트(7장), 딕셔너리(8장), 투플(8장), 집합(8장) 등 몇 가지 복합 데이터 타입도 지원한다. 대부분의 고급 프로그래밍 언어에서는 리스트를 **배열**(array)이라고 부르고, 투플, 집합, 딕셔너리 데이터 타입은 제공하지 않는다. 이들에 관해서는 별도의 장에서 각각 자세하게 설명한다.

〈표 3-2〉 복합 데이터 타입의 예

복합 데이터 타입	예
리스트	[2, 99.9, "coding"]
딕셔너리	{"Kim": "010-2345-6789", "Lee": "010-9876-5432"}
투플	("홍길동", 23, "010-1234-5678")
집합	{2, 3, 5, 7}

3.1.1 정수(int)

정수는 소숫점이 없는 숫자이다. 정수를 표기할 때 세 자리마다 쉼표를 포함해서는 안 된다. 또한 정수의 앞부분에 0이 불필요하게 붙어서도 안 된다. 0은 정수이지만, 011은 정수가 아니다.

예 -1, 0, 99, 1000

파이썬은 주기억장치에 공간이 남아있는 한 엄청나게 큰 정수를 저장한다.

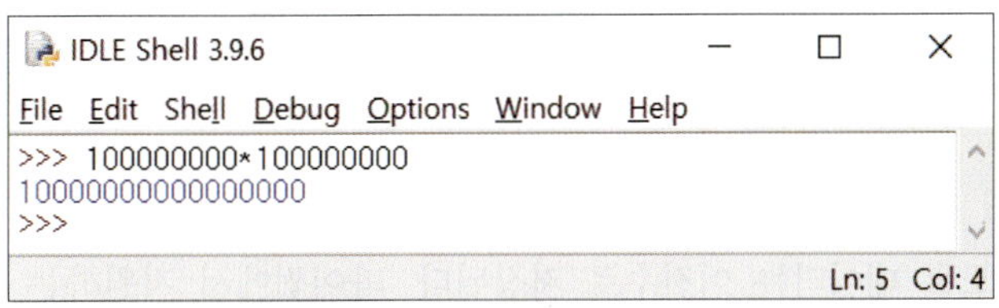

[그림 3-1] 매우 큰 정수

주의

일반적으로 C, 자바 등 다른 고급 프로그래밍 언어들에서는 정수의 최대 크기에 제한이 있다.

3.1.2 실수(float)

실수는 소숫점이 있는 숫자이다. 1은 정수이지만 1. 또는 1.0은 실수이다. 실수에도 쉼표를 사용해서는 안 된다.

예 -99.123, 3.14256

E(Exponent) 또는 e는 매우 큰 실수 또는 매우 작은 실수를 표시할 때 사용한다. 이를 **E-표기**라고 부른다. E 또는 e 다음의 숫자가 10의 지수를 의미한다. 지수는 반드시 정수여야 한다. 실수를 E-표기법으로 나타낼 때는 소수점이 없어도 무방하다.

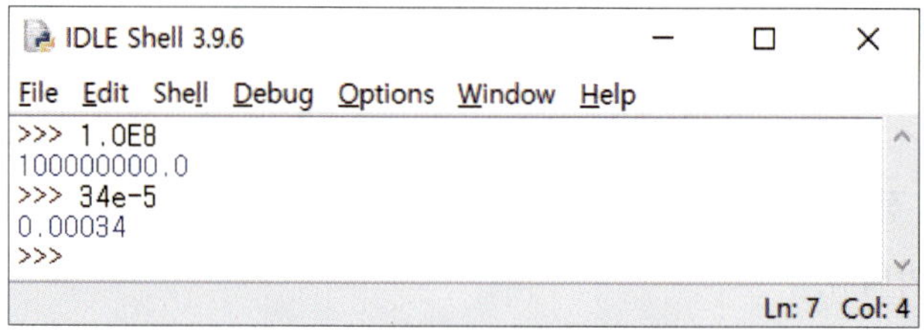

정수와 달리 파이썬에서 저장할 수 있는 실수의 크기에는 제한이 있다. 물론 파이썬에서 다양한 프로그램들을 작성하여 실행할 때 실수의 크기에 제한을 받아서 결과를 구하지 못하는 경우는 거의 없을 것이다. 파이썬에서 실수를 나타낼 때 10의 지수의 범위는 -308~308이다.

실수의 정밀도

컴퓨터에서 모든 데이터는 이진수로 저장된다. 파이썬에서 지원하는 모든 숫자들도 이진수로 저장된다. 컴퓨터는 실수를 저장하기 위해서 정해진 개수의 바이트들을 사용하므로 이 바이트들이 나타낼 수 있는 범위 이상으로 소수점 아래 숫자들을 저장할 수는 없다.

아래와 같이 간단한 계산 1/3(무한 소수)을 실행하면 소수점 아래 숫자들을 무한 개만큼 저장할 수 없기 때문에 소수점 17번째 이후의 자리수는 반올림되어 소수점 16째 자리까지 저장된다.

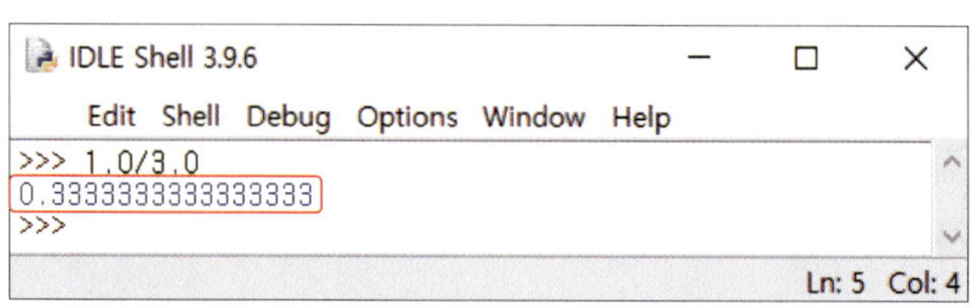

0.1(1/10)도 컴퓨터 내부에서 정확하게 저장되지 않는다. 0.1을 세 번 더했는데 결과가 0.3이 아니고, 끝에 4가 붙은 이유는 십진수가 정확하게 유한 개의 자리수의 이진수로 변환될 수 없는 경우가 있기 때문이다.

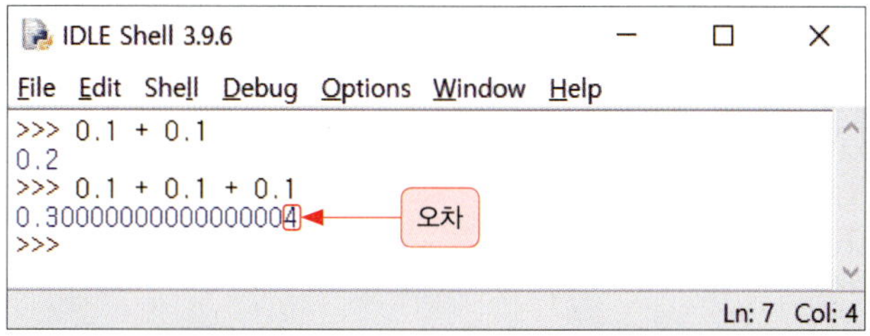

대부분의 응용에서 이처럼 작은 오차는 무시할 수 있다. 하지만 매우 정밀한 계산이 요구되는 응용에서는 프로그래머가 이런 사실을 인식하고 있어야 한다.

> **TIP** 정수와 실수가 포함된 수식을 계산하는 경우에 정수가 실수로 변환된 후 계산이 진행된다.

3.1.3 문자열(str)

문자열은 단일 따옴표(') 또는 이중 따옴표(") 안에 포함된 문자, 숫자, 특수 문자들의 **시퀀스**(sequence)이다. 파이썬은 문자열에 대해서 유니코드(부록 참조)를 지원한다. 여는 따옴표의 모양과 닫는 따옴표의 모양이 일치해야 한다. 단일 따옴표로 열고 이중 따옴표로 닫거나, 이중 따옴표로 열고 단일 따옴표로 닫으면 인터프리터가 올바른 문자열로 인식하지 못해서 에러 메시지가 나타난다. 문자열 안에 단일 따옴표가 존재할 때는 이중 따옴표로 문자열을 에워싸고, 문자열 안에 이중 따옴표가 존재할 때는 단일 따옴표로 문자열을 에워싸도록 한다.

예를 들어서 문자열 Kim's Pizza에는 단일 따옴표가 이미 포함되어 있기 때문에 'Kim's Pizza'처럼 단일 따옴표로 시작하고 단일 따옴표로 닫으면 에러 메시지가 발생한다.

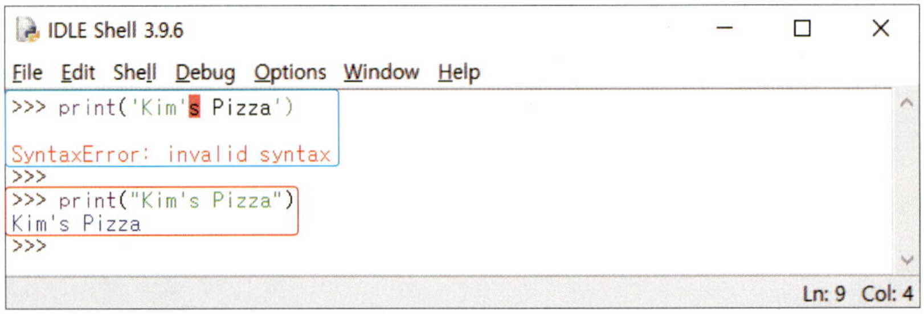

다음과 같이 문자열을 이중 따옴표로 열고, 단일 따옴표로 닫으면 에러 메시지가 나타난다. EOL은 end of line을 뜻한다. 이중 따옴표로 열었는데 인터프리터가 라인 끝에 도달할 때까지 닫는 이중 따옴표를 만나지 못해서 에러 메시지를 표시한 것이다.

```
s = "big data'
```

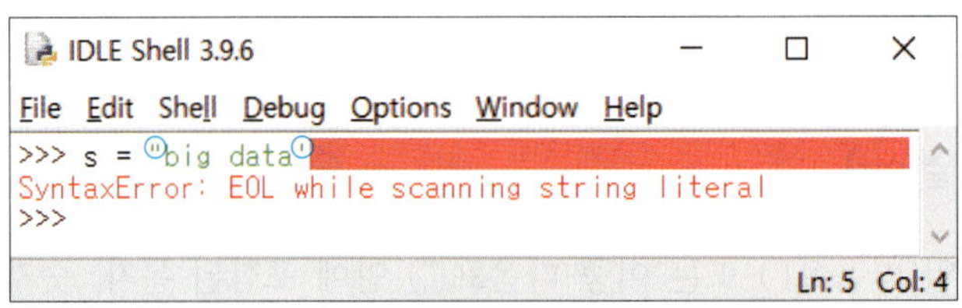

TIP 삼중 따옴표(""" 또는 ''')는 하나의 문자열이 여러 줄에 걸쳐 있거나 문자열 안에 단일 따옴표 또는 이중 따옴표가 포함될 때 사용한다. 이런 문자열을 작성하려면 삼중 따옴표를 입력하여 문자열을 시작하고, 문자들을 자유롭게 입력하고, 다음 줄에도 문자들을 입력하려면 Enter 키를 누른 후 계속 문자들을 입력한다. 문자열이 끝나는 부분에서 삼중 따옴표를 입력하여 여러 줄에 걸친 문자열을 닫는다. 시작하는 삼중 따옴표의 모양과 닫는 삼중 따옴표의 모양이 같아야 한다.

예 삼중 따옴표

```
m = """이 문자열은 두 줄에 걸쳐 있는
긴 문자열이다."""
```

정수나 실수는 수식에 사용할 수 있지만 문자열은 수식에 사용할 수 없다. 정수나 실수를 따옴표로 에워싸면 더 이상 숫자가 아니다.

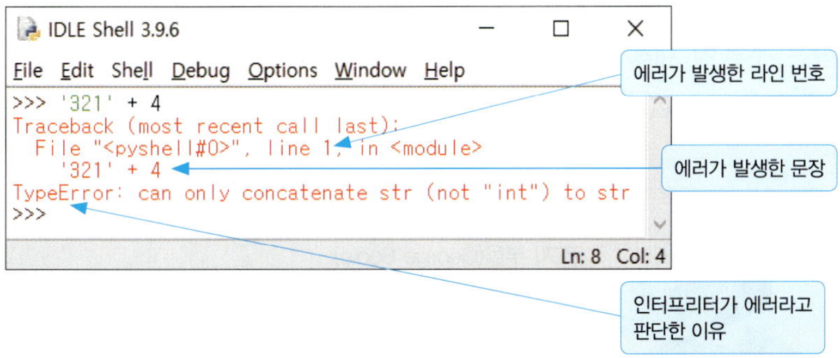

[그림 3-2] 문자열과 숫자의 덧셈

수식을 따옴표로 에워싸면 더 이상 수식의 기능을 하지 못한다. 첫 번째 print 문에서는 123 + 45가 따옴표 안에 들어있기 때문에 문자열을 나타내고, 따라서 있는 그대로 출력된다. 두 번째 print 문에서는 따옴표를 표기하지 않았기 때문에 123 + 45는 수식을 나타내고, 그 결과가 화면에 표시된다.

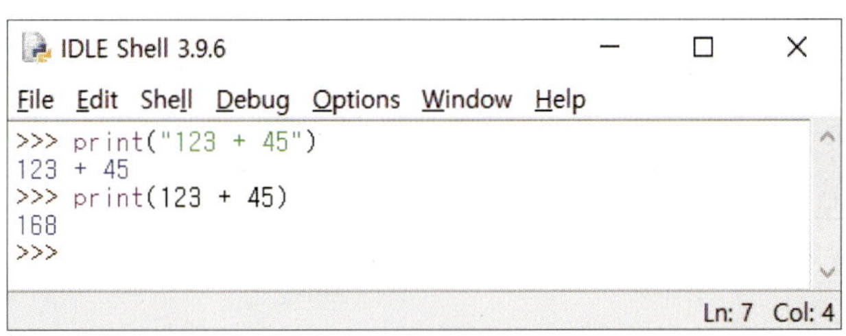

파이썬에서 문자열은 정수, 실수와 함께 **불변**(immutable) 데이터 타입이다. 변경할 수 없다는 것은 문자열을 한 번 생성하고 나면 그 문자열에 속한 어떤 문자도 다른 문자로 바꿀 수 없다는 것이다.

3.1.4 부울(bool)

4장에서 선택문, 5장에서 반복문을 학습하기 전에 파이썬의 기본 데이터 타입에 속하는 부울에 대해서 살펴보자. 파이썬에서 **부울**이라고 부르는 데이터 타입은 True(참) 또는 False(거짓)를 갖는다. 이를 **부울 값**이라 부른다.

조지 부울(George Boole)
영국의 수학자 겸 논리학자인 조지 부울은 논리 대수인 부울 대수를 창안하였다. 부울 대수는 현대 디지털 컴퓨터 논리의 기초이다. 그는 이 업적으로 컴퓨터 과학 분야의 창시자 중 한 명으로 인정을 받는다.

True와 False는 문자열이 아니기 때문에 따옴표로 에워싸면 안 된다.

```
True ≠ 'True'
```

True와 False의 첫 알파벳이 대문자인 것을 주목하자. True를 줄여서 T, False를 줄여서 F라고 표기하면 인터프리터가 인식하지 못한다.

빈 문자열은 False로 취급하고, 그 외의 모든 문자열은 True로 취급한다. 정수 0은 False로 취급하고, 그 외의 모든 정수는 True로 취급한다. 실수 0.0은 False로 취급하고, 그 외의 모든 실수는 True로 취급한다.

```
'␣'  → False
0    → False
0.0  → False
기타 → True
```

3.2 변수와 상수

컴퓨터에서 프로그램을 수행하면서 데이터를 입력하면 이 데이터는 어디에 저장될까? 예를 들어 직사각형의 가로와 세로를 입력하여 직사각형의 둘레와 면적을 계산할 때, 사용자가 입력한 가로값과 세로값은 어디에 저장될까?

주기억장치는 정수로 주소가 정해진 수많은 방들로 구성되어 있고, 각 방에 데이터가 저장될 수 있다. 일반적으로 프로그램은 주기억장치에 저장된 데이터를 읽고, 계산하고, 결과를 저장하는 연산들을 수행한다.

주기억장치

주소	내용
100	48
101	3.14
...	...

[그림 3-3] 주기억장치의 주소 vs. 내용(값)

[그림 3-3]의 주소는 100, 101, ...처럼 작지만 용량이 수 GB 이상인 주기억장치에서 각 장소에 부여된 주소는 4160423572처럼 매우 긴 숫자가 될 수 있다. 프로그램에서 주소 4160423572에 저장된 데이터를 참조할 때마다 이렇게 긴 주소를 명시해야 한다면 프로그램을 작성하는 작업이 매우 어려울 것이다.

3.2.1 변수

파이썬을 포함한 고급 프로그래밍 언어를 사용하여 프로그램을 작성할 때 프로그래머는 주기억장치의 주소에 관심을 가질 필요가 없다. 프로그래머가 부여한, 기억하기 쉬운 변수 이름을 사용하면 된다. **변수**(variable)는 프로그램에 입력된 데이터, 계산의 중간 결과, 출력될 데이터를 저장하는 데 사용된다.

비유를 들자면 숫자로 이루어진 주소는 "서울시 중구 세종대로 40"이고 프로그래머가 부여한 변수(이름)는 "숭례문"에 해당한다. 사람이 기억하기 쉬운건 어떤 것일까?

주소: "서울시 중구 세종대로 40"
변수(이름): 숭례문

대부분의 고급 프로그래밍 언어에서는 변수 자체에 값을 저장하는데 반해, 파이썬에서는 변수가 직접 값을 저장하지 않고, 값이 저장된 주소를 가리킨다.

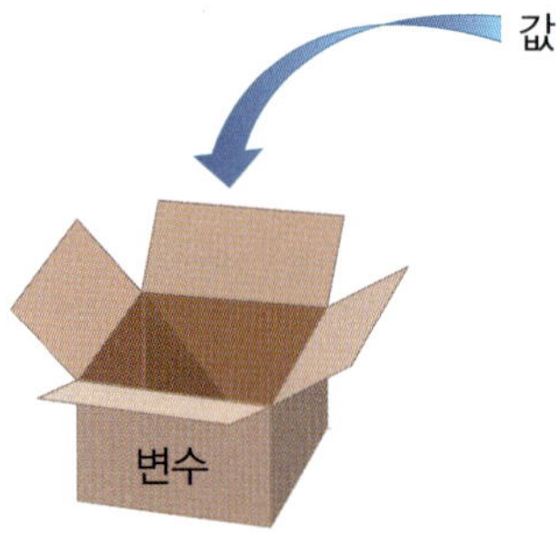

[그림 3-4] 파이썬을 제외한 대부분의 고급 프로그래밍 언어에서 변수와 값의 관계

파이썬에서 변수에 값을 배정하면 변수는 값이 저장된 공간의 주소를 가리키는 손가락 또는 이름표(태그) 역할을 한다.

[그림 3-5] 변수는 값이 저장된 주소를 가리킴

[그림 3-6] 이름표(태그)

짧은 일정으로 여행갈 때 작은 여행 가방에 짐들을 담고 이름표를 부착한다. 나중에 긴 일정으로 여행갈 때 많은 짐을 담기 위해서 큰 여행 가방에 짐들을 담고, 작은 가방에서 이름표를 떼서 큰 여행 가방에 부착한다. 이름표는 하나인데, 이름표가 부착된 여행 가방이 바뀐 것이다.

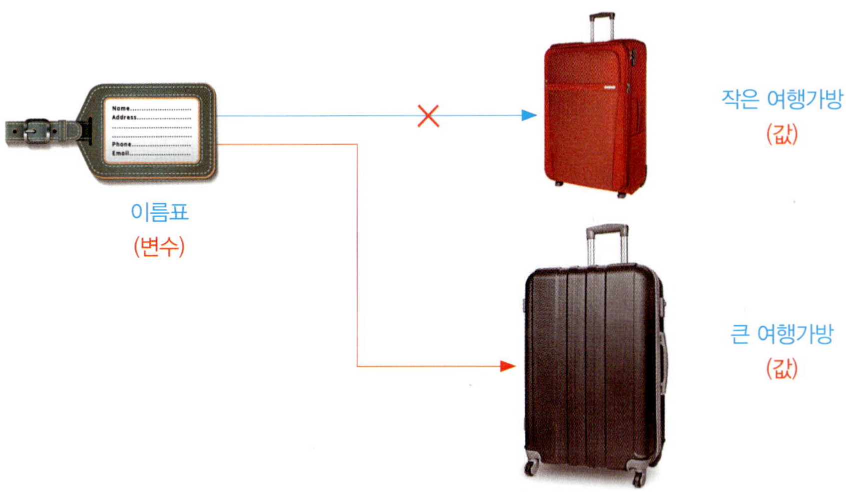

[그림 3-7] 이름표(변수)와 가방(값)의 관계

이름표는 조금도 변경되지 않았지만 작은 여행 가방을 가리켰다가 큰 여행 가방을 가리키게 된다. 작은 여행 가방에 들어있는 내용물(값)과 큰 여행 가방에 들어있는 내용물(값)은 서로 다르다.

3.2.2 상수

변수와 달리 변하지 않는 **상수**(constant)가 가리키는 값은 바뀌지 않는다. 파이썬에서 상수도 변수처럼 이름을 갖지만 상수에 배정한 처음 값을 프로그램이 실행되는 동안 바꿔서는 안 된다. 상수의 이름을 정할 때는 관례적으로 모든 문자를 대문자로 표기한다.

원의 면적을 구하는 식(πr^2)을 두 가지로 표현해보자. 어느 방식의 프로그램이 더 이해하기 좋은가?

상수를 사용하지 않고 π 값을 수식에 직접 표기	π 값을 상수로 정의하고 이를 수식에 사용함
`>>> area = 3.14 * radius ** 2`	`>>> PI = 3.14` `>>> area = PI * radius ** 2`

예 상수

```
MAX_SIZE = 100
VALUE_ADDED_TAX = 0.1          # 부가가치세
```

프로그램에서 변경되지 않는 어떤 값에 대해서 이름을 부여하고 싶을 때 상수로 사용하면 좋다.

파이썬은 상수로 사용할 이름이든, 변수로 사용할 이름이든 실제로 구분하지는 못한다. 프로그래머가 상수로 사용할 목적으로 PI = 3.14를 정의한 후 프로그램 어느 부분에서 PI = 99를 실행하더라도 파이썬은 에러 메시지를 내보내지 않는다. 상수로 정의한 변수의 값을 그 프로그램에서 바꾸지 않아야 한다는 것은 프로그래머가 유념해야 할 사항이다.

3.3 배정문

배정문은 변수에 값을 배정하는 문장이다. 배정문은 = 기호 오른쪽의 **식**(expression)을 계산하여 하나의 값을 구한 후, 이 값이 저장된 공간의 주소를 = 기호 왼쪽의 변수가 가리키도록 한다. =을 **배정 연산자**라고 부른다. = 기호의 왼쪽에는 항상 변수의 이름이 놓여야 한다.

형식

변수 = 식

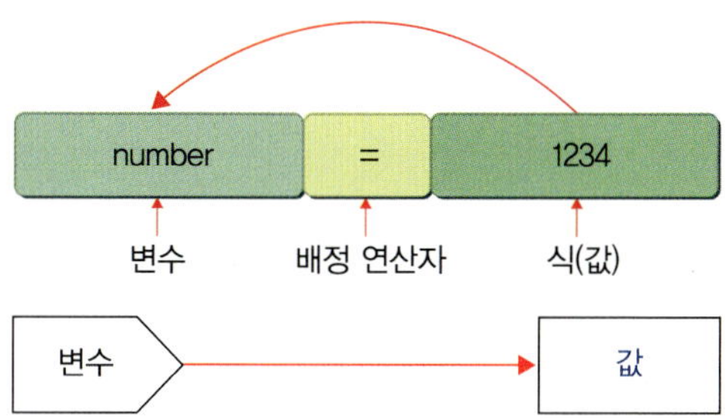

아래와 같이 변수 i에 99를 배정했을 때 화면에는 아무 것도 출력되지 않는다. 하지만 인터프리터는 주기억장치의 빈 공간에 99를 저장하고, 변수 i를 생성하고, 99가 저장된 주소를 변수 i가 가리키도록 한다. 이제 변수 i의 값이 99라고 말한다.

```
>>> i = 99 Enter
```

변수가 가리키는 값을 출력하려면 아래와 같이 변수 이름만 입력하고 Enter 키를 누르거나

```
>>> i Enter
99
```

print 문의 괄호 안에 변수 i를 인수로 전달한다.

```
>>> print(i) Enter
99
```

변수 이름 i를 따옴표로 에워싸면 print 문은 'i'를 변수 i로 인식하지 않고, 문자열로 인식하게 된다.

```
>>> print('i') Enter
i
```

어떤 변수에 값을 배정함으로써 변수를 생성하기 전에 그 변수를 사용하면 에러가 발생한다.

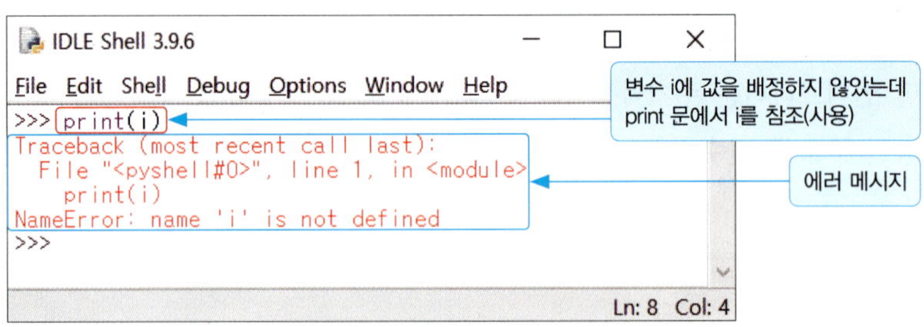

[그림 3-8] 변수를 생성하기 전에 참조(사용)

정수, 실수, 문자열, 투플(8장)은 모두 **불변** 데이터 타입이기 때문에 한 번 생성한 후에 이들의 값을 변경할 수 없다. 이는

```
>>> i = 99 Enter
```

와 같은 배정문을 통해서 정수 99가 생성되어 빈 공간에 저장되면 그 공간에서 99를 다른 값으로 바꿀 수 없다는 뜻이다. 하지만 변수 i는 정수 99가 저장된 공간의 주

소만 카리켜야 함을 의미하지는 않는다. 하나의 변수는 프로그램이 실행되는 동안 한 번만 생성된다. 변수는 어느 시점에 하나의 값만 가리킬 수 있다. 하지만 그 변수에 대해서 배정문을 여러 번 실행할 수 있다.

99가 저장된 주소를 가리키고 있는 i가 언제든지 다른 값이 저장된 주소를 새로 가리키도록 배정문을 사용해서 변경할 수 있다. 그래서 변할 수 있는 수를 의미하는 변수이다.

아래와 같이 새로운 배정문을 사용해서 변수 i에 12.3을 배정하면 변수 i는 더 이상 정수 99가 저장된 주소를 가리키지 않고, 실수 12.3이 저장된 주소를 새로 가리키게 된다.

```
>>> i = 12.3 Enter
```

99는 주기억장치에 남아있지만 어떤 변수도 99를 가리키지 않으므로, 즉 99가 더 이상 사용되지 않으므로 파이썬은 자동적으로 99가 저장된 공간을 회수한다. 이런 작업을 **쓰레기 수집**(garbage collection)이라고 부른다. 쓰레기 수집은 파이썬 프로그램이 실행되는 동안 계속해서 자동적으로 진행되는 작업이다.

[그림 3-9] 쓰레기 수집

예 1

```
>>> i = 99 Enter
>>> i = 12.3 Enter
```

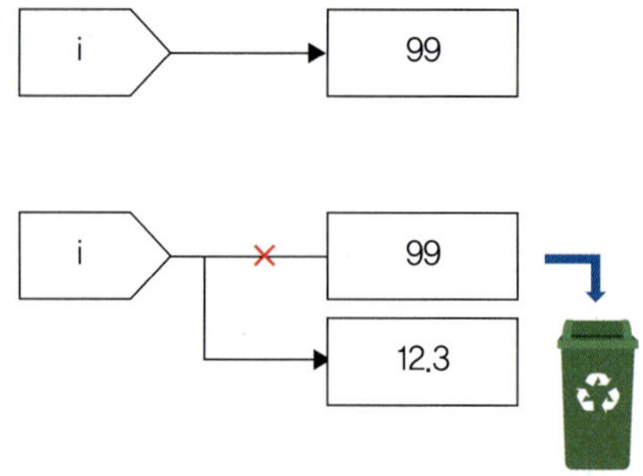

[그림 3-10] 변수 i에 새로운 값을 배정

3.3.1 동적으로 타입이 결정되는(dynamically-typed) 언어

대부분의 고급 프로그래밍 언어는 정적으로 타입이 결정되는 언어이다. 즉 프로그램에서 사용할 변수들을 프로그램 시작 부분에서 선언할 때 각 변수의 데이터 타입(예: 정수, 실수 등)과 크기를 지정해야 한다.

이에 반해서 파이썬은 동적으로 타입이 결정되는 언어이기 때문에 프로그램 시작 부분에서 그 프로그램에 사용될 변수들을 미리 선언할 필요가 없다. 배정문을 사용하여 변수에 값(식)을 처음 배정할 때 변수가 생성되고, 그 변수는 값이 저장된 공간의 주소를 가리키게 된다.

프로그램이 실행되는 과정에 동일 변수에 여러 가지 데이터 타입의 값을 배정할 수 있다. 변수 자체는 어떤 타입도 갖지 않는다. 변수가 가리키는 공간에 저장된 값의 타입이 변할 수 있을 뿐이다.

[예 1]에서 변수 i에 정수 99를 배정하면 처음으로 변수 i가 생성된다. 변수 i는 정수 99가 저장된 공간의 주소를 가리킨다. 그 다음에 그 변수 i에 실수 12.3을 배정하면 i는 더 이상 정수 99를 가리키지 않고, 실수 12.3이 저장된 공간의 주소를 가리키게 된다.

> **TIP** 동일 변수에 정수, 실수, 문자열 등 여러 가지 데이터 타입의 값을 배정할 수는 있지만 좋은 프로그래밍 습관은 아니다. 프로그램 시작부터 프로그램 종료까지 하나의 변수는 동일 데이터 타입의 값들을 가리키는 것이 좋다.

예2 쓰레기 수집

= 기호 오른쪽에 식이 나타나는 경우에는 변수와 값의 관계가 어떻게 진행될까? 아래의 예에서 ❶을 실행하면 정수 5가 생성되어 주기억장치의 빈 공간에 저장되고, 변수 i가 생성되고, 변수 i는 정수 5가 저장된 공간의 주소를 가리킬 것이다.

❷를 실행할 때 일어나는 과정을 살펴보자. = 기호 오른쪽에 식 i + 1이 있는데, 식은 계산해서 하나의 값으로 변환해야 하므로 현재 i가 가리키는 주소에 들어있는 값을 읽어와야 한다. ❶에서 i는 5가 들어있는 값을 가리키고 있으므로 5를 읽어올 것이다. 5에 1을 더하면 6이 되는데, 정수는 불변 데이터 타입이므로 5가 들어있는 공간에서 5를 6으로 변경할 수는 없다. 따라서 수식의 계산 결과인 6은 새로운 빈 공간에 저장되고, i는 이 새로운 공간의 주소를 가리키게 된다. 5가 저장된 공간은 쓰레기 수집 때 파이썬이 회수하게 된다.

```
❶ >>> i = 5 Enter
❷ >>> i = i + 1 Enter
```

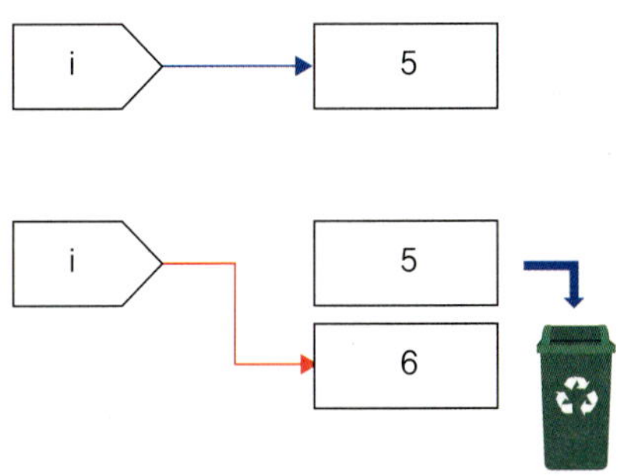

[그림 3-11] 변수 i를 식에 사용할 때

예3 두 변수의 관계

변수에 값을 배정하고, 그 변수를 다른 변수에 배정하고, 그 중 한 변수에 새로운 값을 배정할 때 두 변수 및 변수가 가리키는 값이 어떻게 변화되는가를 살펴보자.

```
❶ >>> i = 5 Enter
❷ >>> j = i Enter
❸ >>> j = 7 Enter
❹ >>> print(i) Enter
  5
```

명령 ❶을 실행한 후, 변수 i는 정수 5가 저장된 공간의 주소를 가리킨다.

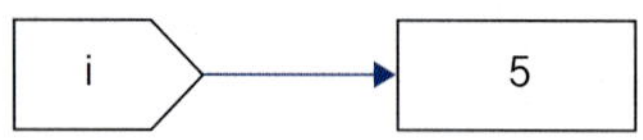

명령 ❷를 실행한 후, 변수 j가 생성되고 변수 j는 변수 i와 함께 정수 5가 저장된 공간의 주소를 가리킨다.

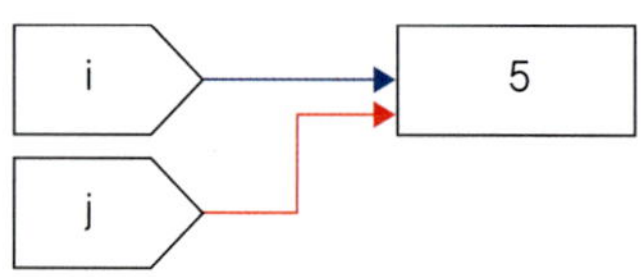

명령 ❸을 실행한 후, 정수 7이 생성되어 주기억장치의 빈 공간에 저장되고, 변수 j는 정수 7이 저장된 공간의 주소를 가리킨다. 즉 변수 i와 변수 j가 각각 서로 다른 값을 가리킨다.

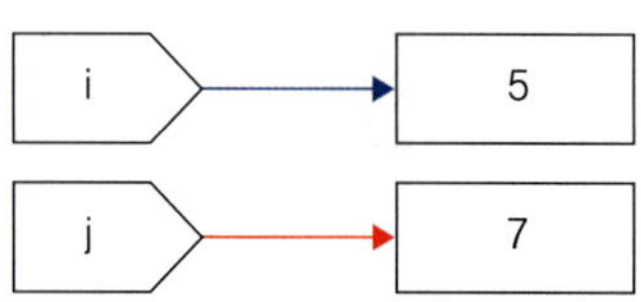

명령 ❹를 실행한 후에 변수 i와 변수 j가 각각 가리키는 값에 변화가 없다.

> **TIP**
> - 지금까지 설명한 변수와 값의 관계를 항상 유념하고 프로그램을 작성할 필요는 없다. 파이썬 변수는 값을 저장하고 있는 공간을 가리키지만 대부분의 프로그램 작성 시 변수에 값이 들어있다고 생각해도 무방하다.
> - 특정 변수가 가리키는 값이 바뀌어도 변수 자체의 위치는 주기억장치 내에서 변하지 않는다.

앞으로 변수 및 변수가 가리키는 값을 나타내기 위해서 화살표를 생략하고 아래와 같이 단순하게 표현하겠다.

n	10

3.3.2 = 기호

프로그램에서 사용되는 = 기호는 수학에서 사용되는 = 기호와 의미가 다르다. 수학에서는 x에 어떤 값이 들어있던 간에

x ≠ x + 1

이다. 왜냐하면 수학에서 = 기호는 항상 좌변과 우변이 같음을 의미하기 때문이다.

프로그램에서는 =이 같음을 의미하지 않고, 오른쪽의 값을 왼쪽의 변수에 넣으라는 의미이다. 따라서

x = x + 1

은 = 기호 오른쪽의 식을 먼저 계산하는데, 변수 x의 현재 값을 읽고 그 값에 1을 더한다. 그 결과는 항상 한 개의 값이 된다. 이 값을 = 기호 왼쪽의 변수 x에 배정한다. 이 배정문의 수행 결과로 x의 값이 1만큼 증가된다.

= 기호 왼쪽에는 변수만 올 수 있으므로 다음 문장은 에러이다.

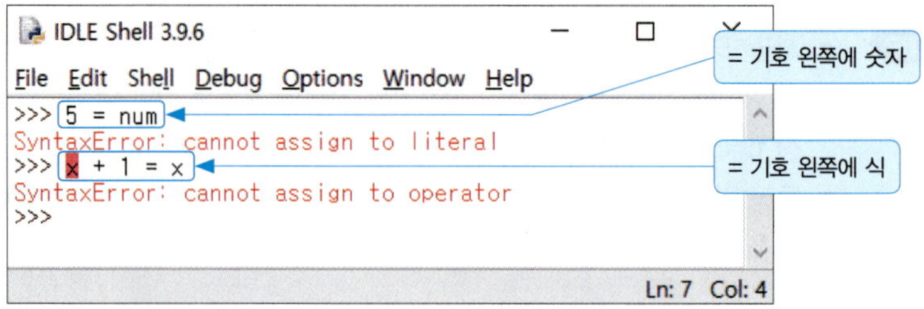

변수 자체도 주기억장치에 저장되어 있기 때문에 주소를 갖는다. 변수의 주소를 알아보려면 파이썬의 내장 함수인 id를 사용한다.

```
>>> x = 1
>>> id(x)
3049327651120    ← 변수 x의 주소
```

변수가 가리키는 값을 출력하려면 변수 이름을 입력하고 [Enter] 키를 누른다.

```
>>> x [Enter]
1
```

Quiz

아래와 같이 배정문들이 차례로 실행될 때 변수 a와 b의 값은?

	a	b
a = 3.3		
b = a		
a = 1.1		

3.3.3 두 개의 변수의 값을 교환

A컵에 오렌지 주스가 담겨 있고 B컵에는 우유가 담겨 있는데, 다른 컵을 추가로 사용하지 않고 A컵과 B컵의 내용물을 교환할 수 있을까? B컵의 내용물을 A컵에 부으면 넘치고, 우유와 오렌지 주스가 섞인다. 반대의 경우도 마찬가지이다.

임시 컵을 추가로 사용하여 A컵과 B컵의 내용물을 교환해 보자. A컵의 내용물을 먼저 임시 컵에 붓고, 그 다음에 B컵의 내용물을 A컵에 붓고, 마지막으로 임시 컵의 내용물을 B컵에 부으면 A컵과 B컵의 내용물을 교환할 수 있다.

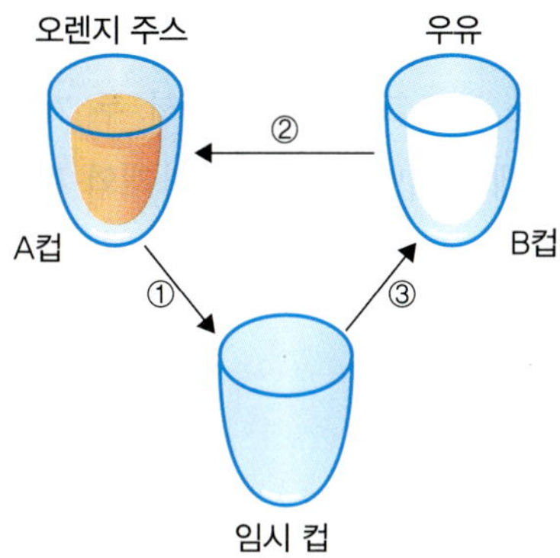

[그림 3-12] 임시 컵을 사용해서 A컵, B컵의 내용물 교환

프로그램을 작성하다 보면 두 개의 변수의 값을 서로 교환해야 하는 일이 자주 일어난다. 아래처럼 작성하면 두 개의 변수 x와 y의 값이 교환될까?

```
❶ >>> x = y Enter
❷ >>> y = x Enter
```

교환되지 않는다. x는 5, y는 99라고 가정하자. ❶번 문장을 실행한 후에 x는 99가 된다. ❷번 문장을 실행한 후에 y는 99가 된다. 두 개의 변수를 교환하기 위해서는 임시 변수가 추가로 필요하다.

```
>>> temp = x Enter
>>> x = y Enter
>>> y = temp Enter
```

또는

```
>>> temp = y Enter
>>> y = x Enter
>>> x = temp Enter
```

C, 자바 등 대부분의 고급 프로그래밍 언어에서 두 개의 변수의 값을 교환하려면 임시 변수를 추가로 쓸 수밖에 없지만 파이썬은 아래와 같이 간단한 방법으로도 변수 x와 y의 값을 교환할 수 있다.

```
x, y = y, x
```

3.4 변수 이름을 정하는 규칙

모든 프로그래밍 언어마다 변수 이름을 정하는 고유한 규칙들이 있다. 대부분의 프로그래밍 언어에서 변수 이름에 알파벳과 숫자, 언더스코어(_) 등을 사용할 수 있다.

변수 이름은 사용자가 자유롭게 지정할 수 있지만 아래와 같이 파이썬에서 변수 이름을 정하는 규칙은 반드시 지켜야 한다. 변수 이름을 정하는 규칙은 함수 이름(6장), 모듈 이름(11장)을 정하는 규칙에도 동일하게 적용된다.

- A~Z, a~z, 0~9, 언더스코어(_)만 사용함. %, @, !, 공백 문자 등의 특수 문자는 사용할 수 없음. 언더스코어로 시작하는 변수 이름은 특별한 의미를 가지므로 주의해야 함.
- 숫자로 시작하면 안 됨. 알파벳 또는 언더스코어로 시작해야 함.
- 대문자와 소문자를 구분해서 사용해야 함. 즉 ABC와 abc는 서로 다른 변수임.
- 키워드(예약어)를 변수 이름으로 사용하면 안 됨.

또한 파이썬에서 금지하지는 않지만 관례적으로 변수 이름을 대문자 A~Z로 시작하지 않는다.

변수 이름은 변수가 사용되는 용도나 의미를 잘 나타내도록 부여하는 것이 바람직하다. 예를 들어 합을 저장할 변수 이름을 abc라고 하는 것보다 total이라고 하는 것이 좋다. 적절하게 부여한 변수 이름은 프로그램을 이해하기 쉽게 만든다.

변수가 사용되는 의미를 잘 나타낼 수 있도록 흔히 두 개 이상의 단어들로부터 변수 이름을 만들기도 한다. 예를 들어서 평균 성적을 나타내기 위해서 average(평균)와 score(성적) 등 두 단어를 결합하여 변수 이름을 만든다.

```
averagescore
```

하지만 이런 변수 이름은 두 단어를 아무런 구분자 없이 단순히 붙여놓았기 때문에 변수의 의미를 파악하는 것이 쉽지 않다. 언더스코어(_)를 사용하여 아래와 같이 변수 이름을 정하면 변수의 의미를 보다 쉽게 파악할 수 있다. 또한 긴 단어는 줄여서 표기하는 경우도 많다.

```
average_score
avg_score
```

변수 이름을 좀더 의미 있게 만들려고 아래와 같이 너무 긴 이름을 부여하면 타이핑이 힘들고, 타이핑 과정에 에러가 발생할 수도 있다.

```
area_of_the_rectangle
```

예외적으로 짧은 변수 이름을 쓰는 것이 바람직한 경우도 있다. 5장의 반복문의 예에서 자주 사용할 것인데, 반복문을 제어하는 변수로 긴 이름보다 i, j처럼 한 개의 문자로 이루어진 변수 이름을 주로 쓴다.

파이썬의 키워드

파이썬에는 33개의 키워드가 있는데, 이들을 변수 이름, 함수 이름, 상수 이름 등으로 사용해서는 안 된다. 키워드 33개를 어떻게 암기해야 할지 걱정할 필요는 없다. IDLE에서 사용자가 알던 모르던 키워드를 입력하면 IDLE은 오렌지색으로 표시해주기 때문에 키워드를 변수 이름으로 사용하는 일이 발생하지 않는다.

〈표 3-3〉 파이썬의 키워드

False	class	finally	is	return
True	continue	for	lambda	try
None	def	from	nonlocal	while
and	del	global	not	with
as	elif	if	or	yield
assert	else	import	pass	
break	except	in	raise	

예 올바른 변수 이름과 잘못된 변수 이름

변수 이름	허용 여부	이유
avg@num	불가능	변수 이름에 특수 문자 @가 포함됨
hours_per_day	가능	
global	불가능	키워드
area3	가능	
3area	불가능	변수 이름이 숫자로 시작함
average score	불가능	변수 이름에 공백 문자가 포함됨
class_avg	가능	

파이썬에서 대문자와 소문자를 구분하므로 SUM과 sum은 서로 다른 변수이다.

```
>>> SUM = 1 Enter
>>> sum = 2 Enter
>>> print(SUM + sum) Enter
3
```

TIP 알파벳 O는 숫자 0과 혼동을 일으킬 수 있고 소문자 l(엘)과 대문자 I(아이)는 숫자 1과 혼동될 수 있으니 가능한 사용하지 않도록 하자.

좋은 변수 이름의 예

```
>>> length = 10
>>> width = 30
>>> area = length * width
```

나쁜 변수 이름의 예

```
>>> x = 10
>>> y = 30
>>> z = x * y
```

Quiz

아래의 변수 이름들 중에서 잘못된 것을 모두 고르라. 그 이유를 설명하라.

```
PointA
price$
else
r&d
```

3.5 연산자와 식

변수와 상수들을 연산자로 연결하여 원하는 식을 표현할 수 있다. 〈표 3-4〉는 수학의 식과 파이썬의 식을 비교하여 보여준다. 덧셈과 뺄셈은 수학의 식이나 파이썬의 식이 같다. 그러나 곱셈, 나눗셈, 지수는 수학의 식과 파이썬의 식이 다르다. 나머지 연산자(%)는 수학의 식에서는 사용할 수 없고, 파이썬의 식에만 사용할 수 있다.

〈표 3-4〉 수학의 식과 파이썬의 식의 비교

산술 연산자	파이썬 연산자	수학의 식	파이썬의 식
덧셈	+	$x + 3$	x + 3
뺄셈	-	$a - b$	a - b
곱셈	*	bm 또는 b · m	b * m
나눗셈	/	$x \div y$	x / y
나눗셈(정수 부분만)	//		x // y
나머지(모듈로)	%		x % y
지수	**	x^y	x ** y

수학의 식에서는 변수가 항상 a, b처럼 한 개의 문자로 이루어지기 때문에 a와 b를 곱하는 식을 a × b와 같이 a와 b 사이에 × 기호(곱하기 기호)를 표기하는 경우는 거의 없다. 그 대신에 ab 또는 a·b처럼 표기한다.

하지만 파이썬에서 변수 이름은 여러 개의 문자들로 이루어질 수 있기 때문에 a와 b를 곱하는 것을 ab로 표기하면 인터프리터는 이를 새로운 변수 ab로 판단하게 된다. a·b에 사용된 · 기호는 마침표 .과 다르고, 키보드에는 · 기호가 없다. 또한 수학의 식처럼 곱셈 기호로 ×를 사용하면 변수 x와 곱셈 기호 ×가 혼동을 일으키기 쉽다. 따라서 대부분의 고급 프로그래밍 언어에서 곱셈 기호는 *(키보드에서 숫자 8 위에 위치)로 표기한다.

또한 수학의 식에서 나누기 기호는 ÷이지만 ÷ 기호가 키보드에 없기 때문에 대부분의 고급 프로그래밍 언어에서 나눗셈 기호는 /로 표기한다.

수학의 식에서 a^n은 a를 n번만큼 곱하는 것이지만 키보드에는 지수임을 나타내는 작은 n이 없기 때문에 곱셈 기호 *를 두 개 표기해서 a ** n으로 나타낸다.

피연산자

+, −, * 등의 연산자의 왼쪽과 오른쪽에 놓인 값이나 변수를 **피연산자**(operand)라고 부른다.

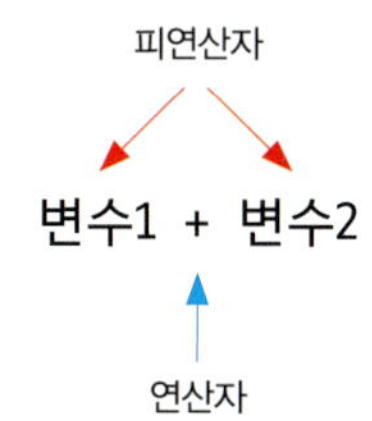

두 개의 피연산자에 대해서 어떤 연산자를 적용하면 두 개의 피연산자의 데이터 타입에 따라 그 결과의 데이터 타입이 결정된다. 파이썬은 식을 계산할 때 아래의 규칙을 따른다.

- 어떤 연산자가 두 개의 정수에 적용되면 그 결과는 정수이다.
- 어떤 연산자가 두 개의 실수에 적용되면 그 결과는 실수이다.
- 어떤 연산자가 한 개의 정수와 한 개의 실수에 적용되면 먼저 정수가 실수로 변환된 후 연산자가 적용되고, 그 결과는 실수이다.

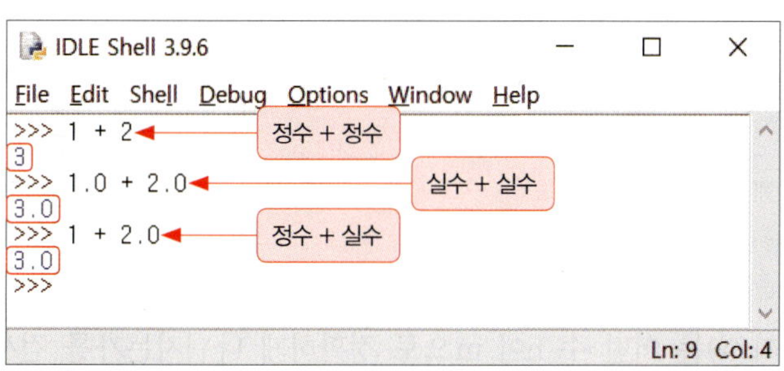

사용자가 int(), float() 등의 캐스트 함수를 사용하여 정수 또는 실수에 대해서 명시적으로 변환한 후 계산할 수도 있다.

나눗셈 연산자

나눗셈 연산자에는 두 종류가 있다. / 연산자는 소수점 아래까지 계산하므로 실수를 결과로 보여준다.

```
>>> 7 / 4 Enter
1.75
```

// 연산자는 정수 부분만 결과로 보여준다. // 연산의 결과가 양수일 때는 소수점 아래를 버리고, 음수일 때는 반올림하여 결과를 보여준다.

```
>>> 7 // 4 Enter
1
```

```
>>> -7 // 4 Enter
-2
```

모듈로 연산자

파이썬에서 // 연산자는 몫을 구하고, % 연산자는 나머지를 구한다. 25를 4로 나누면 몫은 6이고 나머지는 1이다.

```
>>> 25 // 4 Enter
6
>>> 25 % 4 Enter
1
```

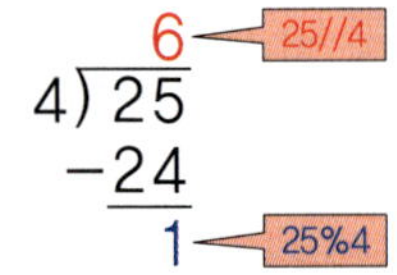

모듈로 연산자(%)는 어떤 수 n이 m으로 정확하게 나눠지는가를 검사할 때 유용하게 사용된다. 어떤 수 n을 m으로 나눴을 때 나머지가 0이면 그 수는 m으로 나눠진다. 예를 들어서 n이 짝수인가 검사하려면 n%2, 즉 n을 2로 나눈 나머지가 0인가 검사하면 된다.

```
>>> 6 % 2 Enter
0
>>> 7 % 2 Enter
1
>>> -7 % 2 Enter
1
```

예 모듈로 연산자

현재 오전 10시이다 6시간이 지나면 몇 시가 되는가?

```
>>> (10 + 6) % 12 Enter
4
```

공백 문자

아래의 예는 가로와 세로를 곱해서 직사각형의 면적을 계산하는 문장인데, 파이썬은 왼쪽 문장과 오른쪽 문장을 완전히 동일하게 취급한다. 프로그램을 읽는 사람의 입장에서 어느 것이 더 읽기 편한가? = 기호, 연산자의 왼쪽과 오른쪽에 공백 문자를 하나씩 넣으면 프로그램을 읽기 쉽게 만들기 때문에 이런 관례를 따르도록 하자.

나쁜 스타일	좋은 스타일
area=length*width	area = length * width

단축 연산자(augment 연산자)

변수에 대해 자주 수행하는 연산은 어떤 변수에 저장된 값을 읽어서 계산을 수행하고 결과를 그 변수에 다시 저장하는 것이다. 즉 특정 변수가 = 기호 왼쪽과 오른쪽에 동시에 나타나는 연산들이 자주 사용된다.

예

```
i = i + 1
price = price * 1.1
```

파이썬은 이런 연산을 단축해서 표현하는 방법을 제공한다. **단축 연산**은 산술 연산자 +, −, *, /, %와 배정 연산자 =을 결합하여 나타낸다. 변수 이름은 = 왼쪽에 한 번만 나타난다.

〈표 3-5〉 단축 연산자

단축 연산자	기존 연산자 예		단축 연산자 예
+=	`i = i + 1`	→	`i += 1`
-=	`i = i - 1`	→	`i -= 1`
*=	`price = price * 1.1`	→	`price *= 1.1`
/=	`avg = avg / 10`	→	`avg /= 10`
%=	`total = total % 5`	→	`total %= 5`

3.6 우선순위

친구 네 명과 커피집을 방문했다. 각자 취향대로 커피를 주문하고, 커피값 총액을 친구들이 균등하게 나눠서 내려고 한다. 각 친구가 내야 할 금액을 어떻게 계산할까? 아래와 같이 계산하면 올바를까?

4000 + 4200 + 4500 + 3800 / 4

파이썬에서 다양한 연산자들이 하나의 식에 사용될 때 연산자에 따라 서로 다른 우선순위를 갖는다. 연산자들의 우선순위는 수학의 식에서의 우선순위와 동일하다.

예를 들어서 /는 +보다 높은 우선순위를 갖는다. 따라서 아래의 식은

4000 + 4200 + 4500 + 3800 / 4

다음 식과 동등하며, 올바른 결과를 구할 수 없다.

4000 + 4200 + 4500 + (3800 / 4)

/의 우선순위가 +의 우선순위보다 높기 때문에 각 친구가 내야 할 금액을 계산하려면 수식을 아래와 같이 /보다 +를 먼저 계산하도록 괄호를 사용해서 식을 표현해야

한다. 〈표 3-6〉이 보여주는 것처럼 괄호의 우선순위가 가장 높다.

(4000 + 4200 + 4500 + 3800) / 4

〈표 3-6〉 산술 연산자의 우선순위

우선순위	산술 연산자	계산 순서
1	( )	괄호 안의 연산을 먼저 계산. 괄호가 중첩되어 있으면 가장 안쪽의 괄호 안의 연산을 먼저 계산
2	**	오른쪽에서 왼쪽으로
3	* / // %	왼쪽에서 오른쪽으로
4	+ -	왼쪽에서 오른쪽으로

우선순위가 같은 연산자들이 연속해서 사용될 때는 왼쪽부터 오른쪽으로 적용한다. 이 원칙의 예외는 ** 연산이다. ** 연산자가 연속해서 사용될 때는 오른쪽부터 왼쪽으로 적용한다.

예 산술 연산자의 우선순위

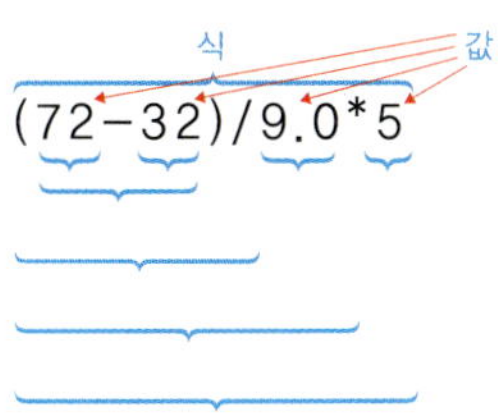


```
(72-32)/9.0*5
(40)/9.0*5
40/9.0*5
4.44*5
22.2
```

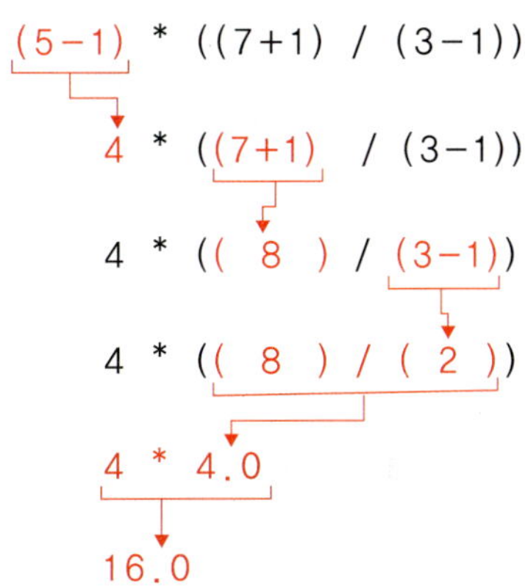

Quiz

왼쪽의 수학의 식을 파이썬 문장으로 표현하라.

수학의 식	파이썬 문장
$y = \pi r^2$	
$z = 3xy + 5$	
$a = \frac{x+2}{b-1}$	
$x = \frac{-b \pm \sqrt{b^2-4ac}}{2a}$	

괄호 사용시 주의 사항

낮은 우선순위 연산자를 높은 우선순위 연산자보다 먼저 수행하기 위해서 ( )를 사용할 때 여는 괄호 (와 닫는 괄호)의 개수가 같아야 한다. 또한 우선순위를 바꾸기 위해서 { } 또는 [ ] 괄호는 사용할 수 없다. 오직 ( ) 괄호만 사용해야 한다.

Quiz

아래의 식에서 잘못된 부분이 있는가?

```
((x + y) * a / 2 * (1 – b)
```

TIP 연산자들의 우선순위에 자신이 없을 때는 괄호를 사용하자. 또한 연산자들의 우선순위를 분명하게 표시하기 위해서 괄호를 사용하면 프로그램을 이해하는데 도움이 된다. 예를 들어서 4*5의 결과에 3을 더하려고 한다. 아래의 세 방법 중에서 어느 방법이 더 이해하기 좋은가?

괄호를 사용하지 않은 식	괄호를 사용하여 우선순위를 명확하게 나타낸 식	불필요하게 괄호를 사용한 식
>>> 3 + 4 * 5	>>> 3 + (4 * 5)	>>> (3 + (4 * 5))

3.7 문자열에 관한 연산

문자열은 파이썬으로 프로그램을 작성할 때 빈번히 사용하는 데이터 타입 중 하나이다. 파이썬은 문자열에 대해서 다양한 연산들을 제공한다.

〈표 3-7〉 문자열 연산의 예

표기법	설명
x in s	x가 문자열 s에 속하는가(부분 문자열인가)?
x not in s	x가 문자열 s에 속하지 않는가(부분 문자열이 아닌가)?
s + t	두 개의 문자열 s와 t를 붙여서 긴 문자열을 생성
s * n	문자열 s를 n번만큼 반복
s[i]	문자열 s에서 인덱스 i에 위치한 문자를 반환

3.7.1 in 또는 not in

한 문자열이 다른 문자열에 포함되는가를 검사하려면 in 연산자를 사용하고, 포함되지 않는가를 검사하려면 not in 연산자를 사용한다.

형식

```
문자열1 in 문자열2
```

문자열1이 문자열2에 포함되면(발견되면) in 연산자의 결과는 True이고, 그렇지 않으면 False이다.

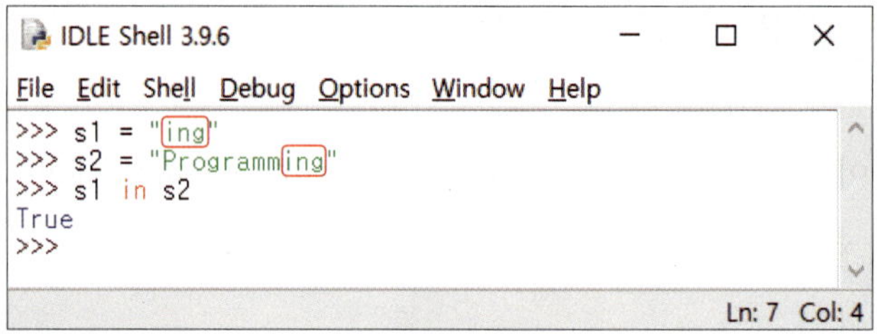

[그림 3-13] in 연산자

3.7.2 문자열의 덧셈과 곱셈

문자열이 숫자처럼 보이더라도 문자열에 대해서는 수학적 연산을 적용할 수 없다.

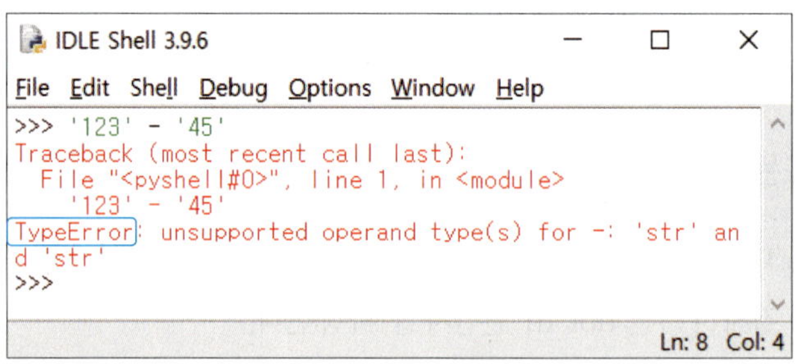

[그림 3-14] 문자열 간의 뺄셈 연산

그러나 덧셈(+)과 곱셈(*)은 예외이다. 두 개의 문자열에 +를 적용하면 첫 번째 문자열의 끝에 두 번째 문자열을 붙여서 하나의 문자열로 합쳐진다. 이런 연산을 **접합**(concatenation)이라고 부른다. *는 문자열을 정수만큼 반복하여 긴 문자열을 만든다.

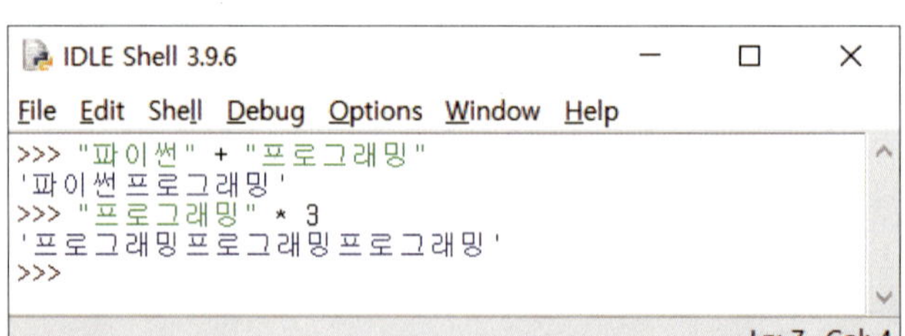

Quiz 1

```
>>> x = input('숫자를 입력하시오: ')
```

(사용자가 3을 입력했다고 가정하면)

```
>>> x * 2
```

의 결과는?

Quiz 2

```
>>> x = int(input('숫자를 입력하시오: '))
```

(사용자가 3을 입력했다고 가정하면)

```
>>> x * 2
```

의 결과는?

Quiz 3

하이픈('–') 80개로 이어진 긴 라인을 출력하려고 한다. 한 개의 print 문을 사용하여 표현하라.

3.7.3 len 함수

len은 주어진 문자열에 포함된 문자들의 개수(문자열의 길이)를 구하는 함수이다. 문자열에 들어있는 공백 문자, 특수 문자들의 개수도 센다. 탈출 문자(\n, \t 등)는 각각 1개의 문자로 센다. 여는 따옴표와 닫는 따옴표는 len 결과에 포함되지 않는다.

형식

```
len(문자열)
```

아래의 예에서 변수 course에 배정된 문자열에는 공백 문자 1개를 포함해서 9개의 문자가 들어있다.

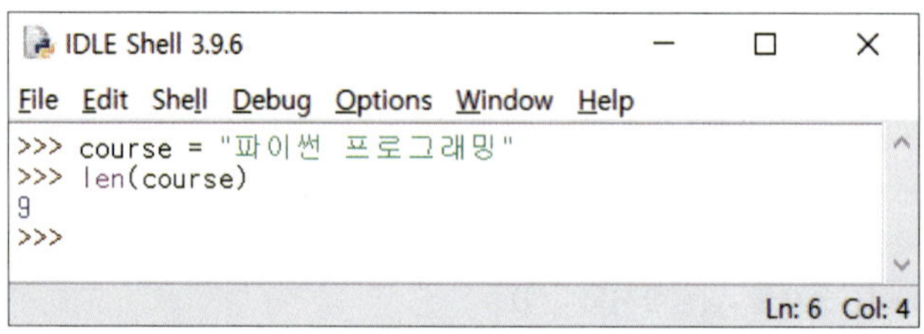

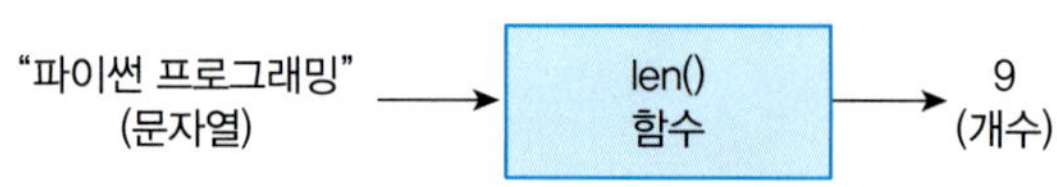

3.7.4 인덱스

어떤 프로그램에서는 문자열 내의 각각의 문자를 접근할 필요가 있다. 예를 들어서 어떤 사이트에 가입할 때 id와 비밀번호를 정해야 하는데, 보안상의 이유로 비밀번호에 대문자/소문자 각각 한 개 이상, 특수 문자 한 개 이상, 숫자 한 개 이상 등을 요구하는 경우가 있다. 가입하려는 회원이 자유롭게 비밀번호(문자열)를 정해서 입력했을 때 회원 가입 절차를 다루는 프로그램에서는 이 비밀번호에 대문자, 특수 문자, 숫자 등이 모두 포함되었는지 검사해야 한다.

비밀번호 요구사항의 예

- 8자 이상
- 영문 대문자(A~Z) 한 개 이상
- 영문 소문자(a~z) 한 개 이상
- 숫자(0 - 9) 한 개 이상
- 특수 문자(~ ! ? @ # $ % ^ & *) 한 개 이상

주어진 문자열에 속한 문자들은 0부터 (길이-1)까지의 번호로 구분한다. 맨 앞의 문자가 0번 문자, 두 번째 문자가 1번 문자, ..., 맨 마지막 문자가 (길이-1)번 문자이다. 이런 번호를 문자열 내의 위치 또는 **인덱스**(index)라고 부른다. 인덱스는 반드시 정수여야 하고, 인덱스는 문자열의 길이보다 작아야 한다. 음수를 인덱스로 사용하면 -길이~-1까지의 번호로 구분한다. 문자열의 맨 오른쪽 문자의 인덱스가 -1이다. 어떤 위치에 놓인 문자를 가르키기 위해서 []를 사용한다.

```
name = "Kil-dong Hong"                    # name의 길이가 13이므로 인덱스가 0 ~ 12
```

양수 인덱스	0	1	2	3	4	5	6	7	8	9	10	11	12
name	K	i	l	-	d	o	n	g		H	o	n	g
음수 인덱스	-13	-12	-11	-10	-9	-8	-7	-6	-5	-4	-3	-2	-1

```
IDLE Shell 3.9.6
File Edit Shell Debug Options Window Help
>>> name = "Kil-dong Hong"
>>> name[0]
'K'
>>> name[4]
'd'
>>> name[-1]
'g'
>>> name[-2]
'n'
>>>
Ln: 12 Col: 4
```

TIP name[-i]는 name[len(name) - i]와 동일한 문자를 가리킨다.

예 문자열에 대한 인덱스

주어진 문자열에 존재하지 않는 인덱스를 참조하면 **인덱스 에러**(IndexError)가 발생한다. 예를 들어서 name에는 양수 인덱스가 0~12까지 존재하는데(음수 인덱스는 -13~-1), 아래와 같이 양수 인덱스 13(또는 음수 인덱스 -14)을 참조하면 에러 메시지가 표시된다.

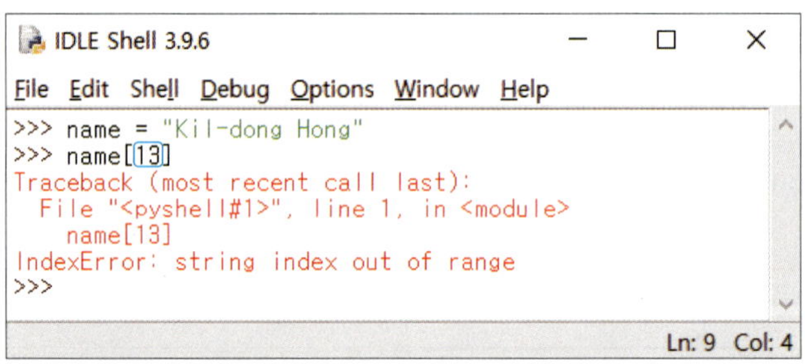

[그림 3-15] 인덱스 에러

3.7.5 슬라이스

슬라이스(slice)는 주어진 문자열에서 0개 이상의 부분 문자열을 반환하는 연산이다. 부분 문자열의 **시작 인덱스**와 **끝 인덱스**를 지정하는데, 시작 인덱스 또는 끝 인덱스를 생략할 수 있다. 시작 인덱스 ~ (끝 인덱스-1)까지에 위치한 문자들이 슬라이스 결과에 포함된다. 끝 인덱스는 슬라이스 결과에 포함되지 않는다.

시작 인덱스를 생략하면 인덱스 0부터, 끝 인덱스를 생략하면 len(문자열)-1까지를 의미한다.

형식

```
문자열[시작 인덱스:끝 인덱스]
```

문자열 s에서 s[:5]는 시작 인덱스를 생략했으니 인덱스 0부터, 끝 인덱스가 5이니 인덱스 4까지(끝 인덱스-1=4)에 위치한 문자들이 반환된다. 음수 인덱스를 사용하면 맨 마지막부터 문자들이 반환된다. 예를 들어서 s[-2:]은 맨 마지막 2개의 문자를 반환한다.

예 문자열에 대한 슬라이스

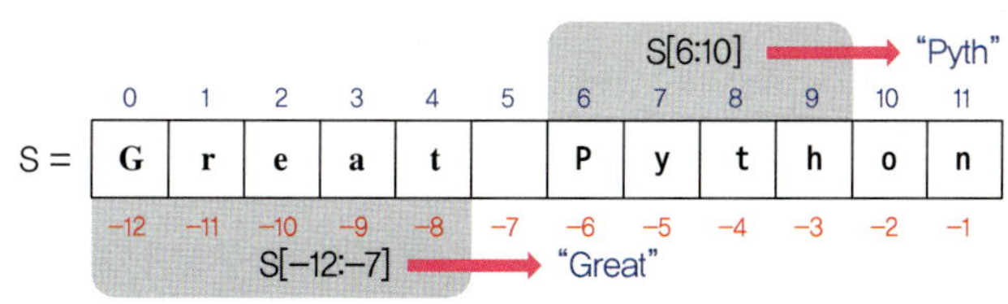

[그림 3-16] 슬라이스

시작 인덱스, 끝 인덱스 외에 **증가분**(step)을 추가로 지정할 수 있다. 예를 들어서 s[1:7:2]는 문자열 s에서 인덱스 1, 3(1+2), 5(1+2+2)에 위치한 문자들을 반환한다. 7이 끝 인덱스인데 (끝 인덱스-1)까지만 부분 문자열에 포함될 수 있으므로 인덱스 7에 위치한 문자는 반환되지 않는다. 증가분을 생략하면 디폴트로 1이다. 증가분이 -1이면 역순으로 문자열을 반환한다.

형식

```
문자열[시작 인덱스:끝 인덱스:증가분]
```

예 문자열에 대한 슬라이스

Quiz

아래의 print 문의 결과가 무엇인가?

```
>>> letters = 'ABCDEFGHIJKLMNOPQRSTUVWXYZ'
>>> print(letters[0:26:4])
```

3.7.6 문자열에 관한 메소드

파이썬이 객체지향 언어이기 때문에 프로그래머가 파이썬에서 생성한 모든 것은 정수, 실수, 문자열 등을 포함해서 **객체**(object)이다. **메소드**(method)는 어떤 객체에 속한 함수이며 그 객체에 대하여 특정 연산을 수행한다. 문자열 객체에 대하여 파이썬은 여러 가지 메소드를 제공한다.

문자열에 관한 메소드를 호출하는 형식은 아래와 같다. 문자열 또는 문자열을 저장하고 있는 변수 다음에 .을 찍고, 그 다음에 호출하려는 메소드를 명시한다. 메소드에 따라서 0개 이상의 인수를 갖는다.

형식

```
문자열.메소드(인수)
```

또는

```
문자열_변수.메소드(인수)
```

〈표 3-8〉 문자열 객체에 사용되는 메소드

메소드	설명
lower()	문자열에 속한 모든 대문자를 소문자로 변환하여 반환한다. 이미 소문자이거나 알파벳이 아닌 문자는 변환되지 않는다.
upper()	문자열에 속한 모든 소문자를 대문자로 변환하여 반환한다. 이미 대문자이거나 알파벳이 아닌 문자는 변환되지 않는다.
replace(x, y)	문자열에 속한 모든 x가 y로 변경된 문자열을 반환한다.
count(x)	문자열에 속한 문자 x의 개수를 반환한다.
find(x)	문자열에서 문자 x가 처음 나타나는 인덱스를 반환한다.

lower 메소드

주어진 문자열의 내용은 그대로 둔 채, 모든 대문자를 소문자로 변환하여 반환한다. 아래의 예에서 name.lower()을 수행한 후에도 name의 내용은 바뀌지 않는다(문자열은 불변 데이터 타입).

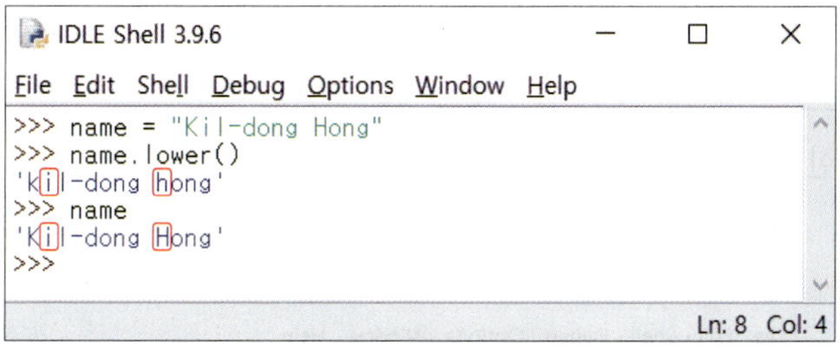

upper 메소드

주어진 문자열의 내용은 그대로 둔 채, 모든 소문자들을 대문자로 변환하여 반환한다. 아래의 예에서 name.upper()을 수행한 후에도 name의 내용은 바뀌지 않는다.

```
>>> name = "Kil-dong Hong"
>>> name.upper()
'KIL-DONG HONG'
>>>
```

두 개의 문자열을 비교하는 연산은 대문자와 소문자를 서로 다른 문자로 취급한다. 즉 'ABC' ≠ 'abc' ≠ 'Abc'이다. lower와 upper 메소드는 대문자와 소문자를 구분하지 않으면서 문자열을 비교할 때 유용하다.

replace(x, y) 메소드

문자열에 속한 모든 x가 y로 변경된 문자열을 반환한다. name.replace()를 수행한 후에도 name의 내용은 바뀌지 않는다.

```
>>> name = "Kil-dong Hong"
>>> name.replace('K', 'G')
'Gil-dong Hong'
>>>
```

count(x) 메소드

문자열에 속한 x의 개수를 반환한다.

```
>>> name = "Kil-dong Hong"
>>> name.count('o')
2
>>>
```

find(x) 메소드

문자열에서 x가 처음 나타나는 인덱스를 반환한다.

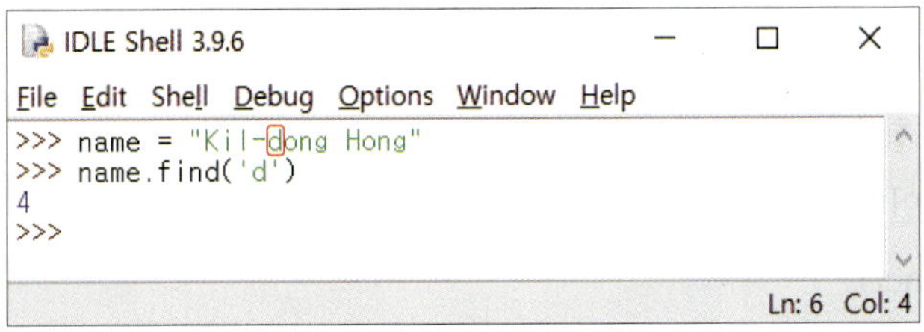

3.8 PEP 8

프로그램을 읽기 쉽게 작성하는 것은 매우 중요하다. 대부분의 프로그램은 한 번 실행한 후 버릴 것이 아니기 때문에 특히 여러 사람들이 함께 참여하여 개발하는 대규모 프로그램은 서로 상대방이 작성한 부분을 읽게 되는 경우가 많고, 시간이 흐른 뒤 작성자 본인이 자신의 프로그램을 읽게 되는 경우도 빈번하다.

PEP 8(Python Enhancement Proposal 8)은 파이썬 프로그램을 이해하기 쉽게 만들기 위해서 파이썬 공동체에서 만든 지침이다. 프로그램을 작성할 때 PEP 8을 지키도록 노력하자.

- 들여쓰기를 위해 네 개의 공백 문자를 사용한다. 탭은 사용하지 않는다. ␣는 공백 문자를 명시적으로 나타내기 위해 본 교재에서 사용한 기호이다.

  ␣␣␣␣

- 한 줄에 한 문장만 작성한다.
- 연산자와 = 기호 양쪽에 공백 문자를 한 개씩 넣는다.

  예: x␣=␣y␣+␣100

- 쉼표 다음에 공백 문자를 한 개 넣는다(쉼표 전에는 넣지 않음).

  예: print(a,␣b)

- 함수를 호출할 때 여는 괄호 (왼쪽에 공백 문자를 넣지 않는다.

  예: name = input⊠("당신의 이름은? ")

- 함수를 호출할 때 ( ) 내부에 공백 문자를 넣지 않는다.

  예: name = input(⊠"What is your name? "⊠)

- 변수 이름, 함수 이름(6장), 모듈 이름(11장)은 모두 소문자로 지정한다. 두 개 이상의 단어는 언더스코어로 연결한다.

  예: my_func()

- 상수 이름은 모두 대문자로 지정한다. 두 개 이상의 단어로 이루어진 상수 이름은 언더스코어로 연결한다.

  예: PI, VALUE_ADDED_TAX

- 클래스 이름은 각 단어의 첫 글자는 대문자로, 나머지는 소문자로 지정한다.

  예: MyClass

- 함수를 여러 개 정의할 때 각 함수의 정의 사이에 빈 줄을 두 개 넣는다.
- 함수 정의들을 한 군데에 모은다.
- import 문(11장)은 프로그램 상단에 배치한다. 각 import 문에 하나의 모듈만 표기한다. 또한 마지막 import 문 다음에 빈 줄을 두 개 넣고 다음 문장들을 작성한다.

  예: import random

  import sys

  예: import random, sys (이렇게 하지 않는다)

- 한 문장의 길이는 79개 이내의 문자가 되도록 한다.

객관식 문제

1 아래의 식 중에서 3 ** 4 + 5 // 2와 같은 결과를 내는 것은?

① 3 ** (4 + 5 // 2) ② 3 ** (4 + 5) // 2
③ (3 ** 4 + 5) // 2 ④ 3 ** 4 + (5 // 2)

2 아래의 수학의 식을 정확하게 파이썬 식으로 표현한 것은?

$$\frac{(6+3)\times 2a}{5} - m$$

① (6 + 3) * 2a / 5 - m ② 6 + 3 * 2 * a / 5 - m
③ (6 + 3 * 2 * a) / 5 - m ④ (6 + 3) * 2 * a / 5 - m

3 c와 f는 변수이다. 아래의 수학의 식에서 f를 계산하는 파이썬 식은?

c / 5 = (f - 32) / 9

① (f - 32) / 9 = c / 5 ② f = (32 + c) / 5 / 9
③ f = 32 + (c / 5 * 9) ④ f - 32 = c / 5 * 9

4 아래의 문장 중에서 에러 메시지가 발생하지 않는 것은?

① x = "9" + int("2") ② x = "9" - int("2")
③ x = "9" * int("2") ④ x = "9" / int("2")

5 아래의 배정문 중에서 + 기호가 다른 의미로 사용된 것은?

① a = 11 + 22 ② b = 2.0 + 3.0
③ c = int('3') + int('6') ④ d = '12' + '34'

6 아래의 문장들을 수행한 후의 실행 결과는?

```
s = 'abc'
s = 'x' * 3 + s
s = s + 'y' * 2
print(s)
```

① 'abcx3y2' ② 'abcxxxabc'
③ 'xxxabcyy' ④ 'abcxxxabcd2'

7 아래의 프로그램의 실행 결과가 무엇인가?

```
x = 'Hello'
y = 'Python'
z = 1234
string1 = x + y
print(string1)
string2 = a + b + c
print(string2)
```

① 'HelloPython'을 출력하고, 에러 없이 종료된다.
② 'HelloPython'과 "HelloPython'1234'를 출력한다.
③ c가 문자열이 아니기 때문에 아무 것도 출력하지 않는다.
④ 'HelloPython'을 출력하고, 에러 메시지를 내보내면서 종료된다.

8 아래의 프로그램의 실행 결과가 무엇인가?

```
>>> greeting = 'Good Night'
>>> print(greeting[-len(greeting)])
```

① G ② N
③ d ④ t

9 아래의 프로그램의 실행 결과가 무엇인가?

```
>>> s = "Programming is fun"
>>> print(s[4:7] + s[9:], s[:4])
>>> print(s*2)
```

① rammng is fun Prog
Programming is funProgramming is fun
② ramng is fun Prog
Programming is funProgramming is fun
③ ramg is fun Progr
PPrrooggrraammmmiinngg iiss uunn
④ rammng is fun Progr
Programming is funProgramming is fun

단답식 문제

10 종이 위에서 연필로 4.01–3.59를 계산하면 0.42여야 한다. 이를 파이썬에서 계산해보라. 파이썬의 계산 결과가 0.42가 아닌 이유를 설명하라.

11 아래의 프로그램의 실행 결과는?

```
>>> amount = 99
>>> amount = 0.1
>>> print(amount)
```

12 아래의 식의 결과를 채우라.

식	값
(6 + 2) * 3	
9 + 12 * (8 - 3)	
9 + 14 * 2 - 6	
14 / (11 - 4)	

13 변수 x, y, z에 대해서 아래의 연산을 수행하는 문장들을 작성하라.

(1) 변수 x에 10을 배정한다.

(2) 변수 x에 4를 더하고, 그 결과를 변수 y에 배정한다.

(3) 변수 y에 3을 곱하고, 그 결과를 변수 x에 배정한다.

(4) 변수 x를 2.0으로 나누고, 그 결과를 변수 y에 배정한다.

(5) 변수 y에서 3을 빼고, 그 결과를 z에 저장한다.

(6) 변수 x, y, z의 값을 출력한다.

14 아래의 변수 이름들 중에서 잘못된 것을 모두 고르라. 그 이유를 설명하라.

```
radius_5
mar-2022
vel12city
second!one
while
```

15 아래의 식을 단축 연산자를 사용해서 표현하라.

(1) count = count + 1

(2) price = price * 0.9

(3) sum = sum - 3

(4) half = half / 2

16 시간제 직원의 주당 급여를 계산하는 아래의 세 가지 방법 중에서 어느 방식의 프로그램이 이해하기 좋은가? 그 이유는 무엇인가?

방법 1

```
k1q3z9ocd = 35.0
k1q3z9afd = 9000
k1q3p9afd = k1q3z9ocd * k1q3z9afd
print(x1q3p9afd)
```

방법 2

```
a = 35.0
b = 9000
c = a * b
print(c)
```

방법 3

```
hours = 35.0
rate = 9000
pay = hours * rate
print(pay)
```

17 아래의 파이썬 식이 우선순위에 따라 수행되는 단계를 차례대로 그려보라.

```
(5 / 2) + 2 * 2
```

18 원의 면적을 계산하려는 아래의 프로그램을 살펴보자. 반지름이 r일 때 원의 면적을 구하는 공식은 $area = \pi r^2$이다.

(1) 아래의 프로그램을 실행하면 원의 면적이 기대대로 출력될까? 그 이유를 설명하라.

(2) 예상했던 원의 면적이 계산되지 않았다면 이 프로그램을 어떻게 수정해야 할까?

```
r = 0
PI = 3.14
area = PI * r * r
r = float(input("반지름을 입력하시오: "))
print("면적 = ", area)
```

19 아래의 같은 프로그램의 실행 결과를 보여라.

```
>>> s = "artificial intelligency"
>>> print(s[11:15] + " " + s[0:3])
>>> print(len(s))
>>> length = len(s[11:])
>>> print(str(length))
```

20 아래의 문장의 실행 결과가 무엇인가?

```
>>> print('문제해결'.replace('해결', '분석'))
```

21 IDLE 셸 창에서 아래의 문장을 각각 실행한 결과가 무엇인가?

```
word = '프로그래밍 기초'
word[2:4]
word[1:-3]
word[3:]
word[3:3]
word[:1] + word[4:]
word[:9]
word[8:10]
```

22 문자열 name = "Sol-mi Kim"일 때 다음 메소드의 결과가 무엇인가?

a. name.count('m')

b. name.count('M')

c. name.replace('K',' ')

d. (name[3:7].lower() + "lee").replace(' ','')

23 s1과 s2에 다음과 같은 문자열이 배정되었다. 아래의 동작을 파이썬 문장으로 표현하라.

```
s1 = "operating system"
s2 = "software"
```

(1) "ing"가 s1에 나타나는가?

(2) 공백 문자가 s2에 포함되었는가?

(3) s2를 5번 접합하라.

(4) s1과 s2에 포함된 전체 문자수를 구하라.

(5) 공백 문자가 s1과 s2를 접합한 문자열에 포함되었는가?

24 다음과 같은 문자열 s1과 s2에 대해서 보기와 같은 결과를 내는 문자열 연산을 작성하라.

```
s1 = "coffee"
s2 = "ice!"
```

(1) "ICE!"

(2) "ice!coffeeice!"

(3) "Coffee Ice!Coffee Ice!Coffee Ice!"

(4) "ie"

25 문자열 s = "Hello, how are you?"이다. 각 메소드의 실행 결과가 무엇인가?

(a) `s.find("how")`

(b) `s.count("o")`

(d) `s.upper()`

(f) `s.replace("how", "who")`

실습 문제

26 직각삼각형에서 빗변(c)과 나머지 두 변(a, b)은 피타고라스 정리에 의해서

$a^2 + b^2 = c^2$

을 만족한다. 사용자로부터 a와 b를 입력받아서 c를 구하는 프로그램을 작성하라. a에 3을, b에 4를 입력했을 때 c의 값이 5가 구해지는지 확인하라.

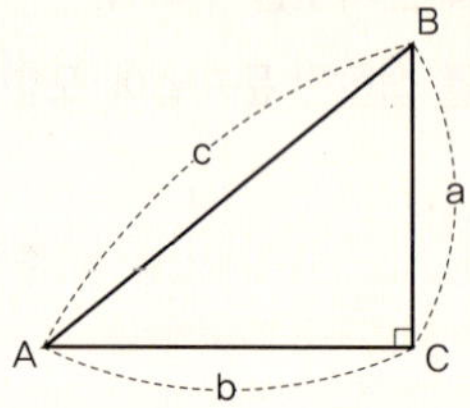

27 원금을 은행의 복리이자 상품에 맡기고 원리금을 계산하려고 한다. 원금을 p, 연이율을 rate, 기간을 t라하고, t만큼 경과한 후의 원리금을 계산하는 공식은 아래와 같다. p, rate, t를 입력받아 원리금을 계산하는 프로그램을 작성하라.

원리금 = $p(1 + rate/100)^t$

28 세 개의 실수를 입력받아, 이들의 합과 평균을 구하는 알고리즘의 순서도를 작성하라. 이 순서도를 프로그램으로 작성하라. 합과 평균을 소수점 아래 2 두 자리까지 출력한다.

29 아래와 같은 프로그램을 작성하라

- 사용자로부터 영어 한 문장을 읽는다.
- 그 문장에 속한 모든 문자(알파벳, 공백 문자 등)들의 개수를 구한다.
- 그 문장의 모든 알파벳을 소문자로 바꾼 문장을 화면에 출력한다.
- 그 문장에 속한 알파벳을 역순으로 출력한다.

30 지구에서 어느 행성까지의 거리가 다음과 같다. 이 숫자에 6이 몇 번 나타나는지를 구하는 프로그램을 작성하라.

distance = 17234623718339.96

프로젝트

31 사다리꼴의 면적을 구하는 공식이 아래와 같다. input 문을 사용해서 a, b, h의 값을 키보드로부터 읽어서 변수에 배정한 후, 면적을 계산하여 변수 area에 배정하고, 마지막으로 면적을 출력하는 알고리즘의 순서도를 작성하라. 이 순서도를 프로그램으로 작성하라. a, b, h의 값으로 각각 4, 6, 3을 입력하여 결과를 확인하라.

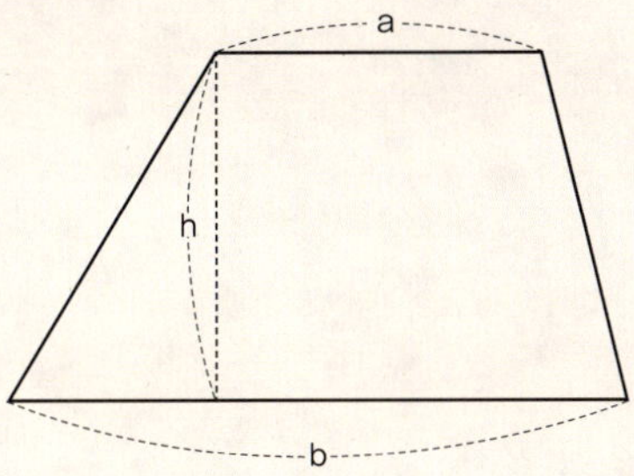

$$area=\frac{a+b}{2}h$$

Python

4 CHAPTER

선택문

| 학습 목표 |

1장에서 설명한 순차 구조가 프로그램에 많이 사용되기는 하지만 순차 구조만 가지고 모든 유형의 작업을 프로그래밍할 수 없다. 프로그램의 실제적인 힘은 선택 기능과 반복 기능으로부터 나온다. 본 장에서는 선택문에 사용되는 조건식을 작성하는 방법을 알아보고, 파이썬이 제공하는 다양한 if 문들의 특징과 장단점을 순서도와 함께 살펴본다.

CHAPTER 4

선택문

4.1 조건식

사람들이 컴퓨터가 똑똑하다고 생각하는 이유는 컴퓨터 프로그램이 어떤 값을 기반으로 서로 다른 동작을 선택할 수 있기 때문이다. 선택을 내리기 위해서는 조건식이 참인지 거짓인지 판단해야 한다.

if 문 또는 while 문(5장)에 사용되는 식을 **조건식** 또는 **불리언 식**이라고 부른다. 불리언 식은 영국의 수학자 조지 불(3장에서 소개)의 이름에서 유래하였다. 조건식은 식(또는 변수, 값)을 또 다른 식(또는 변수, 값)과 관계 연산자(비교 연산자)를 사용하여 비교하는 식이다. 조건식의 결과는 반드시 참 아니면 거짓이다. 숫자뿐만 아니라 문자열을 비교하기 위해서도 관계 연산자를 사용할 수 있다.

형식

```
식1 관계연산자 식2
```

〈표 4-1〉은 파이썬에서 사용되는 **관계 연산자**들을 보여준다. 관계 연산자의 우선순위는 산술 연산자의 우선순위보다 낮다.

〈표 4-1〉 관계 연산자

관계 연산자 (파이썬)	수학 기호	의미	예	결과	일반적인 사용 예
>	>	큰가?	7 > 9	False	score > 90
<	<	작은가?	10 < 5	False	temperature < 24
>=	≧ (또는 ≥)	크거나 같은가?	6.0 >= 6.0	True	count >= 40
<=	≦ (또는 ≤)	작거나 같은가?	123 <= 126	True	total <= 1234
==	=	같은가?	1 + 1 == 3	False	title == "대리"
!=	≠	다른가?	3.2 != 2.5	True	amount != 15

주의

- 키보드에 ≠ 기호가 없기 때문에 서로 다르다는 !=로 표기한다.
- 두 값(또는 변수)이 서로 동등한지 비교하는 연산자는 =이 아니고, ==이다.
- 키보드에 ≥기호가 없기 때문에 '크거나 같다'를 '>='로 표현한다. 마찬가지로, '작거나 같다'는 '<='로 나타낸다.
- >=와 <= 연산자의 >와 = 사이 또는 <와 = 사이에 공백 문자가 있어서는 안 된다. 또한 = 기호는 항상 부등호 기호의 오른쪽에 놓여야 한다.

4.1.1 문자열 비교

3장에서 설명한 것처럼 파이썬에서 문자열은 유니코드로 저장된다. 두 개의 문자열을 비교하는 것은 문자열에 해당하는 유니코드를 비교하는 것이다. 특정 알파벳의 대문자와 소문자의 유니코드가 서로 다르다.

유니코드는 각 문자마다 고유한 0과 1들의 조합을 부여한다. 유니코드의 특징은 아래와 같다.

- 알파벳 대문자는 알파벳 소문자보다 앞에 위치. 예: 'Z' < 'a'
- 숫자는 알파벳보다 앞에 위치. 예: 'A2' < 'AA'
- 공백 문자(␣)는 숫자 및 문자보다 앞에 위치. 예: '알고␣리즘' < '알고리즘'
- ' ' < '0' < … < '9' < 'A' < ... < 'Z' < 'a' < ... < 'z' < '가' < '나' < ... < '하'

예 조건식

```
>>> 'cat' < 'dog'                    # 알파벳 순서
True
>>> 'Dog' < 'dog'                    # 대문자는 소문자보다 앞에 위치
True
>>> 'Dog' < 'cat'                    # 모든 대문자는 소문자보다 앞에 위치
True
>>> '알고리즘' > '파이썬'              # 한글은 가나다 순서를 따름
False
>>> '알고리즘' > 'algorithm'           # 한글은 알파벳보다 뒤에 위치
True
```

주의

일반적으로 같은 타입의 값들만 비교할 수 있다. 즉 숫자는 다른 숫자와 비교하고, 문자열은 다른 문자열과 비교할 수 있다. 문자열과 숫자를 비교하면 에러 메시지가 나타난다.

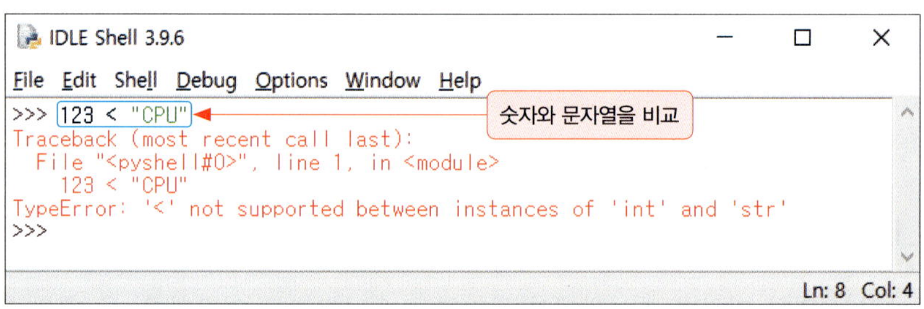

[그림 4-1] 숫자와 문자열을 비교

두 개의 문자열을 비교할 때 왼쪽부터 오른쪽으로 한 문자씩 차례대로 해당 문자의 유니코드를 비교한다.

```
>>> 'comparison' < 'compiler'
True
```

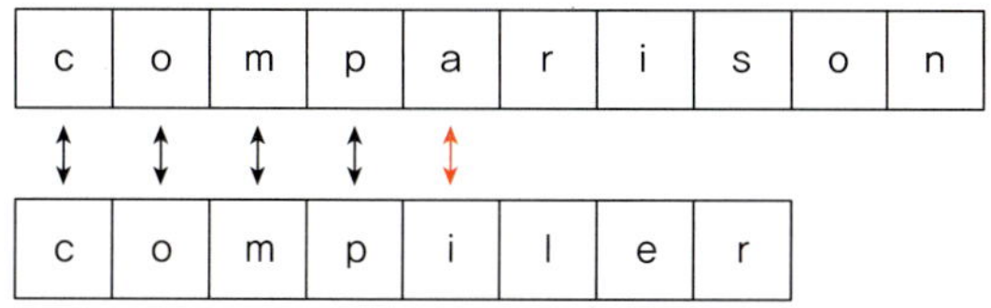

[그림 4-2] 두 개의 문자열을 비교

4.1.2 논리 연산자

복잡한 조건식을 표현하기 위해서 파이썬은 and, or, not 등 세 가지 논리 연산자를 제공한다. **논리 연산자**는 두 개의 단순한 조건식을 연결하여 복잡한 조건식을 만든다. 논리 연산자의 우선순위는 비교 연산자의 우선순위보다 낮다. 논리 연산자의 값을 구하기 위해서 진리표를 사용할 수 있다.

(1) and

and 연산자의 결과는 두 개의 조건식이 True일 때만 True이다. 그 외에는 False이다.

〈표 4-2〉 and의 진리표

x	y	x and Y
True	True	True
True	False	False
False	True	False
False	False	False

예 논리 연산자 and

```
>>> 3 < 4 and 7 < 8
True
```

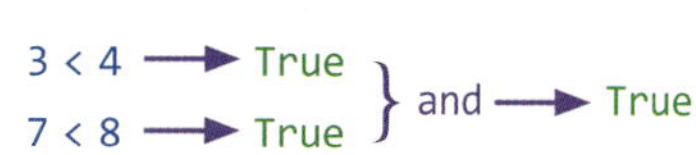

```
>>> 3 < 4 and 7 > 8
False
```

```
3 < 4 ──▶ True  ┐
                 } and ──▶ False
7 > 8 ──▶ False ┘
```

TIP (x and y)와 같은 조건식에서 만일 x가 False이면 전체 조건식이 False가 되고, y를 검사하지 않는다. and를 사용할 경우에는 거짓일 가능성이 높은 조건식을 and 왼쪽에 두자.

(2) or

or 연산자의 결과는 두 개의 조건식 중 하나라도 True이면 True이다.

〈표 4-3〉 or의 진리표

x	y	x or y
True	True	True
True	False	True
False	True	True
False	False	False

예 논리 연산자 or

```
>>> 3 < 4 or 7 < 8
True
```

```
3 < 4 ──▶ True ┐
                } or ──▶ True
7 < 8 ──▶ True ┘
```

```
>>> 3 < 4 or 7 > 8
True
```

```
3 < 4 ──▶ True  ┐
                 } or ──▶ False
7 > 8 ──▶ False ┘
```

TIP (x or y)와 같은 조건식에서 만일 x가 True이면 y를 검사할 필요없이 True가 된다. or를 사용할 경우에는 True일 가능성이 높은 조건식을 or 왼쪽에 두는 것이 좋다.

(3) not

not 연산자는 한 개의 조건식에 적용되어, True면 False로, False면 True로 만든다.

〈표 4-4〉 not의 진리표

x	not x
True	False
False	True

예 논리 연산자 not

```
>>> not 7 < 8
False
```

7 < 8 → True — not → False

```
>>> not 7 > 8
True
```

7 < 8 → False — not → True

조건식에 and, or, not 등이 포함되면 논리가 더욱 복잡해진다. 논리 연산자들 중에서 not의 우선순위가 가장 높고, 그 다음이 and이다. or의 우선순위가 가장 낮다. ()를 적절하게 사용하여 논리 연산자들의 우선순위를 명확하게 나타낼 수 있다.

〈표 4-5〉 복잡한 논리식의 예

복잡한 논리식	의미
a >= b and x == y	a가 b보다 크거나 같고, x가 y와 같은가?
a == b or a == c	a가 b와 같거나 a가 c와 같은가?
not (a < b)	a가 b보다 작지 않은가?

4.1.3 연산자들의 우선순위

산술 연산자, 관계 연산자, 논리 연산자를 포함한 식이 있을 때 산술 연산자를 먼저 적용하고, 그 다음에 관계 연산자를 적용하고, 마지막에 논리 연산자를 적용한다.

산술 연산자	`x**y` `-x` `+x` `x*y` `x/y` `x//y` `x%y` `x+y` `x-y`
관계 연산자	`x==y` `x!=y` `x>=y` `x>y` `x<=y` `x<y`
논리 연산자	`not x` `x and y` `x or y`

↓ 우선 순위 낮음

예 우선순위 적용

```
(4 < 5) and (5 < 6)
        ↓
True and (5 < 6)
        ↓
  True and True
        ↓
      True
```

예 복잡한 논리식

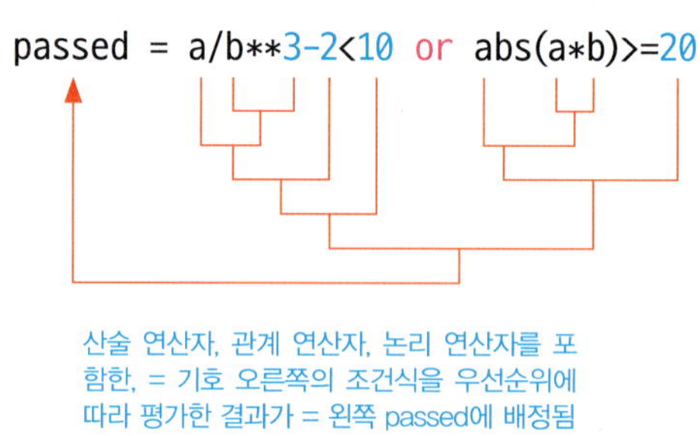

4.1.4 조건식 작성시 저지르는 실수

조건식을 작성할 때 흔히 실수를 저지를 수 있다.

(1) 실수1

조건식을 작성할 때 흔히 저지르는 실수는 =과 ==을 혼동하는 것이다. =은 배정문에 사용되는 기호이고, 두 개의 값을 비교할 때는 ==을 사용해야 한다.

=	변수 = 식(변수, 값)	배정문
==	식1(변수, 값) == 식2(변수, 값)	조건문

(2) 실수2

항상 True이거나 항상 False인 조건식을 작성한다. 예를 들어서

```
if score >= 70 or score < 90:
    print("중위권 성적")
```

는 score가 100이든 50이든 어떤 값을 가지더라도 항상 True이다.

```
if score < 70 and score >= 90:
    print("중위권 밖의 성적")
```

는 score가 어떤 값을 가지더라도 항상 False이다.

(3) 실수3

조건식을 자연어 문장처럼 작성한다. 예를 들어서 "score가 90 이상이고 100 미만인가"를 파이썬으로 표현하는데 아래와 같이 표현하면 구문 에러 메시지가가 나타난다.

```
if score >= 90 and < 100:
```

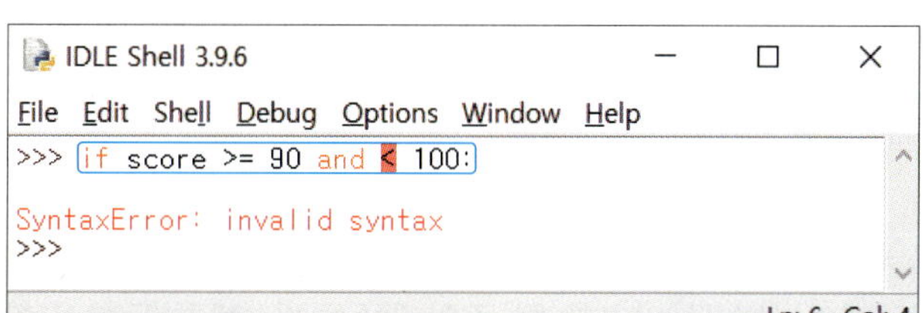

"score가 90 이상이고 score가 100 미만인가"로 생각한 후 아래와 같이 작성해야 한다.

```
if score >= 90 and score < 100:
```

대부분의 프로그래밍 언어에서는 허용하지 않지만 파이썬에서는 사용가능한 단축 표현이 있다.

```
if 90 <= score < 100:
```

〈표 4-6〉은 파이썬에서 사용가능한 단축 표현을 보여준다.

〈표 4-6〉 단축 표현

조건식	단축 표현
if x == 0 and y == 0 and z == 0:	if x == y == z == 0:
if 1 < x and x < y and y < 9:	if 1 < x < y < 9:
if x < y and y < z:	if x < y < z:
if x < y and y > z:	if x < y > z:

(4) 실수4

```
3 == "3"
```

3은 정수이고, "3"은 문자열이다. 서로 다른 데이터 타입의 값을 관계 연산자로 비교하면 에러 메시지가 나타난다. 숫자와 문자열을 비교하려면 int, float, str 등의 cast 함수를 사용하여 어느 한쪽의 데이터 타입을 상대편의 데이터 타입에 먼저 맞추어야 한다.

(5) 실수5

조건식에서 두 개의 실수를 비교할 때 주의해야 한다. 예를 들어서 아래의 조건식

```
0.1 + 0.2 == 0.3
```

의 비교 결과는 수학에서는 True이지만 파이썬에서는 False이다.

```
>>> 0.1 + 0.2 == 0.3
False
```

실수가 컴퓨터 내부에서 정확하게 저장될 거라고 생각하고 실수에 관계 연산자를 사용해서는 안 된다.

4.1.5 in 연산자

in과 not in은 어떤 부분 문자열이 원본 문자열에 포함되어 있는지 검사하는데 사용한다. 예를 들어서 어떤 영어 단어의 각 알파벳 s를 읽으면서 모음('a', 'e', 'i', 'o', 'u')에 해당되는지 검사하는 조건식을 아래와 같이 표현할 수 있다. 올바르게 작성했지만 조건식이 길다.

```
if s=='a' or s=='e' or s=='i' or s=='o' or s=='u':
```

in 연산자를 사용해서 이 조건식을 아래와 같이 간결하게 표현할 수 있다.

```
if s in 'aeiou':
```

예 in 연산자

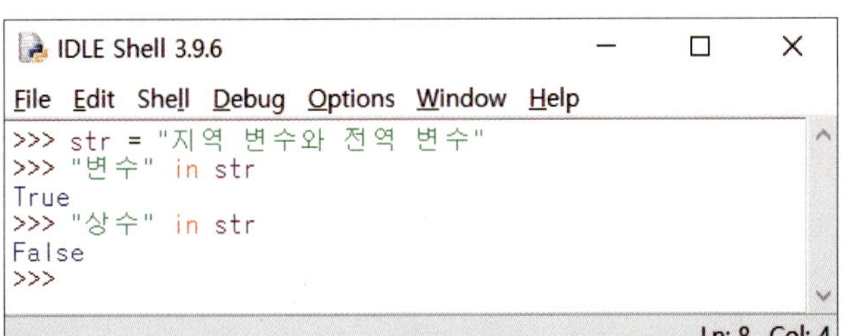

4.2 if 문의 종류

1장에서 설명한 순차 구조가 프로그램에 많이 사용되기는 하지만 순차 구조만 가지고 모든 유형의 작업을 프로그래밍할 수 없다. 프로그램의 실제적인 힘은 선택 기능과 반복 기능으로부터 나온다.

입력으로 받은 또는 계산 결과로 구해진 어떤 값에 따라 다음에 수행할 작업을 결정해야 하는 경우가 자주 발생한다. 이런 경우에 선택 구조를 사용해야 한다. 파이썬에서 선택 구조는 if 문으로 표현한다.

if 문은 어떤 문장들의 블록을 실행할 것인지 실행하지 않을 것인지를 결정하는데 사용한다. 즉 조건식의 결과가 True이면 블록을 실행하고, 그렇지 않으면 실행하지 않는다. 블록은 동일한 크기만큼 들여쓰기된 한 개 이상의 문장들의 모임이다.

파이썬의 if 문에는 네 가지 종류가 있다.

(1) if 문 - 단일 대안 선택 구조

(2) if-else 문 - 양자 택일 선택 구조

(3) 중첩된 if 문 - 다자 택일 선택 구조 (이것보다 (4)가 좋음)

(4) if-elif-else 문 - 다자 택일 선택 구조

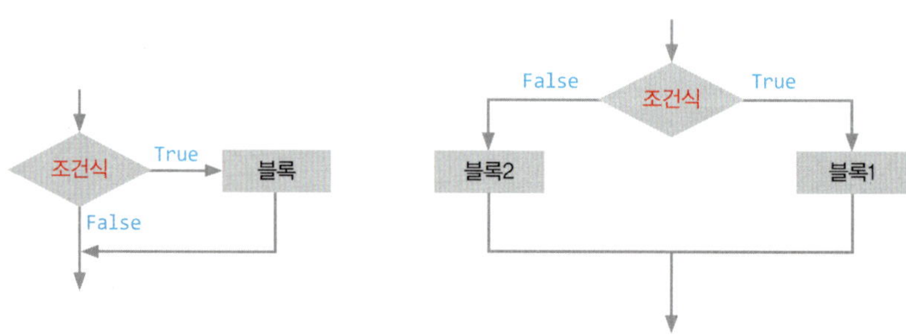

(1) if 문

(2) if – else 문

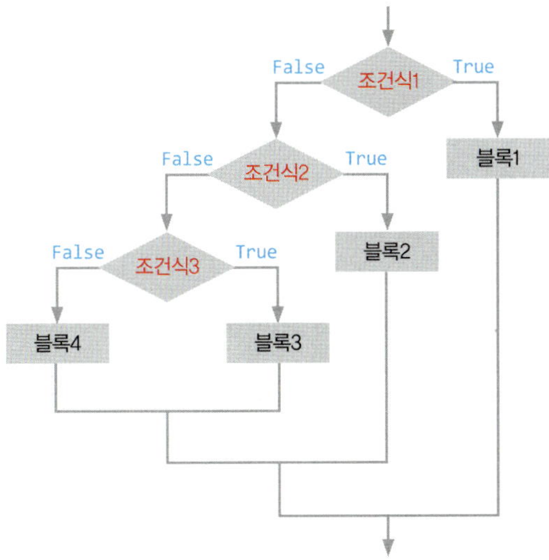

(3) 중첩된 if 문

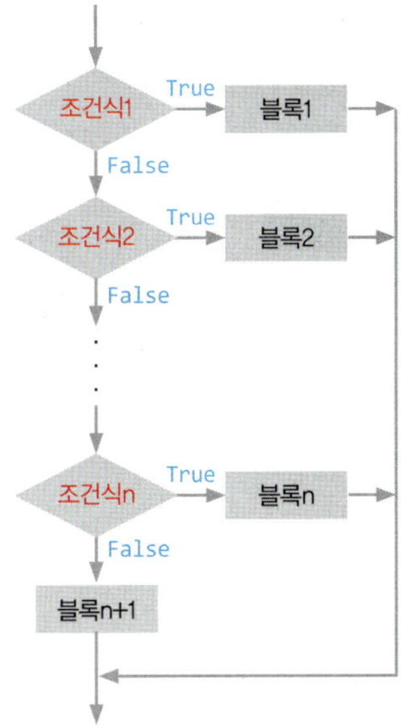

(4) if – elif –else 문

[그림 4-3] if 문의 네 가지 종류

4.3 if 문 – 단일 대안 선택 구조

if 문을 만나면 조건식을 테스트한다. 가장 단순한 형태의 선택 구조는 조건식의 결과가 참일 때만 문장들의 블록을 실행하고, 거짓일 때는 아무 작업도 실행하지 않는 구조이다.

if 문의 형식은 아래와 같다. 키워드 if로 시작하고, 조건식이 오고, 마지막에 콜론(:)을 입력한다. IDLE 셸 창 또는 편집기 창에서 Enter 키를 누르면 자동적으로 네 칸만큼 들여쓰기를 하여 참일 때 수행하는 문장들을 쉽게 구분하여 입력할 수 있도록 한다.

if 문의 두 번째 줄부터 조건식이 참일 때 실행되는 하나 이상의 문장들을 입력한다. 이 문장들이 if 문의 블록이 된다. 참일 때 수행하는 문장들을 모두 입력한 후에는 BackSpace 키를 누른다. 왼쪽으로 네 칸만큼 이동한 곳부터 새로운 문장을 입력할 수 있게 된다.

형식

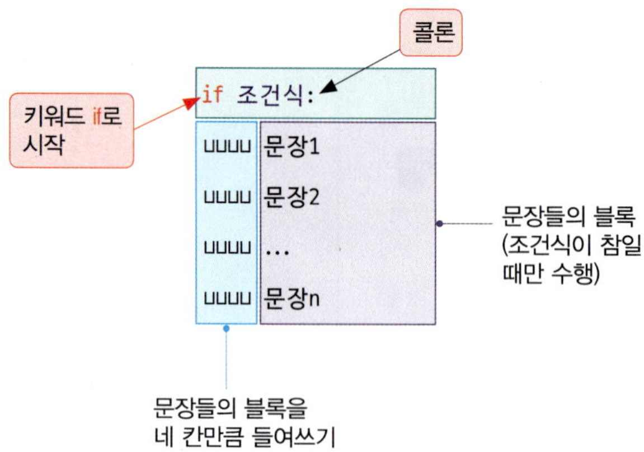

[그림 4-4] if 문의 형식

[그림 4-5]에서 if 문에 포함된 문장들의 블록과 if 문 바깥에 위치한 문장을 구분해 보자. 문장들을 실행하다가 if 문을 만나면 조건식을 테스트해서 참이면 문장1~문장n을 실행하고, 거짓이면 아무 것도 실행하지 않고, if 문을 빠져나와서 문장n+1을 실행한다. 문장n+1은 if 문에 포함되지 않는다.

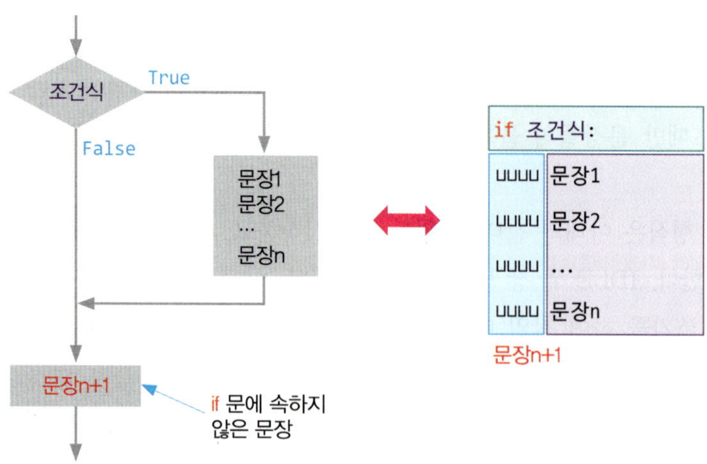

[그림 4-5] 순서도와 대응되는 if 문(문장n+1은 if 문 바깥에 위치)

주의

파이썬에서 들여쓰기는 프로그래머가 임의로 따를지 말지 결정할 사항이 아니다. 들여쓰기는 구문의 필수적인 요소이다. 하나의 단위로 취급해야 하는 문장들의 모임에 대해서 반드시 동일 크기만큼 들여쓰기해야 한다.

예 1인당 요금 계산

뷔페식당에서 아래와 같이 1인당 요금을 계산하여 출력하는 if 문을 사용한다. 3세 이하는 무료이다. 첫 문장에서 price에 50000원을 배정하고, if 문에서 age가 3세 이하인지 테스트한다. 조건식이 참일 때만 price에 0이 배정된다.

```
price = 50000
if age <= 3:
␣␣␣␣print("유아는 무료")
␣␣␣␣price = 0
print("가격: ", price)
```

파이썬에서 빈 블록(문장이 한 개도 없는 블록)은 허용되지 않는다. 따라서 number가 음수일 때 아무 문장도 실행하고 싶지 않을 때 아래와 같이 작성하면 에러가 발생된다.

```
if number < 0:
        number < 0일 때 수행할 문장이 없음
print("if 문 바깥의 문장")
```

조건식의 결과가 참일 때 아무런 작업도 실행하지 않는 블록이 필요하면 pass 문을 사용한다. pass 문은 “do nothing”을 의미한다. 지금 당장은 아무런 문장을 채우지 않고, 나중에 필요한 문장을 채우고자 할 때도 pass 문을 사용한다.

```python
if number < 0:
    pass
print("if 문 바깥의 문장")
```

Quiz

아래의 두 개의 if 문을 실행해보고, 차이점을 설명하라. 각각을 순서도로 표현해보라.

score = int(input("성적? "))
if score >= 90:
    credit = 'A'
    print("학점: ", credit)
    print("축! ^ 학점")
	score = int(input("성적? "))
	if score >= 90:
	    credit = 'A'
	    print("학점: ", credit)
	print("축! ^ 학점")

if 다음에 놓인 조건식에서 괄호는 선택 사항이므로 아래의 두 if 문은 동등하다.

`if (x < y):` ⇔ `if x < y:`

4.4 if-else 문 - 양자 택일 선택 구조

if-else 문은 **양자 택일 선택 구조**이다. 키워드 if로 시작하고, 조건식이 오고, 마지막에 콜론(:)을 입력한다. Enter 키를 누르면 자동적으로 네 칸만큼 들여쓰기를 하여 참일 때 수행하는 문장들을 쉽게 구분하여 입력할 수 있도록 한다.

if 문의 두 번째 줄부터 조건식이 참일 때 실행되는 하나 이상의 문장들을 입력한다. 이 문장들이 if 문의 블록이 된다.

참일 때 실행되는 문장들을 모두 입력한 후에 BackSpace 키를 누른다. else:를 입력하고, Enter 키를 누르면 자동적으로 다시 네 칸만큼 들여쓰기를 하여 거짓일 때 실행하는 문장들을 쉽게 구분하여 입력할 수 있도록 한다. else: 자체는 들여쓰기하지 않는다. else:는 대응되는 키워드 if와 동일 들여쓰기 위치에 놓는다.

else: 다음 줄부터 조건식이 거짓일 때 실행되는 하나 이상의 문장들을 입력한다. 이 문장들이 else의 블록이 된다.

거짓일 때 실행하는 문장들을 모두 입력한 후에는 BackSpace 키를 누른다. 왼쪽으로 네 칸만큼 이동한 곳부터 if-else에 속하지 않는 문장들을 입력할 수 있게 된다. 이런 문장들은 조건식의 결과가 참이든 거짓이든 상관없이 실행된다.

형식

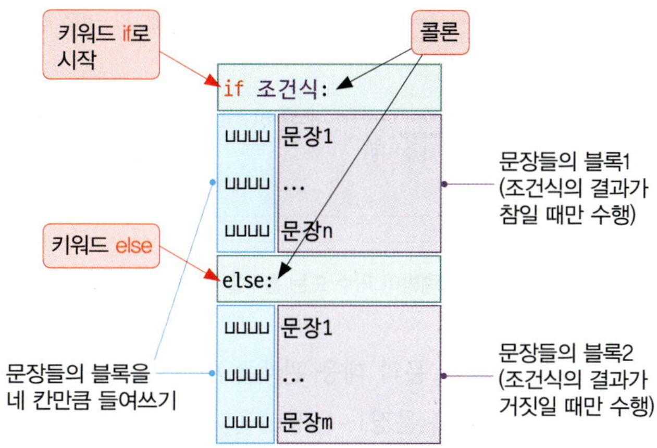

[그림 4-6] if-else 문의 형식

예 정수의 짝수, 홀수 여부를 판단

정수 한 개를 입력받아 짝수인지 홀수인지 판단하는 프로그램을 작성하고 5와 8을 각각 입력해서 실행해보자. 정수 n을 2로 나눠서 나머지가 0이면 짝수이므로 아래와 같은 조건식을 사용한다.

```
n % 2 == 0
```

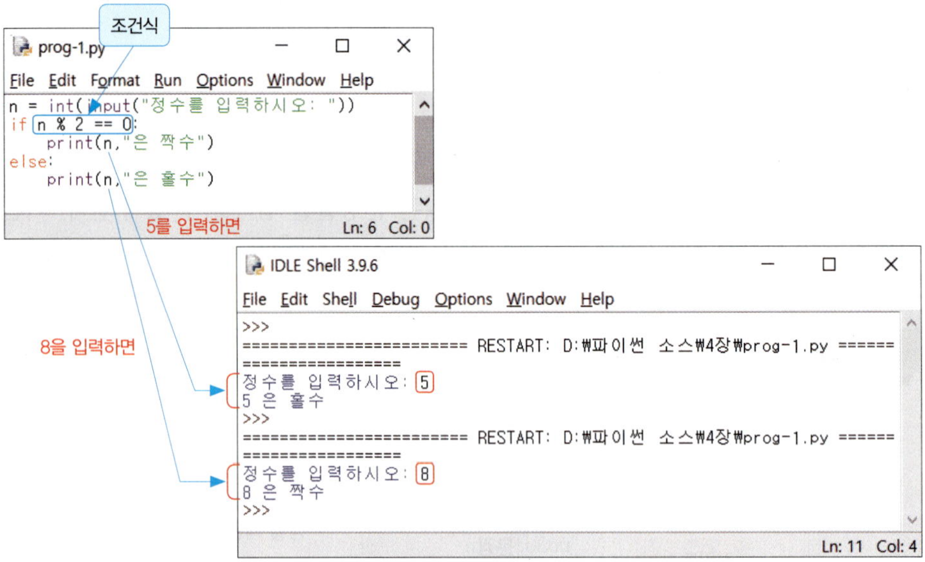

[그림 4-7] 정수를 입력받아 짝수 또는 홀수를 판단하는 if-else 문

if-else 문의 순서도와 if-else 문의 대응 관계는 아래와 같다. 조건식을 테스트해서 결과가 참이면 참일 때의 블록(문장1~문장n)을 실행하고, 거짓이면 거짓일 때의 블록(문장1~문장m)을 실행한다. if 문을 빠져나오면 문장n+1을 실행한다. 문장n+1은 if-else 문에 포함되지 않는다.

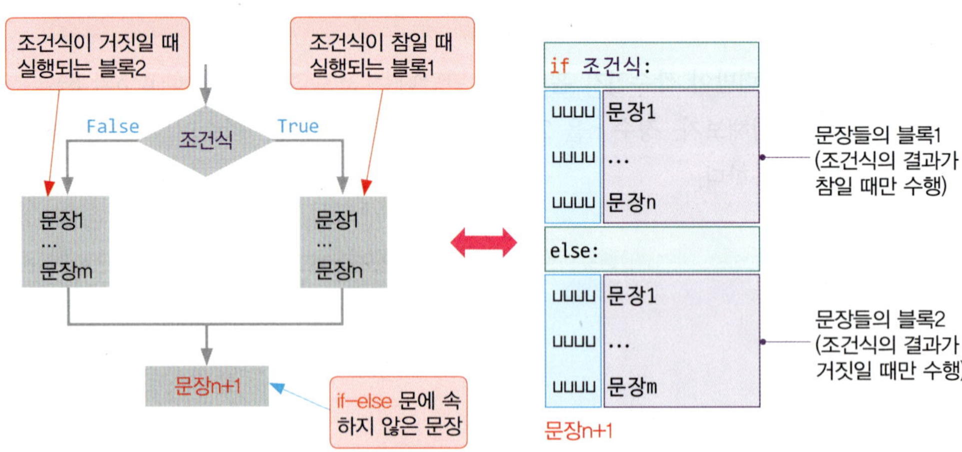

[그림 4-8] if-else 문 바깥에 위치한 문장n+1

예 절대값

하나의 숫자를 입력받아 절대값을 구하는 프로그램을 살펴보자. 물론 파이썬은 절대값을 계산하는 내장 함수 abs를 제공한다.

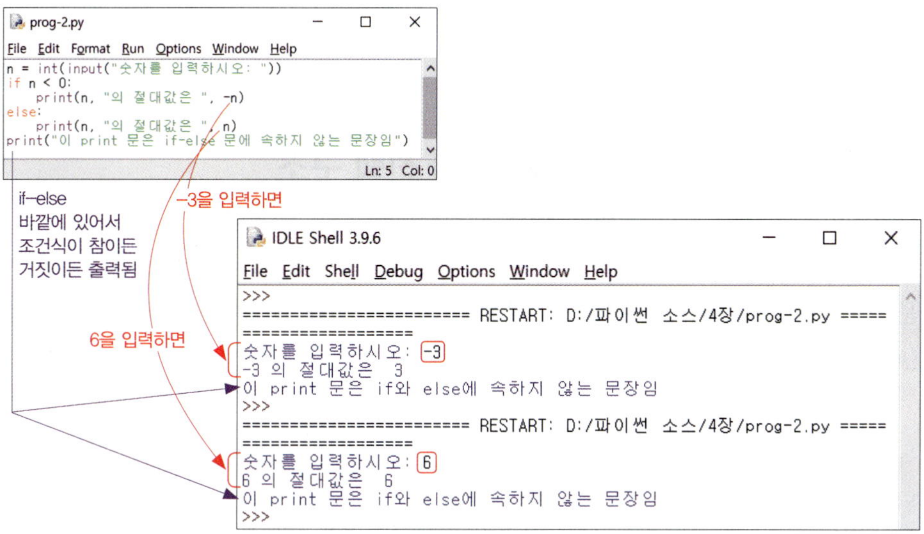

[그림 4-9] 숫자를 입력받아 짝수 또는 홀수를 판단하는 if-else 문

예 두 숫자 중 큰 값

두 개의 숫자 중에서 큰 값을 구하는 if 문을 작성해보자. if, else 다음에 :을 입력하고 Enter 키를 누르면 자동적으로 네 칸만큼 들여쓰기가 된다. BackSpace 키를 누르면 네 칸만큼 왼쪽으로 이동한다.

```
x = 33
y = 27
if x > y:
␣␣␣␣larger = x
else:
␣␣␣␣larger = y
print("두 숫자 중 큰 값 ", larger)
```

> **TIP**
> - 파이썬이 최소값을 구하는 min과 최대값을 구하는 max 내장 함수를 제공하기 때문에 이들을 이용해서 간편하게 최소값과 최대값을 계산할 수 있다.
> - 키워드 if와 키워드 while의 차이를 제외하고, if 문의 첫 번째 줄의 구문은 while 문(5장)의 첫 번째 줄의 구문과 매우 비슷하다.

4.5 중첩된 if 문 – 다자 택일 선택 구조

때로 세 개 이상의 대안이 존재할 수 있다. 예를 들이시 2차 방정식의 근을 구하는 문제에는 세 개의 대안이 존재하고, 성적으로부터 학점을 결정하는 문제에는 다섯 개 (A, B, C, D, F) 이상의 대안이 존재한다.

아래의 순서도와 의사 코드는 3개의 조건식을 사용하여 네 개의 블록 중에서 한 블록을 선택하는 중첩된 if 문을 보여준다. if 문 안에 또다른 if 문이 포함된 것을 중첩된 if 문이라고 한다.

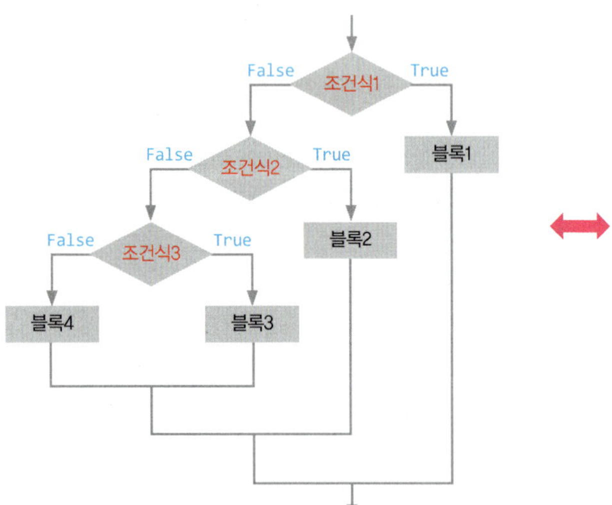


```
if 조건식1:
    블록1
else:
    if 조건식2:
        블록2
    else:
        if 조건식3:
            블록3
        else:
            블록4
```

전체 박스가 1개의 문장

[그림 4-10] 중첩된 if 문의 순서도와 의사 코드

프로그램 자체의 쓸모는 별로 없지만 아래의 예를 보면서 중첩된 if 문을 이해해보자. 1번 줄의 ❶이 가장 외부의 if 문이다. 1번 줄 끝에서 :을 입력하고 Enter 키를 누르면 네 칸만큼 들여쓰기된다. 2번 줄을 입력한다. 3번 줄의 ❷는 ❶의 if 블록에 포함된 또 다른 if 문(중첩된 if 문)이다. 3번 줄 끝에서 :을 입력하고 Enter 키를 누르면 네 칸만큼 추가로 들여쓰기 된다. 4번 줄 끝에서 BackSpace 키를 두 번 눌러서 중첩된 if 문을 끝낸다.

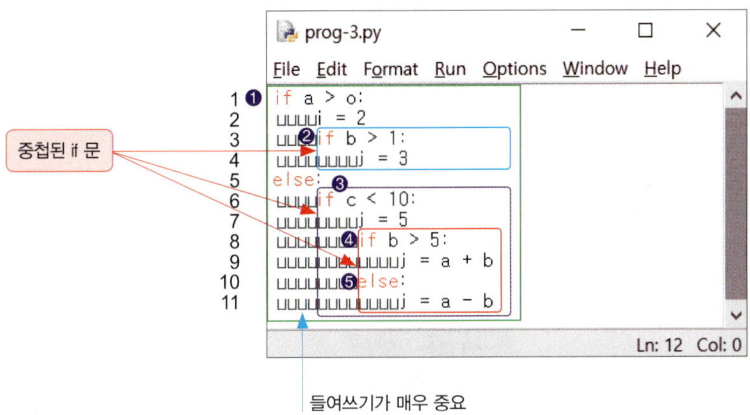

[그림 4-11] 복잡하게 중첩된 if 문의 예

5번 줄에 ❶의 if 문의 else:를 입력한다. Enter 키를 누르면 네 칸만큼 들여쓰기 된다. 6번 줄의 ❸은 else 블록에 포함된 또다른 if 문(중첩된 if 문)이다. 6번 줄 끝에서 :을 입력하고 Enter 키를 누르면 네 칸만큼 추가로 들여쓰기 된다. 8번 줄의 ❹는 ❸의 if 블록에 포함된 또다른 if 문(두 번 중첩된)이다.

10번 줄의 ❺의 else:는 6번 줄(❸)의 if에 대응될까 또는 8번 줄(❹)의 if에 대응될까? 파이썬에서 들여쓰기 크기가 블록 수준을 결정하는데, ❺의 else:는 8칸만큼 들여쓰기 되었으므로 8번 줄(❹)의 if에 대응된다. 6번 줄(❸)의 if는 네 칸만큼 들여쓰기 되었다.

예 은행 신용대출 자격심사

만일 은행에서 신용대출을 받기 위해서 연소득이 40,000,000원 이상이고, 재직연수가 2년 이상이어야 한다고 가정하자. 첫 번째 조건을 검사하고 이 결과가 참이면 두 번째 조건을 검사한다. 따라서 두 번째 결정 구조를 첫 번째 결정 구조 안에 중첩시킨다. 이 문제에 대한 순서도를 작성하고 중첩된 if 문으로 표현하라.

순서도

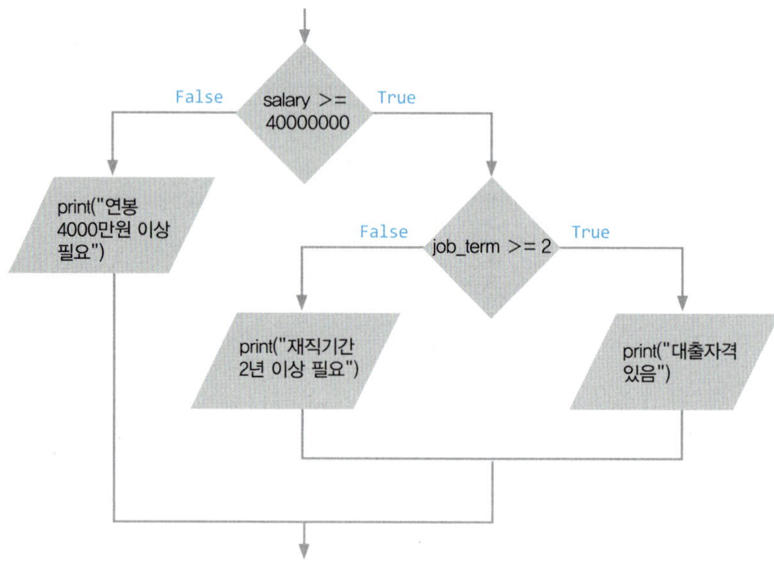

프로그램

prog-4.py

```
if salary >= 40000000:
    if job_term >= 2:
        print("대출자격 있음")
    else:
        print("재직기간 2년 이상 필요")
else:
    print("연봉 40000만원 이상 필요")
```

if와 else 쌍 → if와 else 쌍

논리 연산자는 중첩된 if 문을 단순화하는 수단을 제공한다. 예를 들어서 위의 중첩 if 문을 단일 if-else 문으로 표현할 수 있다. 연소득과 재직연수가 모두 충족될 때만 대출자격이 있고, 어느 하나라도 충족하지 못하면 대출자격이 없다.

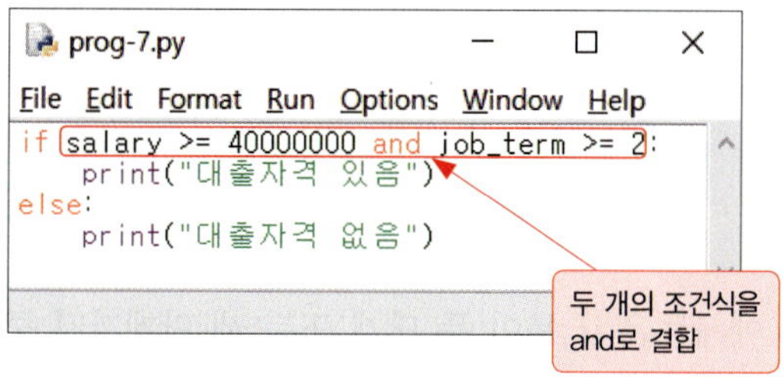

TIP 문장들의 들여쓰기가 블록들의 구조를 명확하게 만들어주긴 하지만 중첩된 if 문들은 읽고 이해하기 어려워진다. 피할 수 있으면 중첩된 if 문을 사용하지 않는 것이 좋다.

Quiz 1

아래의 if 문에서 else:가 어느 if에 대응되는가?

```
if a == 3:
    if b > 12:
        c = 17
    else:
        c = 33
```

Quiz 2

아래의 if 문에서 else:가 어느 if에 대응되는가?

```
if a == 3:
    if b > 12:
        c = 17
else:
    c = 33
```

예 세 개의 숫자들의 최대값

```
if a >= b and a >= c:
    return a
else:   # a가 최대값이 아님
    if b >= c:
        return b
    else:
        return c
```

중첩된 if 문

지금까지 살펴본 예제들은 if 문이 두 단계 또는 세 단계까지 중첩되었다. 이 정도만 중첩되어도 프로그램의 논리를 이해하는게 쉽지 않다. 좀더 복잡한 예로 성적에 따라 A, B, C, D, F 등 다섯 개의 학점을 결정하는 문제를 중첩된 if 문으로 작성해보자. 네 단계 깊이만큼 if-else가 중첩될 것이다. 아래의 표와 같은 기준으로 성적에 따라 학점을 부여하려고 한다.

〈표 4-7〉 학점 부여 기준

성적	학점
90~100	A
80~89	B
70~79	C
60~69	D
60 미만	F

먼저 순서도는 아래의 왼쪽과 같다. 조건식이 네 번 사용되면서 순서도가 매우 복잡해보인다. 이 순서도를 중첩된 if 문으로 표현하면 아래의 오른쪽과 같다.

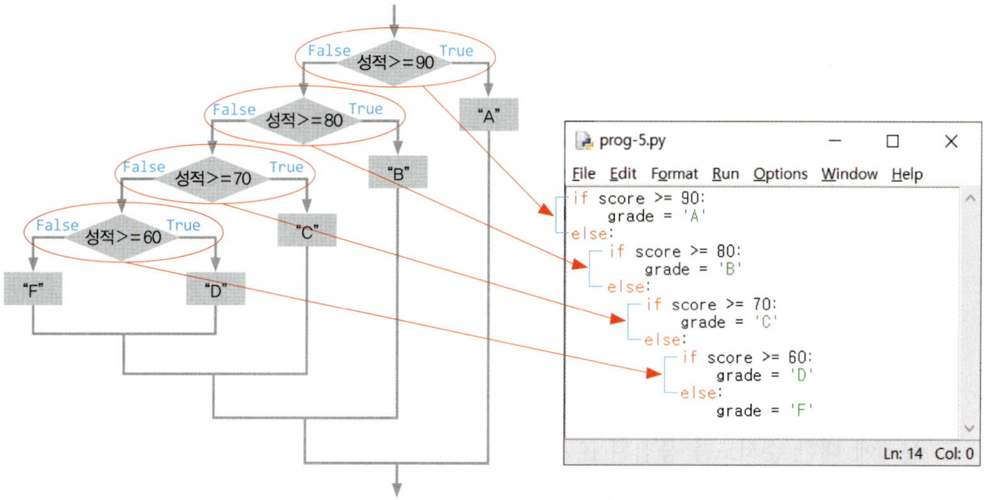

[그림 4-12] 학점을 결정하는 순서도와 중첩된 if 문

4.6 if-elif-else 문 - 다자 택일 선택 구조

여러 단계로 중첩된 if 문의 논리는 실제로 상당히 복잡하다. 파이썬은 중첩된 if 문보다 이해하기 쉽고, 표현하기 쉬운 if-elif-else 문을 제공한다. elif는 else if를 나타낸다. elif가 매달려 있는 if의 조건식의 결과가 거짓일 때 elif에 붙은 조건식을 검사하게 된다.

각 elif 다음에 조건식을 입력하고, 끝에 :을 입력한다. 각 블록은 같은 크기만큼 들여쓰기한다. 다수의 elif를 포함할 수 있다. 맨 마지막에 else 블록이 올 수 있는데, else 블록은 선택 사항이다. if, elif, else도 같은 크기만큼 들여쓰기한다. 블록1 ~ 블록n 중에서 오직 한 개의 블록만 실행된다.

형식

```
if 조건식1:
    블록1
elif 조건식2
    블록2
...
else:  # 선택 사항
    블록n
```

[그림 4-13]은 3개의 조건식을 사용하여 네 개의 블록 중에서 한 블록을 선택하는 문제에 대한 순서도를 중첩된 if 문을 사용하여 표현한 것과 if-elif-else 문을 사용하여 표현한 것을 비교하여 보여준다.

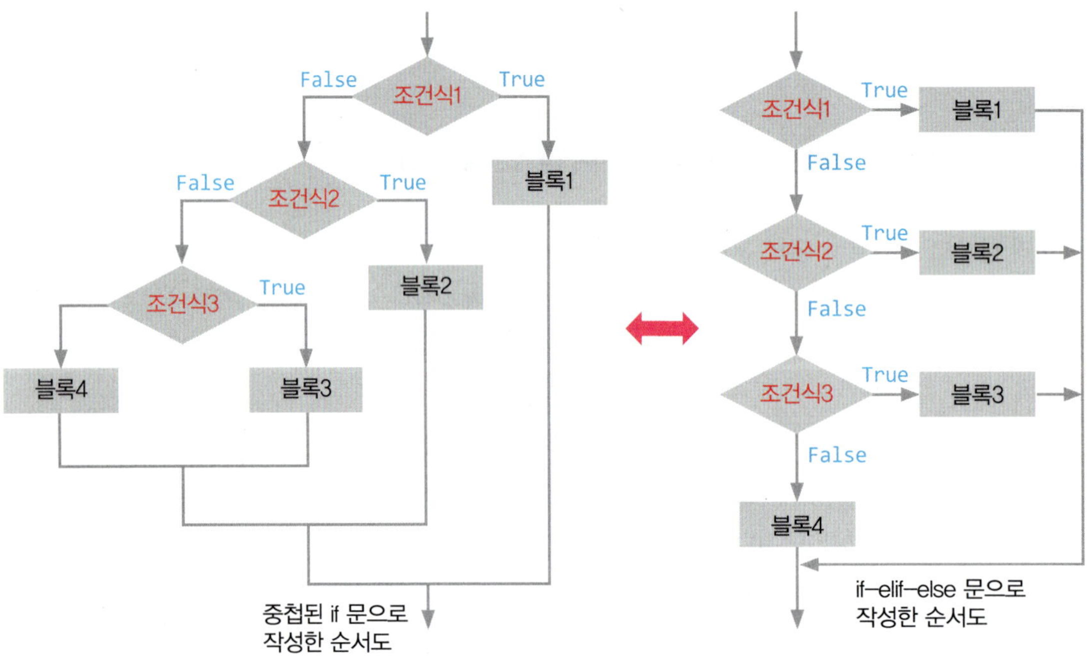

[그림 4-13] 중첩된 if 문의 순서도 vs. if-elif-else 문의 순서도

[그림 4-14]는 [그림 4-13] 오른쪽의 if-elif-else 문으로 작성한 순서도를 파이썬의 if-elif-else 문으로 작성한 것을 보여준다.

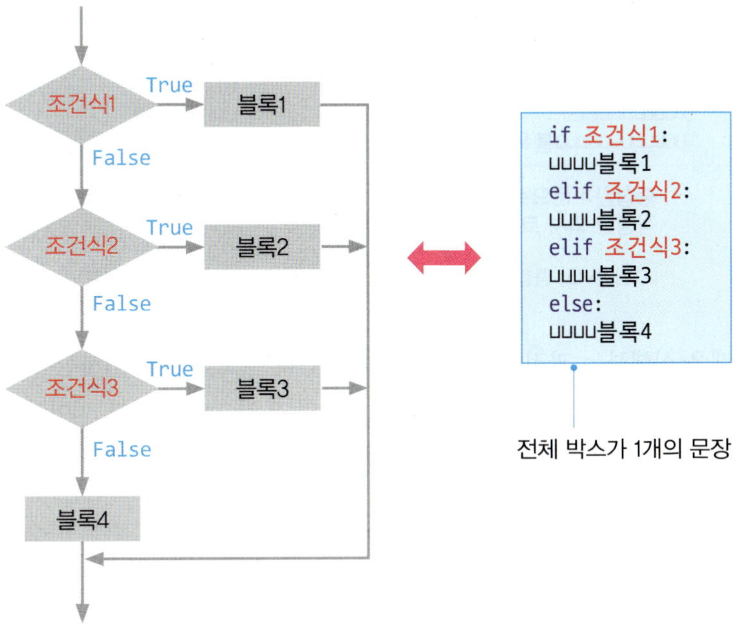

[그림 4-14] if-elif-else 문의 순서도 vs. if-elif-else 문

[그림 4-15]는 세 개의 조건식을 사용하여 네 개의 블록 중에서 한 블록을 선택하는 문제에 대한 의사 코드를 중첩된 if 문을 사용하여 표현한 것과 if-elif-else 문을 사용하여 표현한 것을 비교하여 보여준다. if-elif-else 문을 사용했을 때 순서도와 의사 코드의 논리가 매우 간결해진다.

```
if 조건식1:
␣␣␣␣블록1
else:
␣␣␣␣if 조건식2:
␣␣␣␣␣␣␣␣블록2
␣␣␣␣else:
␣␣␣␣␣␣␣␣if 조건식3:
␣␣␣␣␣␣␣␣␣␣␣␣블록3
␣␣␣␣␣␣␣␣else:
␣␣␣␣␣␣␣␣␣␣␣␣블록4
```

중첩된 if 문으로
작성한 의사 코드

```
if 조건식1:
␣␣␣␣블록1
elif 조건식2:
␣␣␣␣블록2
elif 조건식3:
␣␣␣␣블록3
else:
␣␣␣␣블록4
```

if-elif-else 문으로
작성한 의사 코드

[그림 4-15] 중첩된 if 문의 의사 코드 vs. if-elif-else 문의 의사 코드

프로그램을 실행하는 과정에 if-elif-else를 만나면 조건식1을 검사한다. 조건식1이 참이면 블록1을 실행하고 if-elif-else 문 아래의 문장으로 제어가 넘어간다. 조건식1이 거짓이면 조건식2를 검사한다. 조건식2가 참이면 블록2를 실행하고 if-elif-else 문 아래의 문장으로 제어가 넘어간다.

...

if-elif-else에 포함된 블록들 중에서 최대한 한 개의 블록을 실행한 후 if-elif-else 문 아래의 문장으로 제어가 넘어간다.

예 성적에 따라 학점 부여

중첩된 if 문과 if-elif-else 문을 사용하여, 성적에 따라 학점을 부여하는 문제의 순서도를 작성한 것을 비교해보자. 왼쪽 순서도는 조건식이 추가될 때마다 왼쪽으로 퍼져나가지만, 오른쪽 순서도는 아래로 일직선상으로 뻗어나간다.

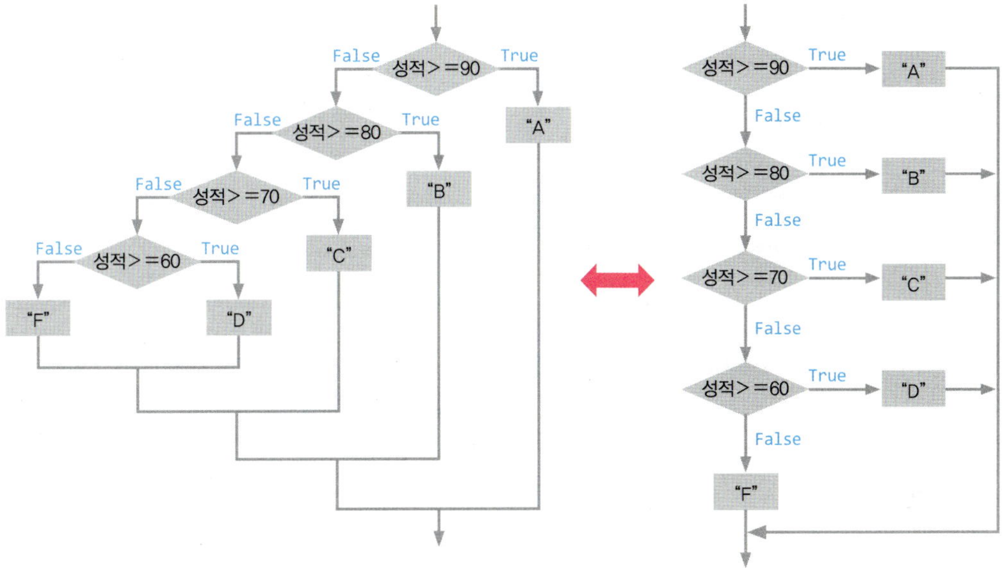

[그림 4-16] 성적에 따라 학점을 부여하는 두 순서도 비교

중첩된 if 문과 if-elif-else 문을 사용하여, 성적에 따라 학점을 부여하는 문제의 프로그램도 비교해보자. 어느 if 문이 더 간결하고 이해하기 쉬운가? 왼쪽 프로그램은 조건식이 추가될 때마다 오른쪽으로 중첩되어 퍼져나가지만, 오른쪽 프로그램에서는 if, elif, else가 수직으로 일직선상에 놓여 있고, 조건에 따라 실행되는 문장들은 모두 네 칸만큼 들여쓰기 되었다.

중첩된 if 문들보다 훨씬 간결하고, 들여쓰기를 쉽게 구분할 수 있는 if-elif-else를 쓰는 것이 좋다.

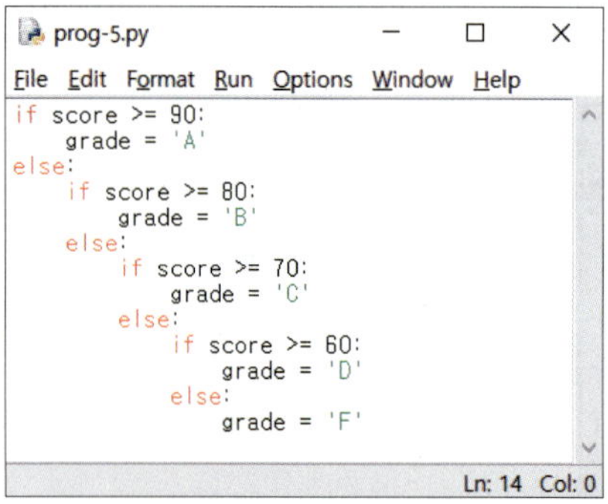

중첩된 if 문을 사용한 프로그램

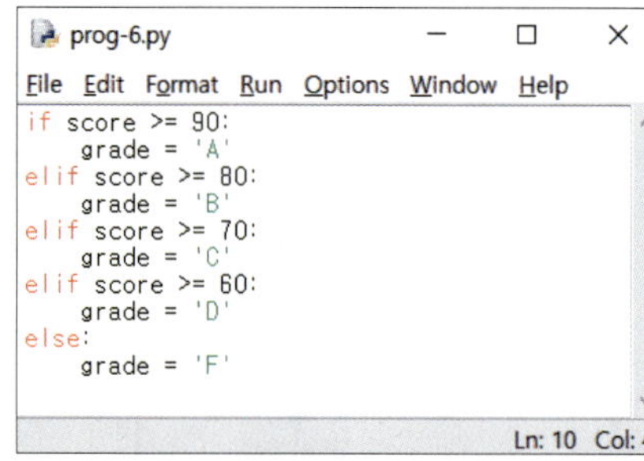

if-elif-else 문을 사용한 프로그램

[그림 4-17] 성적에 따라 학점을 부여하는 두 프로그램 비교

결론

여러 단계로 중첩된 if 문은 if-elif-else 문에 비해서 세 가지 단점을 갖는다.

- 코드가 복잡해지므로 이해하기 어렵다.
- 중첩되는 각 if 문마다 추가로 들여쓰기가 요구되므로 중첩 수준이 깊어질수록 화면의 오른쪽(또는 왼쪽)으로 길게 펼쳐진다.
- else 안에 또 다른 if 문이 계속해서 중첩되기 때문에 들여쓰기가 네 칸씩 계속 증가하므로 들여쓰기를 틀리게 지정할 가능성이 높아지고 에러가 발생할 가능성도 증가한다.

주의

아래의 예는 독립된 if 문들을 여러 개 사용하여 성적에 따른 학점을 결정한다. 이렇게 작성하면 성적에 따른 학점을 정확하게 구할 수 없는 경우가 발생한다. 입력한 성적이 95점이면 네 개의 if 문을 거쳐서 학점이 D로 결정된다. 성적이 60점 미만인 경우에만 학점이 정확하게 구해진다. 예를 들어서 성적이 50점이면 네 번째 if 문에 도달한 후 학점이 F임을 알게 된다.

```python
score = int(input("성적을 입력하시오: "))
if score >= 90:
    grade = "A"
if score >= 80:
    grade = "B"
if score >= 70:
    grade = "C"
if score >= 60:
    grade = "D"
else:
    grade = "F"
```

만일 독립적인 if 문들을 여러 개 사용하여 학점을 구하려고 한다면 다음과 같이 조건식을 복잡하게 표현해야 한다. 이렇게 작성하는 경우에 논리가 복잡해지고, 수행 시간도 더 걸리게 된다.

```python
score = int(input("성적을 입력하시오: "))
if score >= 90:
    grade = "A"
if (score >= 80) and (score < 90):
    grade = "B"
if (score >= 70) and (score < 80):
    grade = "C"
if (score >= 60) and (score < 70):
    grade = "D"
if score < 60:
    grade = "F"
```

객관식 문제

1 아래의 프로그램의 실행 결과가 무엇인가?

```
a = 4
b = 5
c = 3
if a > b and c < a:
   return a
elif a <= b and c >= a:
   return 2 * a
elif a > b:
   return c
elif c < a:
   return b
```

① 3 ② 4
③ 5 ④ 8

2 아래의 프로그램의 실행 결과가 무엇인가?

```
a = 30
b = 9.32
c = 2
if a % c == 0:
    a = a - b
if a - c == 28:
    b = c
elif type(a) == float:
    a = int(a)
else:
    c = 10
print('a = ', a, 'b = ', b, 'c = ', c)
```

① a = 20, b = 9.32, c = 2 ② a = 30, b = 9.32, c = 10
③ a = 30, b = 9.32, c = 2 ④ a = 20.68, b = 9.32, c = 2

3 아래의 프로그램에서 빈칸 (1)에 divide-by-zero 에러를 방지하는 기능도 포함하면서 적합한 것은?

```
num1 = float(input("첫 번째 숫자: "))
num2 = float(input("두 번째 숫자: "))
if ___(1)___:
    print(num1, '은 ', num2, '로 나누어진다')
```

① ((num1 % num2) == 0)
② ((num1 % num2) == 0 and num2 > 0)
③ ((num1 % num2) == 0 and num1 > 0)
④ (num2 != 0 and (num1 % num2) == 0)

4 아래의 프로그램의 실행 결과가 무엇인가?

```
x = 16
y = 45
if x < 20 and y < 45:
    print(x + y)
elif x < 20 and y == 45:
    print(y - x)
elif y >= 45:
    print(y)
else:
    print(x)
```

① 61 ② 29
③ 29 ④ 45

5 'C'가 화면에 출력되려면 (1)에서 a, b에 어떤 값이 배정되어야 하는가?

```
____(1)____
if a >= 6 and b <= 12:
    print('A')
elif a >= 4 or b > 8:
    print('B')
else:
    print('C')
```

① a, b = 6, 12 ② a, b = 5, 11
③ a, b = 3, 9 ④ a, b = 2, 8

단답식 문제

6 아래의 프로그램의 실행 결과가 무엇인가?

```
grade = 65
grade = grade + 10
if (grade > 80):
    print("앗싸, 보너스를 받았음!")
else:
    print("에궁, 보너스를 놓쳤음!")
```

7 x = 2, y = 4, z = 6이라고 가정한다. 아래의 조건식의 결과가 참인지 거짓인지 채우라.

논리식	결과 (True/False)
x == 4 or y > 2	
6 <= z and x > 3	
1 != y and z != 3	
x >= -1 or x <= y	
not (x > 2)	

8 아래의 프로그램의 실행 결과가 무엇인가?

```
a = 10
b = 20
c = 5
if (a/c) >= (b/a):
    print((b % c) != (a - 2*c))
else:
    print((c ** 2)/a > 0)
```

9 아래의 프로그램의 실행 결과가 무엇인가?

```
a = 3
b = 4
c = 5
print(a == 3 and b == 4)
print(not(b < 2) and not(a != 5))
print((a > 0 or b == 0) and (c <= 5))
```

10 사용자가 a에 대해 어떤 값을 입력하더라도 결코 실행되지 않는 문장이 무엇인가?

```
a = input("a의 값? ")
if a < 5:
    print("A")
elif a > 8:
    print("B")
elif a > 20:
    print("C")
else:
    print("D")
```

11 n의 값으로 5와 30을 사용해서 아래의 두 프로그램을 실행해보라. 결과가 같은가 다른가? 그 이유를 설명하라.

```
num = int(input())
if num < 100:
    print('*')
if num < 50:
    print('*')
if num < 20:
    print('*')
if num < 10:
    print('*')
```

```
num = int(input())
if num < 100:
    print('*')
elif num < 50:
    print('*')
elif num < 20:
    print('*')
elif num < 10:
    print('*')
```

12 아래의 중첩된 if 문을 if–elif–else 문으로 표현하라.

```
if number == 1:
    print('One')
else:
    if number == 2:
        print('Two')
    else:
        if number == 3:
            print('Three')
        else:
            print('미지의 값')
```

13 아래의 프로그램에서 hour는 근무한 시간수를, rate는 시간당 급여를, pay는 40시간까지의 급여를, ot_pay는 40시간을 넘는 시간수에 대한 초과 급여를 의미한다. hour과 rate를 사용자로부터 입력받아서 총급여를 계산하는 프로그램이다. 이 프로그램에는 몇 가지 오류가 존재한다. 이들을 모두 수정한 프로그램을 작성하라.

```
rate = str(input("시간당 임금은? "))
hours = input("이번 주의 근무 시간수는? ")
if hours < 40:
    pay = rate * hours
if hours > 40
    pay = rate * 40
    extra_pay = (hours-40) ** (rate*1.5)
print("당신의 총급여: pay + extra_pay")
```

14 아래의 흐름도에서 x와 y가 어떤 조건을 만족할 때 블록 S가 실행되는가?

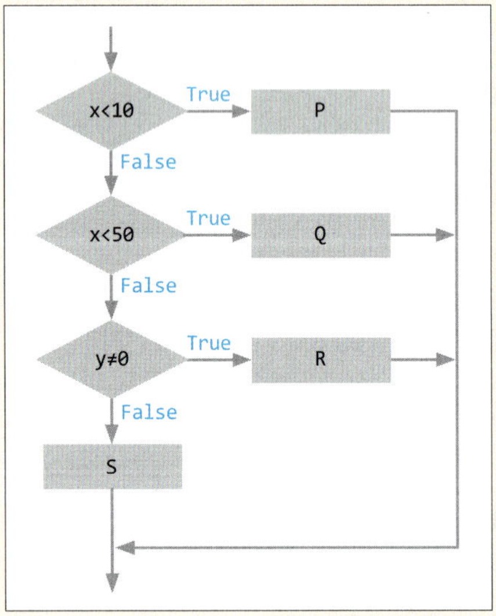

실습 문제

15 사용자로부터 온도를 입력받는다. 그 다음에 사용자에게 온도 단위를 묻는다.

섭씨 또는 화씨

사용자로부터 받은 온도를 다른 단위로 변환하는 프로그램을 작성하라.

변환 공식

F = 9/5C +32

C = 5/9(F−32).

16 두 개의 정수를 입력받고, 첫 번째 정수가 두 번째 정수의 배수인지 검사하고, 배수이면 "Yes"를 출력하고, 배수가 아니면 "No"를 출력하는 프로그램을 작성하라. 정수 a가 정수 b로 나뉘어질 때, a는 b의 배수이다. 두 번째 숫자가 0이면 배수 여부를 결정할 수 없으므로 "0으로 나눌 수 없음"을 출력한다.

〈힌트〉 배수 여부를 검사할 때 % 연산자를 사용

17 사용자로부터 월(month)을 입력받아서, 그 월이 봄(3월~5월)인지 여름(6월~8월)인지 가을(9월~11월)인지 겨울(12월~2월)인지 결정하는 if 문을 작성하라.

18 1년에 366일이 속한 연도를 윤년이라고 부른다. 연도가 400으로 나눠지면 윤년이다. 연도가 4로 나눠지고, 100으로도 나눠지면 윤년이 아니다. 연도가 4로 나눠지고 100으로는 나눠지지 않으면 윤년이다. 사용자로부터 연도를 입력받아서 그 연도가 윤년인지 여부를 결정하는 if 문을 작성하라.

19 몸무게(kg 단위)와 키(미터 단위)를 입력받아서 체질량 지수(BMI: Body Mass Index)를 계산한 후 BMI와 비만도를 출력하는

(1) 알고리즘의 순서도를 작성하라.

(2) 이 알고리즘을 if 문으로 작성하라.

체질량 지수는 사람의 비만도를 나타내는 지수로, 체중과 키의 관계로 계산된다.
체중이 w 킬로그램, 키가 t 미터일 때, BMI는 다음과 같다.
$BMI = w / t^2$

세계보건기구와 대한비만학회의 기준이 서로 다르지만 아래의 표에 따라 비만도를 결정하기로 한다.

BMI	비만도
BMI < 18.5	저체중
18.5 ≤ BMI < 25.0	정상
25.0 ≤ BMI < 30.0	과체중
BMI ≥ 30.0	비만

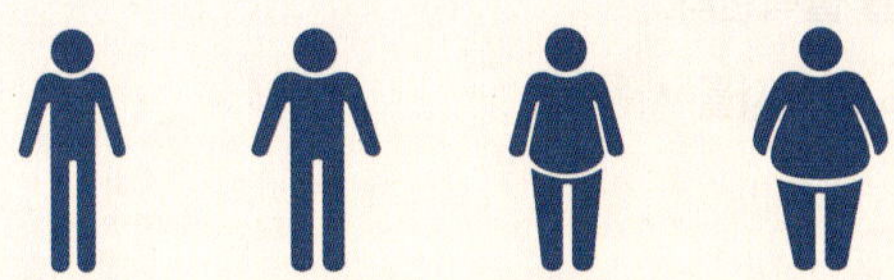

저체중 BMI < 18.5   정상 BMI 18.5~24.9   과체중 BMI 25~29.9   비만 BMI ≥ 30.0

20 타월 회사에서 고객이 주문한 수량에 따라 할인율을 달리 적용하려고 한다. 타월 한 장의 가격은 3000원이다.

수량	할인율
10~29	10%
30~49	20%
50~99	30%
100개 이상	40%

사용자로부터 주문 수량을 입력받아 할인율, 총금액(할인 전), 할인 금액, 실제 금액(총금액-할인 금액)을 출력하는 프로그램을 작성하라.

21 아래의 2차 방정식의 근을 구해보자. a, b, c는 계수이다. a ≠ 0이다.

$ax^2 + bx + c = 0$

2차 방정식의 근을 구하는 공식은 아래와 같다.

$$root = \frac{-b \pm \sqrt{b^2 - 4ac}}{2a}$$

판별식 d는 아래와 같다.

d = b * b - 4 * a * c

- d < 0이면 근이 없다.
- d = 0이면 근이 한 개 있다. root = –b / (2 * a)
- d > 0이면 두 개의 근이 있음.
  root1 = (–b + d ** 0.5) / (2 * a)
  root2 = (–b - d ** 0.5) / (2 * a)

(1) 중첩된 if 문을 사용하여 작성하라.

(2) if–elif–else 문을 사용하여 작성하라.

22 변수 string이 가리키는 문자열에 '@'가 포함되어 있으면 "이메일 주소"라고 출력하고, 그렇지 않으면 "이메일 주소가 아님"이라고 출력하는 if 문을 작성하라.

23 정수형 매개변수 day에 1~7 사이의 정수를 입력받아 1이면 '월요일', 2이면 '화요일', ..., 7이면 '일요일'을 출력하고, 0 이하의 정수 또는 8 이상의 정수를 전달받으면 '요일을 모름'을 출력하는 if 문을 작성하라.

24 한 개의 문자열과 두 개의 정수를 입력받아 산술 연산을 수행하고, 그 결과를 출력하는 if 문을 작성하라. 한 개의 문자열은 연산자로서 '+', '–', '*', '/' 중의 하나를 입력받는다. 두 개의 정수는 피연산자로 사용된다. 예를 들어서 '*', 3, 7은 3 * 7 = 21을 출력한다. 0으로 나누는 에러가 발생하지 않도록 문자열이 '/'일 때 두 번째 정수가 0인지 검사하고, 0이면 나눗셈 연산을 실행하지 않고 대신 0을 출력한다.

프로젝트

25 대학교에 따라 학생들의 학번을 만드는 규칙이 있을 수 있다. 한국대학교에서는 학생들에게 부여하는 학번에 아래와 같은 규칙을 적용한다.

- 대문자 'H'로 시작
- 8바이트 길이
- 첫 알파벳 'H'을 제외하고 나머지 7바이트는 모두 숫자

문자열을 입력받아서 한국대학교의 유효한 학번인지 검사한 결과를 출력하는 if 문을 작성하라. 예를 들어서 'K987654321'를 입력받으면 길이가 8바이트를 초과하고, 첫 알파벳이 'H'가 아니어서 False를 출력한다. 'H1234567'를 입력받으면 길이가 8바이트이고, 첫 알파벳이 'H'이고, 나머지 7바이트가 모두 숫자이므로 True를 출력한다.

Python

5

CHAPTER

반복문

| 학습 목표 |

만일 컴퓨터가 프로그램의 각 문장을 단 한 번씩만 실행한다면 프로그램의 가치는 크게 떨어질 것이다. 컴퓨터의 강력한 힘은 어떤 작업을 매우 빠르게 반복해서 실행하는 것이다. 반복문은 한 개 이상의 문장들의 블록을 어떤 조건식이 만족되는 동안 반복해서 수행한다.

본 장에서는 파이썬이 제공하는 두 가지 반복문인 for 문과 while 문을 자세히 논의한다. 한 반복문 내에 또 다른 반복문이 포함된 중첩된 반복문을 알아보고, 반복문 안에 사용가능한 제어 구조인 break와 continue를 살펴본다. 마지막으로 for 문과 while 문을 비교하고, while 문 작성시 무한 반복이 발생하는 경우를 알아본다.

CHAPTER 5

반복문

5.1 반복문이란?

사람들은 일반적으로 동일 작업을 반복해서 수행하는 것을 매우 싫어한다. 만일 '문제해결'을 다섯 번 출력하기 위해서 아래와 같이 print 문을 다섯 번 적는 방법밖에 없다면 얼마나 불편할까?

```
>>> print('문제해결') Enter
문제해결
>>> print('문제해결') Enter
문제해결
>>> print('문제해결') Enter
문제해결
>>> print('문제해결') Enter
문제해결
>>> print('문제해결') Enter
문제해결
```

이렇게 print 문을 지루하게 다섯 번 적는 대신에 파이썬에서 아래와 같이 간결하게 반복 기능을 표현할 수 있다. ␣는 공백 문자를 나타낸다. print 문은 한 개만 사용했지만 이 print 문이 다섯 번 수행된다. range 함수는 5.3절에서 설명한다.

```
>>> for i in range(5): Enter
    ␣␣␣␣print('문제해결') Enter
문제해결
문제해결
문제해결
문제해결
문제해결
```

만일 컴퓨터가 프로그램의 각 문장을 단 한 번씩만 실행한다면(순차 구조만 갖는다면) 프로그램의 가치는 크게 떨어질 것이다. 컴퓨터의 강력한 힘은 어떤 작업을 매우 빠르게 반복해서 실행하는 것이다. **반복문**은 한 개 이상의 문장들의 블록을 어떤 조건이 만족되는 동안 반복해서 수행한다. 반복문을 흔히 **루프**(loop)라고 부른다. 반복해서 수행하는 문장들을 **반복문의 몸체**라고 부른다.

파이썬은 두 가지 반복문을 제공한다.

- for 문
  정해진 횟수만큼 반복한다.
- while 문
  while 문은 반복 횟수가 정해진 경우에 또는 반복 횟수를 미리 알 수 없는 경우에도 사용할 수 있다. 어떤 조건식을 만족하는 동안 while 문의 몸체를 반복해서 실행한다.

5.2 for 문

for 문(for loop)은 가장 흔히 사용하는 반복문이다. 반복 횟수가 정해진 루프에 대해서 for 문을 사용할 수 있다. for 문의 헤더에는 키워드 for 다음에 **루프 제어 변수**(줄여서 **루프 변수**)가 오고, 그 다음에 키워드 in이 오고, 그 다음에 **시퀀스**(sequence)가 오고, 맨 마지막에 :이 온다. 루프 변수는 시퀀스에 포함된 값들을 한 번에 하나씩 순서대로 배정받으면서 for 문의 반복 횟수를 제어한다. 시퀀스는 문자열, 리스트, 투플처럼 값들이 순서를 갖는 모임을 말한다.

for 문을 만나면 시퀀스의 첫 번째 원소가 루프 변수에 배정된다. for 문의 몸체가 실행된 후 시퀀스의 두 번째 항목이 루프 변수에 배정된다. 다시 for 문의 몸체가 실행된다. ... 시퀀스의 마지막 항목이 루프 변수에 배정되고 for 문의 몸체가 실행될 때까지 반복된다.

형식

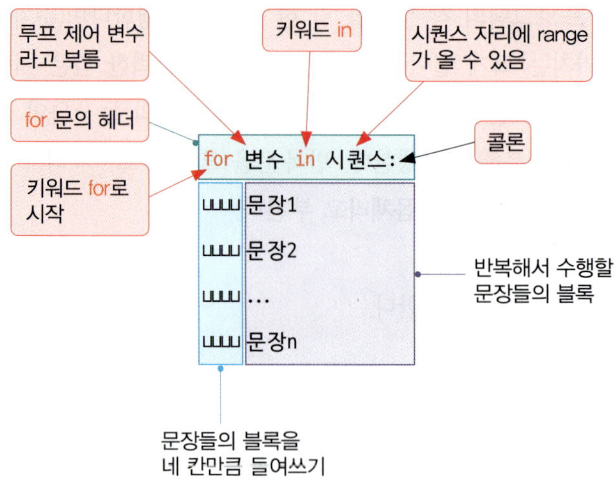

[그림 5-1] for 문의 형식

루프 변수로 흔히 i, j, k를 사용한다. 3장에서 변수가 사용되는 의미를 나타낼 수 있도록 변수의 이름을 정하라고 했지만 i, j, k 같이 한 개의 문자로 이루어진 변수를 루프 변수로 사용하는 것이 관례이다.

for 문의 두 가지 형식

- **for 변수 in 시퀀스**
  흔히 시퀀스로 문자열 또는 리스트를 사용한다.
- **for 변수 in range(정수)**
  흔히 정해진 횟수만큼 반복할 때 사용한다.

아래의 [그림 5-2]는 for 문에 대응되는 순서도를 보여준다. 시퀀스에 속한 원소들이 하나씩 변수에 배정될 때마다 for 문의 몸체가 반복해서 수행된다.

for 문을 IDLE 셸 창이나 편집기 창에서 작성해보자. 첫째 라인에 for 문의 헤더를 입력하고 끝에 :을 입력하고 Enter 키를 누르면 자동적으로 다음 줄을 네 칸만큼 들여쓰기 한다. for 문의 몸체를 끝내려면 BackSpace 키를 누른다.

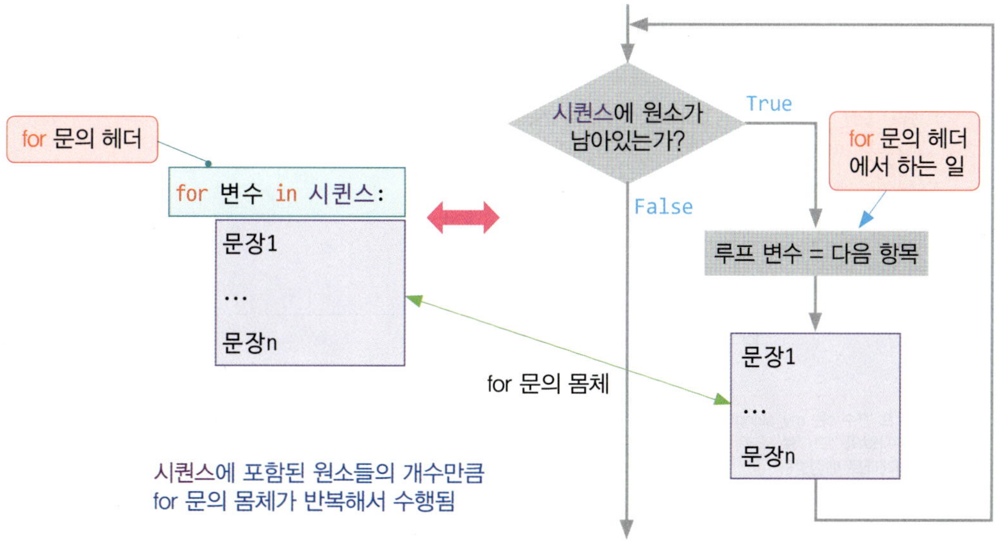

[그림 5-2] for 문에 대응되는 순서도

예 문자열에 속한 모든 문자를 하나씩 출력

변수 my_string에는 문자열 "프로그래밍"이 배정된다. i는 문자열에 속한 각 문자의 순번을 나타낸다. for 문의 헤더를 처음 만나면 변수 c에 my_string의 첫 번째 문자인 '프'가 배정되고, for 문의 몸체인 두 개의 문장을 수행한다. 다시 for 문의 헤더로 가서 변수 c에 my_string의 두 번째 문자인 '로'가 배정되고, for 문의 몸체인 두 개의 문장을 수행한다. ... for 문의 헤더에서 변수 c에 my_string의 마지막 문자인 '밍'이 배정되고, for 문의 몸체인 두 개의 문장을 수행한다.

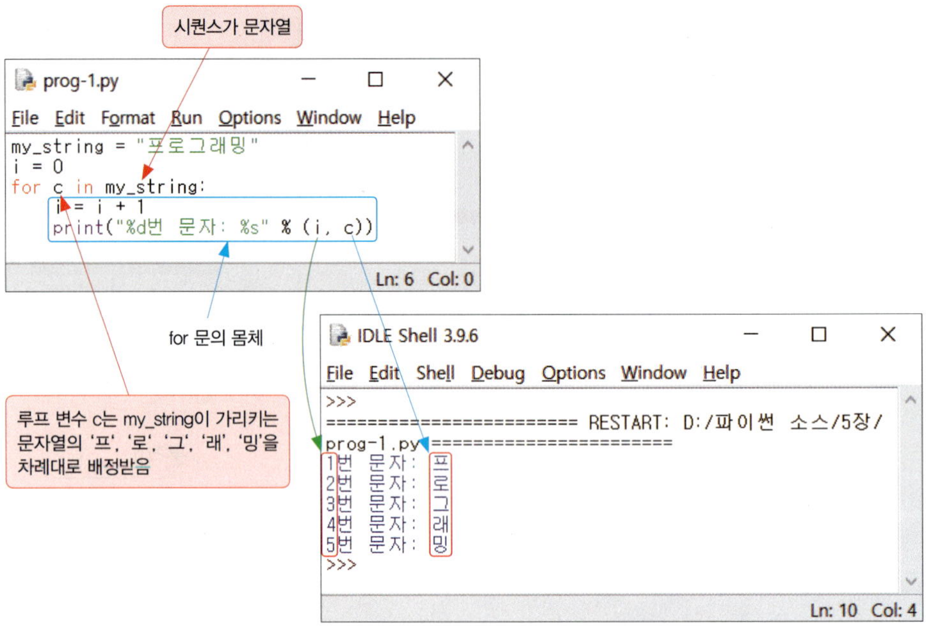

[그림 5-3] for 문 헤더의 시퀀스가 문자열

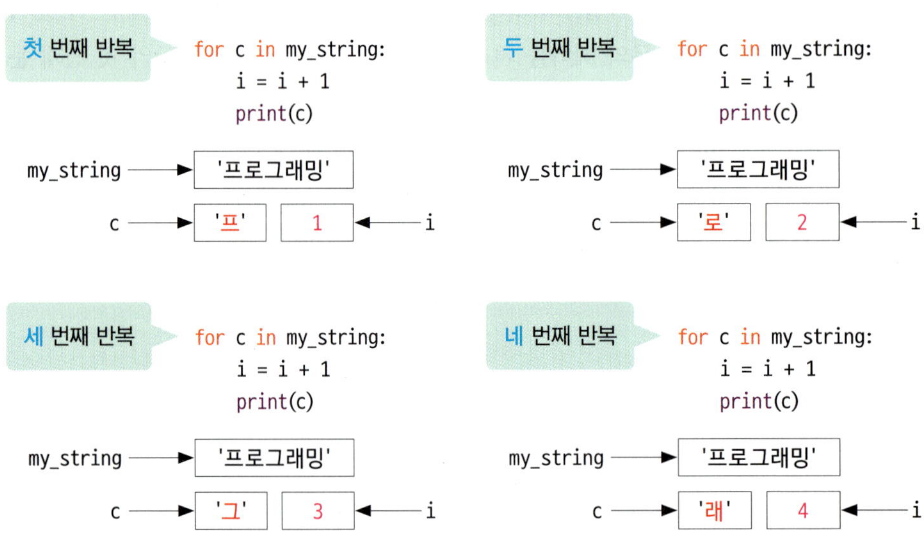

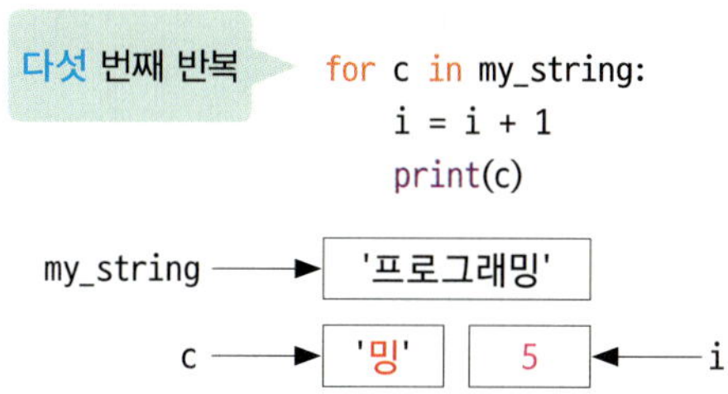

[그림 5-4] for 문의 헤더에 있는 루프 변수 c가 문자열 my_string의 각 문자를 배정받을 때마다 for 문의 몸체가 반복해서 수행됨. (i는 루프 변수가 아님. 현재 출력하는 문자의 순번을 표시하기 위한 용도로 사용함)

시퀀스에 리스트를 사용하면 리스트에 속한 각 원소마다 for 문의 몸체가 반복해서 수행된다. 리스트는 7장에서 자세하게 논의한다.

예 시퀀스에 리스트 사용

변수 hardware에는 PC의 부품들의 리스트가 배정된다. 루프 변수인 part는 리스트에 속한 각 원소를 배정받는다. for 문의 헤더를 처음 만나면 변수 part에 hardware의 첫 번째 원소인 'CPU'가 배정되고, for 문의 몸체인 print 문을 수행한다. 다시 for 문의 헤더로 가서 변수 part에 hardware의 두 번째 원소인 '키보드'가 배정되고, for 문의 몸체인 print 문을 수행한다. ... for 문의 헤더에서 변수 part에 hardware의 마지막 원소인 '마우스'가 배정되고, for 문의 몸체인 print 문을 수행한다.

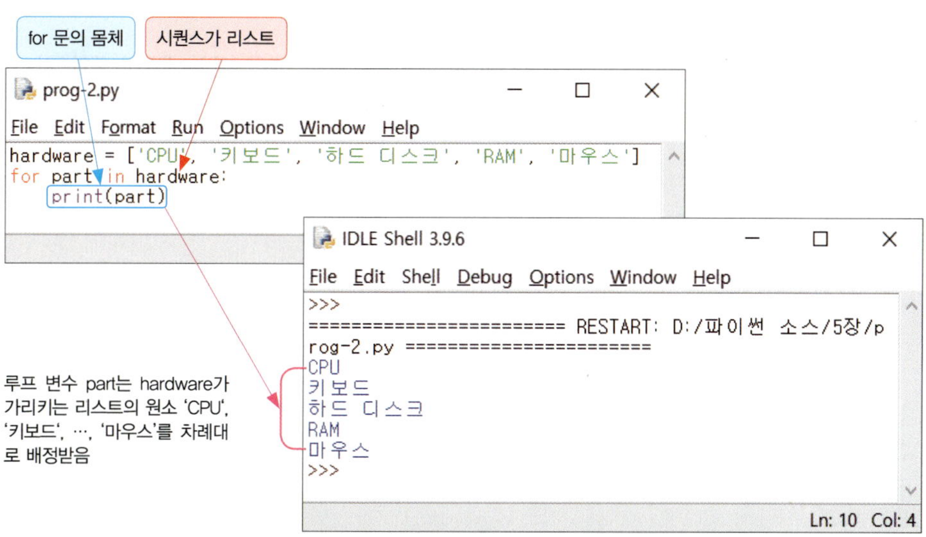

[그림 5-5] for 문의 헤더의 시퀀스가 리스트

[그림 5-6] for 문의 헤더에 있는 루프 변수 c가 리스트의 각 원소를 배정받을 때마다 for 문의 몸체가 반복해서 수행됨

주의

동일 블록에 속한 문장들은 같은 크기만큼 들여쓰기를 해야 하는데, 아래와 같이 for 문의 몸체에 속하는 두 문장의 들여쓰기를 달리 하고 프로그램을 수행하면 에러 메시지가 나타난다.

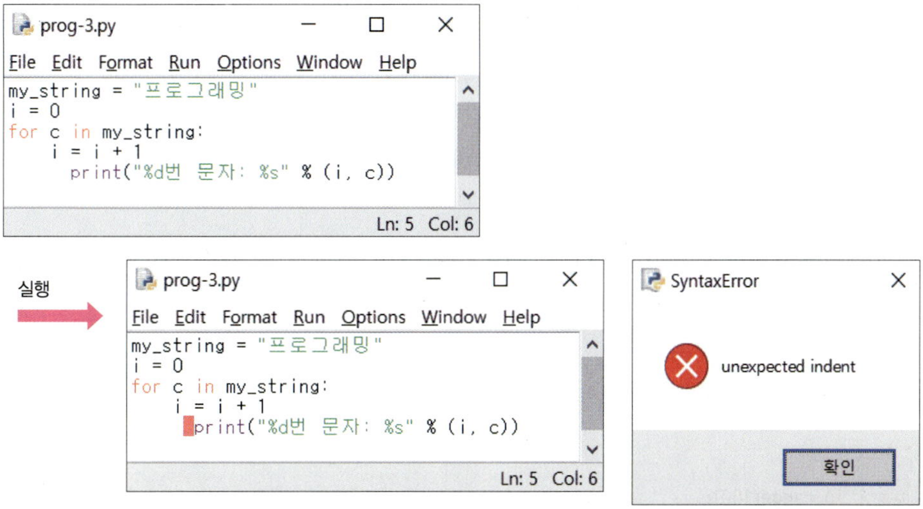

[그림 5-7] 들여쓰기가 잘못된 에러

파이썬에서 제어 구조들을 다양하게 조합할 수 있다. 예를 들어서 for 문과 if 문을 서로 상대방 안에 중첩시킬 수 있다. 아래의 for 문은 문자열 a_string을 하나씩 훑으면서 모음에 해당할 경우에 출력한다.

```
for c in a_string:
    if c in 'aeiou':
        print(c)
```

for 문의 헤더

for 문의 몸체에 포함된 if 문

5.3 range 함수

for 문의 두 번째 형식은 시퀀스에 **range 함수**를 사용하는 것이다. 파이썬은 for 문의 반복 횟수를 쉽게 명시하기 위해서 내장 함수 range를 제공한다.

아래의 for 문의 몸체는 루프 변수 i가 1, 2, 3, 4, 5일 때 반복해서 실행된다. 즉 다섯 번 반복해서 실행된다. [1, 2, 3, 4, 5]는 리스트이다.

```
for i in [1, 2, 3, 4, 5]:
    몸체
```

만일 for 문의 몸체를 100번 또는 1000번 반복하려면 리스트의 모양이 어떻게 될까?

```
for i in [1,2,3,4,5,6,7,8,9,10,11,12, ...]
    몸체
```

for 문의 몸체를 100번 반복해서 실행하려면

```
for i in range(100):
    몸체
```

몸체를 1000번 반복해서 실행하려면

```
for i in range(1000):
    몸체
```

과 같이 작성하면 된다. 얼마나 편리한가? 정해진 횟수만큼 for 문을 반복하는 경우에는 일반적으로 range 함수를 사용한다.

5.3.1 range 함수의 인수

range 함수는 명시된 범위에 속하는 정수들의 시퀀스를 반환한다. range 함수는 세 개의 인수를 갖는다.

```
range(start, stop, step)
```

start, stop, step은 모두 정수 또는 정수형 변수이다. start는 시작값, stop은 끝값, step은 증가분을 나타낸다. 증가분은 몸체를 반복할 때마다 루프 변수를 증가시키는 데 사용하는 숫자이다. 세 개의 인수 중에서 stop만 필수이다. start와 step을 생략했을 경우에 start와 step의 디폴트 값은 각각 0과 1이다. 몸체를 반복할 때마다 1이 아닌 값만큼씩 루프 변수를 변경하려 할 때는 증가분을 명시한다.

range(start, stop, step)은 아래와 같은 정수들의 시퀀스를 생성한다.

star, start+step, start+2*step, ...

- step > 0이면 시퀀스의 마지막 원소는 stop보다 작으면서 가장 큰 정수이다.

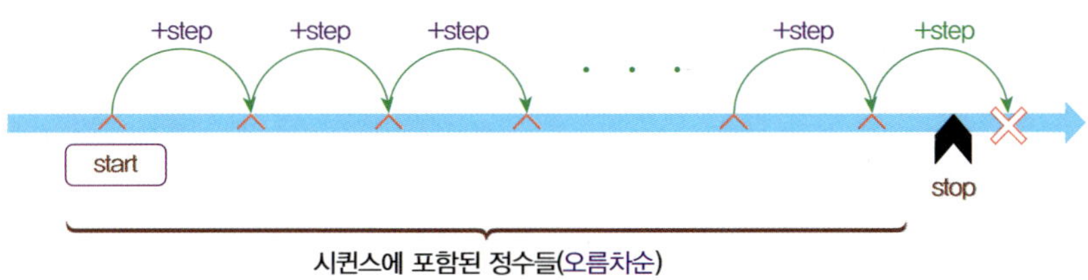

- step < 0이면 시퀀스의 마지막 원소는 stop보다 크면서 가장 작은 정수이다.

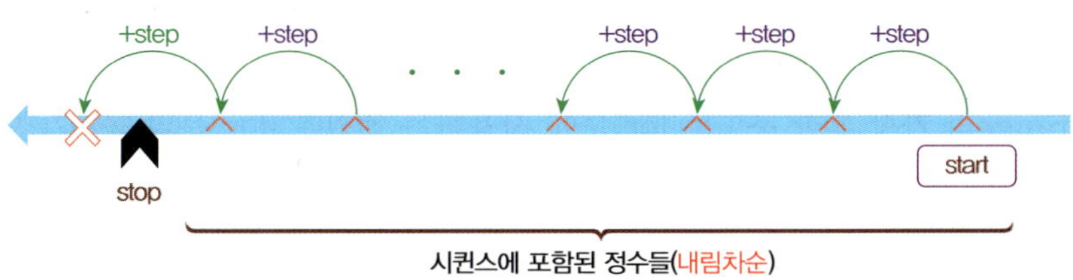

- range(stop)은 0, 1, ..., stop−1까지 반환한다. range(stop)의 결과에 stop은 포함되지 않는다. range(n)은 range(0, n)과 동등하다.
- range(start, stop)은 start, start+1, ⋯, stop−1까지 반환한다.

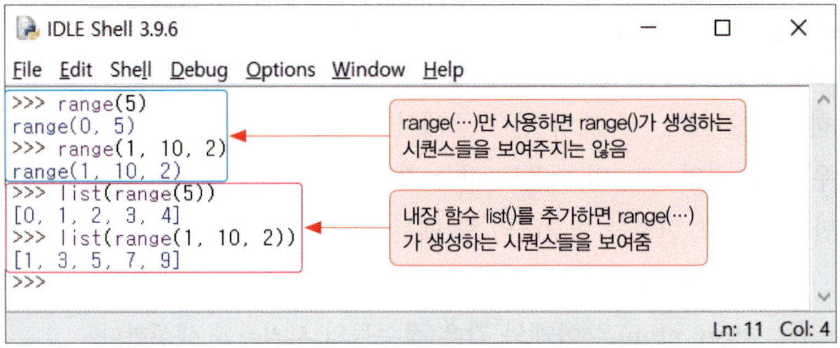

[그림 5-8] range 함수와 list 함수

for 문의 시퀀스 자리에 range() 함수를 사용했을 때, range() 함수의 결과로 실제의 리스트가 반환된다면 오히려 비효율적일 수 있다. 예를 들어서 아래의 for 문에서

```
for num in range(10000):
    몸체
```

range(10000)의 결과로 원소가 10000개 포함된 리스트 [0, 1, 2, 3, ..., 9999]가 명시적으로 생성되면 동시에 필요하지 않은 원소들을 모두 포함한 리스트를 주기억 장치에 유지하느라 공간 낭비가 발생하고, 리스트를 생성하는데 CPU 시간도 낭비될 것이다.

range의 가장 흔한 용도는 for 문에 사용하는 것인데, for 문의 몸체가 반복 수행될 때마다 한 번에 오직 하나의 시퀀스 값만 필요하므로 리스트 전체를 반환할 필요가 없다.

〈표 5-1〉 range 함수가 생성하는 시퀀스 예

range 함수	생성되는 시퀀스	비고
range(2, 8)	[2, 3, 4, 5, 6, 7]	step이 1
range(0, 8, 2)	[0, 2, 4, 6]	step이 2
range(0, 8, 3)	[0, 3, 6]	step이 3
range(6, 0, -1)	[6, 5, 4, 3, 2, 1]	step이 -1

`range(14, -4, -3)`	➡	`[14, 11, 8, 5, 2, -1]`	step이 -3
`range(3, 5, -1)`	➡	`[]`	step이 음수이고, start<stop이므로 start부터 시작해서 stop에 도달할 수 없으므로 빈 시퀀스
`range(5, 3, 1)`	➡	`[]`	step이 양수이고, start>stop이므로 start부터 시작해서 stop에 도달할 수 없으므로 빈 시퀀스
`range(5)` `= range(0, 5, 1)`	➡	`[0, 1, 2, 3, 4]`	흔히 start와 step을 생략함. start와 step의 디폴트 값은 각각 0과 1

주의

- range는 실제로 한 번에 하나의 값을 생성한다. 만일 range가 생성하는 모든 값들로 이루어진 리스트를 생성하려면 list(range())를 사용해야 한다.
- range(n) – range 함수에 인수가 한 개이면 stop으로 인식
- range(m, n) – range 함수에 인수가 두 개이면 start와 stop으로 인식
- range(m, n, s) – range 함수에 인수가 세 개 이면 start, stop, step으로 인식

Quiz

다음 range() 함수는 어떤 시퀀스를 생성하는가?

```
range(10, 2)
range(2, 15, 3)
range(9, 2, -1)
range(0, -5, 1)
range(-20, -11, -3)
range(-10, 10, -2)
```

range의 매개변수로 실수 또는 문자열을 사용해서는 안 된다. 에러 메시지가 나타난다.

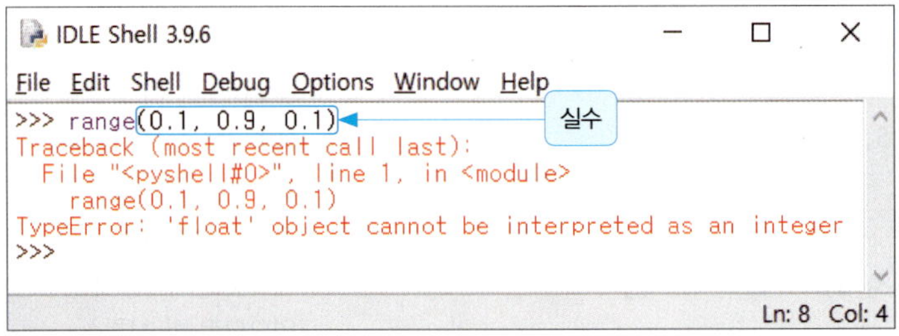

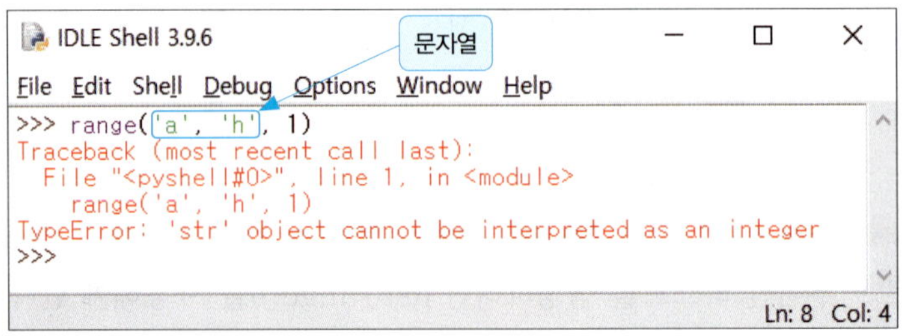

예 1부터 100까지 짝수들의 합

for 문을 사용하여 1부터 100 사이의 짝수들의 합을 구해보자. for 문에 들어가기 전에 sum에 초기값 0을 배정한다. 루프 변수 i가 1부터 100까지 변하면서 i가 짝수(i % 2 == 0)일 때만 i가 sum에 더해진다. if 문만 for 문의 몸체이다. for 문의 수행을 마친 후에 print 문을 수행하게 된다.

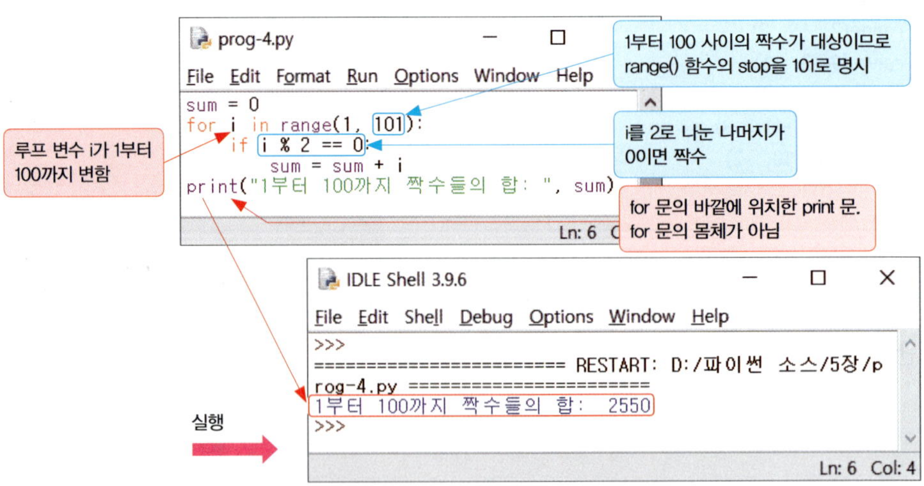

예 숫자 n개의 평균

사용자로부터 평균을 계산할 숫자들의 개수 n을 읽고, 그 다음에 n개의 숫자들을 읽어서 평균을 계산하는 문제를 for 문을 사용해서 작성해보자. n개의 숫자는 모두 양수이면서 실수라고 가정한다.

먼저 n개의 숫자들의 합 sum을 아래와 같이 계산한다.

```
sum = num1 + num2 + ... + numn
```

input 문을 사용해서 한 번에 한 개씩 숫자를 읽고, 읽은 숫자를 sum에 누적한다.

```
sum = 0
```

num1을 읽은 후 ⇒ `sum = sum + num1      # sum = 0 + num1 = num1`

num2를 읽은 후 ⇒ `sum = sum + num2      # sum = num1 + num2`

num3을 읽은 후 ⇒ `sum = sum + num3      # sum = num1 + num2 + num3`

...

numn을 읽은 후 ⇒ `sum = sum + numn      # sum = num1 + num2 + ... + numn`

알고리즘

```
sum = 0                      # for 문에 들어가기 전에 sum에 초기값 0을 배정
input(n)                     # 변수 n에 평균을 계산할 숫자들의 개수를 읽음
i = 1
while i <= n do
    변수 num에 새 값을 읽음    # 사용자로부터 임의의 숫자 한 개를 입력받음
    sum = sum + num          # 숫자를 읽자마자 sum에 더할 것이기 때문에
                             # num 변수 한 개만 사용
average = sum / n            # 반복문을 벗어난 후에 평균을 계산.
print(average)
```

같은 문장들을 n번 반복해서 수행해야 하므로 위 알고리즘을 for 문으로 작성하는게 더 간결하다.

파이썬 프로그램

```
sum = 0.0
n = int(input("숫자들의 개수: "))
for i in range(n):
    num = float(input("평균을 계산할 다음 숫자를 입력하시오: "))
    sum = sum + num
average = sum / n
print(average)
```

주의

for 문의 몸체를 n번 반복하면 되기 때문에 range(n+1)로 표기하면 안 된다.

예 for 문의 헤더에 리스트 사용

학생들의 중간시험 성적을 처리하거나 커피매장에서 하루 판매량의 합을 구하는 문제를 생각해보자. 학생수가 30명이라고 해서 학생들의 성적이 0, 1, 2, ..., 29점 사이이면서 이 순서로 생성되는 정수일 수 없다.

range(n)을 for 문의 헤더에 사용하는 목적은 0, 1, 2, ..., n−1까지 생성되는 정수들을 for 문의 몸체에 직접 활용하는 것보다는 단지 for 문의 몸체를 n번 반복하는 것을 제어하기 위해서이다.

임의의 크기의 숫자들, 임의의 순서의 숫자들을 다루기 위해서 리스트(7장)를 사용하는 경우가 매우 빈번하다. 리스트에 담긴 숫자들을 처리하기 위해서 for 문을 사용하는 예를 살펴보자. 리스트 numbers에 다섯 개의 정수가 들어있다. 다섯 개의 정수를 한 번에 하나씩 배정받아서 total에 더한다.

```
numbers = [74, 65, 93, 87, 81]
total = 0
for num in numbers:
    total = total + num
print("합과 평균: ", total, total/len(numbers))
```

루프 변수 num은 리스트의 원소들을 순서대로 하나씩 배정받음

for 문의 몸체. 리스트numbers의 원소 개수인 5번만큼 반복 수행됨

for 문 바깥의 print 문

```
numbers = [74,  65,  93,  87,  81]        total = 0
num =      74                             total = total + num  (= 74)
num =           65                        total = total + num  (= 139)
num =                93                   total = total + num  (= 232)
num =                     87              total = total + num  (= 319)
num =                          81         total = total + num  (= 400)
```

5.3.2 문자열 처리

문자열에 속한 각각의 문자를 하나씩 스캔하면서 원하는 문자인지 검사하거나 출력하는 경우가 자주 발생한다.

예 문자열에 속한 각 문자를 새 라인에 출력

문자열 s에 속한 문자를 하나씩 읽으면서 새로운 라인에 출력하고자 한다. len(s)는 문자열 s에 속한 문자들의 개수를 구하는 파이썬의 내장 함수이다. len(s)를 range 함수의 매개변수로 사용하면 for 문이 문자열 s에 속한 문자들의 개수만큼 반복된다. 만일 s = "프로그래밍 실습"이면 len(s)는 8이고 range(len(s))는 range(8)이므로 0, 1, 2, 3, 4, 5, 6, 7까지 for 문이 여덟 번 반복된다.

```
for i in range(len(s)):
    print(s[i])                   # 루프 변수 i가 문자열 s의 인덱스이고,
                                  # s[i]는 i가 가리키는 문자 한 개
```

이 for 문은 range를 사용하지 않고 아래와 같이 간결하게 표현할 수 있다.

```
for c in s:
    print(c)                                    # c는 문자열 s에 속한 문자 한 개
```

계수기

어떤 일이 발생한 횟수를 프로그램에서 세는 경우가 자주 있다. 이런 용도로 사용하는 숫자 변수를 **계수기**(counter)라고 부른다.

계수기 역할을 하는 변수를 count라고 명명했다면

```
❶ count = 0              # 변수에 초기값으로 0을 배정한다.
❷ count = count + 1      # 어떤 일이 발생할 때마다 count 값을 1만큼 증가시킨다.
```

아래의 프로그램은 문자 'a'가 문자열에 몇 번 나타나는가를 센다. 계수기의 사용 예를 보여주는 프로그램이다.

```
text = "language"
count = 0
for c in text:
    if c == "a":
        count += 1
print(count)
```

5.4 while 문

반복문의 몸체를 몇 번 반복할 것인지를 알고 있는 경우에는 for 문을 사용하면 되지만 반복 횟수를 미리 알 수 없는 경우에는 for 문을 사용할 수 없다. 이런 경우에는 어떤 조건이 만족되는 동안 반복하는 while 문이 편리하다.

while 문의 헤더는 키워드 while로 시작하고, 그 다음에 조건식이 오고, 마지막에

콜론이 온다. while 문의 헤더 다음 라인부터 while 문의 몸체에 해당하는 하나 이상의 문장들이 온다. 이들은 while 헤더보다 네 칸만큼 들여쓰기한다.

형식

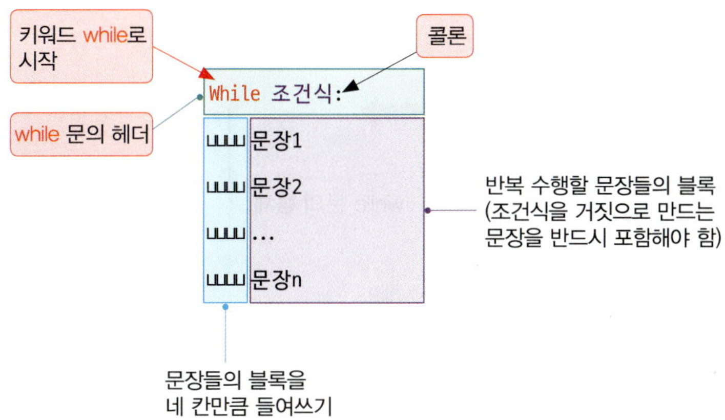

[그림 5-10] while 문의 형식

while 문을 만나면 조건식을 검사하고, 조건식의 결과가 참이면 몸체를 실행한 후 다시 조건식으로 되돌아간다. 조건식의 결과가 거짓이면 몸체를 실행하지 않고, while 문의 아래에 놓인 문장으로 제어가 넘어간다.

while 문의 헤더를 처음 만났을 때 조건식의 결과가 거짓이면 while 문의 몸체는 전혀 실행되지 않는다. while 문의 몸체를 반복해서 실행하는 동안 조건식의 결과를 거짓으로 만드는 문장이 while 문의 몸체 안에 반드시 존재해야 한다. 조건식을 거짓으로 만들지 못하면 무한히 반복하게 된다.

while 문을 IDLE 셸 창이나 편집기 창에서 작성해보자. while 문의 헤더 끝에 :을 입력하고 Enter 키를 누르면 자동적으로 네 칸만큼 들여쓰기를 하여 while 문의 몸체를 쉽게 구분하여 입력할 수 있도록 한다. while 문의 몸체를 끝내려면 BackSpace 키를 누른다.

[그림 5-11]은 while 문과 순서도의 대응 관계를 보여준다. 조건식을 테스트한다. 참이면 오른쪽의 하나 이상의 문장들을 실행하고, 다시 조건식을 테스트한다. 참이면 이 과정이 반복된다. 만일 조건식의 결과가 거짓이면 while 문의 몸체를 벗어난다.

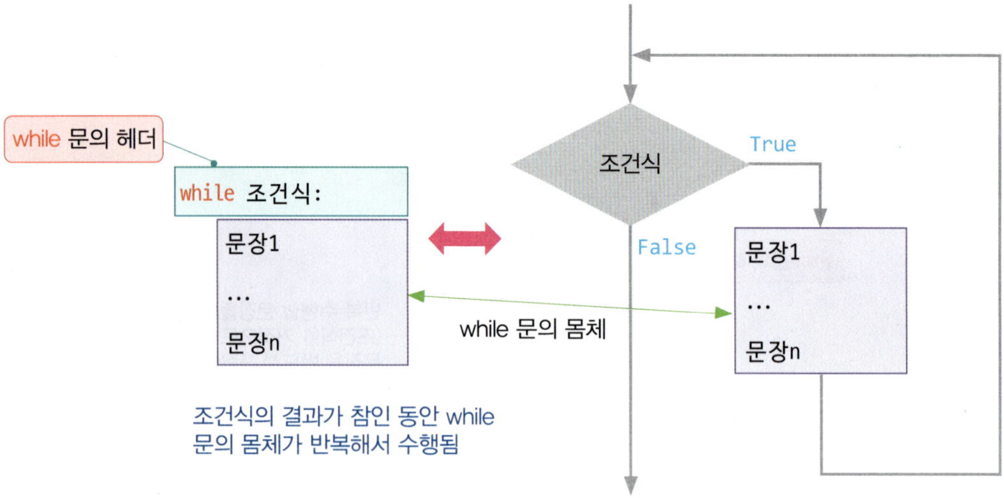

[그림 5-11] while 문에 대응되는 순서도

while 문 작성시 흔히 저지르는 실수

- 루프 변수를 초기화하지 않는다.
- 몸체 안에서 루프 변수의 값을 변경하지 않는다.
- 몸체 바깥에 속하는 문장(들)을 몸체 안에 포함시킨다.

주의

프로그래머는 반복을 제어하는 조건식에서 정확한 비교를 표현하도록 주의해야 한다. 아래의 두 while 문의 헤더 간에는 = 차이밖에 없지만 첫 번째 while 문은 10번 반복하고, 두 번째 while 문은 11번 반복한다.

```
counter = 0
while counter < 10
    ...
    counter = counter + 1
```

```
counter = 0
while counter <= 10
    ...
    counter = counter + 1
```

5.4.1 센티널

만일 성적들을 입력받아서 합과 평균을 계산하는 프로그램을 작성한다고 가정하자. 이 프로그램으로 처리할 성적의 개수를 미리 알지 못하는데, 성적의 개수가 많든 적든 이 프로그램을 수정하지 않고 사용하고 싶다. 어떻게 하면 좋을까? 성적의 개수(반복 횟수)를 미리 알지 못하니까 range 함수를 포함하는 for 문을 반복문에 사용할 수는 없다.

특별한 값이 입력되었는지 테스트하도록 while 문의 조건식을 표현하면 이런 문제에 while 문을 적용할 수 있다. 이런 특별한 값은 요새를 지키는 보초처럼 진입 또는 진출 시점을 나타내기 때문에 **센티널**(centinel)이라고 부른다.

[그림 5-12] 주변을 경계하는 미어캣 (출처: wikipedia.org)

센티널은 값들의 시퀀스의 끝을 나타내는 특별한 값이다. 센티널은 유효한 입력 값들에는 나타날 수 없는 값이다. 센티널을 읽으면 조건식이 거짓이 되어 더 이상 처리할 값들이 없다고 판단하고, while 문을 끝낸다.

예를 들어서 성적이 0~100의 범위 안에 속한다고 가정하면 음수는 유효한 성적이 아니다. 따라서 성적 처리 프로그램에서 사용자로부터 성적을 하나씩 읽어서 합을 누적해가는데, 음수가 입력되면 더 이상 while 문을 반복하지 않도록 while 문의 헤더의 조건식을 표현할 수 있다. 여기서 음수는 센티널에 해당한다.

예 센티널을 포함한 while 문

성적들을 읽고 합과 평균을 계산하려고 한다. 처리할 성적들의 개수를 미리 알지 못하고 성적은 0~100 사이의 정수라고 가정한다. 임의의 음수는 유효한 성적들의 입력이 끝났음을 알리는 역할을 한다.

priming 입력은 while 문에 진입하기 전의 입력문을 말한다. 만일 이 때 읽은 값이 센티널이면 whilc 문의 몸체는 한 번도 실행되지 않는다.

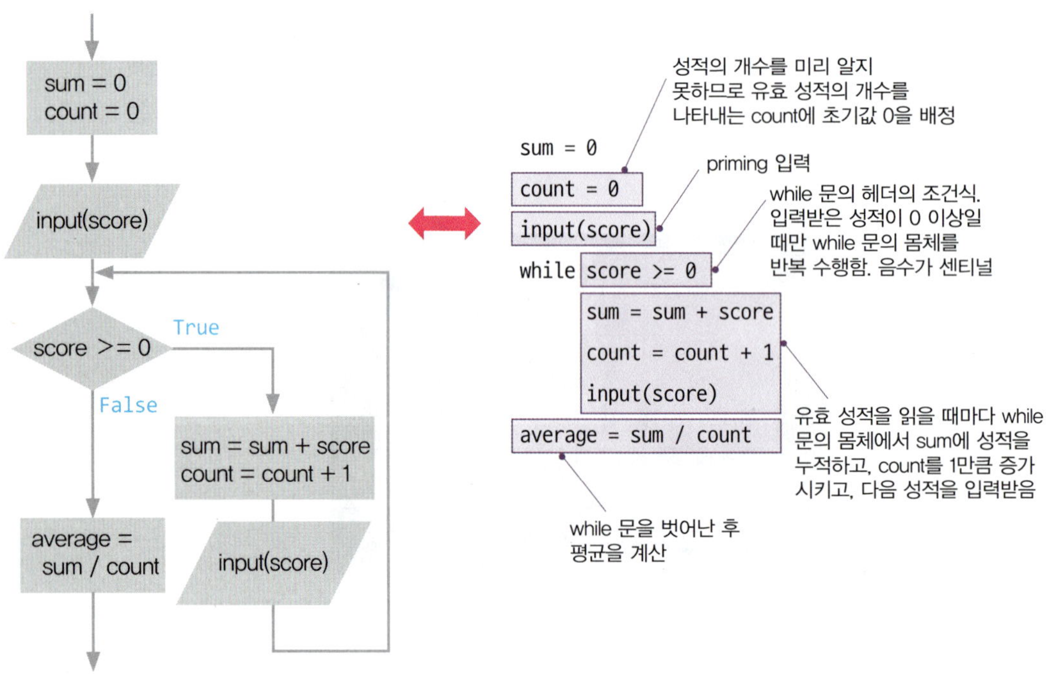

[그림 5-13] 센티널을 포함한 while 문의 순서도와 의사 코드

TIP 센티널을 사용하는 while 문은 두 곳에서 입력을 받는다.

- while 문의 헤더를 만나기 전
- while 문의 몸체 안(통상적으로 몸체의 마지막 문장)

이제 순서도(의사 코드)를 바탕으로 프로그램을 작성해보자. 메인 프로그램은 처리할 성적들의 개수가 몇 개이든 영향을 받지 않는다. 하지만 이 프로그램에는 치명적인 오류가 들어있다.

```
sum = 0
count = 0
score = int(input("다음 성적을 입력하시오 (음수면 반복문 종료): "))
while score >= 0
    sum = sum + score
    count = count + 1
    score = int(input("다음 성적을 입력하시오 (음수면 반복문 종료): "))
average = sum / count
print("성적의 개수 : ", count, "평균 : ", average)
```

프로그램 실행 후 음수를 입력

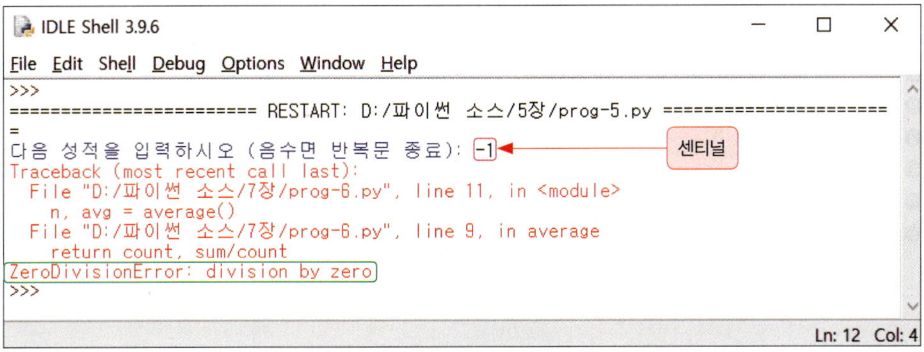

[그림 5-14] priming 입력에서 음수를 읽으면 에러 메시지가 발생함

처음부터 음수가 입력되어도 프로그램이 죽지 않도록 하려면 어느 부분을 수정하면 좋을까? 라인 ❽에서 average = sum/count가 실행되고, count가 0인 경우에는 sum/count에서 에러 메시지가 나타난다. 따라서 count가 0인지 여부를 테스트하고, count가 0이 아닐 때만 sum/count를 계산하도록 하자. 개선한 프로그램에서는 라인 ❽ 이전에 if 문을 추가하여, while 문을 벗어난 후에 count가 0인지(즉 유효한 성적을 한 개도 읽지 않음) 테스트하고, if 문의 조건식이 참이면 average에 0을 배정한다.

```
❶ sum = 0
❷ count = 0
❸ score = int(input("다음 성적을 입력하시오 (음수면 반복문 종료): "))
❹ while score >= 0
❺     sum = sum + score
❻     count = count + 1
❼     score = int(input("다음 성적을 입력하시오 (음수면 반복문 종료): "))
❽ average = sum / count
❾ print("성적의 개수 : ", count, "평균 : ', average)
```

```
❶ sum = 0
❷ count = 0
❸ score = int(input("다음 성적을 입력하시오 (음수면 반복문 종료): "))
❹ while score >= 0
❺     sum = sum + score
❻     count = count + 1
❼     score = int(input("다음 성적을 입력하시오 (음수면 반복문 종료): "))
❽ if count == 0:
❾     average = 0
❿ else:
⓫     average = sum / count
⓬ print("성적의 개수 : ", count, "평균 : ", average)
```

[그림 5-15] priming 입력에서 음수를 읽어도 에러 메시지가 발생하지 않음

이제 다섯 개의 유효한 성적 데이터를 사용해서 프로그램을 실행해보자. priming 입력에서 74를 읽고, while 문의 헤더의 조건식에서 0보다 크거나 같기 때문에 while 문의 몸체를 실행한다. while 문의 몸체의 마지막 문장에서 다음 성적 65를 읽는다. while 문의 헤더의 조건식에서 0보다 크거나 같기 때문에 while 문의 몸체를 실행한다. while 문의 몸체의 마지막 문장에서 마지막 유효 성적 81을 읽는다. ...

while 문의 몸체의 마지막 문장에서 센티널인 -1을 읽은 후에 while 문의 헤더의 조건식이 거짓이 되기 때문에 while 문을 벗어나서 while 문 아래에 놓인 if 문을 실행한다. 이 때 count가 5이어서 if 문의 조건식이 거짓이므로 else:의 몸체인 average = sum/count를 실행한다.

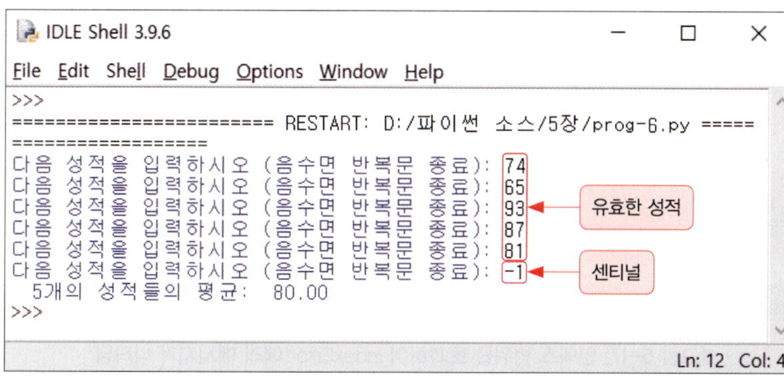

[그림 5-16] 다섯 개의 유효한 성적을 읽은 후 음수가 입력되면 평균을 계산함

5.4.2 IndexError 에러

IndexError **에러**는 주어진 문자열의 범위를 벗어난 인덱스를 사용할 때 발생한다. 문자열의 끝을 지난 후에도 반복문이 계속 반복하려고 할 때 흔히 발생한다.

예를 들어서 [그림 5-17]에서 문자열 course = '프로그래밍 실습'에는 여덟 개의 문자가 들어있으므로 유효한 인덱스는 0~7이다. 하지만 반복문이 마지막으로 반복하려고 할 때 변수 index에는 8이 배정되어 있고, while 문의 헤더의 조건식이 index <= 8이어서 인덱스가 8인 원소가 없는데도 불구하고 조건식이 참이 되고, while 문의 몸체에서 인덱스 8인 문자를 출력하려고 한다. 이 때 IndexError 에러 메시지가 나타난다.

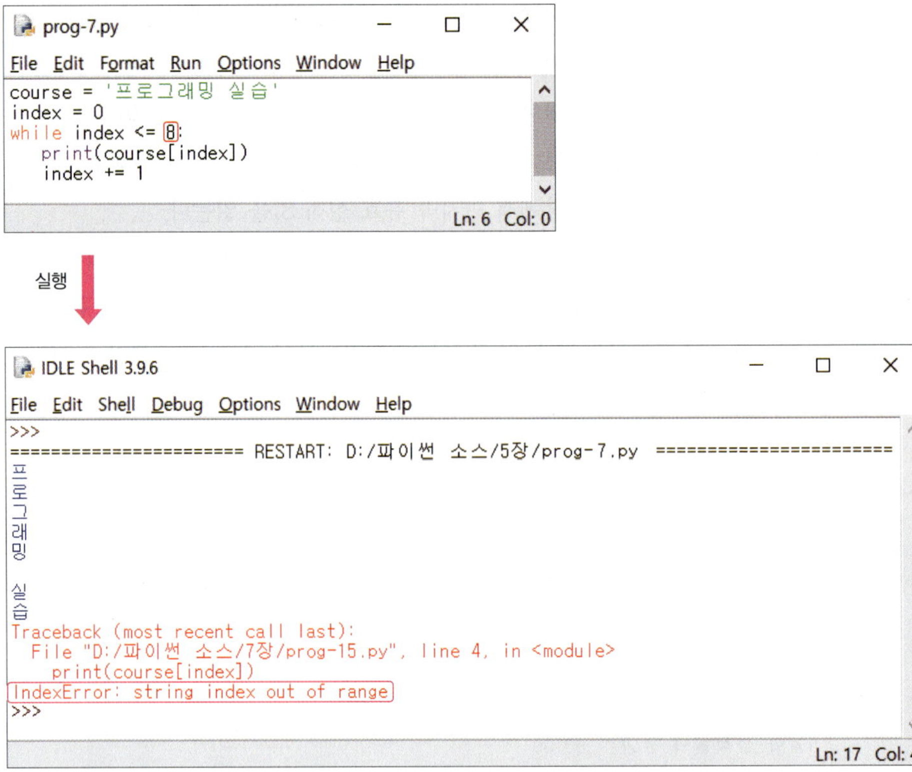

[그림 5-17] 인덱스 범위를 초과하여 IndexError 에러 메시지가 나타남

len 함수는 while 문의 몸체가 문자열의 끝을 지나서도 반복하려는 것을 방지하는 데 유용하다. while 문의 몸체는 루프 변수 index가 문자열의 길이보다 작은 동안에만 반복된다.

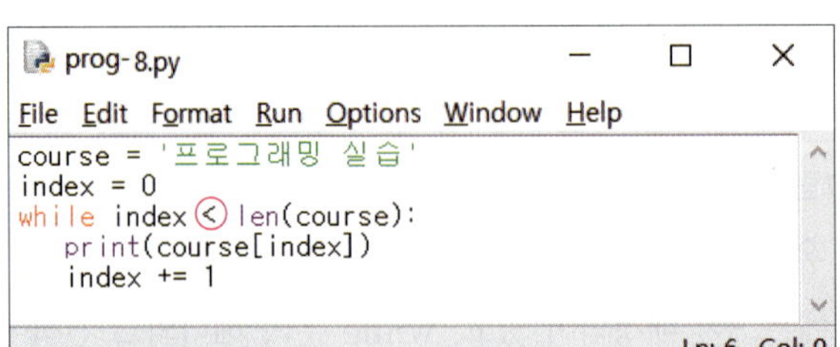

5.5 중첩된 반복문

for 문이든 while 문이든 하나의 반복문은 루프 변수를 한 개만 갖는다. 실세계에는 두 개 이상의 루프 변수를 함께 제어해야 하는 문제들도 있다. 하나의 반복문은 한 개의 루프 변수만 제어할 수 있기 때문에 이런 문제를 프로그래밍하기 위해서는 반복문 안에 또 다른 반복문을 포함시켜야 한다.

한 반복문 내에 또 다른 반복문이 포함되었을 때 **중첩된 반복문**(nested loop)이라고 부른다. 바깥쪽 반복문을 **외부 반복문**(outer loop), 안쪽 반복문을 **내부 반복문**(inner loop)이라고 부른다.

중첩된 반복문을 필요로 하는 대부분의 문제는 아래와 같이 한 단계 중첩된 반복문으로 해결할 수 있다.

```
외부 반복문의 헤더:
    내부 반복문의 헤더:
        내부 반복문의 몸체
    외부 반복문의 몸체
```

이 때 외부 반복문과 내부 반복문에서 for 문과 while 문의 어떤 조합도 가능하다.

외부 반복문	내부 반복문
for 문	for 문
for 문	while 문
while 문	for 문
while 문	while 문

반복문 안에 또 다른 반복문을 사용해야 할 때 프로그램의 논리가 더욱 복잡해지므로 초보자들에게는 중첩된 반복문이 선뜻 이해하기 어려울 수 있다. 초등학교 때 열심히 외웠던 구구단 예를 살펴보자. 아래와 같이 구구단 표를 그리려면 행이 2, 3, ..., 9까지 변해야 하고, 각각의 행에 대해서 열이 1, 2, 3, ..., 9까지 변하면서 행*열

을 계산해야 한다.

구구단 표는 2차원 객체이다. 외부 반복문은 수직 방향으로 진행하고, 내부 반복문은 수평 방향으로 진행한다.

행은 2, 3, ..., 9까지 한 번만 변하면 되는데, 열은 행이 2일 때 1, 2, 3, ..., 9까지 변하고, 행이 3일 때 1, 2, 3, ..., 9까지 변하고, ..., 행이 9일 때 1, 2, 3, ..., 9까지 변해야 한다. 따라서 총 반복 횟수는 8 * 9 = 72이다.

행이 변하는 반복문을 외부 반복문, 열이 변하는 반복문을 내부 반복문이라고 부른다. 외부 반복문의 루프 변수는 천천히 변하고, 내부 반복문의 루프 변수는 빠르게, 자주 변한다.

열이 1, 2, 3, …, 9까지 빠르게, 자주 변함 → 반복문 필요 (내부 반복문)

	1	2	3	4	5	6	7	8	9
2	2*1=2	2*2=4	2*3=6	2*4=8	2*5=10	2*6=12	2*7=14	2*8=17	2*9=18
3	3*1=3	3*2=6	3*3=9	3*4=12	3*5=15	3*6=18	3*7=21	3*8=24	3*9=27
4	4*1=4	4*2=8	4*3=12	4*4=16	4*5=20	4*6=24	4*7=28	4*8=32	4*9=36
5	5*1=5	5*2=10	5*3=15	5*4=20	5*5=25	5*6=30	5*7=35	5*8=40	5*9=45
6	6*1=6	6*2=12	6*3=18	6*4=24	6*5=30	6*6=36	6*7=42	6*8=48	6*9=54
7	7*1=7	7*2=14	7*3=21	7*4=28	7*5=35	7*6=42	7*7=49	7*8=56	7*9=63
8	8*1=8	8*2=16	8*3=24	8*4=32	8*5=40	8*6=48	8*7=56	8*8=64	8*9=73
9	9*1=9	9*2=18	9*3=27	9*4=36	9*5=45	9*6=54	9*7=63	9*8=72	9*9=81

행이 2, 3, …, 9까지 천천히 변함 → 반복문 필요 (외부 반복문)

[그림 5-18] 구구단 표 작성에 필요한 중첩된 반복문

구구단 표의 행 제목과 열 제목은 출력하지 않고 구구단 표를 출력하려면 아래와 같이 중첩된 반복문을 사용한다. for 문이 중첩되어 있다.

for i in range(2, 10):은 외부 반복문이고, for j in range(1, 10):은 외부 반복문 안에 포함된 내부 반복문이다. 행을 나타내는 외부 반복문은 i가 2, 3, ..., 9까지 8번 반복된다. 각각의 i마다 열을 나타내는 내부 반복문은 j가 1, 2, ..., 9까지 9번 반복된다. 따라서 내부 반복문의 몸체에 해당하는 print('{:3d}'.format(i*j), end='\t')는 8*9 = 72번 반복된다.

구구단 표에 출력되는 각 i*j 정수는 세 자리 폭에 오른쪽 줄맞춤하고, 내부 반복문이 한 번 반복할 때마다 새 라인에 출력하지 않도록, 즉 한 행에 해당하는 9개의 숫자들을 한 라인에 출력하도록 print 문에 end='\t'를 포함하였다. i*j 정수를 한 개 출력하고, 같은 라인의 다음 탭으로 이동한다. 외부 반복문의 몸체는 print()이므로 다음 라인으로 이동한다.

외부 반복문의 반복 횟수인 8에 내부 반복문의 반복 횟수인 9을 더한 17만큼 반복되지 않음을 주의하라.

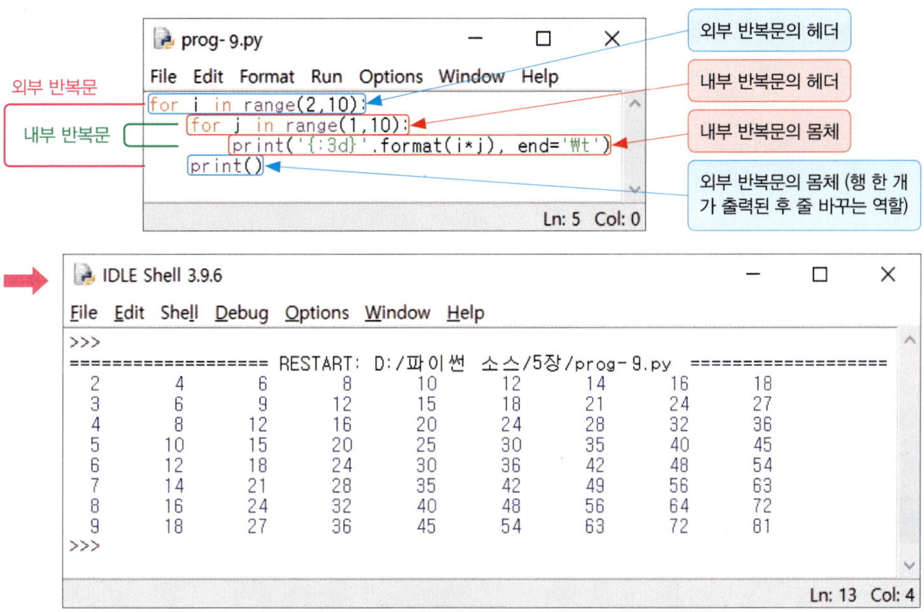

[그림 5-19] 중첩된 반복문을 사용하여 구구단표를 출력

외부 반복문 직전과 외부 반복문을 벗어난 직후에 print('–' * 68)을 넣으면 구구단 표의 위아래에 '–'로 이루어진 선이 그어진다.

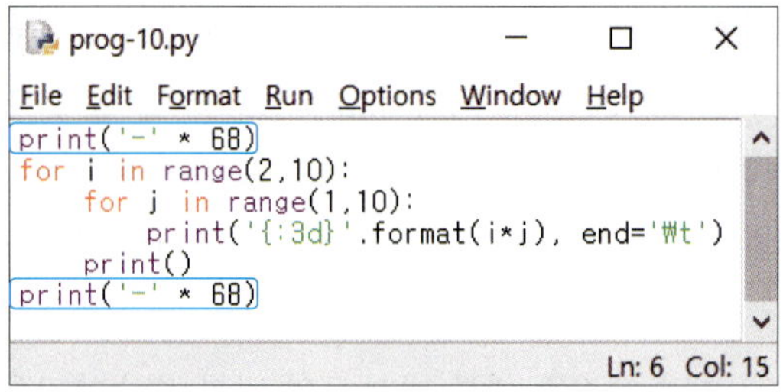

Quiz

중첩된 반복문을 사용하여 아래와 같이 피라미드 패턴으로 *를 출력하는 프로그램을 작성하라.

```
*
* *
* * *
* * * *
* * * * *
```

5.6 break 문과 continue 문

때로 정해진 횟수만큼 반복되는 for 문을 중간에 빠져나오거나, 어떤 조건이 만족되는 동안 반복되는 while 문을 중간에 빠져나오고 싶을 때가 있다. 반복문의 몸체 중간에서 아래의 두 경우를 어떻게 처리할 것인가?

(1) 어떤 조건이 만족되면 반복문을 아예 벗어나서, 반복문 바로 아래 문장을 실행한다.

(2) 어떤 조건이 만족되면 몸체의 남은 문장들을 무시하고, 반복문의 헤더로 제어가 넘어간다.

break와 continue 문은 for 문이나 while 문의 몸체를 중간에 빠져나올 때 사용한다. 반복문을 중간에 탈출하는 것은 구조적 프로그래밍의 원칙에 위배되기 때문에 꼭 필요한 경우에만 사용하도록 하자. 또한 break와 continue 문을 과다하게 사용하면 프로그램을 읽기 어렵게 만들 수 있다.

for 문이든 while 문이든 반복문의 몸체를 실행하다가 어떤 조건을 만나면,

- break 문은 반복문의 몸체 바로 아래의 문장으로 제어를 넘긴다.
- continue 문은 반복문의 헤더로 제어를 넘긴다.

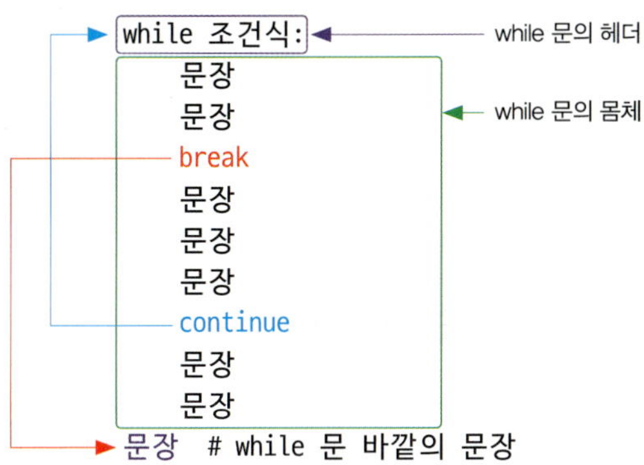

[그림 5-20] while 문의 몸체의 break vs. continue

break 문과 continue 문의 비교

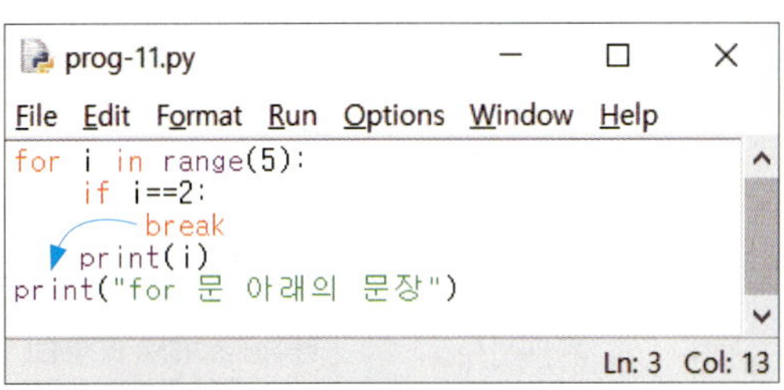

i가 0부터 4까지 1씩 증가하는데 i가 2일 때 break 문에 의해서 for 문을 벗어나서, for 문 아래의 print 문을 실행함

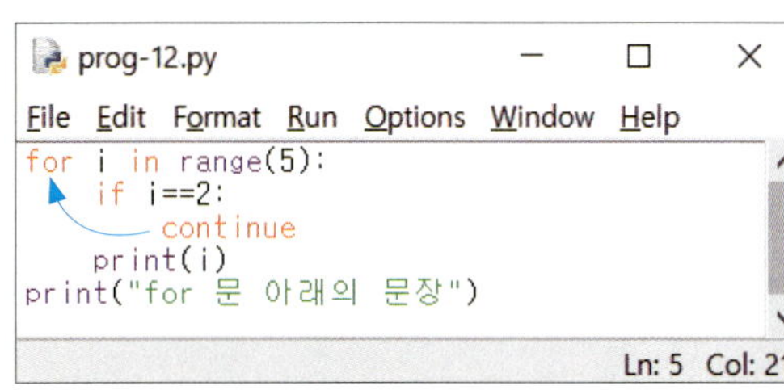

i가 0부터 4까지 1씩 증가하는데 i가 2일 때 continue 문에 의해서 for 문의 헤더로 제어가 넘어가고, 아직 i가 배정받을 값들이 남아 있어서 for 문의 몸체를 실행함. for 문을 모두 반복한 후에 for 문 아래의 print 문을 실행함

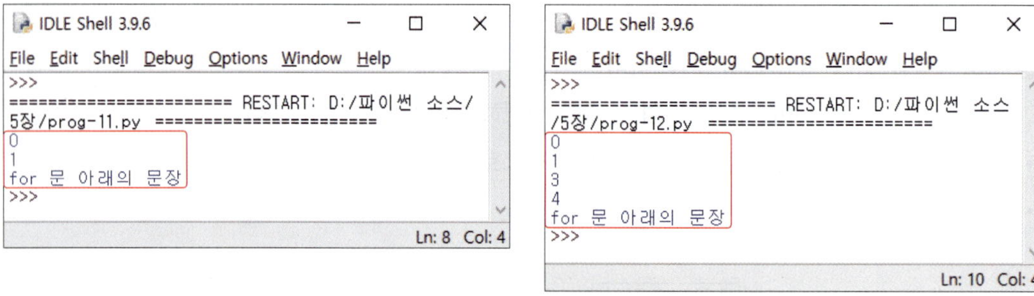

[그림 5-21] for 문의 몸체의 break 문 vs. continue 문

5.7 for 문과 while 문의 비교

앞에서 설명한 바와 같이 for 문은 반복 횟수가 정해진 경우에만 사용할 수 있다. while 문은 반복 횟수가 정해진 경우에도 사용할 수 있고, 반복 횟수를 미리 알지 못하는 경우에도 사용할 수 있다. 따라서 while 문을 for 문으로 항상 표현할 수는 없지만 for 문은 항상 while 문으로 표현할 수 있다.

정해진 횟수만큼 반복하는 경우에 [그림 5-22]에서 보는 것처럼 for 문이 while 문보다 간결하다.

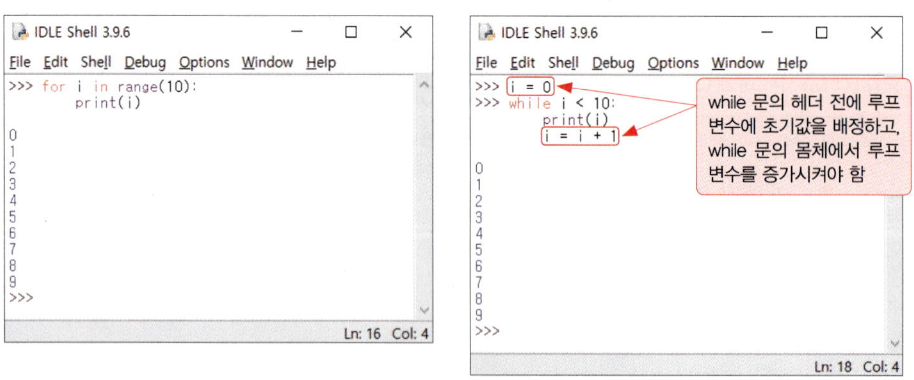

[그림 5-22] 0부터 9까지 출력하는 for 문과 while 문

for 문의 헤더를 만나면 루프 변수 i에 0이 배정되고, 몸체인 print(i)를 실행한다. while 문의 헤더에는 루프 변수에 초기값을 배정하는 기능이 없기 때문에 while 문의 헤더 전에 i = 0을 명시적으로 표현해야 한다.

for 문의 몸체를 실행한 후 다시 for 문으로 돌아가면 루프 변수 i에 1이 배정되고, 몸체인 print(i)를 실행한다. 즉 for 문에서는 루프 변수가 자동적으로 변경된다. 이에 반해서 while 문은 루프 변수를 변경하는 기능이 없기 때문에 while 문의 몸체 안에 반드시 루프 변수를 변경하는 문장을 포함해야 한다.

Quiz 1

[그림 5-22] 오른쪽의 while 문을 아래와 같이 작성하면 실행 결과가 같은가 다른가? 그 이유는 무엇인가?

```
>>> i = 0
>>> while i < 10:
        i = i + 1
        print(i)
```

Quiz 2

1부터 100까지의 합을 구하는 프로그램을 for 문을 사용해서, while 문을 사용해서 각각 작성하라.

TIP

- for 문은 리스트의 각 원소, 문자열의 각 문자를 하나씩 훑어보면서 어떤 처리를 할 때 유용하다. 또는 반복 횟수가 정해져서 range 함수를 사용할 수 있을 때 유용하다.
- while 문은 어떤 조건이 만족될 때까지, 미리 알 수 없는 횟수만큼 반복할 때 유용하다.

5.8 무한 반복

while 문은 while 문의 헤더의 조건식을 검사한 후 참이면 while 문의 몸체를 실행하게 되는데, 몸체 안에서 조건식을 거짓으로 만드는 문장을 누락하면 while 문의 몸체가 **무한 반복**(infinite loop)에 빠지게 된다.

TIP for 문은 정해진 횟수만큼 반복하기 때문에 무한 반복에 빠지지 않는다.

예 while 문의 무한 반복

아래의 프로그램을 실행해보자. 0부터 9까지의 정수를 출력하는 아래의 프로그램은 무한히 실행된다. i가 0에서 시작했는데, while 문의 몸체 안에서 i가 변경(예, i = i + 1)되지 않았기 때문에 계속해서 i는 0을 가리키고, 반복 횟수가 아무리 늘어나도 조건식 i < 10은 항상 참이다.

IDLE 셸 창에서 아래의 예를 실행한다면 Ctrl+C 단축키를 눌러서 프로그램의 실행을 강제로 종료해야 한다.

```
>>> i = 0
>>> while i < 10:
        print(i)
```

이런 무한 반복이 발생하지 않도록 하려면 while 문의 몸체 안에 조건식을 참으로 만들 수 있는 문장을 포함시켜야 한다.

```
>>> i = 0
>>> while i < 10:
        print(i)
        i = i + 1
```

주의

실수는 컴퓨터 내부에서 정확하게 나타낼 수 없는 경우가 있으므로 조건식에 실수를 사용할 경우에는 주의해야 한다. 아래의 while 문의 몸체는 몇 번 실행될 것인가? 이론적으로 몸체를 세 번만 실행해야 하지만 무한 반복에 빠질 것이다.

```
>>> i = 1
>>> while i != 1.3:
        print(i)
        i = i + 0.1
```

```
1
1.1
1.2000000000000002
1.3000000000000003
1.4000000000000004
1.5000000000000004
1.6000000000000005
1.7000000000000006
1.8000000000000007
1.9000000000000008
2.000000000000001
2.100000000000001
2.200000000000001
...
```

i가 1.3에 도달하면 while 문을 벗어나려고 while 문의 헤더의 조건식을 i != 1.3으로 표현했다. 0.1이 컴퓨터 내부에서 정확하게 표현되지 않기 때문에

```
1 + 0.1 + 0.1 + 0.1  ≠ 1.3
```

이므로 i != 1.3이 참이 될 수 없다.

흔히 사용하는 해결 방법은 조건식에 ==, !=를 쓰지 말고 부등호를 사용하는 것이다.

```
>>> i=1
>>> while i <= 1.3:
        print(i)
        i = i + 0.1
```

객관식 문제

1 아래의 프로그램의 실행 결과가 무엇인가?

```
accum = 0
for i in range(0, 6, 2):
    for j in range(3, 0, -1) :
        accum = accum + (i * J)
print(accum, end = "")
```

① 72 ② 36
③ 30 ④ 24

2 아래의 프로그램의 실행 결과가 무엇인가?

```
x = 15
y = 35
if x > y:
    smaller = y
else:
    smaller = x
for i in range(1, smaller + 1):
    if ((x % i == 0) and (y % i == 0)):
        abc = i
print(abc)
```

① 3 ② 4
③ 5 ④ 9

3 아래의 프로그램을 실행하면 print 문이 몇 번 실행되는가?

```
for i in range(5):
    j = 0
    while True:
        if j > i:
            break
        print(i * j)
        j = j + 1
```

① 0 ② 1
③ 15 ④ 20

4 아래의 프로그램의 실행 결과가 무엇인가?

```
i = 1
string = ""
while i < 3:
    string = 'Hello'
    string += ' Python'
    i = i + 1
print(string)
```

① Hello
② Python
③ Hello Python
④ Hello Python Hello Python Hellow Python

5 아래의 프로그램의 실행 결과가 무엇인가?

```
for i in range(1, 10, 2):
    a = 0
    for j in range(5):
        b = a + 1
    if a == 5:
        break
print(b)
```

① 1 ② 3
③ 7 ④ 15

단답식 문제

6 아래의 range 함수들로부터 생성되는 숫자들의 시퀀스를 채워라.

range 함수	생성되는 숫자들의 시퀀스
range(0,10)	
range(1, 30, 5)	
range(-2, 20, 3)	
range(-10, 10, 3)	
range(12, 2, -2)	
range(10, 5)	
range(0, 20, -3)	

7 한 라인에 아래와 같이 숫자들을 출력하는 프로그램을 작성하려고 한다. 숫자들은 공백 문자로 분리되었다. 빈칸을 채우라.

```
32 30 28 26 24 22 20
```

```
for num in ____(1)____
    print(____(2)____)
```

8 아래의 프로그램의 실행 결과가 무엇인가?

```
for c in "operating system":
    if c == "i":
        break
    print(c)

print("The end")
```

9 아래의 프로그램을 실행하면 'I like Python'이 몇 번 출력되는가?

```
a = 4
b = 3
for x in range(a):
    for y in range(b):
        print("I like Python")
```

10 아래와 같이 출력하는 프로그램의 빈칸을 채우라.

```
for i in range(5):
    dashes = '-' * (____(1)____)
    stars = '*' * (____(2)____)
    print(dashes + stars)
```

```
----*
---***
--*****
-*******
*********
```

11 아래의 프로그램의 실행 결과가 무엇인가?

```
i=1
j=1
while i < 5:
    while j < 5:
        if (i+j) % 2 == 0:
            continue
        print('(', i, ',', j, ')', end=' ')
        j += 1
    print()
    i += 1
```

12 아래의 for 문을 while 문으로 표현하라.

```
sum = 0
for i in range(10):
    if i % 3 == 0:
        continue
    sum = sum + i
```

실습 문제

13 아래와 같은 모양을 출력하는 프로그램을 작성하라.

```
1
2 3
4 5 6
7 8 9 10
11 12 13 14 15
```

14 사용자로부터 원금, 연이율을 입력받아 5년 간의 원리금을 계산하여 출력하는 프로그램을 작성하라.

15 '–'을 포함한 휴대폰 번호를 가리키는 문자열 s를 입력받아 휴대폰 번호에서 '–'을 제거한 문자열을 만드는 프로그램을 작성하라.

16 양의 정수 n을 입력받아 $1^2 + 2^2 + 3^2 + \cdots + n^2$을 계산하여 출력하는 프로그램을 작성하라.

17 1부터 50까지의 정수를 출력하는 프로그램을 작성하라. 3의 배수이면 정수 대신에 A를 출력하고, 5의 배수이면 정수 대신에 B를 출력하고, 3과 5의 배수이면 정수 대신에 CD를 출력하라.

18 어떤 양의 정수 n 〉 2가 솟수가 되려면 2 ~ (n–1)로 나눠지지 않아야 한다. 양의 정수 n을 입력받아서 솟수인지 여부를 판단하는 프로그램을 작성하라. 만일 n이 솟수가 아닌 것을 발견한 즉시 반복문을 빠져나와야 한다.

19 1부터 10까지의 정수들 중에서 짝수들의 합을 구하는 문제의 순서도와 프로그램을 작성하라.

20 주사위를 던져서 나타나는 숫자들의 시퀀스가 아래와 같이 주어졌다.

```
dice = "1,5,2,3,5,4,4,3,1,1,1,2,3,1,5,6,2"
```

(1) 주사위를 던진 총 횟수

(2) 나타난 숫자들의 총합

(3) 나타난 숫자들의 평균(소수점 아래 첫 자리까지)

을 계산하는 프로그램을 작성하라.

21 중고품 가게에서, 판매되지 않은 물품들을 매일 10%씩 할인하는 7일 간의 세일 행사를 가지려 한다. 물품에는 물품 번호(item_number), 첫 날의 가격(original_price)이 매개변수로 전달된다. 예를 들어 세일 첫날 10000원짜리 물품의 가격은 둘째 날에 10% 할인되어 9000원이 된다. 셋째 날에는 9000원에서 다시 10% 할인되어 8100원이 된다. 세일 기간 동안 첫째 날부터 마지막 날까지 물품의 가격을 출력하는 프로그램을 작성하라.

프로젝트

22 4장의 연습문제를 변형한 문제이다.
사용자로부터 두 개의 정수, "한 개의 문자열(연산자 코드)을 입력받아서 해당 산술 연산을 수행한 결과를 출력하는 프로그램을 작성하라. 한 개의 문자열은 연산자로서 '+', '−', '*', '/' 중의 하나만 허용한다. 예를 들어서 정수로 3과 7을 입력받고, 문자열로 '*'을 입력받으면 3 * 7 = 21을 계산하여 출력한다. 0으로 나누는 에러가 발생하지 않도록 문자열이 '/'일 때 두 번째 정수가 0인지 검사하고, 0이면 나눗셈 연산을 실행하지 않고 "나눗셈 연산 못함"이라는 메시지를 출력한다."
사용자가 문자열을 입력할 때 '+', '−', '*', '/' 중의 하나를 입력하지 않으면(예를 들어서 'x'를 입력) 사용자에게 적절한 메시지(예를 들어서 "유효한 연산자가 아님")를 보여주고, 다시 연산자를 입력하라고 안내하도록 한다.

Python

CHAPTER 6

함수

| 학습 목표 |

큰 프로그램을 하나의 메인 프로그램으로 작성하는 경우는 거의 없다. 다루기 쉬운 작은 부분들로 나눈 후에 각각을 함수로 작성하고, 이들을 합쳐서 큰 프로그램을 만드는 것이 일반적이다. 본 장에서는 함수의 장점과 함수를 정의하는 방법을 살펴본다. 작성한 함수를 필요할 때마다 호출하는 방법, 함수 호출시 매개변수 전달 방법, 전역 변수와 지역 변수의 차이점과 유의점 등을 알아본다. 일부 수학적인 문제들은 자기 자신을 호출하는 순환 함수로 작성할 수 있다. 순환 함수가 비순환 함수와 어떤 차이점을 갖는지, 순환 함수를 작성할 때 어떤 점을 유의해야 하는지 살펴본다.

CHAPTER 6

순환 함수

6.1 함수가 무엇인가?

프로그래머가 큰 프로그램을 하나의 커다란 덩어리로 작성하는 경우는 거의 없다. 프로그래머는 일반적으로 큰 프로그램을 다수의 작은 프로그램들로 나누고, 각각의 작은 프로그램을 **함수**(function)로 작성한다.

함수는 특정 작업을 수행할 목적으로, 입력을 받아서 어떤 연산을 수행하고 결과를 반환하는 문장들의 모임이다. 수학의 함수를 예로 들어보자.

$f(x) = 2x + 5$

일 때, 함수 f(x)는 x를 입력으로 받아서 2 * x + 5을 계산하고, 그 결과를 출력한다.

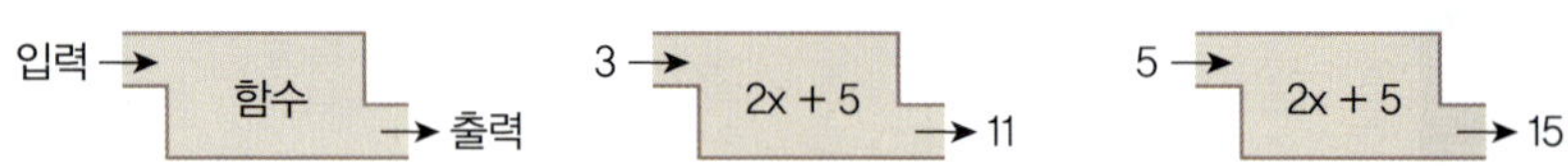

[그림 6-1] 함수의 개념

함수에 5가 입력되면 2 * 5 + 5 = 15가 출력되고, 100이 입력되면 2 * 100 + 5 = 205가 출력된다.

파이썬의 함수에는 두 가지 유형이 있다.

- 파이썬에서 제공되는 print, input, abs, len, int 등의 **내장 함수**(built-in function). 내장 함수를 이용하기 위해서 추가로 모듈을 다운로드할 필요가 없다. 내장 함수를 사용자가 다시 작성할 필요는 당연히 없다.
- 사용자가 직접 작성하는 함수

내장 함수

파이썬을 포함하여 많은 고급 프로그래밍 언어들은 자주 수행되는 작업을 실행하기 위하여 미리 만들어진 함수인 내장 함수들을 제공한다. 예를 들어 숫자의 절대값을 계산하는 내장 함수 abs가 있다. 프로그램 안에서 필요한 문장들을 프로그래머가 스스로 작성해야 하지만, 절대값을 구하는 함수를 필요로 하는 프로그래머들이 각자 작성하는 것은 시간 낭비이다.

내장 함수 abs를 사용하는 프로그래머는 그 함수 안에서 어떻게(어떤 알고리즘으로) 절대값이 계산이 되는지 알 필요가 없다. abs 함수를 호출하는 방법만 알고 있으면 된다.

파이썬의 내장 함수인 abs는 숫자를 받아서 양수로 변환하여 반환한다.

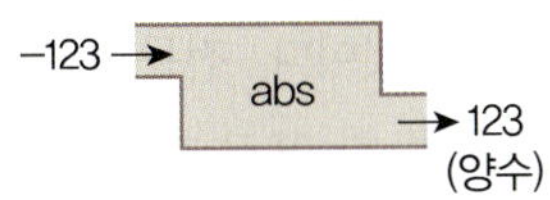

[그림 6-2] 내장 함수 abs

사용자가 직접 작성하는 함수의 장점

주어진 문제를 작은 문제들로 나누고 각각을 함수로 구현하는 것은 프로그래밍의 핵심적인 활동이다. 함수를 정의하는 이유 및 장점은 아래와 같다.

- 동일 문장들의 모임이 프로그램의 여러 곳에 반복해서 사용되는 것을 방지한다.
- 프로그램을 좀더 이해하기 쉽게 만든다.
- 프로그램을 좀더 쉽게 유지할 수 있게 만든다. 어떤 함수를 수정할 필요가 있으면 한 곳에서 고치면 된다.
- 다수의 프로그래머들이 공동으로 큰 프로그램을 개발하는 것이 쉬워진다.
- 함수는 코드의 재사용을 늘린다. 특정 작업이 프로그램의 이곳저곳에서 여러 차례 실행된다면 이 작업을 함수로 한 번 작성한 후 이 작업이 반복해서 일어나는 이곳저곳에서 그 함수를 호출하면 된다.

다수 프로그래머의 공동 작업

여러분이 지금까지 사용해본 아래한글, 엑셀 등의 프로그램을 생각해보자. 각 프로그램에는 매우 많은 메뉴(예: 엑셀의 메뉴 표시줄)들이 있고, 사용자의 선택에 따라 매우 다양한 방식으로 반응한다.

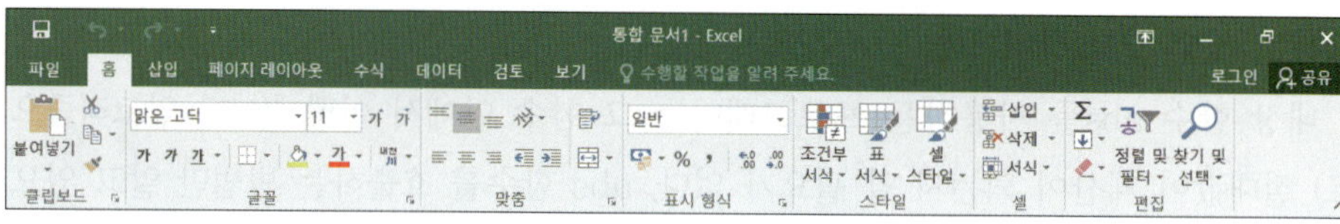

[그림 6-3] 엑셀의 메뉴 표시줄(리본)

큰 프로그램을 작은 단위로 나누지 않고, 한 덩어리로 작성하게 되면 여러 프로그래머가 참여하는 공동 작업이 불가능하다. 대규모 프로그램의 모든 문장들을 한 프로그래머가 작성한다면 몇 년이 소요될 것이다. 전문적인 소프트웨어 개발회사는 큰 프로그램을 함수들로 나누고, 각 함수를 한 프로그래머나 프로그래머들의 팀에 맡겨서, 큰 프로그램을 작성할 수 있다.

TIP 어느 정도의 작업을 함수로 구분해야 하는가에 대한 명확한 규칙은 없다. 일반적으로 한 함수에 50개 이하의 문장들을 포함시키도록 한다. 만일 어떤 함수에 포함된 문장 개수가 이를 초과하면 그 함수를 좀더 작은 함수들로 분해할지 고려해보자. 만일 적은 수의 문장이라도 프로그램 안에서 반복적으로 사용되는 경우에는 함수로 정의하는 것이 좋다. 좋은 지침은 특정 작업에 속하는 문장들을 하나의 함수에 함께 두는 것이다.

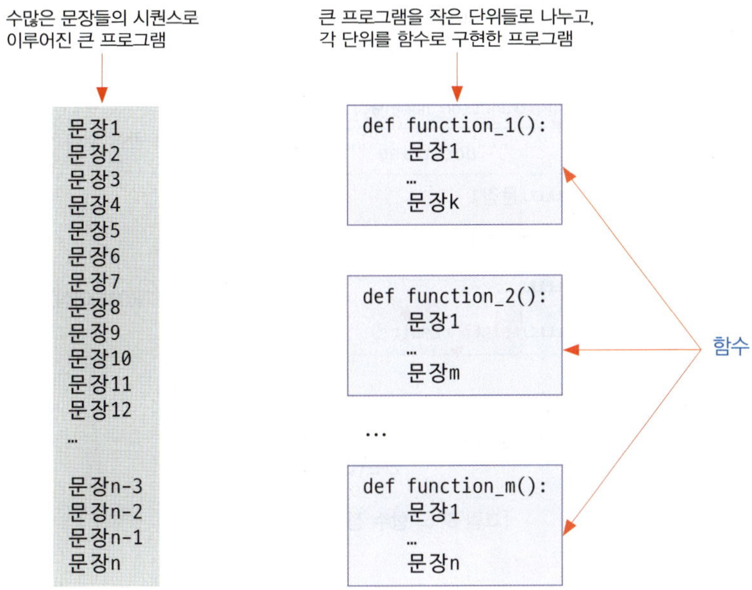

[그림 6-4] 함수를 사용하지 않은 프로그램 vs. 다수의 함수들을 사용한 프로그램

6.2 함수 정의

프로그래머는 언제든지 자신이 필요로 하는 함수를 만들 수 있다. 일반 프로그램을 작성하는 것과 동일하게 프로그램을 작성하는데, 함수의 범위를 구분해주는 문장(함수 헤더)을 추가한다.

함수를 정의하는 형식은 다음과 같다.

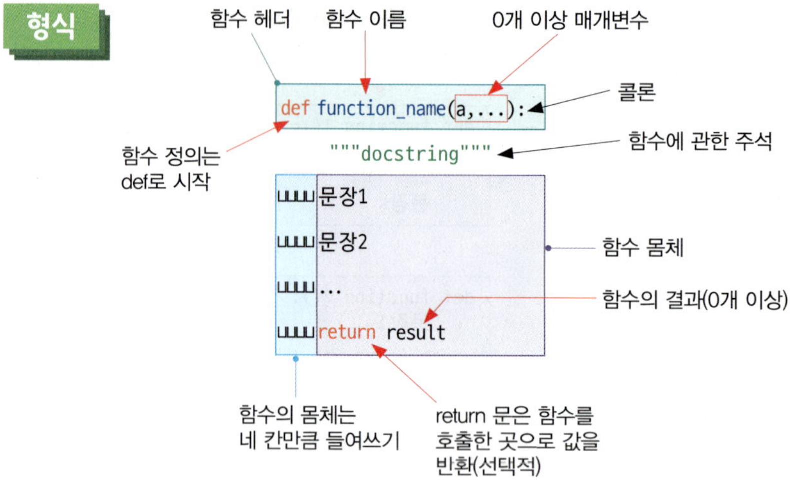

[그림 6-5] 함수 정의문의 형식

① 함수 헤더

함수는 **함수의 헤더**(header)와 함수의 몸체로 이루어진다. 함수의 헤더는 키워드 def로 시작한다. def는 define의 줄임말이다. 함수의 헤더는 들여쓰기하지 않는다. 그 다음에 함수 이름, (), 매개변수_리스트를 입력한다. 매개변수_리스트는 선택사항이다. 매개변수가 하나도 없더라도 ()를 생략해서는 안 된다. 매개변수가 두 개 이상일 때는 쉼표로 매개변수들을 구분한다. 매개변수는 함수에 전달하는 입력이다. 함수를 호출할 때마다 서로 다른 값을 매개변수에게 전달할 수 있다.

마지막에 콜론(:)을 입력한다. :을 입력한 후 Enter 키를 누르면 IDLE 셸 창 또는 편집기 창에서 자동적으로 네 칸만큼 들여쓰기 한다. 키워드 def는 오렌지색으로 표시되고, 함수 이름은 파란색으로 표시된다.

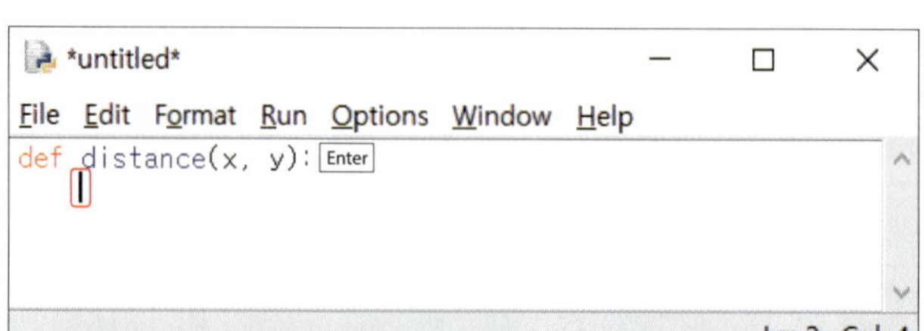

[그림 6-6] 편집기 창에서 함수의 헤더 입력

② 함수 이름

함수 이름을 정하는 규칙은 변수 이름을 정하는 규칙과 동일하다. 함수 이름과 변수 이름을 동일하게 정하지 않도록 하자. 관례적으로 파이썬에서 함수 이름은 소문자로 시작한다. 변수가 사용되는 목적(용도)을 잘 나타내도록 변수 이름을 정하는 것처럼, 함수가 어떤 작업을 실행하는 가를 잘 나타내도록 함수의 이름을 정하자. 함수는 어떤 작업을 실행하기 때문에 동사를 함수의 이름으로 사용하는 경우가 흔하다.

③ 독스트링

2장의 주석에서 설명했듯이 함수의 헤더 밑에 함수가 어떤 일을 수행하는가에 관한 주석을 넣는다. 이를 **독스트링**(docstring: documentation string)이라고 부른다. 독스트링은 삼중 따옴표로 에워싼다.

④ 함수 몸체

함수를 구성하는 문장들(이를 함수의 몸체라고 부름)은 함수 헤더 아래부터 네 칸만큼 들여쓰기 한다. 함수의 몸체는 한 개 이상의 문장들로 이루어진다. 함수 정의를 마치려면 BackSpace 키를 한 번 눌러서 들여쓰기를 멈춘다.

들여쓰기 0으로 돌아가면 메인 프로그램의 문장 또는 새로운 함수의 헤더를 입력할 수 있게 된다.

편집기 창에서 들여쓰기를 무시하고 아래와 같이 함수의 몸체를 입력하면 에러 메시지가 나타난다.

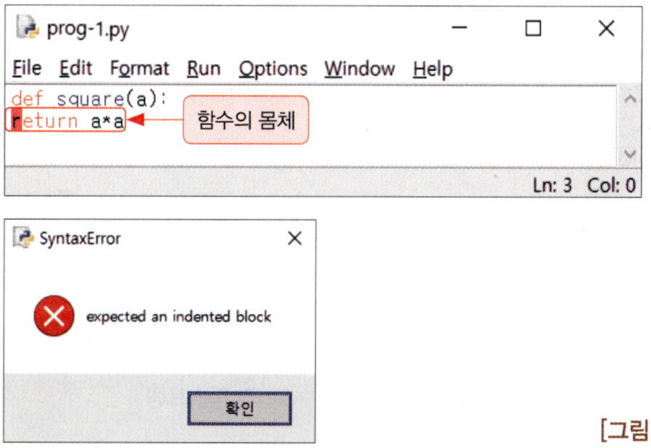

[그림 6-7] 들여쓰기 무시

⑤ return 문

함수의 실행이 종료되면서 함수 호출문으로 결과가 반환된다.

6.2.1 독스트링

함수도 메인 프로그램 안에 포함된 일부이므로 메인 프로그램에 주석을 달듯이 함수에도 주석을 달아야 한다. 각 함수에 대해 헤더 주석을 작성하고, 함수 안의 주요 문장들에 대해서도 통상적인 주석을 달도록 하자.

독스트링은 함수 헤더 바로 밑에 위치하므로 네 칸만큼 들여쓰기 한다. 독스트링은 단일따옴표 세 개 ''' 또는 이중따옴표 세 개 """로 시작한다. 대응되는 따옴표 세 개를 만날 때까지 여러 줄의 문장을 포함할 수 있다.

만일 독스트링이 함수에서 수행하는 일, 함수의 입력(매개변수)과 출력(반환값) 등을 명확하게 설명한다면 그 함수의 사용자는 그 함수를 이해하기 위해 시간과 노력을 적게 들여도 된다. 독스트링이 반드시 요구되는 것은 아니지만 스스로 작성하는 모든 함수의 헤더 밑에 의미있는 독스트링을 작성하도록 하자. 한정된 분량의 교재에서 좀 더 많은 내용을 다루기 위해 본 교재에서 제시하는 예제 함수들에서 독스트링을 생략할 것이다.

파이썬의 표준 라이브러리에 포함된 함수 또는 사용자가 정의한 함수 이름을 help()에 입력하면 독스트링에 있는 문자열이 화면에 표시된다. 예를 들어서 help(len)은 내장 함수 len의 독스트링을 보여준다.

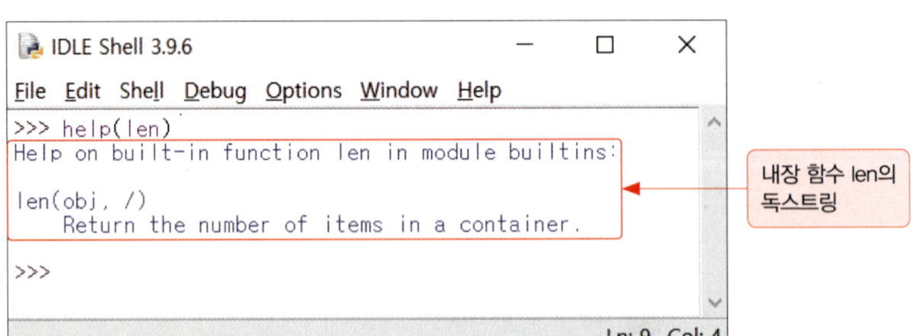

[그림 6-8] 내장 함수 len의 독스트링

6.2.2 함수 작성 예

원점 (0, 0)에서 어떤 좌표 (x, y)까지의 거리(distance)를 계산하는 일이 반복해서 일어난다면 이런 작업을 실행하는 함수를 작성한 후 좌표를 바꿔가면서 그 함수를 호출하면 된다. (0, 0)에서 (x, y)까지의 거리는 아래의 식으로 구한다.

$$\sqrt{(x-0)^2+(y-0)^2}$$

함수 이름 / 매개변수

```
def distance(x, y):
    """좌표 (0, 0)에서 (x, y)까지의 거리를 계산"""
␣␣␣␣a = x**2
␣␣␣␣b = y**2
␣␣␣␣c = (a + b) ** 0.5
␣␣␣␣return c
```

← 독스트링

함수를 여러 개 포함한 메인 프로그램의 일반적인 구조는 다음과 같다. 프로그램 안에 여러 개의 함수들이 정의될 때 이들을 임의의 순서로 나열할 수 있다. 함수_1 ~ 함수_n은 놓인 위치에 상관없이 호출될 때만 실행된다.

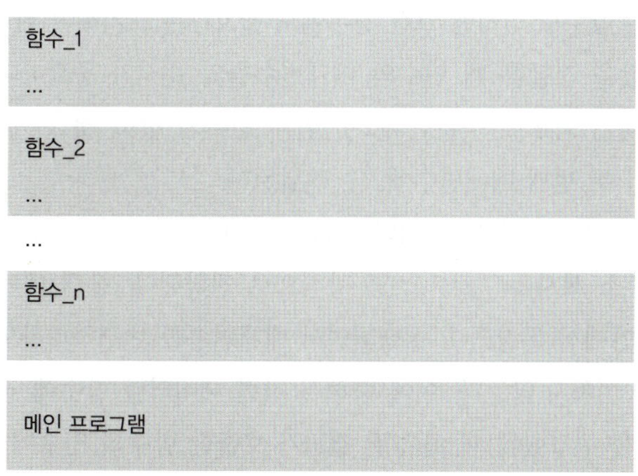

[그림 6-9] 함수(들)을 포함한 프로그램의 일반적인 구조

Quiz

원의 반지름을 매개변수로 받아서 원의 면적을 계산하여 반환하는 함수를 작성하라.

6.3 함수 호출

함수를 정의했다고 해서 함수가 자동적으로 실행되는 것은 아니다. 정의한 함수를 실행하려면 반드시 함수를 호출해야 한다. 따라서 호출되지 않은 함수는 결코 실행되지 않는다. 사용자가 정의한 함수를 호출하는 문장의 구문은 내장 함수를 호출하는 구문과 같다.

함수를 호출하면 해당 함수의 헤더로 제어가 넘어가서 그 함수의 몸체를 구성하는 문장들을 실행하고, 그 함수의 끝에 도달하거나 return 문을 만나면 함수를 호출했던 곳으로 되돌아와서 다음 문장들을 실행하게 된다.

함수를 호출할 때 함수 호출문에서 피호출 함수로 식(또는 변수, 값)들이 전달될 수 있다. 함수 호출문의 () 안에 사용된 식(또는 변수, 값)을 **인수**(argument)라고 부르고, 피호출 함수 헤더의 () 안에 사용된 변수를 **매개변수**(parameter)라고 부른다. 매개변수는 함수에 대한 입력의 역할을 한다. 11장에서 설명할 random 함수처럼 매개변수를 필요로 하지 않는 함수도 있지만 그런 경우에도 괄호()는 표기해야 한다.

함수로 여러 값을 전달할 때 인수와 매개변수들의 순서가 중요하다. 두 개 이상의 인수가 사용될 때는 쉼표로 구분한다. 첫 번째 인수의 값이 첫 번째 매개변수에, 두 번째 인수의 값이 두 번째 매개변수에, ... 전달된다.

정수, 실수, 문자열 등의 불변 데이터는 **값의 복사**(call by value) 방식으로, 리스트 등의 가변 데이터는 **주소 복사**(call by reference) 방식으로 전달된다. 불변 데이터를 함수에 전달하면 그 함수 안에서 문장들이 실행되면서 매개변수를 변경하더라도 호출한 함수의 인수에는 영향을 미치지 않는다. 이에 반해서 가변 데이터를 함수에 전달하면 그 함수 안에서 매개변수를 변경했을 때, 변경된 결과가 호출한 함수의 인수에 영향을 준다.

TIP 메인 프로그램이 함수를 호출할 수 있듯이 함수도 다른 함수를 호출할 수 있다.

함수를 호출하는 두 가지 형식

- **함수로부터 값을 반환받지 않을 경우**
  함수(인수_리스트)
- **함수로부터 값을 반환받을 경우(배정문)**
  변수 = 함수(인수_리스트)

6.3.1 함수를 포함한 프로그램의 실행 과정

6.2.2절에서 정의한 distance 함수를 살펴보자. 함수 distance의 몸체 아래에 놓인 네 개의 문장이 메인 프로그램이다.

```
def distance(x, y):
    a = x**2
    b = y**2
    c = (a + b) ** 0.5
    return c
x = float(input("좌표의 x값을 입력하시오: "))
y = float(input("좌표의 y값을 입력하시오: "))
dist = distance(x, y)
print("원점까지의 거리 : ", dist)
```

(함수: def distance ~ return c / 메인 프로그램: x = float ~ print)

[그림 6-10] 함수와 메인 프로그램

함수 한 개를 포함한 이 프로그램이 실행되는 과정을 살펴보자. 함수들을 포함한 프로그램의 실행은 메인 프로그램의 첫 문장부터 시작한다.

❶ 메인 프로그램의 첫 문장이다. 여기서부터 프로그램의 실행이 시작된다. 메인 프로그램의 세 번째 문장에서 함수 호출문을 만난다.

❷ 함수를 호출하면 메인 프로그램의 실행이 중지되고, 함수의 헤더로 제어가 넘어간다. 함수 호출문의 인수 두 개(x, y)가 가리키는 값이 함수 헤더의 매개변수 두 개

(x, y)에 순서대로 전달된다.

❸ 함수의 몸체를 구성하는 네 개의 문장을 실행하고 return 문을 만나면 함수의 실행이 종료된다.

❹ 메인 프로그램에서 함수를 호출했던 곳으로 제어가 넘어가서 변수 dist에 함수의 결과가 배정된다. 메인 프로그램의 print 문이 실행된다.

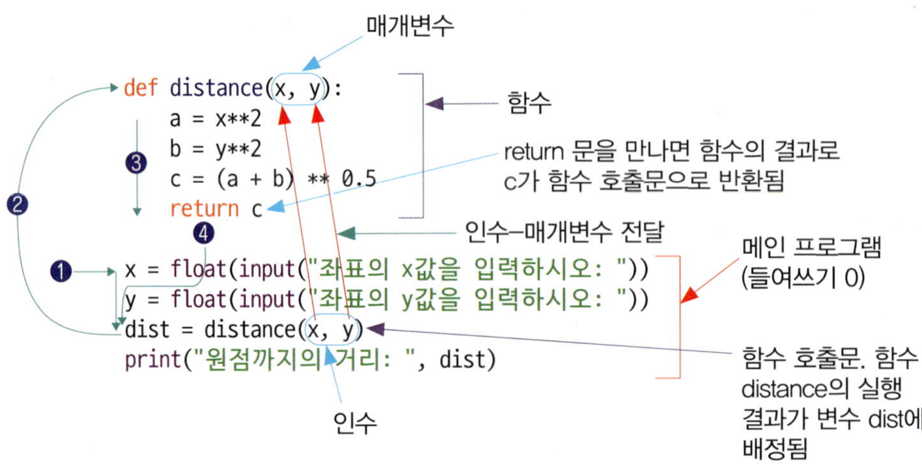

[그림 6-11] 함수를 포함한 프로그램이 실행되는 과정

인수의 값을 바꿔가면서 동일 함수를 여러 번 호출할 수 있다. 예를 들어서, 새로운 좌표 (x, y)를 읽은 후 원점까지의 거리를 다시 계산할 수 있다.

인수와 매개변수의 이름이 서로 같아도 동일 변수가 아니다. 뿐만 아니라 인수와 매개변수가 같은 이름을 가질 필요도 없다.

함수 호출의 인수에 식이 사용될 수 있다.

```
>>> distance(1 + 3, 9 - 6)  # 1 + 3과 9 - 6은 식
5.0
```

이런 경우에는 먼저 식을 평가해서 값을 구한다. 이 값을 인수로 사용해서 함수의 매개변수에 전달한다.

```
distance(1 + 3, 9 - 6)
→ distance(4, 3)
→ 5.0
```

6.3.2 return 문

어떤 결과를 구하기 위해서 함수를 호출했는데, 그 함수에서 print 문을 통해서 결과를 출력하는 대신에 그 결과를 건네받고 싶으면 함수에 return 문을 포함해야 한다. 호출된 함수 안에서 함수 호출문으로 반환할 식(또는 변수, 값)을 return 문에 표기한다.

함수 안의 return 문은 어떤 내용도 화면에 출력하지 않은 채 함수 호출문으로 값을 반환한다. 그 값을 호출 프로그램 안의 또 다른 곳에서 사용할 수 있기 때문에 함수 안의 print 문보다 return 문이 더 유용하다.

하나의 함수 안에 여러 개의 return 문이 포함될 수 있지만 어떤 return 문을 만나더라도 그 함수의 실행이 종료되고, 함수를 호출한 곳으로 제어가 넘어가기 때문에 이들 중에서 오직 한 개만 실행된다.

return 문이 함수의 마지막 문장일 필요는 없다. 또한 return문의 포함 여부는 선택사항이다. return 문을 포함하지 않은 함수는 함수 호출문으로 None을 반환한다.

return 문의 형식

- **return 식**
  식의 계산 결과는 하나의 값이 되고, 함수를 호출한 곳으로 이 값이 반환된다. 식 자리에 임의의 변수, 값이 올 수 있다.
- **return**
  함수를 호출한 곳으로 반환되는 값은 None이다.

예 return 문

```
def adder(x, y):
    z = x + y
    return z
```

함수 adder는 두 개의 매개변수를 받아 이들을 더해서 z에 배정한 후 함수를 호출한 곳으로 z를 반환한다. return 문이 식, 변수, 값을 반환할 수 있으므로 아래의 return 문도 허용된다.

```
def adder(x, y):
    return x + y
```

호출된 함수로부터 반환받은 값을 메인 프로그램에서 계산에 사용하거나, print 문을 사용해서 출력하거나, 배정문을 사용해서 어떤 변수에 저장할 수 있다.

예 반환받은 값이 식에 사용됨

함수 호출의 결과로 반환된 값이 식에 사용된다.

```
3 * distance(1 + 3, 9 - 6) - 5
→ 3 * distance(4, 3) - 5
→ 3 * 5 - 5
→ 15 - 5
→ 10
```

예 반환된 값을 출력하거나 변수에 저장

```
>>> print(distiance(6, 8))
10.0
>>> dist = distance(12, 9)
>>> print(dist)
15.0
```

> **TIP** 일반적으로 함수는 매개변수를 통해서 값을 전달받고, 함수에서 계산한 결과를 return 문을 통해서 반환하고, 함수 안에 input 문이나 print 문을 포함하지 않는다. 함수의 주된 목적이 사용자와의 상호작용인 경우에는 input 문이나 print 문을 포함할 수 있다.

예 함수 안에서 print 문을 사용하고, return 문을 사용하지 않음

직사각형의 length(가로)와 width(세로)를 매개변수로 받아 함수 안에서 면적을 계산한다. 함수 안에서 length * width 결과를 print하고, return 문을 사용하지 않았기 때문에 함수의 실행이 종료되면 함수 호출문으로 None이 반환되고, 메인 프로그램에서 area에 None이 배정된다. 메인 프로그램에서 area를 출력하면 None이 표시된다.

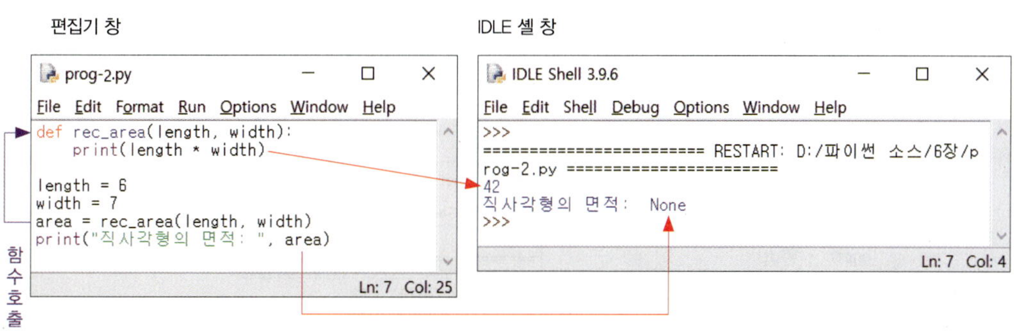

[그림 6-12] return 문이 없는 함수에서 None이 반환됨

메인 프로그램의 print 문 안에서 area * 2를 계산하려고 하면 None에 대해서 * 연산을 실행할 수 없기 때문에 에러 메시시가 나타난다.

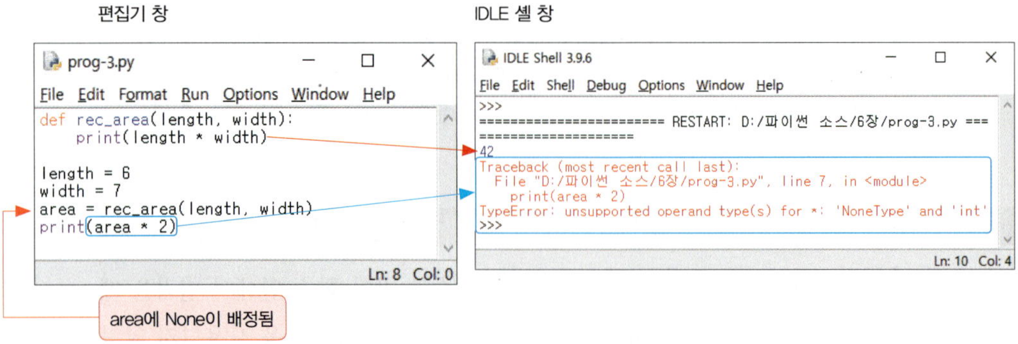

[그림 6-13] 메인 프로그램에서 None에 곱셈 연산을 실행

예 함수에서 return 문을 사용하여 결과를 반환함

함수 안에서 length * width 결과를 return 문에서 반환하면, 함수 호출문에서 결과가 area에 배정되고, 메인 프로그램의 print 문에서 area 값을 출력한다.

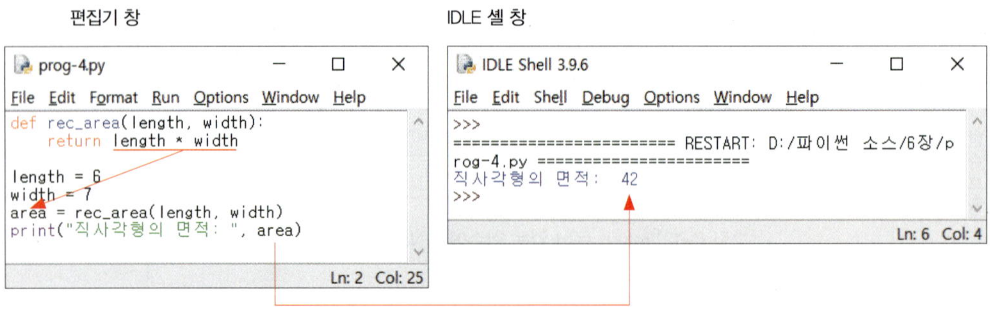

[그림 6-14] 함수에서 return 문이 면적을 반환

return 문에서 두 개 이상을 반환

대부분의 고급 프로그래밍 언어들과 달리 파이썬에서는 한 개의 return 문으로 두 개 이상의 값을 반환할 수도 있다. return 오른쪽에 식(또는 변수, 값)들을 쉼표로 구분하여 열거하면 된다.

```
return 식1, 식2, …
```

함수 호출문에서는 반환되는 여러 개의 값을 받을 수 있도록 = 기호 왼쪽에 여러 개의 변수들을 명시해야 한다. 함수 호출문의 = 기호 왼쪽의 변수의 개수와 return 문에서 반환하는 식(또는 변수, 값)의 개수가 일치해야 한다. 호출된 함수에서 반환되는 값들은 차례대로 = 기호 왼쪽의 변수에 배정된다. 첫 번째 반환값이 = 기호 왼쪽의 첫 번째 변수에, 두 번째 반환값이 두 번째 변수에, ... 배정된다. 반환되는 값들의 개수와 = 기호 왼쪽의 변수들의 개수가 같지 않으면 에러 메시지가 나타난다.

예 return 문에서 여러 개의 값을 반환

아래의 예에서 return 문에서 반환되는 a는 변수 x에, b+10은 변수 y에, c는 변수 z에 각각 배정된다.

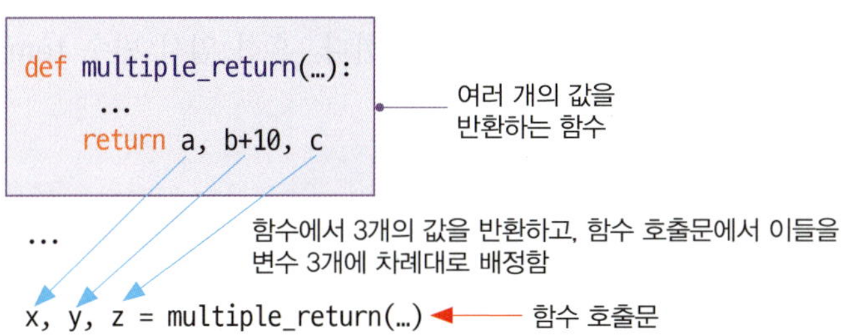

하나의 return 문에서 여러 개의 값을 반환할 때 파이썬은 투플 또는 리스트를 사용하기도 한다. 리스트는 7장에서, 투플은 8장에서 논의한다. return 문에서 투플을 사용하여 반환하고, 배정문에서 이를 받을 때 아래와 같이 표현한다.

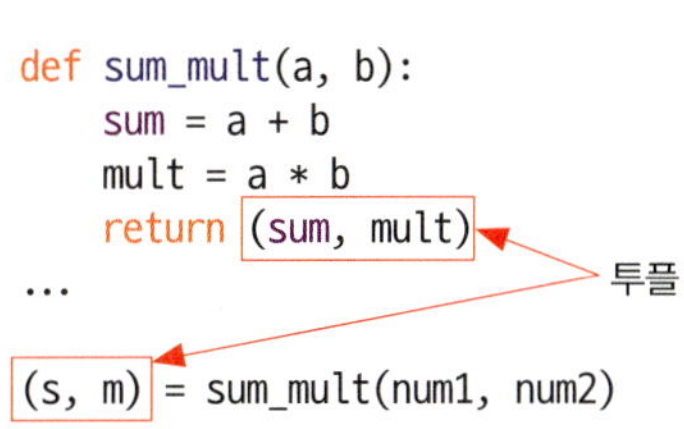

주의

함수가 전달받을 값을 이미 매개변수가 갖고 있는데, 함수 안에서 input() 명령을 포함하는 것은 흔히 저지르는 실수이다. 따라서 아래와 같이 함수를 작성하지 말자.

```
def bad_input(a):
    a = input()
```

Quiz

세율이 상품의 성격과 가격에 따라 다르다. 예를 들어서 일반 상품에는 부가가치세가 붙고, 주류에는 주세가 붙고, 사치품에는 사치세가 붙는다. 함수 호출문으로부터 상품의 가격, 세율을 매개변수로 받아서 세금을 포함한 판매가격을 구하는 함수를 작성하라.

6.3.3 함수와 불변 데이터 타입

a = 11이고 b = 33인데, 이 둘의 값을 교환하려고 한다. 흔히 임시 변수 temp를 사용해서 아래와 같이 a와 b의 값을 교환한다.

```
temp = a
a = b
b = temp
```

두 개의 변수의 값을 교환하는 일이 자주 발생하여 아래와 같이 두 가지 방법으로 swap(a, b)이라는 함수를 작성한다고 가정하자. 아래와 같이 swap 함수를 정의하면 함수를 호출한 후에 두 변수의 값이 교환되는가?

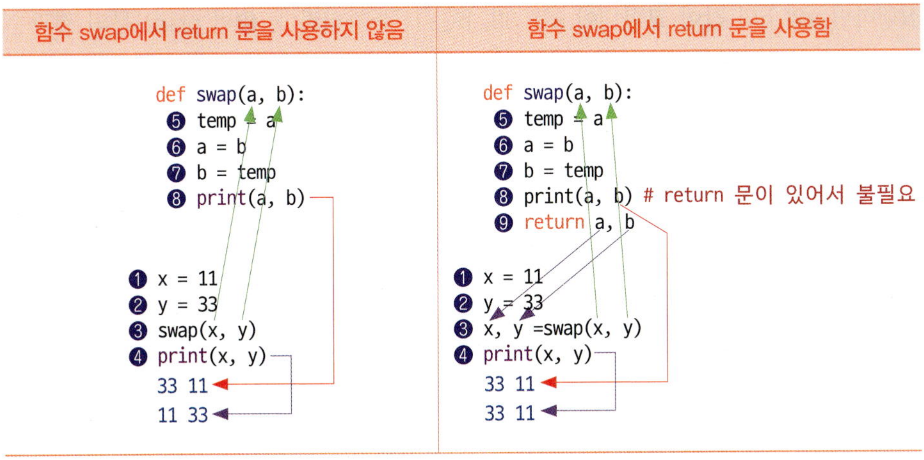

[그림 6-15] swap 함수의 두 가지 버전

함수에서 return 문을 사용 안 함(왼쪽 swap)

왼쪽에서 메인 프로그램의 ❶, ❷번 문장을 실행한 후 ❸에서 swap 함수를 호출하면 제어가 함수 헤더로 넘어가고, 함수 호출문의 인수 x, y가 매개변수 a, b에 차례대로 복사된다. a는 11, b는 33을 가리킨다. swap 함수 안에서 ❺, ❻, ❼번 문장을 실행하면 a와 b의 값이 교환되어 a는 33, b는 11을 가리킨다. ❽번 print 문의 결과는 33 11이다.

함수의 실행이 끝나서 메인 프로그램의 ❹로 제어가 넘어간다. ❹번 print 문은 swap 함수 호출 전의 x와 y의 값인 11 33을 그대로 출력한다. 왜 그럴까? 매개변수로 사용된 a, b는 함수의 지역 변수이어서 메인 프로그램의 인수 x, y와 별개의 변수이기 때문이다.

정수, 실수, 문자열 등과 같은 불변 데이터는 호출된 함수 안에서 변경하더라도 return 문이 없으면 메인 프로그램에 반환되지 않는다.

함수에서 return 문을 사용함(오른쪽 swap)

오른쪽에서 메인 프로그램의 ❶, ❷번 문장을 실행한 후 ❸에서 swap 함수를 호출하면 제어가 함수 헤더로 넘어가고, 함수 호출문의 인수 x, y가 매개변수 a, b에 순서대로 복사된다. a는 11, b는 33을 가리킨다. swap 함수 안에서 ❺, ❻, ❼번 문장을 실행하면 a와 b의 값이 교환되어 a는 33, b는 11을 가리킨다. ❽번 print 문의 결과는 33 11이다. 이 print 문은 a와 b의 값을 확인해보는 용도이고, return 문이 있으므로 불필요한 문장이다. ❾번 return 문을 만나면 함수에서 사용한 a(=33)가 메인 프로그램의 x에 반환되고, b(=11)는 메인 프로그램의 y에 반환된다. 변수 x와 y의 값이 교환된 것이다.

> **TIP** 리스트와 같은 가변 데이터는 swap 함수를 호출해서 리스트 내의 두 항목의 값을 교환한 결과가 메인 프로그램에 반환된다. 리스트는 7장에서 자세하게 설명한다.

6.3.4 return 문의 또 다른 용도

함수의 마지막 문장에 도달하기 전에 함수의 실행을 종료할 필요가 있을 때 return 문을 사용한다. 함수에서 어떤 값을 계산하기 위한 조건이 위배될 경우에는 함수의 마지막 문장까지 실행할 필요가 없다.

아래의 예를 살펴보자. 메인 프로그램에서 음수 반지름과 양수 반지름을 각각 사용해서 함수 circle_area를 두 번 호출한다. 함수 circle_area 안에서 radius가 음수이면 면적을 계산할 수 없으므로 radius가 음수인지 여부를 if 문(4장)으로 검사한다. 첫 번째 print 문에서 함수 호출시 radius가 음수이므로 "반지름은 양수이어야 함"이라는 문자열을 출력하고, return 문을 실행하면서 함수의 실행을 끝낸다. 메인 프로그램으로 제어가 넘어가서 print 문을 실행하면 None이 출력된다.

두 번째 print 문에서 함수 호출시 radius가 양수이므로 if 문을 무시하고, area를 계산한 후 return 문에서 area를 반환한다. 메인 프로그램으로 제어가 넘어가서 print 문을 실행하면 50.24가 출력된다.

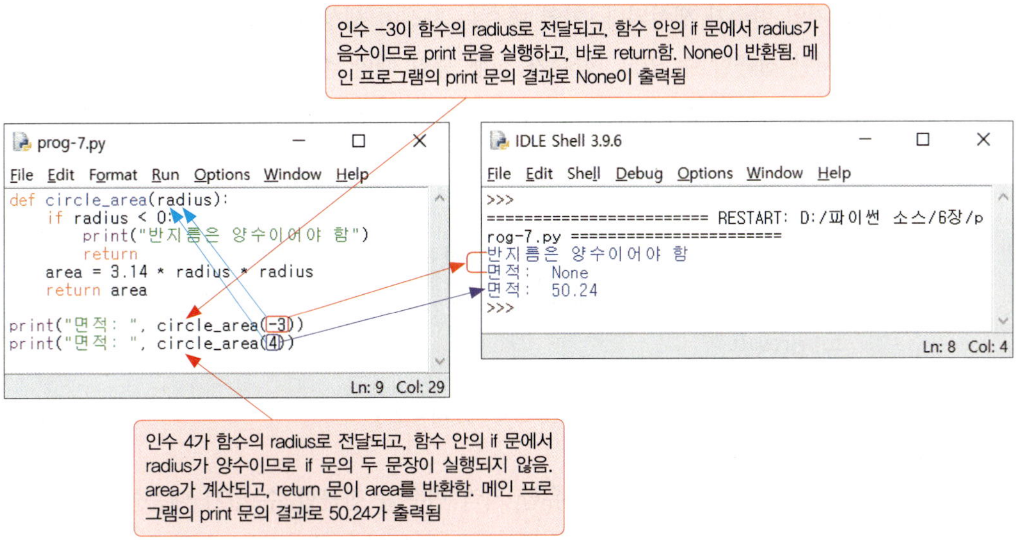

[그림 6-16] return 문이 두 개 포함된 함수

6.4 지역 변수

어떤 변수는 하나의 함수 안에서만 존재하고(인식되고), 어떤 변수는 특정 함수의 경계를 벗어나서 프로그램 전체에서 존재한다(인식된다). 이를 변수의 **범위**(scope)라고 부른다. 어떤 변수의 범위는 그 변수를 접근할 수 있는 프로그램의 일부분이다.

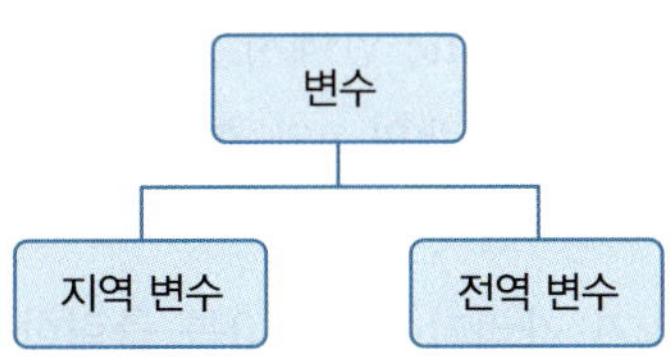

[그림 6-17] 변수의 두 가지 유형

메인 프로그램에서 값을 배정한 모든 변수들은 **전역 변수**(global variable)이다. 함수는 **지역 변수**(local variable)라고 부르는 변수를 사용한다. 어떤 함수 안에서 변수에 값을 배

정할 때 지역 변수가 생성된다. 지역 변수는 자신이 생성된 함수에 속하게 되고, 그 함수 안에서만 접근할 수 있고, 함수가 실행 중일 때만 존재한다. 이 함수 외부에서 같은 이름으로 정의된 변수들과 서로 다른 변수로 취급된다.

```
def func(a, b)
    x = a + b
    y = a * b
    result = x + y
    return result
```

매개변수 a, b와 함수 안에서 정의한 x, y, result는 모두 지역 변수이고, 함수가 실행되는 동안에만 존재한다.

[그림 6-18] 지역 변수

하나의 함수는 다른 함수가 보유한 지역 변수를 접근할 수 없기 때문에 서로 다른 함수들이 동일한 이름의 지역 변수를 각각 갖고 있을 수 있다. 예들 들어서 두 명의 프로그래머가 각자 함수를 한 개씩 작성하고, 이 두 함수를 큰 프로그램에 포함시킬 예정이다. 변수의 범위 개념이 있기 때문에 각 프로그래머는 다른 프로그래머가 어떤 변수 이름을 선택하는지 신경쓸 필요없이 자신이 원하는 변수 이름을 자유롭게 정할 수 있다. 따라서 동일한 변수 이름(예, i)이 두 함수에서 서로 다른 용도로 사용될 수 있다.

예 전역 변수와 지역 변수

아래의 프로그램을 가지고 전역 변수와 지역 변수가 어떻게 다른지 알아보자. 메인 프로그램에서 변수 x에 33을 배정하면 x는 전역 변수이다. 함수 func를 호출한다. 제어가 함수 func로 넘어가고, 함수 func 안에서 x에 새로운 값 99을 배정하면 x는 함수의 지역 변수가 된다. 메인 프로그램의 x와 함수 func의 x는 이름은 같지만 서로 다른 변수이다.

함수 안의 print 문에서 x가 가리키는 값 99를 출력한다. 함수의 실행이 종료되면 이 x는 사라진다. 함수 func의 실행이 끝나서 메인 프로그램으로 제어가 넘어가서 메인 프로그램의 print 문을 실행하면 메인 프로그램에서 사용하던 전역 변수 x의 값 33이 출력된다.

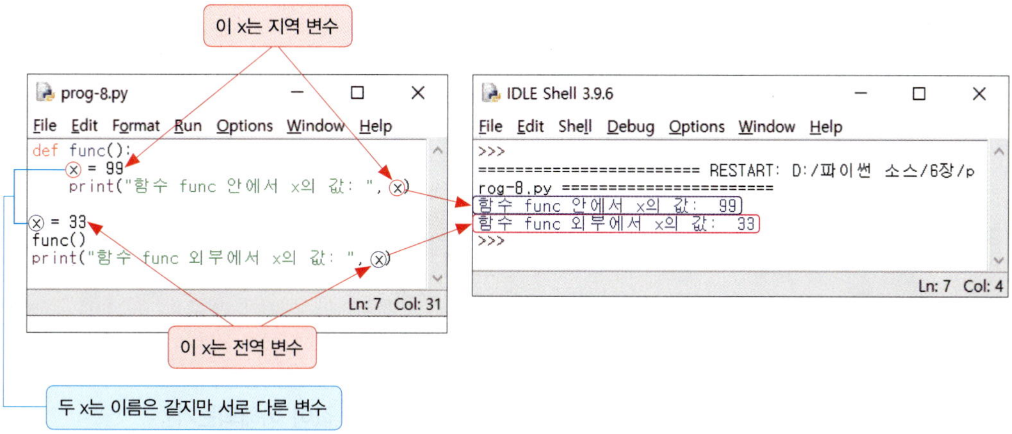

[그림 6-19] 같은 이름을 갖는 전역 변수와 지역 변수

예 함수의 지역 변수를 메인 프로그램에서 참조

지역 변수는 함수 내에서 배정문을 통해(또는 함수의 매개변수에 의해) 생성되고 그 함수 외부에서는 지역 변수의 이름과 값을 접근할 수 없다. 변수 y는 함수 func 안에서 생성된 지역 변수이다. 에러 메시지의 의미는 line 6(메인 프로그램의 print 문)에서, 메인 프로그램에서 정의하지 않은 변수 y를 출력하려고 한다는 것이다.

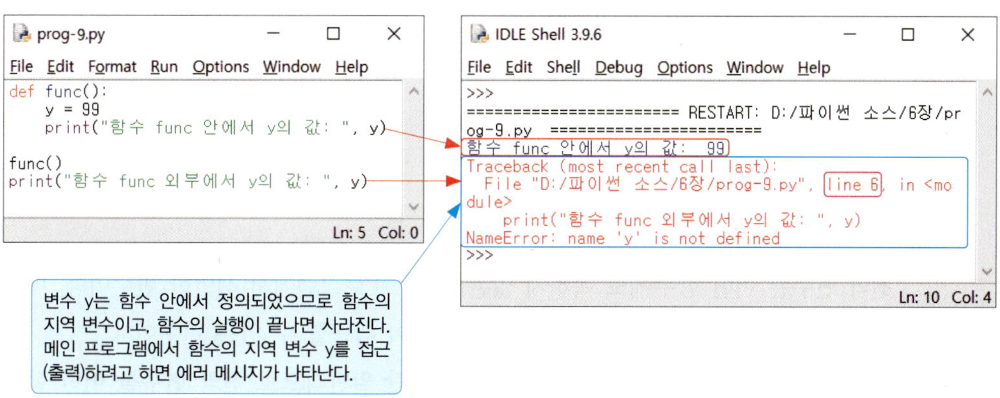

[그림 6-20] 함수의 지역 변수 y를 메인 프로그램에서 접근할 때 발생하는 에러 메시지

물론 어떤 함수 안에서 지역 변수를 생성하는 배정문 이전의 문장들은 그 지역 변

수를 접근할 수 없다.

예 함수 안에서 지역 변수를 생성하기 전에 참조

```
def wrong_func():
    print('x의 값: ', x) # 에러 메시지가 발생함
    x = 99
```

Quiz

아래의 프로그램의 실행 결과가 무엇인가? 출력되는 x의 값이 이해되는가?

```
def func1():
    x = 5

def func2():
    x = 10

x = 33
func1()
func2()
print("x = ", x)
```

6.5 전역 변수

전역 변수는 어떤 함수에도 속하지 않는, 메인 프로그램에서 선언한 변수이다. 메인 프로그램 및 메인 프로그램에 속한 모든 함수들이 접근할 수 있는 변수이다.

어느 함수에서도 전역 변수를 접근할 수 있지만 일반적으로 전역 변수를 어떤 함수 안에서 사용하는 것은 바람직하지 않다. 함수는 독립적인 단위가 되어야 하므로, 입력은 매개변수를 통해서 받고, 주어진 작업을 실행하고, 함수의 결과를 출력하거나 반환하도록 하자. 특히 대규모 프로그램에서는 전역 변수를 신중하게 사용해야 한다.

예 전역 변수

메인 프로그램 ❶부터 프로그램의 실행이 시작된다. ❶의 배정문은 a라는 변수를 생성한다. 이 배정문은 메인 프로그램에 속하기 때문에 a는 전역 변수이다. ❷에서 함수 호출문을 만나서 함수 func로 제어가 넘어간다. 함수 func 안에서 매개변수 b가 지역 변수로 생성된다.

파이썬은 어떤 함수가 호출되었을 때 함수 안에서 메인 프로그램의 변수(전역 변수)를 변경하지 않고, 읽기만 하려고 하면 이를 허용한다. 그러나 함수 안에서 전역 변수를 변경하려고 하면 파이썬은 새로운 지역 변수를 생성한다.

따라서 함수 func의 ❸에서

a = a + b

처럼 변수 a가 = 왼쪽에 사용되어 전역 변수 a의 값을 변경하는 문장을 실행하게 되면, 파이썬은 a라는 새로운 지역 변수를 생성한다. 값을 배정하지 않은 지역 변수 a가 = 오른쪽에도 사용되었기 때문에 에러 메시지가 나타난다.

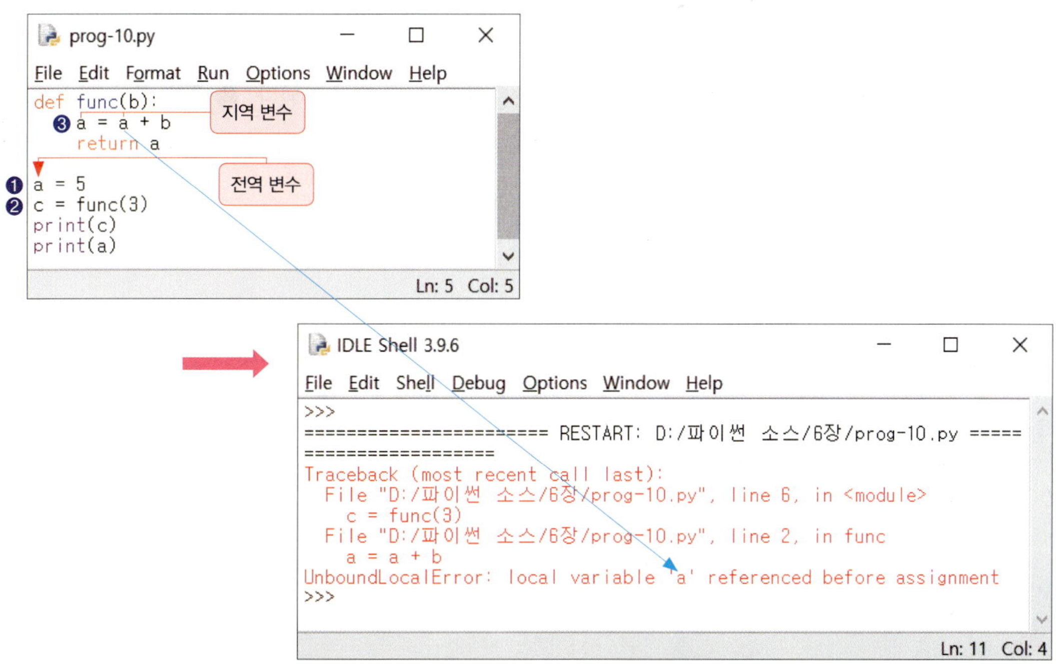

[그림 6-21] 함수에서 값을 배정하지 않은 지역 변수를 사용하려고 함

아래와 같이 함수 func의 ❶에서 변수 a가 = 오른쪽에만 사용되면 a가 가리키는 값을 읽기만 하므로 메인 프로그램의 전역 변수 a를 함수 안에서 사용하게 된다. 전역 변수 a가 가리키는 값에 10을 더한 15가 변수 b에 배정된 후 메인 프로그램으로 반환된다(❷). ❸에서 이 값을 출력하면 15가 출력된다. ❹에서 전역 변수 a의 값을 출력하면 5가 그대로 출력된다. 함수 func 안에서 a가 지역 변수로 생성되지 않는다.

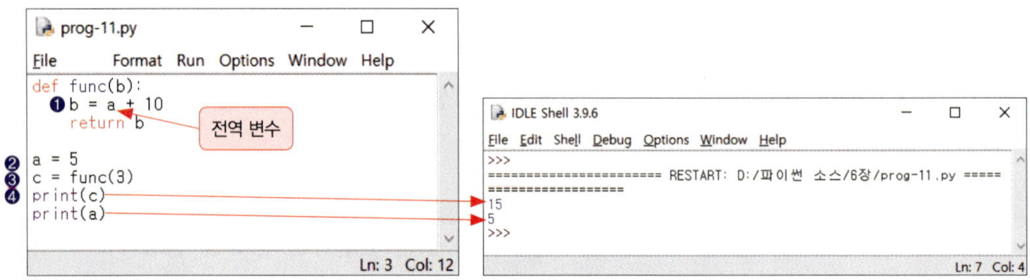

[그림 6-22] 함수에서 전역 변수를 읽음

아래와 같이 함수 func 안에서 변수 a가 = 왼쪽에만 사용되면 새로운 지역 변수 a가 생성되고, 매개변수 b에 10을 더한 13이 a에 배정된다. a가 가리키는 값이 메인 프로그램으로 반환되고, ❶에서 이 값을 출력하면 13이 출력된다. ❷에서 전역 변수 a의 값을 출력하면 5가 그대로 출력된다. 즉 메인 프로그램의 a와 함수 안에서의 a가 서로 다른 변수이다.

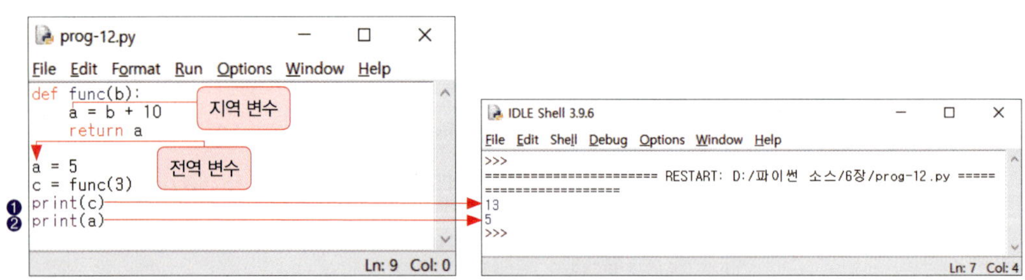

[그림 6-23] 같은 이름 a를 갖는 전역 변수와 지역 변수

▌6.5.1 global 키워드

함수 func 안에서 새로운 지역 변수 a를 생성하지 않고, 메인 프로그램의 전역 변수 a의 값을 변경하려면 함수 func의 ❶에서 **global** 키워드를 사용하여 a가 전역 변수임을 명시해야 한다. 함수 밖에서 생성된 변수에 대해서 함수 안에서 global 키워드로 명시하면 파이썬은 새로운 지역 변수를 생성하지 않는다.

함수 안에서 a를 변경한 후 메인 프로그램으로 반환되고, ❷에서 이 값을 출력하면 13이 출력된다. 함수 안에서 전역 변수 a의 값이 변경되었으므로 ❸에서 전역 변수 a의 값을 출력하면 5가 아니고 13이 출력된다.

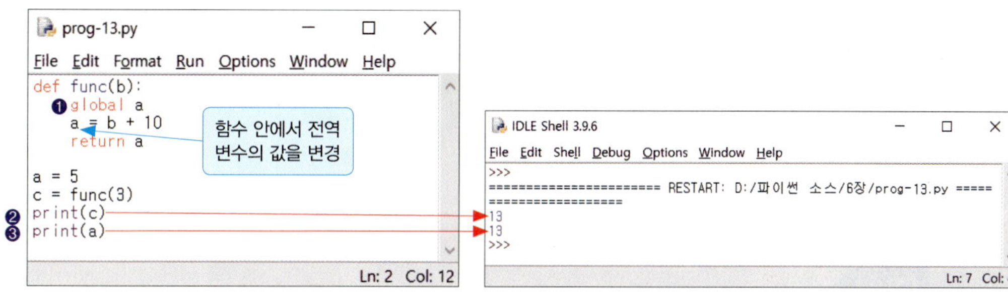

[그림 6-24] 함수 안에서 global 키워드로 전역 변수를 명시

전역 변수의 주의점

전역 변수를 매우 제한적으로 사용하거나 아예 사용하지 말아야 하는 이유는 다음과 같다. 프로그램 어디서든 전역 변수의 값을 바꿀 수 있으므로 전역 변수에 잘못된 값이 저장되어 있는 것을 발견하면, 그 변수를 접근하는 모든 문장들을 추적하여 어디서부터 잘못된 값이 유래되었는지 찾아내는 작업을 어렵게 만든다.

▌6.5.2 전역 상수

전역 상수를 프로그램에서 적절하게 사용하는 것은 바람직하다. **전역 상수**는 수정할 수 없는 값을 뜻한다. 파이썬에서 값을 변경하는게 불가능한 전역 상수를 생성할 수는 없지만 전역 상수 역할을 하도록 프로그램을 작성할 수는 있다. 관례상 전역 상수를 위한 이름은 모두 대문자로 나타낸다.

전역 상수는 대문자로 정의한 변수에 상수를 배정함으로써 프로그래머가 부주의하게 값을 변경하지 않도록 도움을 주는 역할을 한다. 전역 상수의 값을 프로그래머가 변경하더라도 에러 메시지가 나타나지는 않는다.

예 전역 상수

```
PI = 3.14                        # 전역 상수
def circle_area(radius):
    return PI*radius*radius      # 원의 면적을 반환

def circle_circum(radius):
    return 2*PI*radius           # 원의 둘레를 반환

radius = int(input("반지름을 입력하시오: "))
print("원의 면적: ", circle_area(radius))
print("원의 둘레: ", circle_circum(radius))
```

Quiz

아래의 프로그램의 실행 결과가 무엇인가?

```
def func1():
    a1 = 5
    print(a1)

a1 = 3
print(a1)
func1()
print(a1)
```

```
def func2():
    global a2
    a2 = 5
    print(a2)

a2 = 3
print(a2)
func2()
print(a2)
```

```
def func3():
    a3 = 5
    print(a3)

func3()
print(a3)
```

6.6 컴퓨팅 사고에 함수 활용

1장에서 컴퓨팅 사고의 네 개의 주요 단계 중 하나로 '문제 분해'를 설명했다. 하나의 크고 복잡한 문제를 작고 다루기 쉬운 문제들로 나누는 과정이 분해이다. 원래의 큰 문제의 알고리즘을 설계하는 것은 막막했지만 작은 문제들로 나누면 각각의 작은 문제의 알고리즘은 훨씬 쉽게 찾을 수 있다.

분할 정복 기법의 사례로 1년 동안의 월별 원유 수입량으로부터 원유 수입량의 최대값과 연간 총 수입량이 얼마인지를 구하여 출력하는 프로그램의 알고리즘을 설계해보았다. 1장에서는 아직 파이썬을 학습하기 전이어서 순서도와 의사 코드로 알고리즘을 설계했다.

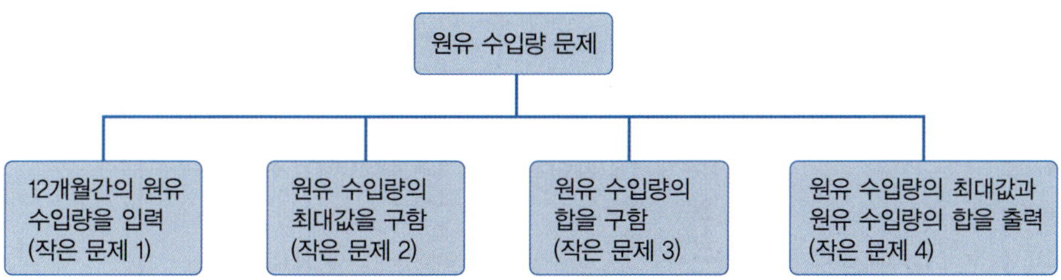

[그림 6-25] 원래의 문제를 네 개의 작은 문제로 분할

이제 전체 알고리즘을 파이썬으로 프로그래밍해보자. 네 개의 작은 문제에 대한 파이썬 문장들을 모두 메인 프로그램에 모아두지 않고 함수들을 사용하여 프로그램을 작성하려고 한다. 작은 문제 1 ~ 작은 문제 3은 각각 함수로 작성하고, 작은 문제 4는 메인 프로그램으로 작성한다.

여기서 강조하는 것은 큰 문제를 작은 문제들로 나누고, 작은 문제들의 알고리즘을 설계한 후 작은 문제에 대한 각 알고리즘을 함수로 작성하는 것이 좋다는 것이다. 전체 프로그램을 혼자서 구현하든, 여러 명이 협동해서 구현하든 상관없이 함수를 적극적으로 활용하도록 하자.

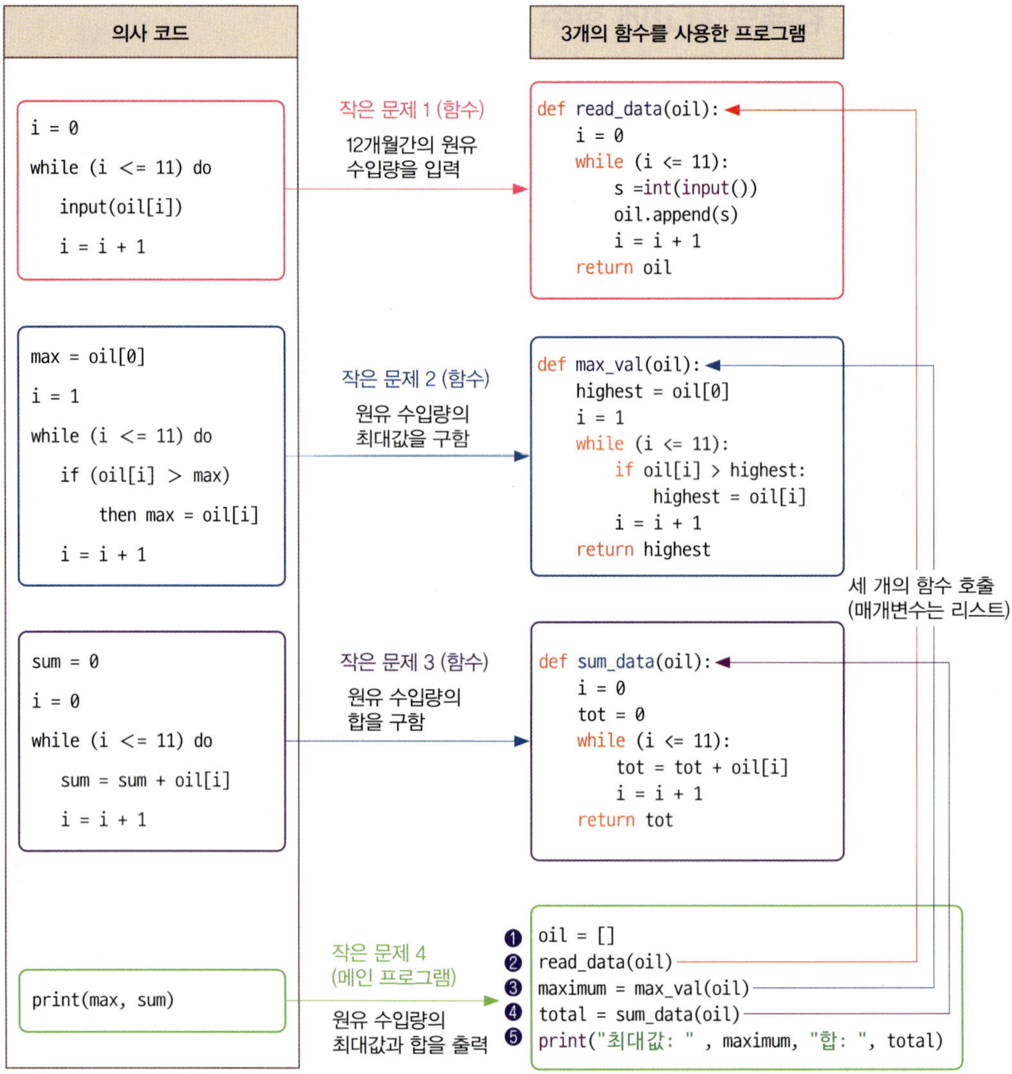

[그림 6-26] 1장의 〈표 1-9〉의 의사 코드를 함수들을 사용하여 구현

메인 프로그램 라인 ❶에서 리스트 oil을 빈 리스트로 생성하고, 라인 ❷에서 함수 read_data를 호출한다. 리스트 oil이 매개변수이다. 함수 read_data에서는 12번 반복되는 while 문의 몸체에서 월별 원유 수입량을 읽고 리스트 oil에 추가한다. 아래의 문장은 리스트 oil의 맨 오른쪽에 원소 s를 추가한다.

oil.append(s)

while 문을 벗어난 후에 리스트 oil을 메인 프로그램으로 반환한다.

메인 프로그램은 리스트 oil에서 최대값을 구하기 위해서 라인 ❸에서 함수 max_val을 호출한다. 함수 max_val에 oil을 매개변수로 전달한다. 함수 max_val은 0번 원소(첫 번째 원소)가 최대값이라고 가정하고(highest = oil[0]), 11번 반복되는 while 문의 몸체에서 최대값을 찾는다. while 문을 벗어난 후에 메인 프로그램으로 최대값을 반환한다.

메인 프로그램은 월별 수입량의 합계를 구하기 위해서 라인 ❹에서 함수 sum_data를 호출한다. 함수 sum_data에 oil을 매개변수로 전달한다. 함수 sum_data는 tot에 초기값 0을 배정하고 while 문의 몸체에서 oil의 12개 원소들의 합을 구한다. while 문을 벗어난 후에 메인 프로그램으로 합을 반환한다. 메인 프로그램은 라인 ❺에서 최대값과 합을 출력한다.

이처럼 리스트(7장)는 다수의 데이터를 함수에 매개변수로 전달할 때 매우 유용한 자료구조이다.

6.7 순환 함수

한 함수 안에서 다른 함수를 호출하는 것과 동일한 방법으로 자기 자신을 호출하는 것이 가능하다. 자기 자신을 호출하는 함수를 **순환 함수**(recursive function)라고 부른다. 문제의 정의 자체가 순환적으로 되어 있는 경우에 적합한 기법이다. 흔히 순환 알고리즘을 순환 함수로 구현한다.

순환 알고리즘(함수)에는 두 가지 부분이 포함되어 있어야 한다.

- 순환 호출을 하지 않고 직접 문제를 해결할 수 있는 부분(기본 사례. 일반적으로 매개변수의 값이 0 또는 1일 때)
- 순환 호출을 하는 부분 – 기본 사례를 향해 나아가야 한다.

어떤 문제를 순환적으로 풀기 위해서는 그 문제의 정의를 순환적으로 표현해야 한다. 일부 수학적인 문제들은 순환적으로 정의된다.

순환 알고리즘의 예

- 피보나치 수열

$$fib(n)=\begin{cases} 0 & if \quad n=0 \\ 1 & if \quad n=1 \\ fib(n-2)+fib(n-1) & otherwise \end{cases}$$

- sum(n) = 1 + 2 + 3 + ... + n

```
sum(n) = sum(n-1) + n
```

예 순환 함수

팩토리얼의 정의는 아래와 같다.

$$n!=\begin{cases} 1 & n\leq1 \\ n^*(n-1)! & n\geq2 \end{cases}$$

n >= 2일 때 n! = n * (n–1)!이기 때문에 n 값이 1만큼 감소한 후 자기 자신을 다시 호출하므로 순환 알고리즘이다. 팩토리얼을 구하는 함수를 아래와 같이 작성할 수 있다.

```
def factorial(n):
    if n <= 1:
        return 1
    return n * factorial(n-1)

print(factorial(3))    # 메인 프로그램에서 함수 호출
```

순환 호출을 멈추는 부분 (기본 사례)

순환 호출을 하는 부분 (순환 호출을 할 때마다 n이 1씩 줄어들어서 기본 사례에 도달하게 됨)

```
factorial(3) = 3 * factorial(2)
             = 3 * (2 * factorial(1))  # 1은 기본 사례
             = 3 * (2 * (1))
             = 6
```

메인 프로그램에서 함수 factorial을 호출하면서 매개변수 n에 3을 전달할 때 내부적으로 진행되는 과정을 살펴보자. 3 > 1이기 때문에 기본 사례가 아니므로

```
return n * factorial(n-1)
→ return 3 * factorial(3-1)
```

을 실행하게 된다. return 문이지만 factorial(2)의 값을 아직 모르기 때문에 함수 호출문으로 즉시 값을 반환하지는 못한다. 계산 결과를 반환하기 위해서는 factorial(2)를 알아야 한다.

factorial(2)는 매개변수 n에 2를 전달하면서 자기 자신을 호출한다(순환 호출). 2 > 1이기 때문에 기본 사례가 아니므로

```
return 2 * factorial(2-1)
```

을 실행하게 된다. return 문이지만 factorial(1)의 값을 아직 모르기 때문에 함수 호출문으로 즉시 값을 반환하지는 못한다. 계산 결과를 반환하기 위해서는 factorial(1)을 알아야 한다.

factorial(1)은 매개변수 n에 1을 전달하면서 자기 자신을 호출한다(순환 호출). 1 >= 1이기 때문에 기본 사례에 도달해서, 더 이상 자기 자신을 호출하지 않고 1을 반환하게 된다.

```
return 1
```

factorial(2)에서는 factorial(1)로부터 반환된 1을 사용해서 2 * 1의 결과를 반환한다.

```
2 * factorial(2-1) = 2 * 1 = 2
```

factorial(3)에서는 factorial(2)로부터 반환된 2를 사용해서 3 * 2의 결과를 반환한다.

```
3 * factorial(3-1) = 3 * 2 = 6
```

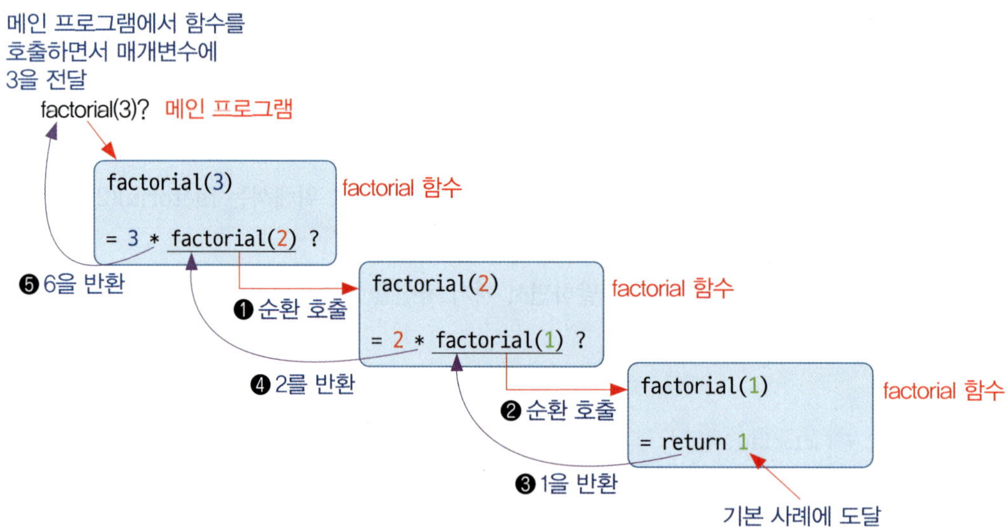

[그림 6-27] n=3일 때 순환 호출 및 반환되는 값

Quiz

방금 살펴본 순환 함수 factorial을 메인 프로그램에서 몇 가지 n의 값을 사용해서 호출한 결과가 무엇인지 확인하라.

```
def factorial(n):
    if n <= 1:
        return 1
    return n * factorial(n-1)

print(factorial(4))
print(factorial(5))
```

Quiz

아래의 순환 알고리즘을 순환 함수로 작성하라.

```
sum(n) = sum(n-1) + n
```

기본 사례를 빠뜨린 순환 함수

만일 팩토리얼을 구하는 순환 함수를 아래와 같이 작성하고 실행하면 어떤 결과가 나타날까? 순환 함수 안에 기본 사례가 없기 때문에 매개변수의 값이 3, 2, 1, 0, −1, −2, ...로 매번 1만큼씩 줄어들면서 무한히 순환 호출하게 된다. 실제로는 메모리가 부족하게 되어 에러 메시지와 함께 실행이 종료된다.

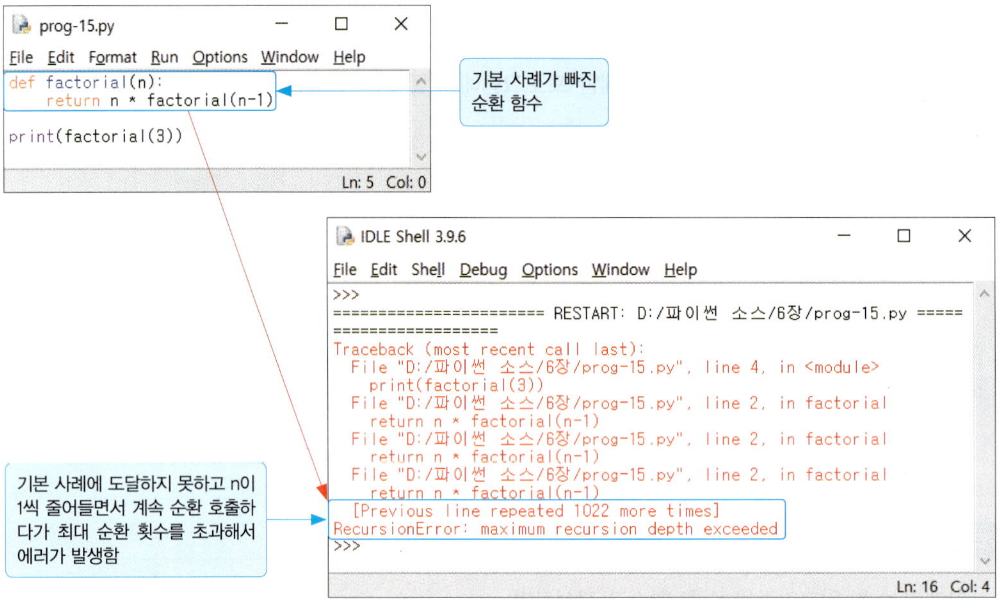

[그림 6-28] 순환 함수 정의에 기본 사례 누락

기본 사례로 나아가지 못하는 순환 함수

팩토리얼을 구하는 순환 함수를 아래와 같이 작성하고 실행하면 어떤 결과가 나타날까? 순환 함수에 기본 사례를 향해 나아가는 문장이 없어서 순환 호출을 할 때 매개변수 n이 줄어들지 않아 처음에 전달받은 n=3을 사용해서 무한히 순환 호출하게 된다. 실제로는 메모리가 부족하게 되어 에러 메시지와 함께 실행이 종료된다.

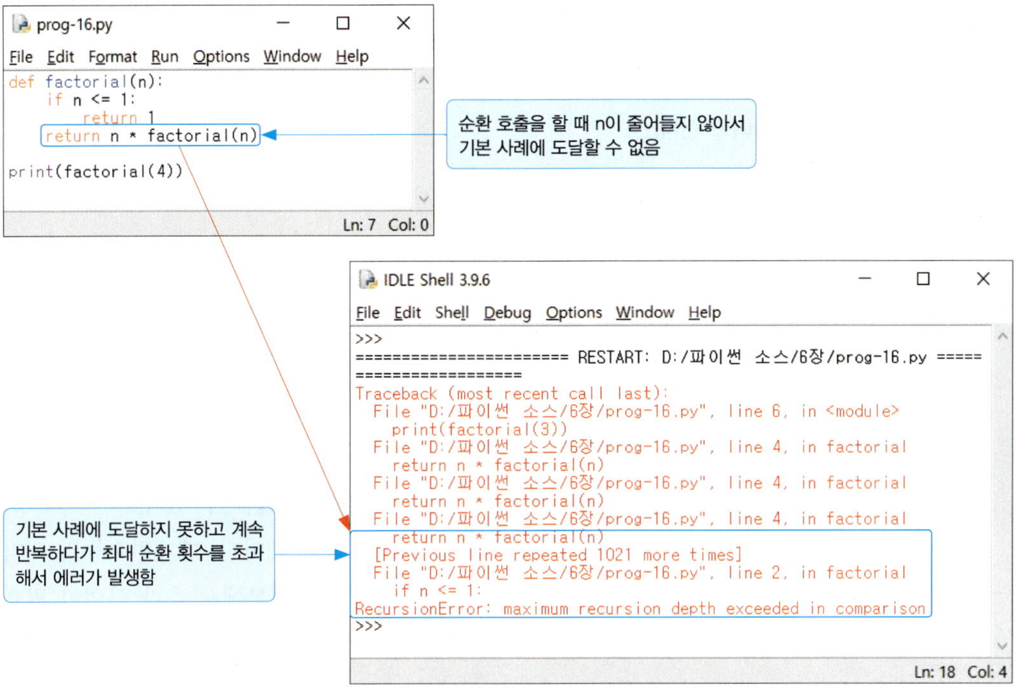

[그림 6-29] 순환 함수 정의가 기본 사례를 향해 나아가지 못함

TIP 기본 사례를 빠뜨리거나 기본 사례를 향해 나아가는 문장을 빠뜨린 순환 함수를 실행하더라도 실제로는 무한 순환에 빠지지는 않는다. 순환 호출을 할 때마다 매개변수, 되돌아갈 주소 등을 저장하기 위해 메모리 공간을 필요로 하기 때문에 언젠가는 메모리 공간이 모두 소진된다. 따라서 순환 호출의 최대 횟수에 도달하면 파이썬이 에러 메시지를 출력하면서 순환 함수를 종료시킨다.

```
RecursionError: maximum recursion depth exceeded ...
```

Quiz

어떤 문자열(예: python)이 주어지면 이 문자열의 역순 문자열인 nohtyp를 구하는 순환 함수를 작성하려고 한다.

(1) 이 순환 함수의 기본 사례는 무엇인가?

(2) 만일 s = "python"이라면 s[1:]은 무엇인가?

순환을 반복으로

순환적인 알고리즘을 순환 함수로 작성하면 자연스럽고, 가독성을 높일 수 있다는 장점을 갖는다. 하지만 순환 문제를 해결하기 위해서 반드시 순환 함수가 필요한 것은 아니다. 대부분의 순환 문제는 5장의 반복문을 사용하여 해결할 수 있다.

기본 사례를 향해 전진하면서 매번 순환 함수를 호출할 때마다, 매개변수들과 지역 변수들을 위한 공간 할당, 되돌아갈 주소 저장 등 컴퓨터 내부에서 추가 작업이 필요하기 때문에 일반적으로 순환 알고리즘은 반복 알고리즘에 비해서 비효율적이다. 이에 관한 자세한 사항은 이 교재의 목적을 벗어나기 때문에 생략한다.

이제 순환 알고리즘을 for 문을 사용하여 작성해보자.

팩토리얼의 정의는 아래와 같다.

$$n! = \begin{cases} 1 & n \leq 1 \\ n*(n-1)! & n \geq 2 \end{cases}$$

순환 알고리즘을 사용하여 팩토리얼을 구하는 함수를 아래와 같이 작성하였다.

```
def factorial(n):
    if n <= 1:
        return 1
    else return n * factorial(n-1)
```

그런데

```
n! = n * (n-1) * (n-2) * ... * 2 * 1
```

이므로 for 문을 사용해서 팩토리얼을 구하는 함수를 아래와 같이 작성할 수 있다.

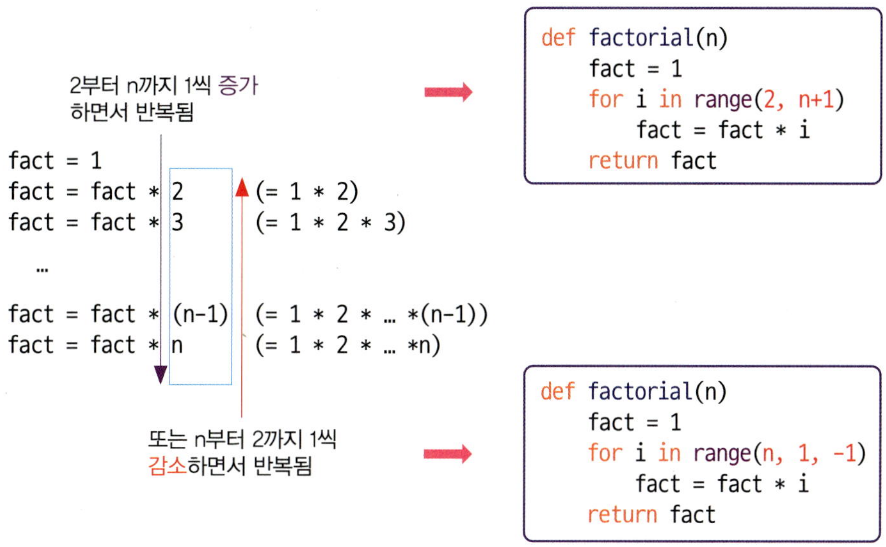

[그림 6-30] 팩토리얼 함수에 존재하는 반복적인 특성

객관식 문제

1 다음 프로그램의 실행 결과가 무엇인가?

```
def func(x, y):
    y = y * 2
    x = x + y
    return x

print(func('1', '2'))
```

① 5 ② 23

③ 14 ④ 122

2 다음 프로그램의 실행 결과가 무엇인가?

```
def add(num):
    num = num + 10
    return num
    num = num + 20
    return num

value = 15
value = add(value)
print(value)
```

① 0 ② 10

③ 15 ④ 25

3 다음 프로그램의 실행 결과가 무엇인가?

```
def myfun1(x):
    x = x + 1
    return 10

def myfun2(y):
    return y + 1

print(myfun1(myfun2(myfun1(10))))
```

① 10 ② 11
③ 12 ④ 13

4 아래와 같은 프로그램의 실행 결과가 무엇인가?

```
a = 1
b = 2

def f1():
    a = 3
    return a + b

def f2():
    b = 4
    return a + b

print(f1() + f2() + a + b)
```

① 12 ② 13
③ 14 ④ 16

5 아래와 같은 프로그램의 실행 결과가 무엇인가?

```
def example(s):
    s = s + '2'
    s = s * 2
    return s

print(example("순환 함수"))
```

① 순환 함수순환 함수2 ② 순환 함수2순환 함수2
③ 순환 함수순환 함수 ④ SyntaxError: invalid syntax

6 아래와 같은 프로그램의 실행 결과가 무엇인가?

```
def is_prime(x):
    for i in range(2, x):
        if x % i == 0:
            return False
    return True

temp = 0

for i in range(3, 11):
    if is_prime(i):
        temp = temp + (i ** 2)
    else:
        temp = temp - (i ** 2)
print(temp)
```

① −31 ② −21
③ −3 ④ 9

7 아래의 프로그램이 구하려는 것은 무엇인가?

```
def func(n):
    if n == 1:
        return 1
    else:
        return func(n – 1) + n

print(func(5))
```

① 1 + 2 + … + (n−1) ② 1 + 2 + … + n
③ 1 + 2 + … + n + (n+1) ④ 2 + … + n

8 아래와 같은 프로그램의 실행 결과가 무엇인가?

```
def func(z):
    if (z):
        return 1.0/z
    return z*-1

def fn(x, y):
    if (x * y):
        return 1
    return 0

x = 2
y = 0
while (x > y):
    if (fn(x, y)):
        print(func(x))
    else:
        print(func(y))
    y = y + 1
    x = fn(x, y) + 1
```

① 0.5
0.333

② −1
0.5

③ 0
0.5

④ 무한 반복

단답식 문제

9 다음과 같은 함수 정의를 보고 물음에 답하라.

```
def do_mult(num):
    return num * 2
```

(1) 함수의 이름이 무엇인가?

(2) 함수가 어떤 일을 수행하는가?

(3) 이 함수를 아래와 같이 호출하면 결과가 무엇인가?

```
print(do_mult(10))
```

10 다음 프로그램의 실행 결과가 무엇인가?

```
def change(a, b):
    a = 10
    b = 10
    print(a, b)

x = 2
y = 3.45
print(x, y)
change(x, y)
print(x, y)
```

11 다음 프로그램의 실행 결과가 무엇인가?

```
def func():
    val = 33
    return val

val = 11
print("함수를 호출하기 전 val의 값: ", val)
val = func()
print("함수를 호출한 후 val의 값: ", val)
```

12 다음 프로그램의 실행 결과가 무엇인가?

```
def test(a, b, c):
    x = c + 30
    y = b + 20
    z = a + 10
    return x, y, z

a = 1
b = 2
c = 3
print(a, b, c)

x, y, z = test(c, b, a)
print(x, y, z)
print(a, b, c)
```

13 다음 프로그램의 실행 결과가 무엇인가?

```
def func1():
    global a
    c = 5
    a = b + c

def func2(a, b, c):
    c = a + b
    b = a + c
    a = b + c
    return a, b, c

a = b = c = 2
print(a, b, c)
func1()
print(a, b, c)
a, b, c = func2(a, b, c)
print(a, b, c)
func1()
print(a, b, c)
a, b, c = func2(a, b, c)
print(a, b, c)
```

14 아래와 같은 프로그램의 실행 결과가 무엇인가?

```
def func(word):
    part = word[1:4]
    length = len(word)
    print(part, length)

func('strawberry')
```

15 아래와 같은 프로그램의 실행 결과가 무엇인가?

```
def test_func(a, b):
    c = a + ' ' + b
    return c

p0 = '파이썬'
p1 = '프로그래밍'
c = test_func(p0, p1)
print(c)
```

16 아래의 프로그램을 보고 물음에 답하라.

(1) 세 개의 함수가 각각 하는 일이 무엇인가?

(2) 이 프로그램을 실행한 후 9040을 입력하면 어떤 결과가 나타나는가?

```
def sec2min(s):
    return s//60, s%60

def min2hour(m):
    return m//60, m%60

def hour2day(h):
    return h//24, h%24

s = int(input("초를 입력하시오: "))
m, s = sec2min(s)
h, m = min2hour(m)
d, h = hour2day(h)
print("%2d일 %3d시간 %3d분 %3d초" % (d, h, m, s))
```

17 아래와 같은 프로그램의 실행 결과가 무엇인가?

```
def plus(a):
    return x + a

x = 11
a = plus(5)
a = plus(a)
x = plus(a)
a = plus(x)
print(a - x)
```

18 아래의 프로그램을 실행하면 '대한민국'이 몇 번 출력되는가?

```
def func(n):
    if n > 1:
        func(n-1)
    for i in range(n):
        print("대한민국")

func(5)
```

19 아래와 같은 프로그램의 실행 결과가 무엇인가?

```
a = 6

def add_one(a):
    a = a + 1
    return a

def double(a):
    a = 2 * a
    return a

print(a)
print(add_one(a))
print(double(a))
print(a)
```

20 아래의 프로그램의 실행 결과가 무엇인가?

```
def is_prime(x):
    for i in range(2, x):
        if x%i == 0:
            return False
    return True

temp = 0
for i in range(2, 8):
    if i%3 == 0:
        temp += i ** 2
    elif is_prime(i):
        temp += i ** 2
    else:
        temp += i
print(temp)
```

21 아래의 프로그램의 실행 결과가 무엇인가?

```
def print_row(k):
    for i in range(k):
        if i % 2 == 0:
            print('*', end='')
        else:
            print('@', end='')
    print()

for i in range(5, 0, -1):
    print_row(i)
```

22 아래의 프로그램의 실행 결과가 무엇인가?

```
def reco(n):
    if n <= 0:
        return 1
    return 2**reco(n-1)

for i in range(4):
    print(reco(i))
```

23 다음 프로그램의 실행 결과가 무엇인가?

```
def recur_fun(n):
    if n == 0:
        return 2
    else:
        return 2*recur_fun(n-1)

print(recur_fun(3))
```

24 아래와 같은 순환 함수가 있다. 이 순환 함수를 호출한 결과가 무엇인가?

```
def proc(n):
    if n < 1:
        return 1
    else:
        return proc(n/2) + proc(n-1)

print(proc(3))
print(proc(5))
```

25 피보나치 수열은 아래와 같이 순환적으로 정의한다.

피보나치 수열

$$fib(n)=\begin{cases} 0 & if \quad n=0 \\ 1 & if \quad n=1 \\ fib(n-2)+fib(n-1) & otherwise \end{cases}$$

(1) 피보나치 수열의 기본 사례가 무엇인가?

(2) 피보나치 수열의 순환 사례가 무엇인가?

실습 문제

26 두 점 A(x1, y1), B(x2, y2)간의 거리를 계산하는 프로그램을 작성하라. 두 점 간의 거리를 계산하는 공식은 다음과 같다.

$$d=\sqrt{(x_1-x_2)^2+(y_1-y_2)^2}$$

사용자로부터 점 A의 좌표, 점 B의 좌표를 메인 프로그램 안의 input 문으로 받아서 이 값들을 함수로 전달하고, 함수에서 거리를 계산하여 반환받고, 메인 프로그램에서 거리를 출력하는 프로그램을 작성하라.

첫 번째 좌표를 입력하시오: 1 1

두 번째 좌표를 입력하시오: 5 5

좌표 (1, 1)에서 (5, 5)까지의 거리:

27 부가가치세율은 10%이다. 세금 전의 구매금액을 입력으로 받아서, 구매 금액과 부가세 금액과 총액(구매금액+부가세금액)을 출력하는 함수를 작성하라. 메인 프로그램에서 input 문을 사용하여 사용자에게 구매금액을 입력으로 받고, 이를 함수에 인수로 전달하고, 함수에서 부가세금액, 총액을 계산한 후 메인 프로그램에서 결과를 출력한다.

28 세 개의 실수 매개변수 x, y, z를 받아서 이들의 합, 이들의 평균, 이들의 합의 제곱근을 계산하여 출력하는 함수를 작성하라. 예를 들어서 이 함수를 my_fuction(2.0, 3.0, 4.0)처럼 호출했을 때 아래와 같이 출력해야 한다.

합: 9.0

평균: 3.0

제곱들의 합의 제곱근: 5.38516480713

29 두 점 (x1, y1), (x2, y2)의 좌표를 매개변수로 받아서 이들의 중간점의 좌표 (xc, yc)를 계산하여 반환하는 함수 midpoint를 작성하라.

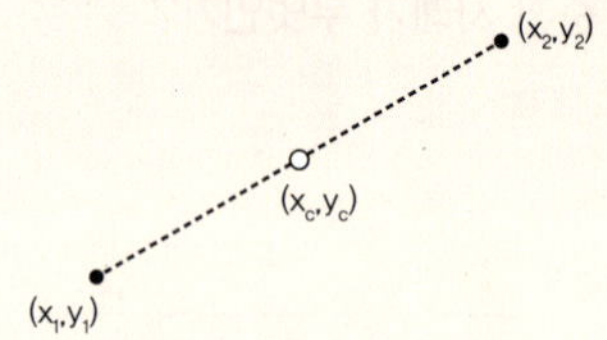

30 은행의 계좌에 맡긴 돈에 복리로 이자가 붙는다고 가정하자.

p: 계좌의 현재 잔액

i: 연이율

t: 맡긴 연수

f: 일정 연수가 지난 후의 미래 잔액

$f = p * (1 + i)^t$

사용자로부터 현재의 잔액, 연이율, 맡긴 연수를 메인 프로그램 안의 input 문으로 받아서 이 값들을 함수로 전달하고, 함수에서 f를 계산하여 반환받고, 메인 프로그램에서 f를 출력하는 프로그램을 작성하라.

프로젝트

31 주어진 기간의 물가상승율(inflation rate)은 상품의 최종 가격 f와 초기 가격 i를 기반으로 계산한다. 공식은 아래와 같다.

inflation_rate = ((f - i) / i) * 100

(1) 상품의 초기 가격 initial과 최종 가격 final을 매개변수로 받아서 물가상승율을 계산하여 반환하는 함수를 작성하라.

(2) (1) 에서 작성한 함수를 사용하여 아래와 같은 3년 간의 데이터로부터 3년간의 평균 물가상승율을 계산하는 함수를 작성하라.

연도	초기 상품값	최종 상품값
1	33500	34000
2	34000	34250
3	34250	34380

Python

CHAPTER 7

리스트

| 학습 목표 |

하나의 변수는 한 개의 값만 가리키기 때문에 변수들만 다루는 프로그램의 효용성은 크게 제한된다. 적은 수의 변수들만 처리하는 프로그램은 계산기나 엑셀로도 충분히 담당할 수 있기 때문이다.

프로그램은 방대한 데이터를 매우 빠르게 처리할 수 있기 때문에 다수의 데이터를 저장하는 리스트는 매우 다양한 용도로 널리 사용된다. 리스트를 다루는 대부분의 알고리즘은 반복문을 사용한다.

본 장에서는 리스트의 특징과 장점과 용도를 이해하고, 기존 리스트로부터 새로운 리스트를 생성하는 리스트 표현식을 논의한다. 기존의 리스트로부터 부분리스트를 생성하는 슬라이스는 리스트에 관한 중요한 연산이다. 슬라이스 연산, 리스트 객체에 적용할 수 있는 여러 메소드와 함수들을 소개한다. split 메소드는 리스트에 적용가능한 메소드는 아니지만 spilt 메소드의 결과로 리스트가 반환되기 때문에 본 장에서 이 메소드도 살펴본다.

CHAPTER 7

리스트

7.1 변수와 리스트

일반적으로 프로그램은 많은 양의 데이터를 다룬다.

- 과목을 수강하고 있는 학생들의 성적
- 비즈니스에 관련된 고객
- 은행의 계좌
- 문서에 포함된 단어

대부분의 프로그래밍 언어는 여러 개의 값들의 모임을 저장하기 위해서 **배열**이라고 부르는 자료구조를 제공한다. 대부분의 프로그래밍 언어에서 배열을 처음 생성할 때 크기를 지정하고 이 크기는 프로그램이 종료될 때까지 변경할 수 없다. 또한 일반적으로 배열에는 한 가지 데이터 타입(예: 정수)의 원소들만 저장할 수 있다.

파이썬의 **리스트**는 다른 프로그래밍 언어의 배열에 해당하는 자료구조인데 리스트는 동적이다. 리스트의 크기는 필요에 따라 늘어날 수도, 줄어들 수도 있다. 리스트를 처음 생성할 때 리스트의 크기(리스트에 포함되는 원소들의 개수)를 명시할 필요가 없다. 또한 하나의 리스트에는 여러 데이터 타입의 값들을 저장할 수 있다. 리스트의 각 원소는 인덱스를 사용하여 접근한다.

예 리스트 생성

크기가 20 미만의 소수들의 리스트를 만들어보자.

```
>>> primes = [2, 3, 5, 7, 11, 13, 17, 19]
```

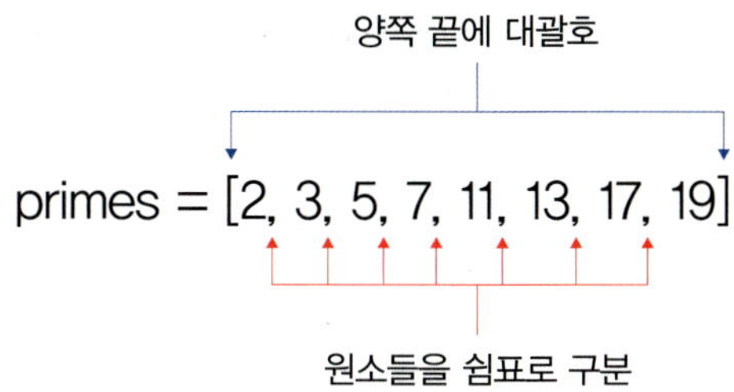


```
>>> primes
[2, 3, 5, 7, 11, 13, 17, 19]    ◀── 리스트의 전체 내용이 출력됨
```

파이썬은 리스트를 값들의 시퀀스로 나타낸다. 리스트에 속한 원소들은 대괄호 [] 안에 쉼표로 구분하여 열거한다. 일단 리스트를 생성한 후에 임의의 위치에 원소들을 추가하고, 삭제하고, 기존의 원소의 값을 변경하고, 원소들의 순서를 바꿀 수 있다.

예 리스트 필요성

5.4절에서 while 문의 예제로서 성적들을 읽고 합과 평균을 계산하는 프로그램[그림 5-15]을 작성해보았다. 처리할 성적의 개수를 미리 알지 못하고 성적은 0~100 사이의 정수라고 가정하였다. 임의의 음수는 유효한 성적들의 입력이 끝났음을 알리는 역할을 한다. 유효한 성적을 읽을 때마다 sum에 성적을 누적하고, 성적을 읽은 횟수 count를 1만큼 증가시킨다.

```
prog-1.py
File Edit Format Run Options Window Help
❶ def average():
❷     sum = 0
❸     count = 0
❹     score = int(input("다음 성적을 입력하시오 (음수면 반복문 종료): "))
❺     while score >= 0:
❻         sum = sum + score
❼         count = count + 1
❽         score = int(input("다음 성적을 입력하시오 (음수면 반복문 종료): "))
❾     if count == 0:
❿         return 0, 0
⓫     return count, sum/count

⓬ n, avg = average()
⓭ print("%3d개의 성적들의 평균: %6.2f" % (n, avg))
                                                Ln: 10 Col: 19
```

[그림 7-1] 프로그램의 각 문장마다 번호 표시(그림 5-15를 함수를 사용하여 작성)

평균을 계산한 후에 평균 미만의 성적들을 출력하는 기능을 추가하려고 한다. 위 프로그램을 그대로 활용할 수 있을까? 변수는 어느 시점에 하나의 값만 가리킬 수 있기 때문에 while 문의 몸체에 속한 라인 ❽의 입력문에서 새로운 성적(score)을 읽을 때마다 변수 score는 새로운 성적을 가리키고 이전 성적은 지워진다.

라인 ❻에서 score를 sum에 누적하는 것을 반복하고, while 문의 바깥인 라인 ⓫에서 sum/count를 계산하여 평균을 함수 호출문으로 반환할 때 마지막에 입력한 성적(센티널) 외에는 모두 사라졌다.

방안1

먼저 평균을 계산한 후에 평균 미만의 성적들을 식별하기 위해서 모든 학생들의 성적을 저장해둔다. 한 가지 방법은 각 학생의 성적마다 변수를 한 개씩 사용하는 것이다. 다섯 명의 성적 74, 65, 93, 87, 81, −1(센티널)을 입력한다고 가정하자.

```
score0 = int(input("다음 성적을 입력하시오: "))  # priming 입력 (문장 ❹)
score1 = int(input("다음 성적을 입력하시오: "))  # 문장 ❽
score2 = int(input("다음 성적을 입력하시오: "))  # 문장 ❽
score3 = int(input("다음 성적을 입력하시오: "))  # 문장 ❽
score4 = int(input("다음 성적을 입력하시오: "))  # 문장 ❽
score5 = int(input("다음 성적을 입력하시오: "))  # 문장 ❽ (센티널 -1을 읽음)
```

아래와 같이 score0~score5가 각 학생의 성적을 가리키는 변수이다. while 문의 헤더의 조건식에 scorei를 사용하고, input 문에서 scorei를 사용하면서 i가 0부터 5까지 변하더라도 scorei의 i가 0~5까지 변하지는 않는다. scorei의 i는 한 개의 변수 이름을 구성하는 알파벳일 뿐이다. 반복문을 사용할 수 없는 이런 방식은 비효율적이다.

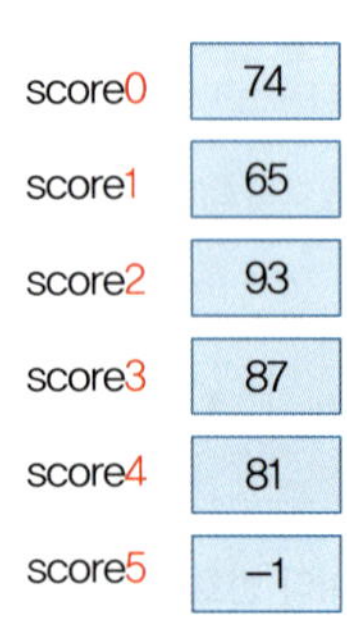

30명 학생의 성적들의 평균을 구하려면 30개의 개별 변수가 필요할 것이다. 변수 이름을 score1, score2, ..., score30이라고 지정할 수 있지만 매우 번거롭다. 30개는 그럭저럭 참을 수 있지만, 만약 교양과목이어서 학생 수가 500명이라고 가정해보자. 500개의 변수를 배정문에 사용하고 처리하는 것은 프로그래머에게 거의 불가능에 가까운 일이다.

요약하면, 같은 용도로 사용할 다수의 데이터를 저장하기 위해서 변수들을 사용하게 되면 수많은 변수가 필요하게 되고, 반복문 안에서 루프 변수를 활용할 수도 없게 된다.

방안2

다수의 성적을 다루기 위해서 리스트를 사용한다. 리스트는 다수의 데이터를 저장하는데 매우 유용한 자료구조이다. 리스트에 데이터 개수가 아무리 많아도 리스트의 이름은 한 개이다. 또한 인덱스를 변경하면서 리스트의 원소들을 하나씩 자유롭게 접근할 수 있다.

```
scores = [74, 65, 93, 87, 81]
```

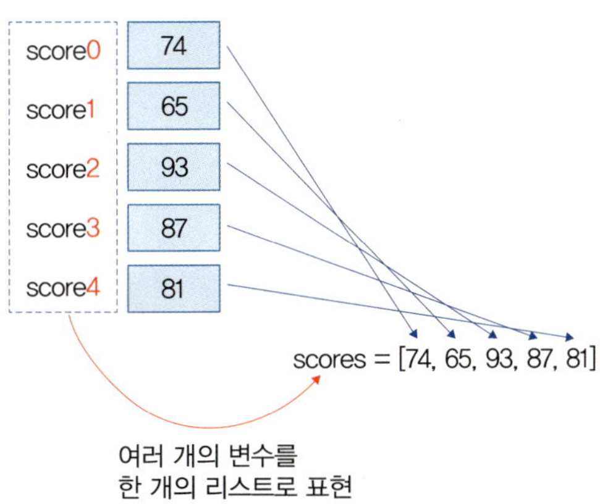

[그림 7-2] 여러 개의 변수를 한 개의 리스트로 나타냄

아래의 그림과 같이 한 세대가 사는 단독 주택은 변수의 좋은 예이며, 한 건물에 여러 세대가 사는 아파트는 리스트의 예가 될 수 있다. 집배원이 100통의 우편물을 전달한다고 가정했을 때, 각각의 주소에 따라 백 세대의 단독 주택을 방문하는 것보다는 백 세대가 함께 사는 아파트를 방문하여 호수(인덱스)에 따라 우편물을 전달하는 것이 훨씬 효율적이다. (1동-1호, 1동-2호, 1동-3호, ...)

[그림 7-3] 변수와 리스트의 개념 차이

리스트의 특징

- 다수의 값들의 모임이다. 리스트에 포함된 값을 **원소** 또는 **항목**이라고 부른다.
- 리스트의 원소들에는 순서가 있다. → 시퀀스
- 리스트에는 여러 데이터 타입의 값들이 포함될 수 있다. 예를 들어서 하나의 리스트 안에 정수, 실수, 문자열, 심지어 다른 리스트를 저장할 수 있다. 리스트는 배열보다 더 융통성이 있다.
- 리스트에 중복된 값들이 존재할 수 있다.
- 리스트는 가변 데이터 타입이다.

예 리스트

• 빈 리스트 생성

```
>>> a_list = []
```

빈 리스트를 생성하는 방법은 = 기호 왼쪽에 리스트 이름(변수)을 적고, = 기호 오른쪽에 []를 표시한다. []는 한 개의 원소도 없는 빈 리스트이다. 빈 문자열 ''와 비슷하다. 이 문장은 빈 리스트를 생성하여 변수 a_list에 배정한다.

• 동일 원소들로 이루어진 리스트 생성

아래의 문장은 10개의 0으로 이루어진 리스트를 만든다. [0]은 리스트이고, 10은 반복할 횟수를 나타내는 정수이다.

```
>>> zeroes = [0] * 10
>>> print(zeroes)
[0, 0, 0, 0, 0, 0, 0, 0, 0, 0]
```

• 여러 데이터 타입으로 이루어진 리스트

```
>>> b_list = ["CPU", 9, 3.14]
```

b_list에는 문자열, 정수, 실수가 포함되었다. 한 리스트 안에 여러 데이터 타입의 원소들이 속할 수 있다. 심지어 리스트 안에 또 다른 리스트가 포함될 수 있다. 어떤 리스트 안에 포함된 또 다른 리스트를 **중첩된 리스트**라고 부른다.

```
[99, 123.45, 'abc', [3,4,5]]
```

리스트의 내부 구조

3장에서 설명한 변수가 하나의 값이 저장된 공간을 가리키는 것과 유사하게 리스트 b_list는 다수의 원소들로 이루어진 리스트가 저장된 공간을 가리킨다. 리스트가 저장된 공간은 리스트 내의 원소 수만큼의 방들로 이루어지는데, 각 방에 리스트의 원소가 직접 저장되는 것이 아니고 다시 각 방은 원소가 저장된 공간을 가리킨다. 즉 각 방은 하나의 변수와 같은 역할을 한다.

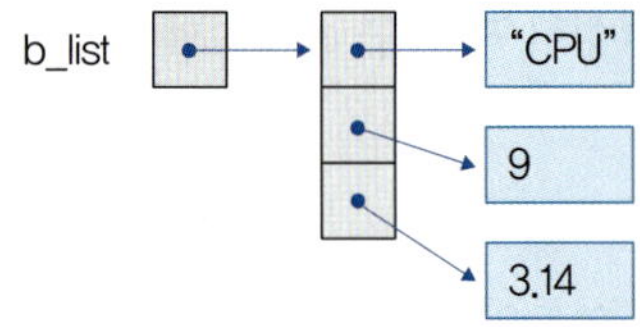

[그림 7-4] 리스트의 내부 구조

리스트가 필요로 하는 공간을 파이썬이 내부적으로 이렇게 관리하지만 앞으로는 단순하게

```
b_list = ["CPU", 9, 3.14]
```

또는

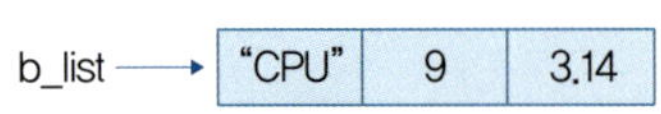

처럼 표기할 것이다.

리스트와 인덱스

아래의 리스트는 크기가 20보다 작은 소수들로 이루어진다. 원소의 개수는 8이다.

```
>>> primes = [2, 3, 5, 7, 11, 13, 17, 19]
```

리스트에서 각각의 원소를 접근할 필요가 있다. 리스트에 속한 각 원소의 위치를 구분하기 위해서 **인덱스**를 사용한다. 많은 프로그래밍 언어와 마찬가지로, 파이썬에서 인덱스는 0부터 시작한다. 첫번째 원소는 인덱스가 0, 두 번째 원소는 인덱스가 1, 마지막 원소는 인덱스가 n-1(n은 리스트에 포함된 원소들의 개수)이다.

리스트의 맨 오른쪽 위치를 기준으로 각 원소의 상대적인 위치를 나타내는 경우에는 인덱스로 음수를 사용한다. 맨 오른쪽부터 첫 번째 원소는 인덱스가 -1, 두 번째 원소는 인덱스가 -2, ..., 맨 왼쪽 원소는 인덱스가 -n이다.

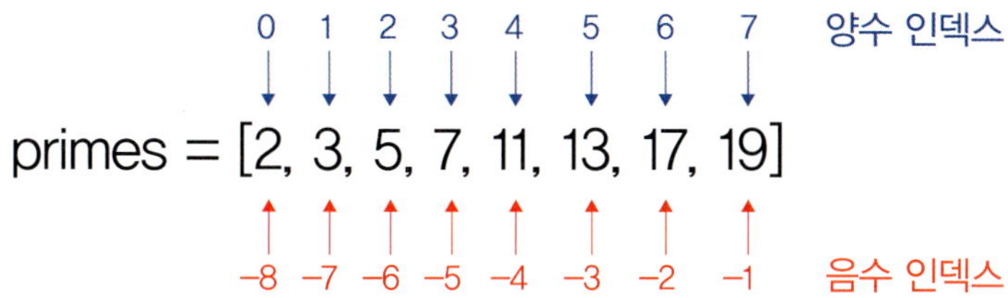

[그림 7-5] 리스트의 양수 인덱스와 음수 인덱스

리스트의 특정 원소를 접근하기 위해서 아래와 같이 리스트 이름 다음에 대괄호 안에 특정 원소가 들어 있는 인덱스를 표기한다. 인덱스에 정수만 사용해야 한다.

리스트_이름[인덱스]

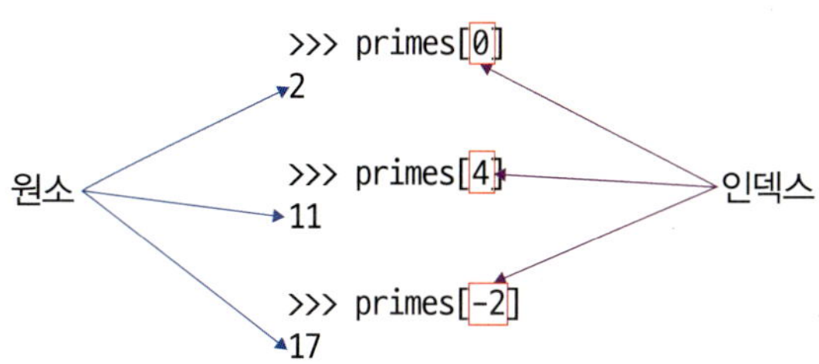

어떤 리스트에 존재하지 않는 인덱스를 참조하면 에러 메시지가 나타난다. 내장 함수 len()은 리스트의 길이(리스트의 원소 수)를 반환한다. 리스트 primes에는 원소가 8개 있으므로 허용되는 인덱스는 0~7(또는 −8~−1)이다. 아래와 같이 primes[8]을 접근하려고 하면 IndexError 에러 메시지가 나타난다.

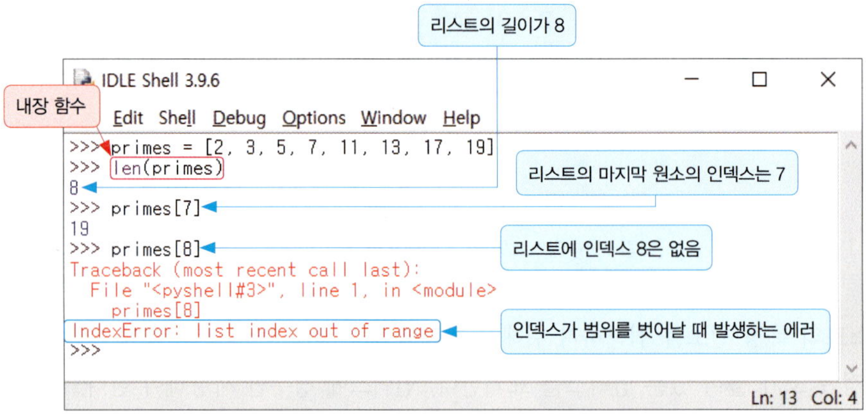

[그림 7-6] 리스트에 존재하지 않는 인덱스를 참조하면 에러 메시지가 나타남

리스트는 가변 데이터 타입이며 동적인 데이터 타입이므로 프로그램 실행 과정에 리스트를 생성한 후 리스트의 내용을 수정할 수 있다. 새 원소들을 추가하고, 기존의 원소들을 삭제하고, 기존의 원소들의 값을 변경할 수 있다.

예 리스트 원소 수정

리스트_이름[인덱스]를 = 왼쪽에 사용하여 해당 원소를 변경할 수 있다. 아래의 예에서는 리스트 primes의 1번 인덱스에 위치한 원소를 4로 변경한다.

```
>>> primes[1] = 4
>>> primes
[2, 4, 5, 7, 11, 13, 17, 19]
```

예 리스트를 for 문에 시퀀스로 사용

for 문의 헤더의 시퀀스에 리스트를 사용할 수 있다.

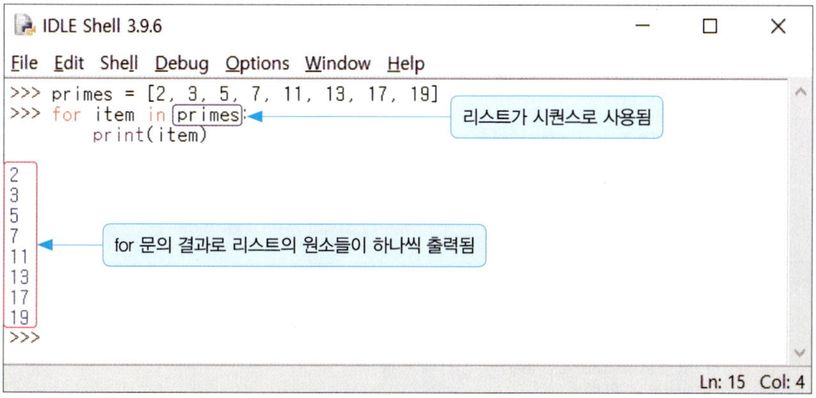

[그림 7-7] for 문 헤더의 시퀀스에 리스트를 사용

예 분할 정복 알고리즘 적용

학생들의 성적을 읽어서 평균을 계산하고, 평균 미만의 성적을 출력하는 문제를 해결하기 위해서 1장에서 설명한 문제 해결 방법을 적용하여 먼저 작은 문제들로 나눠보자. 각각의 작은 문제를 함수로 구현하려고 한다.

- 함수 read_scores() – 성적들을 입력받아서 리스트에 채우고, 이를 반환한다.
- 함수 compute_avg(scores) – 성적들을 가리키는 리스트 scores를 매개변수로 받아 평균을 계산하여 반환한다.
- 함수 print_below(scores, avg) – 리스트 scores와 변수 avg를 매개변수로 받아 scores의 원소들 중에서 avg 미만인 성적들을 출력한다.

아래와 같이 세 개의 함수와 메인 프로그램으로 이루어진 프로그램을 작성하고, F5 키를 눌러서 실행해보자. 메인 프로그램 라인 ❶에서 먼저 함수 read_scores를 호출한다. 프로그램을 테스트할 성적으로 74, 87, 93, 68, 81, –1을 차례대로 입력하자. 마지막의 –1은 while 문을 벗어나기 위한 센티널이다.

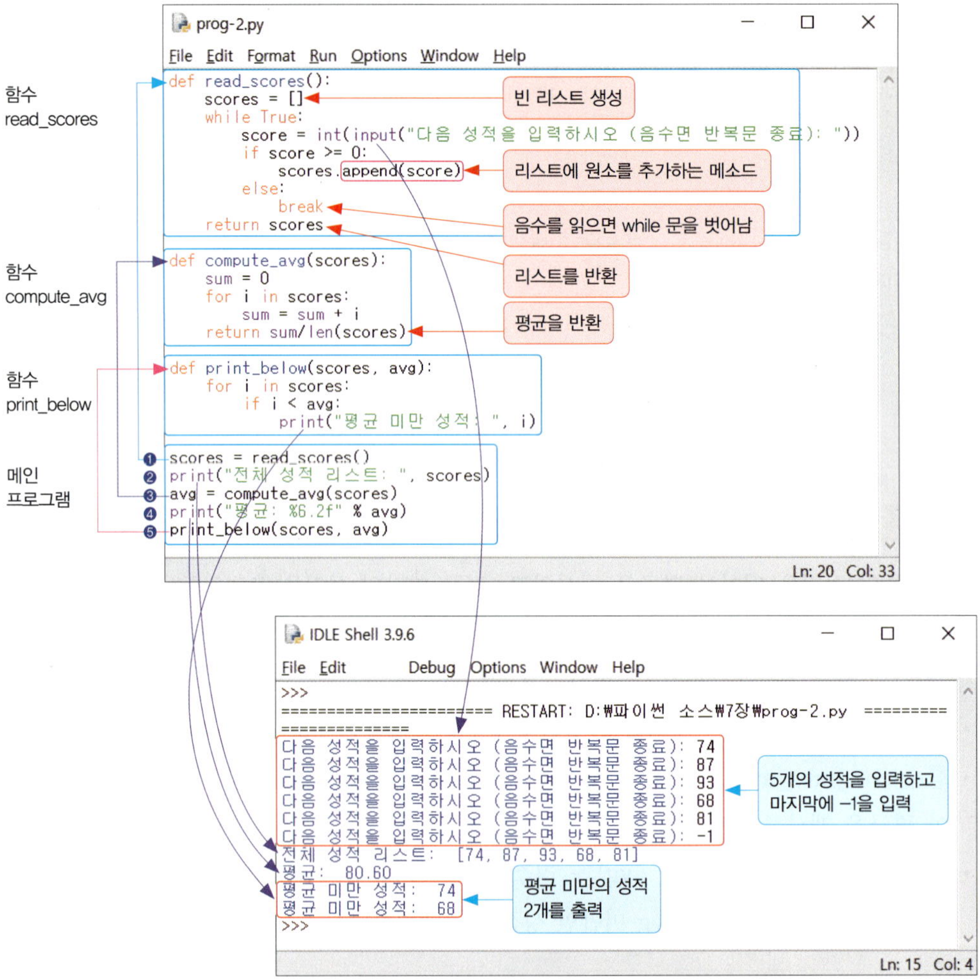

[그림 7-8] 세 개의 함수를 호출하는 메인 프로그램

함수 read_scores에서는 성적을 하나씩 읽은 후 유효한 성적이면 리스트 scores에 추가한다. append는 리스트 맨 마지막에 원소를 추가하는 메소드이다. while 문 안에서 scores에 원소가 하나씩 추가된다. –1은 유효한 성적이 아니므로 리스트에 추가되지 않고, break 문에 의해서 while 문을 벗어나고, return 문은 리스트 scores를 메인 프로그램으로 반환한다. scores 안에 포함된 모든 원소(성적)들이 한꺼번에 반환된다.

```
scores =  []
       ⇒  [74]
       ⇒  [74, 87]
       ⇒  [74, 87, 93]
       ⇒  [74, 87, 93, 68]
       ⇒  [74, 87, 93, 68, 81] ◀──── 이 리스트가 메인 프로그램에 반환됨
```

메인 프로그램 라인 ❷에서는 scores를 출력하여 리스트 내용 전체를 확인한다(생략 가능). 성적들의 평균을 계산하기 위해서 메인 프로그램 라인 ❸에서 함수 compute_avg를 호출한다. 6.3절 함수 호출에서 설명했듯이 정수, 실수, 문자열 등의 불변 데이터는 값의 복사 방식으로, 리스트 등의 가변 데이터는 주소 복사 방식으로 전달된다.

매개변수가 리스트 scores이므로 실제로는 리스트 scores를 가리키는 주소가 함수compute_avg로 전달된다. 함수 compute_avg에서는 이 주소를 사용해서 리스트 scores 안에 포함된 모든 원소들을 접근할 수 있다. 이 함수에서는 리스트 scores의 원소를 인덱스를 통해 하나씩 접근하여 sum에 누적한다. 내장 함수 len()은 리스트의 원소 수를 반환한다. 이 함수의 마지막 문장인 return sum/len(scores)는 성적들의 평균을 계산하여 반환한다.

반환받은 평균을 메인 프로그램 라인 ❹에서 출력한다(생략 가능). 평균 미만의 성적들을 출력하기 위해서 메인 프로그램 라인 ❺에서 함수 print_below를 호출한다. 리스트 scores와 avg가 매개변수로 함수에 전달된다. 이 함수에서도 인덱스를 통해 리스트 scores의 원소를 하나씩 접근하면서 평균보다 작은 원소를 출력한다. 이 예에서는 두 개의 성적이 평균보다 작아서 출력된다.

리스트의 원소들을 훑어 보는 가장 흔한 방법은 for 문을 사용하는 것이다. 함수 compute_avg에서 아래의 for 문은 scores에 포함된 성적을 하나씩 읽어서 sum에 누적한다.

```
for i in scores:
    sum = sum + i
```

예 리스트와 for 문

리스트 primes의 원소들 중에서 10보다 큰 원소의 개수를 구하라.

```
count = 0
primes = [2, 3, 5, 7, 11, 13, 17, 19]
for item in primes:
    if item > 10:
        count = count + 1
print(count)
```

주의

가변 데이터 타입인 리스트를 함수에 전달하면 함수 안에서 그 리스트를 변경했을 때 호출 프로그램에서도 변경된 결과를 보게 된다.

Quiz

학생들의 성적을 읽어서 리스트에 저장하고, 평균, 최대값, 최소값을 구하는 프로그램을 작성하라. 센티널로 -1을 사용한다.

리스트와 range 함수

range 함수의 결과를 리스트로 변환할 수 있다. range(5)는 0, 1, 2, 3, 4를 반환하는데, list() 함수가 이를 리스트 [0, 1, 2, 3, 4]로 변환한다. 이 리스트가 변수 num_list에 배정된다.

```
num_list = list(range(5))
```

예 리스트와 range 함수

```
>>> list(range(1, 9, 2))
[1, 3, 5, 7]
>>> list(range(-5, 5, 3))
[-5, -2, 1, 4]
```

7.1.1 리스트 연산자

● + 연산자

+ 연산자는 두 리스트에 대해 접합 연산을 실행한다. 이런 면에서 리스트는 문자열과 유사하다.

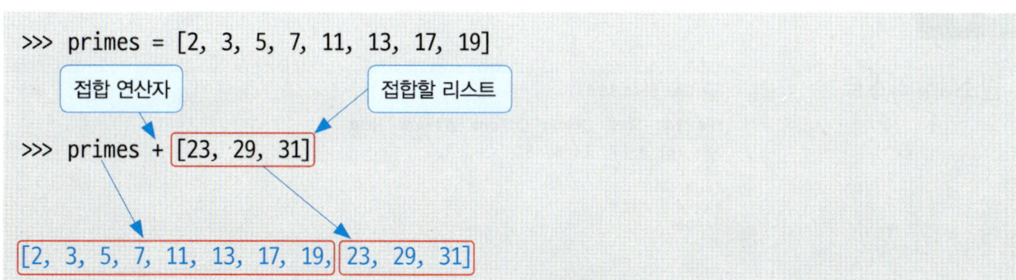

그러나 리스트에 정수(실수, 문자열)를 접합하면 에러 메시지가 나타난다.

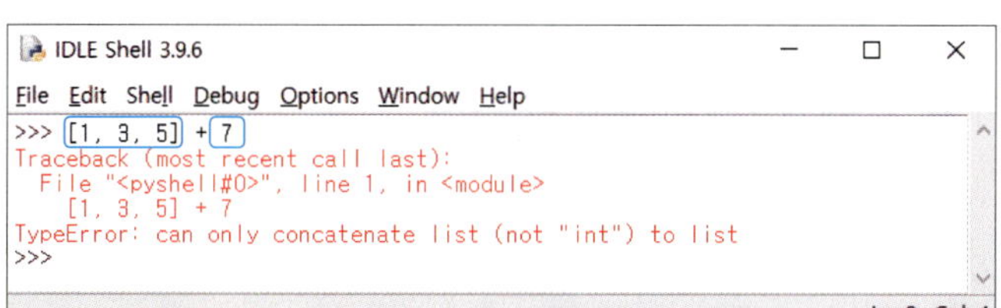

[그림 7-9] 리스트에 정수를 접합하면 에러 메시지가 나타남

접합 연산의 결과를 새 리스트에 배정할 수 있다. 또는 기존 리스트에 배정하여 수정할 수 있다.

```
>>> primes = [2, 3, 5, 7, 11, 13, 17, 19]
>>> newlist = primes + [23, 29, 31]
>>> print(newlist)
[2, 3, 5, 7, 11, 13, 17, 19, 23, 29, 31]
>>> primes = primes + [23, 29, 31]
>>> print(primes)
[2, 3, 5, 7, 11, 13, 17, 19, 23, 29, 31]
```

접합 결과를 새 리스트에 배정

기존 리스트를 수정

- in 연산자

어떤 원소가 리스트에 존재하는지 여부를 검사하기 위해서 in 연산자를 사용한다. 원소가 리스트에 있으면 True, 없으면 False이다.

형식

원소 in 리스트

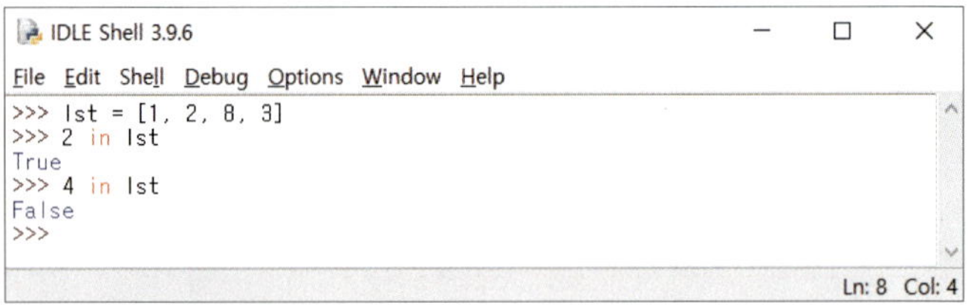

7.1.2 리스트 복사

아래와 같이 리스트 x를 리스트 y에 배정한다.

```
>>> x = [1, 2, 3]
>>> y = x
>>> print(y)
[1, 2, 3]
```

리스트 x를 리스트 y에 배정

y = x 문장을 실행한 후에 리스트 y는 리스트 x와 주기억 장치에서 동일 리스트를

가리킨다.

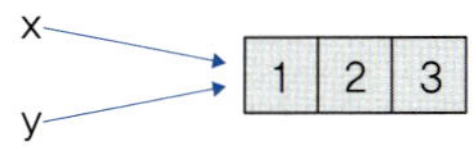

리스트 y의 원소를 수정하거나, 리스트 x의 원소를 수정하면 상대방에게 동일한 효과를 미친다. 리스트 y의 두 번째 원소인 y[1]을 9로 변경한다. 리스트 y만 변경했는데, 리스트 x를 출력하면 x의 두 번째 원소도 변경되었다.

이런 동작이 유용할 때가 있지만 때로는 예상하지 못했거나 바람직하지 않을 때가 있다. 가능하면 한 개의 리스트를 두 개의 변수가 가리키지 않도록 하자.

```
>>> y[1] = 9       ◀ 리스트 y의 두 번째 원소를 9로 변경
>>> print(x)       ◀ 리스트 x를 출력
[1, 9, 3]
```

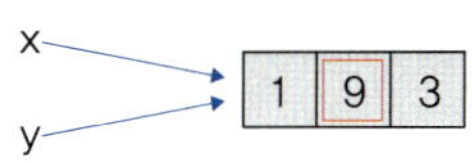

리스트 x에 또다른 리스트를 접합하면 x는 새로 만들어지는 리스트를 가리킨다. 리스트 y는 기존의 리스트를 계속 가리킨다. 이후부터 리스트 x 또는 리스트 y를 변경하더라도 상대방에게 영향을 주지 않는다.

```
>>> x = x + [4]    ◀ 리스트 x에 리스트를 접합하면 x는 새 리스트를 가리킴
>>> print(y)       ◀ 리스트 y는 기존의 리스트를 가리킴
[1, 9, 3]
```

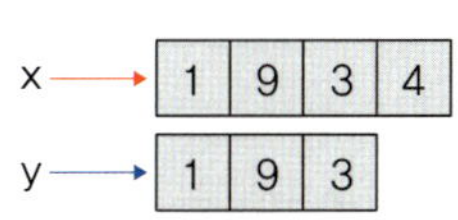

리스트 x를 리스트 y에 배정할 때 처음부터 y가 별도의 리스트를 가리키도록 하려면 아래와 같이 표현한다. x[:]는 리스트 x 전체를 슬라이스한 것이다. 리스트를 어떤

형태로든 슬라이스하면 새로운 리스트가 만들어진다. x와 y는 서로 다른 리스트를 가리키므로 x 또는 y를 변경하면 상대방에게 영향을 주지 않는다.

```
>>> x = [1, 2, 3]
>>> y = x[:]
```

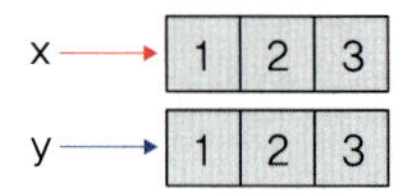

7.2 리스트 표현식

리스트 표현식(list comprehension)은 원본 리스트에 속한 모든 원소에 어떤 함수를 적용한 결과로 새로운 리스트를 생성하는 것이다. 리스트 표현식의 구문에서 for 문, in 연산자, if 문을 사용할 수 있다.

자주 사용되는 리스트 표현식의 두 가지 형식을 살펴보자.

(1) [식 for 변수 in 리스트]

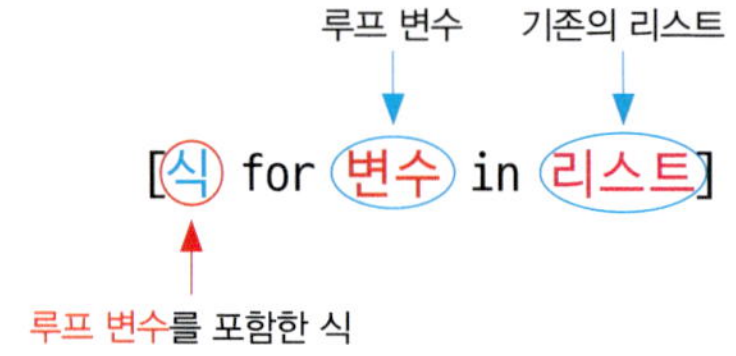

- 식은 변수에 적용되는 연산이다.
- 리스트에 속한 각 원소를 변수가 가리키고, 식을 사용해서 새로운 값을 계산하고, 이 값을 새로운 리스트에 담는다.
- 만일 리스트가 여러 데이터 타입의 원소들을 포함하고 있으면 식은 리스트에 속한

모든 데이터 타입들에 적용할 수 있어야 한다. 또한 식은 사용자-정의 함수를 포함할 수 있다.

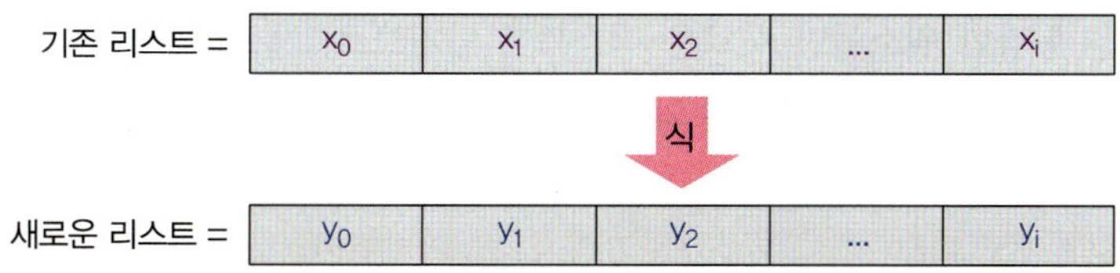

예 원소들의 제곱으로 이루어진 새 리스트

주어진 리스트의 원소들의 제곱으로 이루어진 새 리스트를 리스트 표현식을 사용하여 표현해보자.

기존 리스트: nums = [1, 2, 3, 4, 5, 6]
새 리스트: sq_nums = [1, 4, 9, 16, 25, 36]

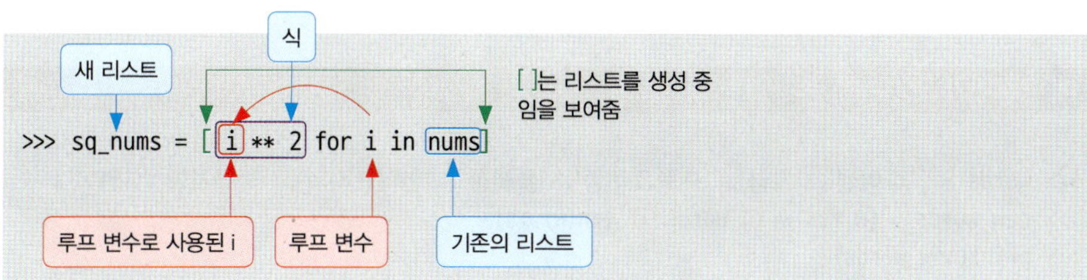

(2) [식 for 변수 in 리스트 if 조건식]

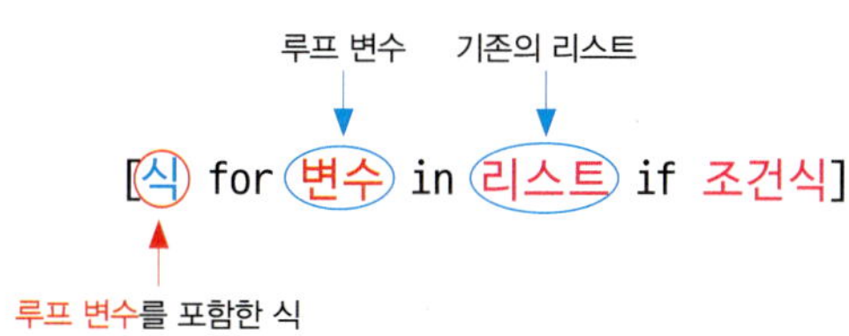

- 리스트의 각 원소에 대해서 조건식을 만족하는지 검사한다.
- 만일 어떤 원소가 조건식에 대해서 False를 반환하면 그 원소에 대해서는 식을 적

용하지 않는다.

- 조건식의 결과로 True를 반환한 원소들에 대해서 식을 적용하여 새로운 값을 계산하고, 이 값을 새로운 리스트에 담아서 반환한다.
- 조건식을 통과한 원소들만 새로운 리스트에 담기므로, 새로운 리스트의 원소의 개수가 원본 리스트의 원소의 개수와 다를 수 있다.

예 짝수와 홀수로 구분하여 각각 리스트에 저장

주어진 리스트에 포함된 정수들을 짝수와 홀수로 구분하여 각각 리스트에 저장하라.

```
>>> list1 = [9, 3, 4, 10, 11, 12, 16]
>>> odd = [x for x in list1 if x%2 == 1]
>>> even = [x for x in list1 if x%2 == 0]
>>> odd
[9, 3, 11]
>>> even
[4, 10, 12, 16]
```

예 길이가 3보다 큰 문자열들의 리스트

```
>>> words = ['파이썬', '고급', '프로그래밍', '플랫폼', '인터프리터', '객체지향', '언어']
>>> new_words = [w for w in words if len(w) >3]
>>> print(new_words)
['프로그래밍', '인터프리터', '객체지향']
```

리스트 words에 속한 일곱 개의 문자열(원소)들 중에서 길이가 3보다 큰(len(w) > 3) 조건식을 만족하는 문자열들만 새로운 리스트 new_words에 포함된다.

Quiz

50보다 작은 양의 정수들로 이루어진 리스트로부터 4로 나눠지는데 3으로는 나눠지지 않는 정수들로 이루어진 리스트를 만드는 리스트 표현식을 작성하라.

7.3 슬라이스

리스트에서 일부 원소들을 접근하려면 아래와 같이 리스트 이름 다음에 대괄호 안에 세 개의 인덱스를 표기한다. 이런 연산을 **슬라이스**라고 부른다. 문자열의 슬라이스와 같은 방식으로 표현한다.

형식

```
리스트[start:stop:step]
```

여기서

- start는 리스트의 서브리스트의 시작 위치를 나타내는 정수(정수형 변수). 디폴트는 0
- stop은 리스트의 서브리스트의 마지막 원소의 위치보다 1만큼 큰 정수(정수형 변수)
- step은 증가분. 디폴트는 1

start와 stop 중에서 하나를 생략하면 리스트의 첫 번째 원소부터 또는 마지막 원소까지를 나타낸다. 5.3절에서 설명한 range 함수와 비슷하다.

주의

- 리스트에 대해서 슬라이스 연산을 적용해도 원본 리스트는 변경되지 않는다. 슬라이스는 원본 리스트의 일부 원소들로 이루어지는 복사본이다.
- 인덱싱은 단일 원소를 나타낸다.
- 슬라이싱은 한 개 이상의 원소로 이루어진 리스트를 나타낸다.

예 리스트에 대한 슬라이스 연산

크기가 30보다 작은 소수들의 리스트를 만들고 이 리스트에 대해서 슬라이스 연산을 적용해보자

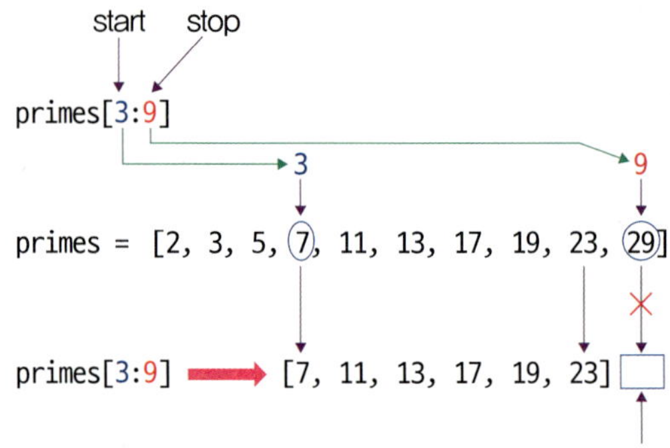

콜론 양쪽의 인덱스를 생략할 수 있다. 첫 번째 인덱스를 생략하면 0부터를 의미하고, 두 번째 인덱스를 생략하면 마지막 원소까지를 의미한다.

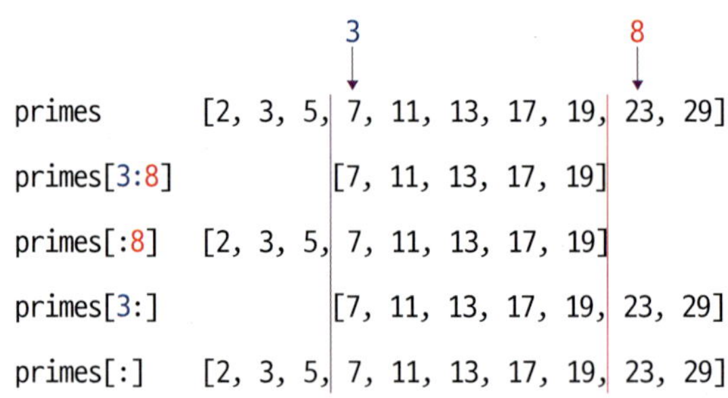

대괄호 안에 두 번째 콜론과 함께 세 번째 정수를 추가할 수도 있다. 세 번째 정수는 증가분을 나타낸다.

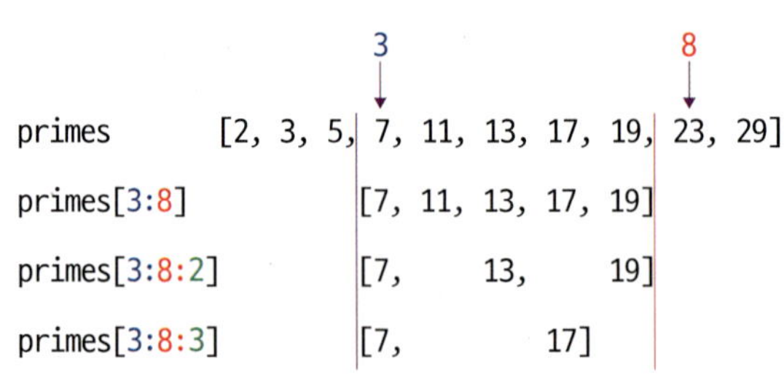

primes[3]은 리스트_이름[인덱스] 형식을 따르므로 리스트에서 인덱스가 3인 원소

한 개를 가리킨다. primes[3:4]는 슬라이스 형식을 따르므로 리스트에서 인덱스가 3부터 4 전까지, 따라서 인덱스 3에 위치한 원소 한 개로 이루어진 리스트를 가리킨다.

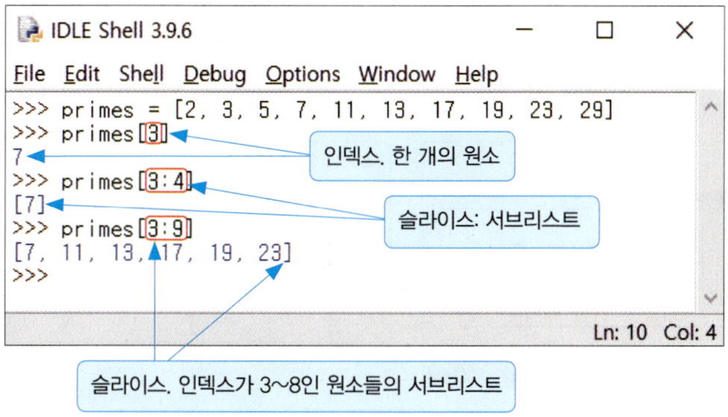

[그림 7-11] 리스트에 대한 인덱스 연산과 슬라이스 연산

리스트와 문자열 간에는 유사한 점이 여러 개 있다.

- 문자열의 길이와 리스트의 원소 개수를 구하는 len 함수
- in 연산자 - 문자열에 어떤 문자가 속하는가 또는 리스트에 어떤 원소가 속하는가
- 원소 접근시 [] 사용
- 슬라이스 연산과 인덱스 사용
- 접합

또한 리스트와 문자열 간에는 차이점이 여러 개 있다.

	문자열	리스트
원소	문자열의 각 원소는 문자 한 개	리스트의 각 원소는 임의의 데이터 타입
find vs. index	문자열에서 서브문자열을 찾는 find는 발견하지 못했을 때 -1을 반환	리스트에서 원소를 찾는 index는 발견하지 못했을 때 에러 메시지를 표시
가변 vs. 불변	불변 데이터 타입	가변 데이터 타입

예 원소 수정

문자열은 불변 데이터 타입이므로 문자열의 한 원소(문자)를 변경하면 에러 메시지가 나타난다. 이에 반해서 리스트는 가변 데이터 타입이므로 리스트의 원소를 변경할 수 있다.

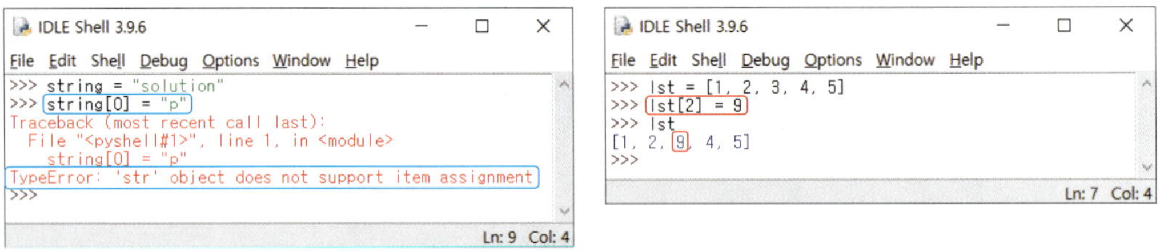

[그림 7-12] 문자열의 한 원소를 수정 vs. 리스트의 한 원소를 수정

7.4 리스트 메소드와 함수

파이썬은 리스트에 적용할 수 있는 다양한 내장 함수와 메소드를 제공한다. 메소드는 객체지향 프로그래밍의 주요 개념 중 하나이다. 객체에 내재된 함수를 **메소드**라고 부른다.

7.4.1 리스트 메소드

파이썬에서 각 데이터 타입마다 고유한 메소드들의 모임이 제공된다. 리스트 데이터 타입에도 여러 개의 유용한 메소드들이 제공된다. 리스트에 관한 대부분의 함수는 메소드이다. 대부분의 리스트 메소드는 리스트를 수정하고, 결과로 None을 반환한다.

형식

객체.메소드(인수)

객체와 메소드 사이에 .을 찍는다.

〈표 7-1〉 리스트에 적용할 수 있는 메소드

메소드	의미
리스트.append(x)	리스트의 맨 오른쪽에 원소 x를 추가
리스트.remove(x)	리스트에서 처음 나타나는 원소 x를 삭제. x가 리스트에 존재하지 않으면 에러 메시지가 나타남
리스트.insert(i, x)	리스트에서 인덱스 i에 원소 x를 추가
리스트.index(x)	리스트에서 원소 x가 처음 나타나는 인덱스를 반환. x가 리스트에 존재하지 않으면 에러 메시지가 나타남
리스트.count(x)	리스트에서 원소 x가 나타나는 횟수를 반환
리스트.sort()	리스트의 원소들을 오름차순으로 정렬. 원소들을 서로 비교할 수 없을 때는 에러 메시지가 나타남
리스트.reverse()	리스트의 원소들을 역순으로 재배치

메소드들의 예를 먼저 전체적으로 살펴보자.

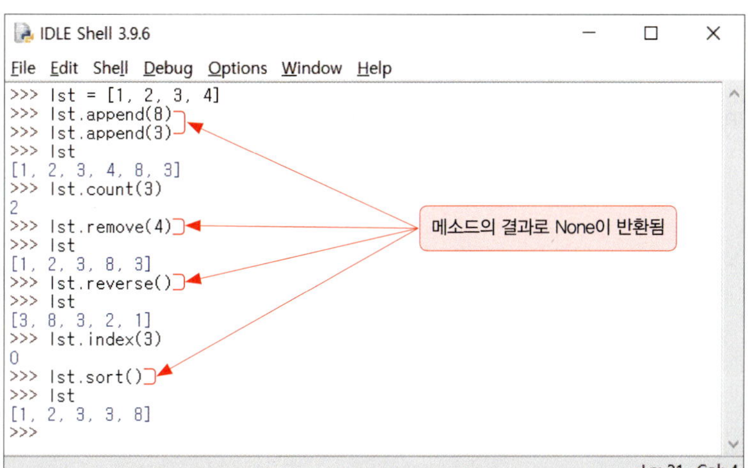

[그림 7-13] 리스트 메소드들의 예

주의

append, remove, reverse, sort 메소드는 리스트 자체를 수정하고, 결과로 None을 반환한다. 리스트의 내용을 어떤 방식으로 변경하고 None을 반환하는 메소드를 호출할 때 = 기호 왼쪽에 리스트를 표기하면 안 된다. = 기호 왼쪽의 리스트에 None이 배정되므로 기존 내용이 모두 사라진다.

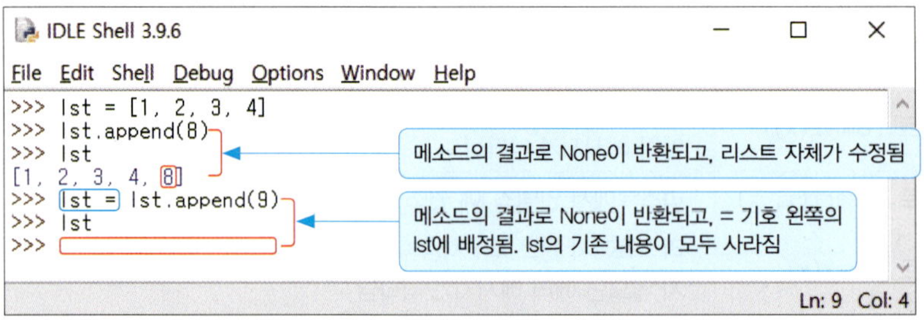

[그림 7-14] 리스트 자체를 수정하고, 결과로 None을 반환

이제 〈표 7-1〉의 메소드들을 하나씩 살펴보자.

- append 메소드

append는 print() 또는 len()과 같은 내장 함수가 아니다. append는 리스트 자체에 내재된 함수, 즉 메소드이다. append 메소드를 사용하여 기존의 리스트의 맨 오른쪽에 새로운 원소를 추가할 수 있다. append의 결과로 리스트의 길이가 1만큼 증가한다. append 메소드를 반복해서 호출하여 원하는 만큼 리스트를 확장할 수 있다.

형식

```
리스트.append(인수)
```

```
>>> primes = [2, 3, 5, 7, 11, 13, 17, 19]
>>> primes.append(23)
>>> primes
[2, 3, 5, 7, 11, 13, 17, 19, 23]
```

리스트(객체)
메소드
점
인수(추가할 원소)
append의 결과로 None이 반환됨
추가된 원소

예 리스트의 원소들의 제곱으로 이루어진 새 리스트

리스트 표현식에서 제시했던 예이다. 주어진 리스트의 원소들의 제곱으로 이루어진 새 리스트를 append를 사용하여 만들어보자.

기존 리스트: nums = [1, 2, 3, 4, 5, 6]
새 리스트: sq_nums = [1, 4, 9, 16, 25, 36]

```
>>> nums = [1, 2, 3, 4, 5, 6]
>>> sq_nums = []
>>> for i in nums:
        sq_nums.append(i ** 2)
>>> print(sq_nums)
[1, 4, 9, 16, 25, 36]
```

sq_nums에 빈 리스트를 배정
루프 변수 i가 리스트 nums의 원소를 하나씩 가리킴
append의 인수(i^2)
nums의 각 원소의 제곱으로 이루어진 원소들로 채워진 sq_nums가 생성됨

TIP 리스트의 접합과 append의 차이점

접합	`list2 = list1 + [x]`	list1과 리스트 [x]를 접합하여 새로운 list2를 생성함
append	`list1.append(x)`	list1의 맨 끝에 원소 x를 추가함. 새로운 리스트가 생성되지는 않음

● remove 메소드

remove 메소드는 리스트에서 어떤 원소를 삭제한다. 리스트에서 삭제하려는 원소들이 여러 개 포함되어 있어도 첫 번째 원소만 삭제한다.

형식

```
리스트.remove(원소)
```

삭제하려는 원소가 리스트에 존재하지 않으면 에러 메시지가 나타난다.

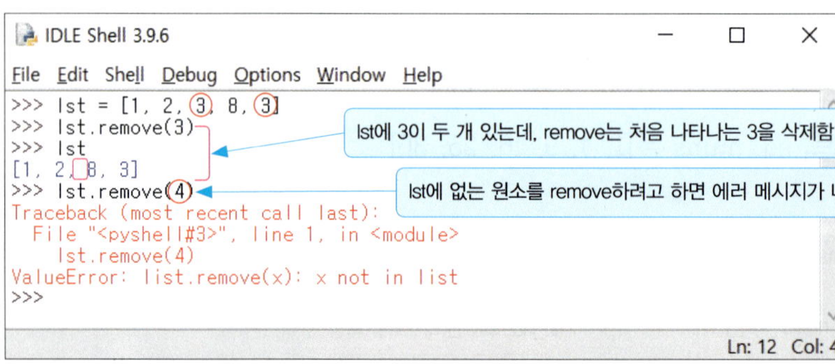

[그림 7-15] remove 메소드의 예

따라서 아래와 같이 if 문 안에 in 연산자를 사용하여 값이 리스트에 존재하는지 체크한 후 remove하는 것이 안전하다.

```
if 원소 in 리스트:
    리스트.remove(원소)
```

● insert 메소드

append 메소드는 리스트의 맨 오른쪽에 새 원소를 추가하는데, 임의의 위치에 원소를 추가하려면 insert 메소드를 사용한다. insert 메소드는 항목이 삽입될 인덱스와 삽입할 원소 등 두 개의 인수를 필요로 한다. append 메소드와 마찬가지로, insert 메소드도 한 번에 한 개의 원소만 추가한다.

형식

```
리스트.insert(인덱스, 원소)
```

인덱스는 원소가 들어갈 위치이고, 원소는 삽입할 데이터이다.

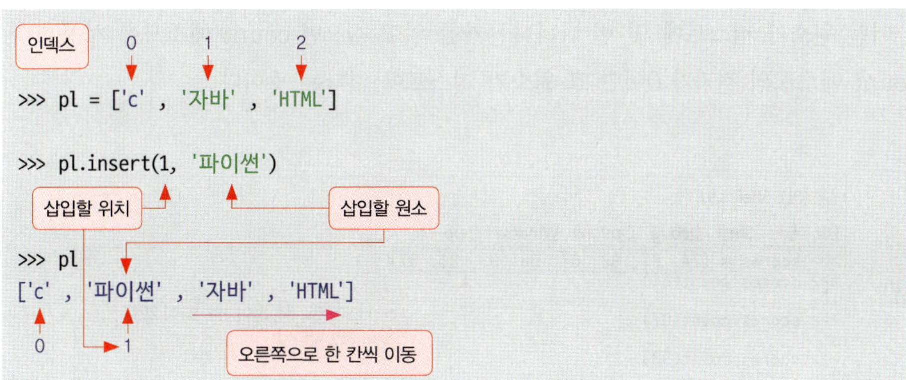

● index 메소드

in 연산자를 사용하면 어떤 원소가 리스트에 존재하는지 여부는 알 수 있지만 그 위치는 알 수 없다. index 메소드는 리스트에서 어떤 원소가 처음 나타나는 인덱스를 반환한다.

형식

```
리스트.index(원소)
```

예

```
>>> pl = ['C', '파이썬', '자바', 'HTML']
>>> print(pl.index('자바'))
2
```

리스트에 존재하지 않는 원소를 index() 메소드에 사용하면 에러 메시지가 나타난다. in 연산자와 함께 사용하는 것이 안전하다.

```
if '자바' in pl:
    print(pl.index('자바'))
```

● count 메소드

어떤 원소가 리스트에 몇 번 나타나는가를 알고 싶으면 count 메소드를 사용한다. count 메소드의 결과가 0이면 그 원소가 리스트에 없다는 뜻이다.

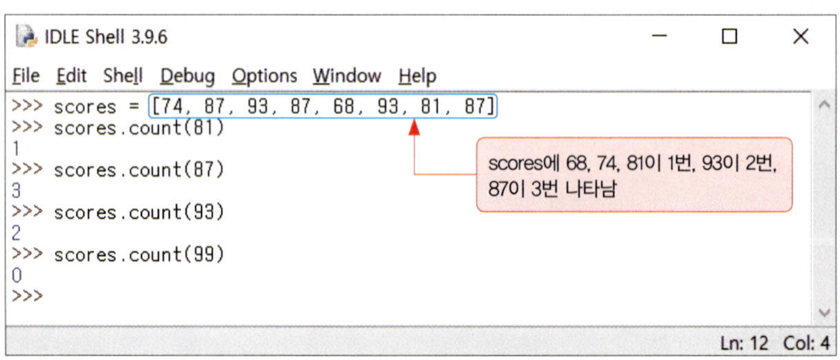

[그림 7-16] count 메소드의 예

● sort 메소드

sort 메소드는 리스트 내의 원소들의 순서를 오름차순으로 재배치한다. 새 리스트를 생성하지 않고, 원본 리스트 자체가 정렬된다.

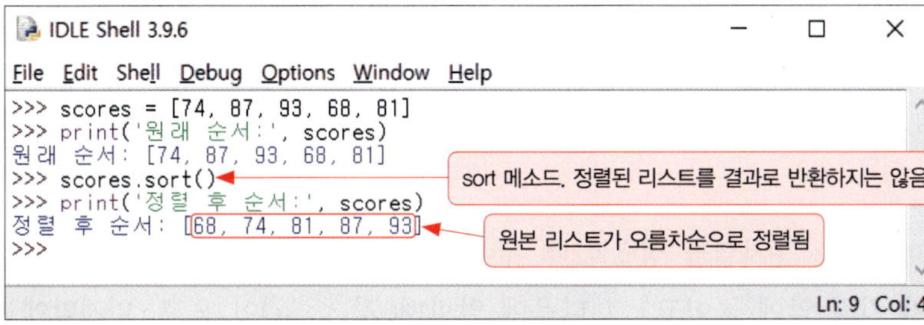

[그림 7-17] sort 메소드의 예

원본 리스트는 그대로 두고, 정렬된 리스트를 새로 만들려면 아래와 같이 내장 함수 sorted를 사용한다. 리스트 scores는 변하지 않고, scores가 정렬된 결과는 asc_scores에 배정된다.

```
>>> scores = [74, 87, 93, 68, 81]      ← 원본 리스트
>>> asc_scores = sorted(scores)
    (sorted 결과를 새 리스트에 배정)   (sorted 내장 함수. 매개변수는 원본 리스트)
>>> print(scores)
[74, 87, 93, 68, 81]                   ← 원본 리스트는 그대로
>>> print(asc_scores)
[68, 74, 81, 87, 93]                   ← 새 리스트는 오름차순으로 정렬됨
```

sort가 메소드인데 반해, 이름이 비슷한 sorted는 리스트를 정렬하는 데 사용할 수 있는 내장 함수이다. 예를 들어서 k = [3, 1, 2]일 때 아래의 문장을 실행하면 m에는 [1, 2, 3]이 배정된다.

m = sorted(k)

sorted(k)와 k.sort()의 차이점

sorted(k)	k.sort()
sorted(k)는 원본 리스트 k는 그대로 두고, 정렬된 결과를 반환	k.sort()는 원본 리스트 k의 순서를 변경하고 None을 반환

크기를 비교할 수 있는 임의의 타입의 원소들은 정렬할 수 있다. 아래의 예에서 '74'는 숫자가 아닌 문자열이다. 따라서 'C', '파이썬' 등의 문자열과 비교가 가능하다.

'74' ≠ 74

sort 메소드는 문자열을 정렬할 때 유니코드 순서를 따른다. 오름차순으로 정렬하면 숫자가 가장 앞에 놓이고, 그 다음에 알파벳('Z' < 'a')이 오고, 마지막에 한글이 가나다 순으로 놓인다.

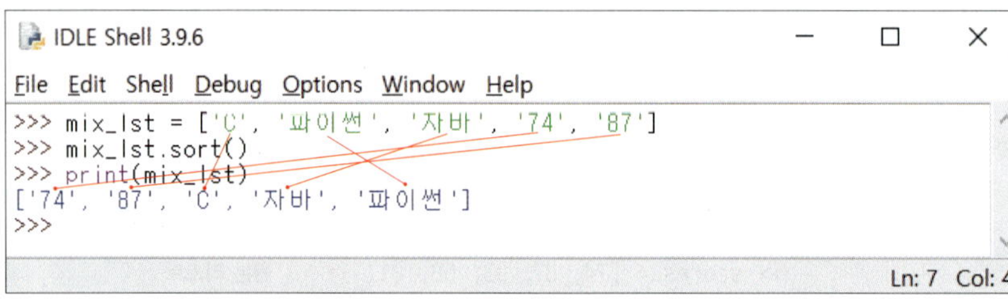

하지만 숫자와 문자열은 서로 비교할 수 없기 때문에 이들이 함께 포함된 리스트를 정렬하면 에러 메시지가 나타난다.

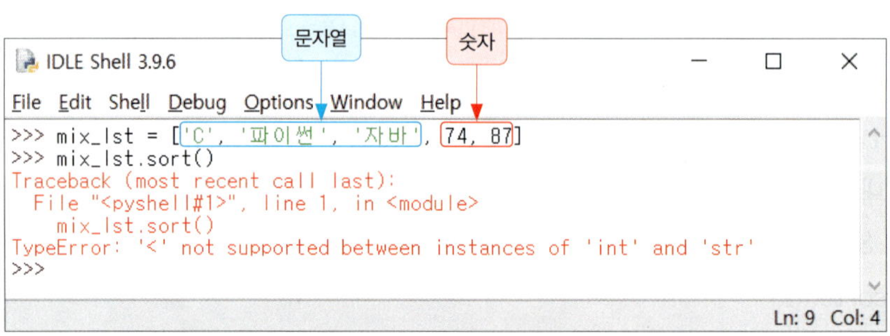

[그림 7-18] 문자열과 숫자를 비교하면 에러 메시지가 나타남

sort 메소드는 리스트를 오름차순으로 정렬하는데, 리스트를 내림차순으로 정렬하려면 sort 메소드의 인수에 아래와 같이 명시해야 한다.

```
리스트.sort(reverse=True)
```

● reverse 메소드

reverse 메소드는 리스트 내의 원소들의 순서를 역순(≠ 내림차순)으로 재배치한다. 새 리스트를 생성하지 않고, 원본 리스트 자체가 역순으로 재배치된다.

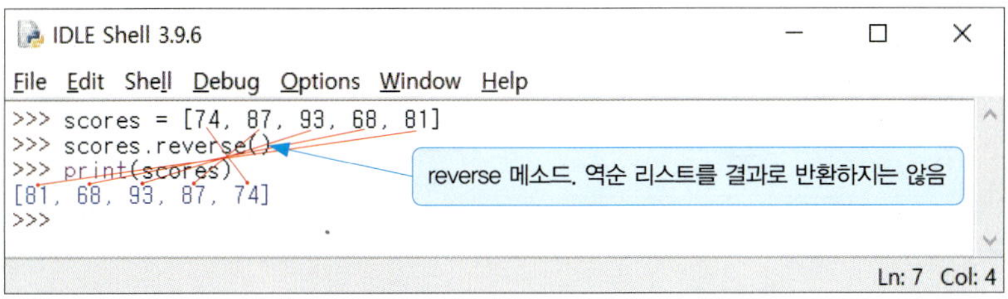

7.4.2 리스트 내장 함수

파이썬은 리스트 객체에 적용할 수 있는 내장 함수들도 제공한다. 아래의 〈표 7-2〉는 몇 가지 내장 함수들을 보여준다.

〈표 7-2〉 리스트에 적용할 수 있는 내장 함수

연산자	의미
len(리스트)	리스트에 포함된 원소들의 개수를 반환. 반복문을 사용하여 리스트 원소들을 하나씩 접근할 때 유용
max(리스트)	리스트에 포함된 원소들의 최대값을 반환
min(리스트)	리스트에 포함된 원소들의 최소값을 반환
sum(리스트)	리스트에 포함된 원소들의 합을 반환

예 리스트의 내장 함수

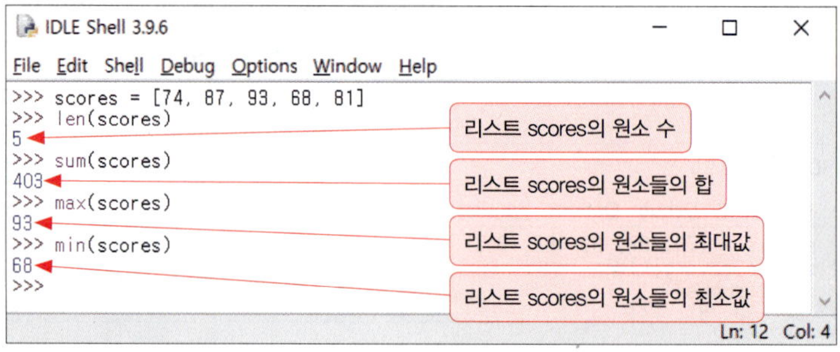

학생들의 성적이 들어있는 리스트 scores를 매개변수로 받아서 합을 구하는 compute_avg 함수를 내장 함수를 이용하여 간결하게 작성할 수 있다. sum(scores)는 리스트 scores의 원소들의 합이고, len(scores)는 scores의 원소 수이므로 sum(scores) / len(scores)는 평균을 반환한다.

이런 기능을 가진 내장 함수 sum을 제공하지 않는 프로그래밍 언어를 사용하여 평균을 계산할 때는 당연히 왼쪽 방법을 사용해야 한다.

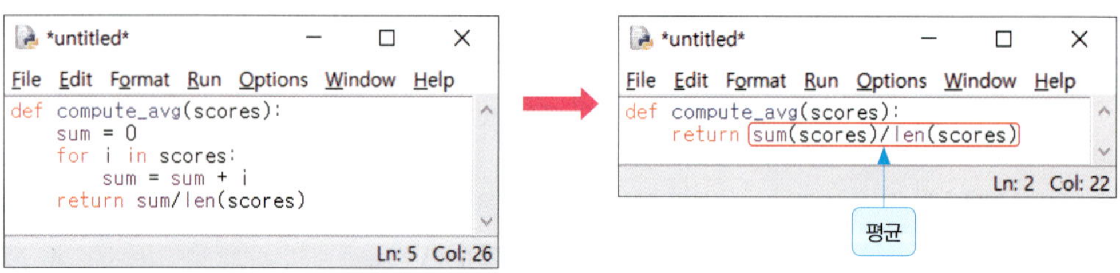

리스트에 포함된 원소들의 최대값(또는 최소값)을 구하는 문제도 자주 접하게 된다. 왼쪽 함수 compute_max는 리스트 scores를 매개변수로 받는다. 첫 번째 원소가 maximum이라고 가정하고, 인덱스를 1 ~ (len(리스트)−1)까지 변경하면서 현재까지의 maximum이 리스트[i] 원소보다 작으면 더 이상 maximum이 아니므로 리스트[i]를 maximum에 배정한다.

while 문을 벗어나면 maximum이 리스트의 원소들 중에서 최대값을 가리킨다. 이를 return 문이 반환한다. 파이썬의 내장 함수 max를 사용하면 굳이 사용자가 작성한 함수를 호출하지 않고, 메인 프로그램에서 한 문장으로 최대값을 구할 수 있다.

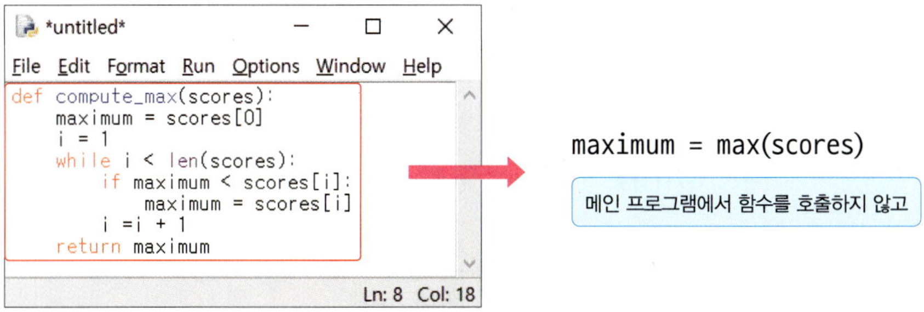

7.4.3 리스트에 반복문 활용

동일 형태의 for 문이 문자열과 리스트에서 동작한다. 리스트의 원소들을 하나씩 g 훑어보는 두 가지 방법이 있다. 아래의 두 개의 for 문은 리스트 lst의 원소들을 하나씩 별도의 라인에 출력한다.

```
for i in range(len(lst)):
    print(lst[i])
```

```
for item in lst:
    print(item)
```

왼쪽 for 문은 인덱스를 사용하여 각 인덱스에 대응되는 원소를 접근한다. 오른쪽 for 문은 왼쪽 for 문과 동등한데, 조금 더 간결하다.

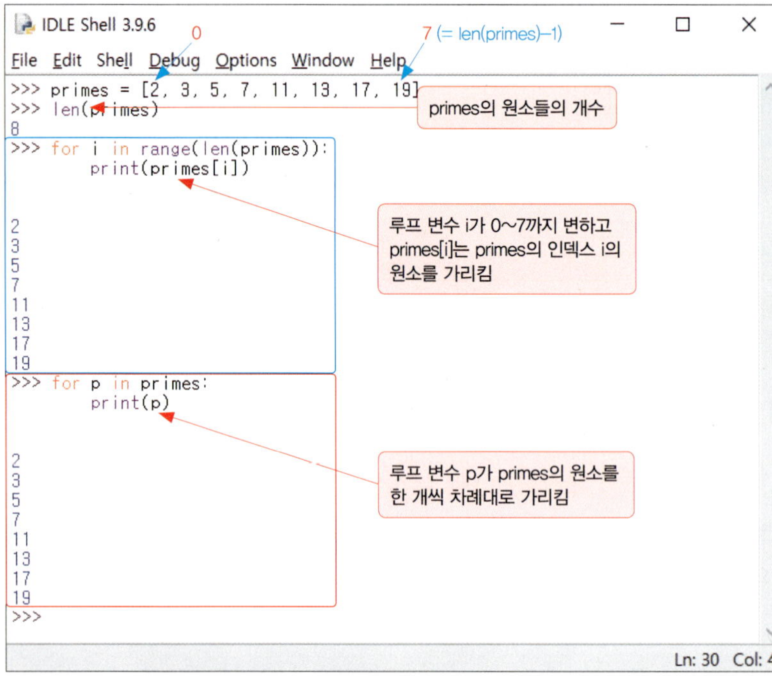

[그림 7-19] 리스트의 원소들을 하나씩 훑어보는 for 문 두 가지

7.5 split 메소드

split 메소드는 리스트에 적용할 수 있는 메소드가 아니지만 문자열 객체에 적용한 결과가 리스트로 반환되기 때문에 7장에 포함한다. split 메소드는 문자열로부터 단어들의 리스트를 반환한다. 이 메소드는 문자열 내의 단어들이 공백 문자, 탭, 줄바꿈 문자 등으로 구분되어 있다고 가정한다. 문장(문장들)으로 이루어진 문자열 속에 포함된 단어들을 분석(특정 단어의 포함 여부 및 빈도수 등)하기 위해 문자열을 단어들의 리스트로 변환하는 경우가 자주 있다.

두 가지 형식

(1) 문자열_변수.split() 또는 문자열.split()

(2) 문자열_변수.split(sep) 또는 문자열.split(sep)

첫 번째 구문은 문자열 변수(또는 문자열)가 가리키는 문자열을 공백 문자를 기준으로 문자열로부터 단어들을 분리해서 리스트로 반환한다. 공백 문자 자체는 결과 리스트에 포함되지 않는다.

두 번째 구문에서 sep를 명시하면 sep가 나타나는 곳마다 단어들을 분리해서 리스트로 반환한다. sep는 separator로서 **분리 문자**(구분자)를 뜻한다. 분리 문자 자체는 결과 리스트에 포함되지 않는다.

예 공백 문자를 기준으로 문자열을 split

아래와 같이 wikipedia에서 software를 검색한 페이지에 나타나는 문장 한 개를 예로 사용한다. 이 문장을 문자열 변수 sw에 배정하자.

```
sw = "Software is a collection of instructions and data that tell a computer how to work."
```

split() 메소드는 공백 문자가 나타나는 곳마다 단어들을 분리해서 리스트를 반환한다. 문자열에 직접 split 메소드를 적용해도 동일한 결과가 나타난다.

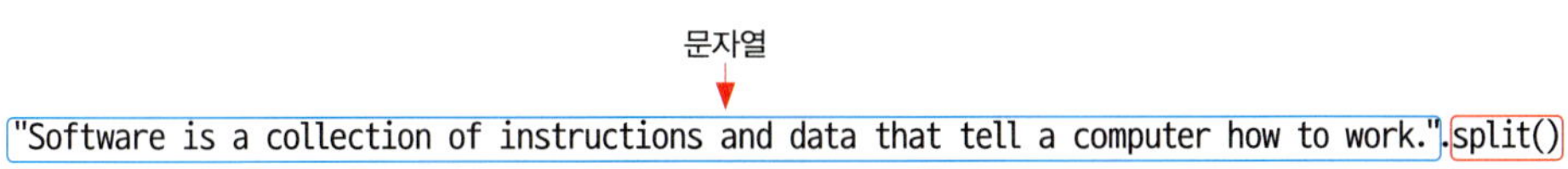

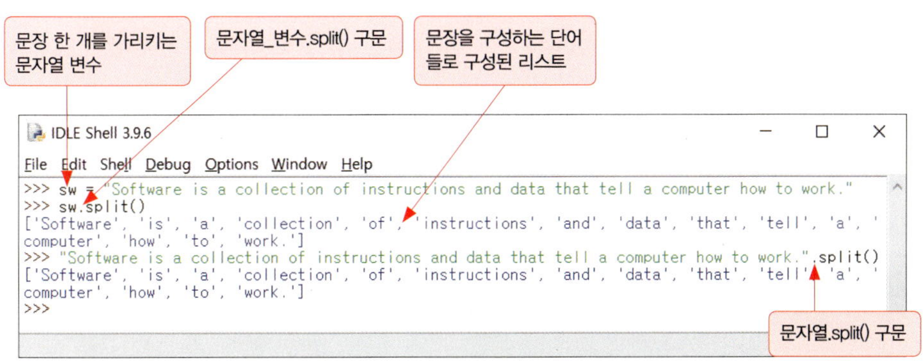

한 문장을 매개변수로 받아서 그 문장에 몇 개의 단어들이 있는가 세어보는 함수를 아래와 같이 작성할 수 있다.

```
def count_words(sentence):
    words = sentence.split()
    return len(words)
```

Quiz

아래의 문자열 변수 db에 배정된 문장을 split하여 이 문장에 속한 단어들의 리스트를 구하여 출력하는 프로그램을 작성하라.

```
db = "데이터베이스는 여러 사람이 공유하여 사용할 목적으로 체계화해 통합 관리하는 데이터의 집합이다."
```

예 sep('-')를 기준으로 문자열을 분리

phone 변수에 배정된 휴대폰 번호 문자열을 "-"마다 분리해서 세 개의 원소로 이루어진 리스트를 반환한다.

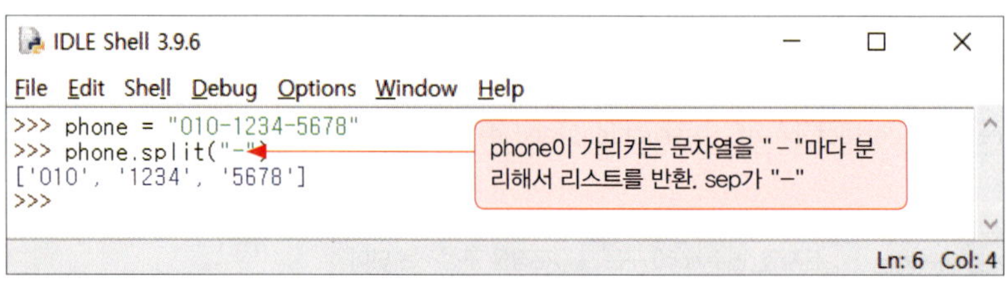

예 이메일 주소를 분리

이메일 주소는 아래의 형식으로 이루어진다.

```
user_id@도메인_이름
```

아래의 예는 이메일 주소에 포함되는 '@'가 user_id와 도메인_이름을 분리하는 역할을 하므로, 문자열에 split 메소드를 적용하여 '@'를 기준으로 두 개의 문자열을 가진 리스트를 만들고, 리스트의 첫 번째 원소는 = 기호 왼쪽의 첫 번째 변수에, 리스트의 두 번째 원소는 = 기호 왼쪽의 두 번째 변수에 배정한다. 이 때 투플 개념이 적용된다.

```
>>> email = 'user_id@gmail.com'
>>> uname, domain = email.split('@')
>>> print(uname)
user_id
>>> print(domain)
gmail.com
```

변수 email에 이메일 주소 한 개로 이루어진 문자열을 배정

변수 email이 가리키는 문자열을 @가 나타나는 곳마다 분리하여 리스트를 반환

[user_id, gmail.com]

예 두 개의 리스트의 대응되는 원소들의 합

학생들의 중간시험 성적 리스트와 기말시험 성적 리스트를 매개변수로 받아서 두 리스트의 합을 구하여 반환하는 함수를 작성해보자. 두 리스트의 길이는 같다고 가정한다.

```
mid_scores + fin_scores ⇒ sum_socres

[74, 87, 93, 68, 81] + [82, 85, 90, 71, 78] ⇒ [156, 172, 183, 139, 159]
```

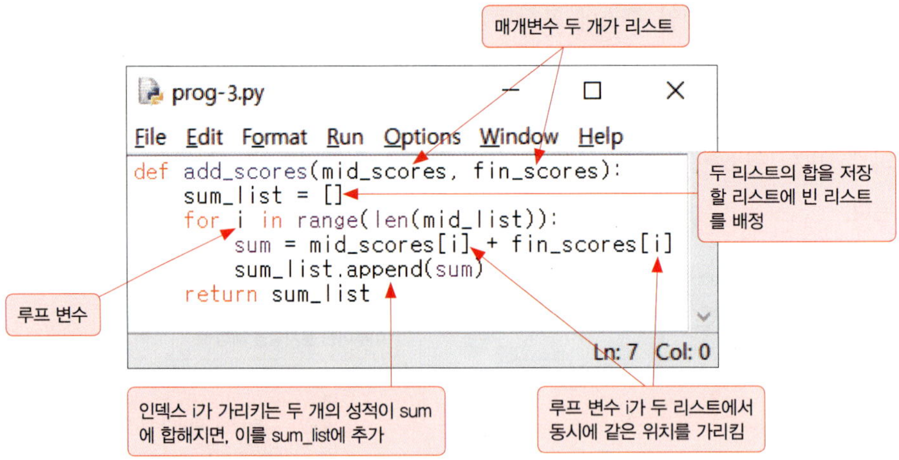
매개변수 두 개가 리스트
prog-3.py
File Edit Format Run Options Window Help
def add_scores(mid_scores, fin_scores):
sum_list = []
for i in range(len(mid_list)):
sum = mid_scores[i] + fin_scores[i]
sum_list.append(sum)
return sum_list
Ln: 7 Col: 0
두 리스트의 합을 저장할 리스트에 빈 리스트를 배정
루프 변수
인덱스 i가 가리키는 두 개의 성적이 sum에 합해지면, 이를 sum_list에 추가
루프 변수 i가 두 리스트에서 동시에 같은 위치를 가리킴

객관식 문제

1 아래의 프로그램의 실행 결과가 무엇인가?

```
alist = [x for x in range(5)]
blist = [x for x in range(7) if x in alist and x%2==0]
print(blist)
```

① [0, 2, 4, 6]　　② [0, 2, 4]
③ [0, 1, 2, 3, 4, 5]　　④ [0, 1, 2, 3, 4]

2 아래의 프로그램의 실행 결과가 무엇인가?

```
def func():
    x = range(5, 20, 2)
    y = range(x[-1], y[0], -3)
    print(list(y))

func()
```

① [20, 17, 14, 11, 8]　　② [20, 17, 14, 11, 8, 5]
③ [19, 16, 13, 10, 7]　　④ [19, 17, 15, 13, 11, 9, 7]

3 아래의 프로그램의 실행 결과가 무엇인가?

```
def function():
    s = 'abcdefg'
    i = s.find('d')
    p = s[i:i+3]
    str = s.split(p)
    result = str[0]+ p.upper() + str[1]
    print(result)

function()
```

① abcDEFg　　② ABCdefG
③ abCDEfg　　④ abcdefDEFg

4 아래의 프로그램의 실행 결과가 무엇인가?

```
s = "04/16/2022"
d = s.split("/")
s2 = d[1] + "/" + d[0] + "/" + d[2]
print(s2)
```

① 04/16/2022 ② 2022/04/16
③ 2022/16/04 ④ 16/04/2022

5 아래의 프로그램의 실행 결과가 무엇인가?

```
mylist = [5, 10, 15, 20, 25, -1]
total = 0
for i in range(2):
    accum = 0
    count = 0
    j = 0
    while (True):
        if (mylist[j] < 0):
            break
        accum = accum + mylist[j]
        count = count + 1
        j = j + 1
    total = total + (accum // count)
print(total, end = "")
```

① 30 ② 60
③ 45 ④ 15

6 아래의 프로그램의 실행 결과가 무엇인가?

```
def f(value, values):
    v = 1
    values[0] = 44

t = 3
v = [1, 2, 3]
f(t, v)
print(t, v[0])
```

① 1 1 ② 1 44
③ 3 1 ④ 3 44

7 아래의 프로그램의 실행 결과가 무엇인가?

```
i1 = [0, 1, 2]
i2 = [3, 4, 5]
i3 = []
for j in i2:
    for k in i1:
        i3.append(j * k)
print(i3)
```

① [0, 0, 0, 3, 4, 5, 6, 8, 10]　② [0, 3, 6, 0, 4, 8, 0, 5, 10]
③ [10, 5, 0, 8, 4, 0, 6, 3, 0]　④ [0, 4, 10]

8 아래의 프로그램의 실행 결과가 무엇인가? n에 7을 입력한다고 가정한다.

```
my_list = [1, 2, 3, 5, 8, 13, 15, 20, 25, 29]
n = int(input("정수를 입력하시오: "))
new_list = []
for i in my_list:
    if i < n:
        new_list.append(my_list[i])
print(new_list)
```

① []　② [1, 2, 3, 5]
③ [2, 3, 5, 13]　④ [1, 2, 3, 5, 8, 13]

9 아래의 프로그램의 실행 결과가 무엇인가?

```
list_a = [x for x in range(10) if x % 2 == 0]
list_b = list_a
for i in range(1, 8, 2):
    list_b.append(i)
list_c = [x for x in range(16) if x not in list_a]
print(list_c)
```

① [1, 3, 5, 7, 9, 10, 11, 12, 13, 14, 15]　② [2, 4, 6, 8]
③ [9, 10, 11, 12, 13, 14, 15]　④ [2, 4, 6, 8, 10, 12, 14]

10 아래의 프로그램의 실행 결과가 무엇인가?

```
def func(A, B, C):
    D=[]
    for item in A:
        if item in B:
            D.append(item)
    E=[]
    for item in C:
        if item in D:
            continue
        E.append(item)
    return E

A = [1, 3, 2, 7, 10, 4, 3]
B = [2, 3, 5, 7, 18, 20]
C = [7, 99, 22, 5, 3]
result = func(A, B, C)
print(result)
```

① [3, 2, 7, 3]
② [1, 10, 4]
③ [5, 18, 20]
④ [99, 22, 5]

단답식 문제

11 리스트에 대한 아래의 식의 결과가 무엇인가?

(1) [8] * 4

(2) 6 * [2, 7]

(3) [1, 2, 3] + ['a', 'b', 'c', 'd']

(4) 3 * [1, 2] + [4, 2]

(5) 3 * ([1, 2] + [4, 2])

12 아래의 리스트에 대해서 메소드를 실행한 결과가 무엇인가?

(1) nums = [3, 6, 9, 3, 6, 9],
nums.remove(6)

(2) nums = [3, 6, 9, 3, 6, 9]
nums.insert(3, 8)
nums.insert(0, 11)

(3) nums = [3, 6, 9, 3, 6, 9]
nums.sort()

(4) nums = [3, 6, 9, 3, 6, 9]
nums.reverse()

13 리스트 parts에 대해서 아래의 식을 수행한 결과가 무엇인가?

```
parts = ["CPU", "마더보드", "RAM", "키보드", "마우스", "모니터", "HDD", "프린
터"]
```

(a) parts[1:4]

(b) parts[0:]

(c) parts[len(parts)−1]

(d) parts[3:4]

(g) parts[:len(parts)−4]

(i) parts[0] + parts[1] + parts[2]

(j) parts[0:2] + parts[4:6]

14 리스트 price는 특정 상품이 여러 온라인 사이트에서 판매되는 가격들을 포함하고 있다.

```
price = [9990, 10500, 11250, 9830, 12300]
```

a) 또 다른 판매자가 이 상품을 10,500원에 판매한다는 정보를 얻었다. 이 가격을 리스트 price에 추가하라.
b) 이 상품을 10,500원에 판매하는 판매자들의 수를 구하라.
c) 리스트 price에서 최저 가격을 찾아라.
d) 리스트 price에서 최저 가격이 위치한 인덱스를 찾아라.
e) 리스트 price에서 최저 가격을 삭제하라.
f) 리스트 price를 오름차순으로 정렬하라.

15 아래의 리스트 표현식에 의해 만들어지는 리스트를 보여라.

(a) [n + 1 for n in [2, 4, 6, 8]]

(b) [i for i in range(3, 21) if i % 3 == 0]

(c) [(m, n) for m in range(4) for n in range(3)]

(b) [3*x for x in range(5, 10)]

(e) [(x, y) for x in range(5) for y in range(4) if (x + y) % 2 == 0]

16 num1과 num2는 각각 원소들을 한 개 이상 포함하고 있는 리스트이다. num2의 마지막 원소를 num1의 마지막에 추가하는 문장을 작성하라.

17 아래의 프로그램의 실행 결과가 무엇인가?

```
lst = [4, 10, 8]
x = lst.sort()
lst.append(20)
lst2 = lst[1:]
print(x)
print(lst)
print(lst2)
```

실습 문제

18 두 숫자들로 이루어진 리스트를 매개변수로 받아서 이들의 누적 합계들로 이루어진 리스트를 반환하는 함수를 작성하라. 즉 결과로 반환되는 리스트는 [첫 번째 원소, 첫번째 원소+두 번째 원소, 첫번째 원소+두 번째 원소+세번째 원소, ...]처럼 구해진다.

19 휴대폰 번호를 문자열로 받아서 유효한 휴대폰 번호인지 잘못된 휴대폰 번호인지 체크하는 프로그램을 작성하라. 유효한 휴대폰 번호는 010으로 시작하고, '–'이 오고, 네 자리 숫자가 오고, '–'이 오고, 네 자리 숫자로 끝난다.

010–xxxx–yyyy

유효한 휴대폰 번호이면 '유효'를, 잘못된 휴대폰 번호이면 '무효'를 출력한다.

예

010–9876–5432 ⇒ '유효'
010–999–8888 ⇒ '무효'
01D–6666–5123 ⇒ '무효'
010–1234–5678 ⇒ '유효'
0105678124 ⇒ '무효'

20 주어진 리스트를 역순으로 만들기 위해서 파이썬의 내장 함수를 사용하지 말고 스스로 함수를 작성해보라. 이 함수는 매개변수로 리스트 한 개를 받아서, 이 리스트의 원소들을 역순으로 만든 후 반환한다.

21 s가 문자열 변수일 때, s.find('p')는 문자열에서 'p'가 처음 나타나는 위치를 반환한다. 문자열 1개와 단일 문자 1개를 매개변수로 받아서 문자열에서 단일 문자가 나타나는 모든 위치들의 리스트를 반환하는 함수를 작성하라. 문자열에 단일 문자가 한 번도 나타나지 않으면 빈 리스트를 반환한다.

22 리스트 탐색 문제. 리스트에서 특정 원소가 처음 나타나는 위치를 반환하는 함수를 작성하라. 만일 특정 원소가 리스트에 없으면 None을 반환하라. 내장 함수는 사용하지 않고 작성한다.

23 사원이 승진을 하려면 6번의 시험 중에서 가장 나쁜 점수를 제한 5번의 점수의 합계가 200 이상이어야 한다. 6번의 시험성적을 매개변수로 받아서 가장 나쁜 점수를 제외한 5개의 점수의 합계를 구하고, 이 합계로부터 "승진" 또는 "보류" 판정을 내리는 함수를 작성하라.

〈힌트〉 min() 함수를 사용하라.

24 정수들로 이루어진 리스트를 매개변수로 받아서 양의 정수들만 합하여 반환하는 함수를 작성하라. 예를 들어서 리스트 [3, −3, 5, 2, −1, 2]를 매개변수로 받으면 12를 구하여 반환한다. 만일 매개변수 리스트가 빈 리스트이면 0을 반환한다.

25 정수들의 리스트로부터 짝수들의 개수와 홀수들의 개수를 세는 프로그램을 작성하라.

26 정수들의 리스트 n_list와 정수 한 개 x를 매개변수로 받아서 x가 a_list에 몇 번 나타나는가를 세는 함수를 작성하라. 내장 함수 count를 사용하지 않는다.

27 리스트 한 개를 매개변수로 받아서 빈도가 가장 높은 원소(가장 많이 나타나는 원소)를 찾는 함수를 작성하라. 가장 높은 빈도를 갖는 원소가 두 개 이상이면 이 중에서 아무 것이나 결과로 반환한다. 많은 응용 문제에서 이런 기능을 필요로 한다. 내장 함수 count를 사용하도록 한다.

28 정수들의 리스트 i_list와 정수 k를 매개변수로 받아서 i_list에서 k보다 큰 원소들의 개수를 구해서 반환하는 함수를 작성하라. i_list에서 k보다 큰 원소들을 i_list에서 삭제하지 않는다.

29 사용자로부터 문장 한 개를 문자열로 입력받고, 이 문장에 포함된 단어들의 개수, 단어들의 평균 길이를 출력하는 프로그램을 작성하라.

30 단어들의 리스트를 매개변수로 받아서 'p'로 시작하는 단어들만 골라서 새 리스트에 담는 함수를 작성하라. 대문자와 소문자를 구분하지 않는다.

프로젝트

31 리스트 두 개를 사용해서 친구들의 전화번호 목록을 만들려고 한다. 첫 번째 리스트에는 다섯 명의 친구들의 이름을 저장하고, 두 번째 리스트에는 다섯 명의 친구들의 전화번호를 저장한다. 이름 리스트와 전화번호 리스트의 원소들은 순서대로 대응된다.

예

```
['홍길동', '이만득', '김순미']
['010-1234-5678', '010-9876-5432', '010-2345-6789']
```

친구의 이름을 입력받고, 이름 리스트에서 그 이름을 검색하여 인덱스를 찾으면 그 인덱스를 사용하여 전화번호 리스트에서 전화번호를 출력한다.
이름 리스트에 없는 이름을 사용하여 검색하더라도 프로그램이 죽지 않도록 체크하는 기능도 포함시킨다.

Python

8 CHAPTER

투플, 집합, 딕셔너리

| 학습 목표 |

대부분의 고급 프로그래밍 언어가 투플과 집합 데이터 타입을 제공하지 않는다. 파이썬이 제공하는 투플은 리스트처럼 다양한 데이터 타입의 원소들을 포함할 수 있지만 불변 데이터 타입이므로 원소들을 수정하고, 삭제하고, 추가하는 것은 불가능하다. 의도적이든 실수로든 원소들을 변경하는 것을 방지하고 싶을 때 리스트 대신 투플을 사용한다. 파이썬이 제공하는 집합은 가변 데이터 타입이며 집합 연산자들을 사용하여 집합들을 다룰 수 있다. 또한 대부분의 고급 프로그래밍 언어는 딕셔너리 데이터 타입을 제공하지 않는다. 딕셔너리는 파이썬에서 가장 강력한 데이터 타입이므로 많은 응용 문제들을 딕셔너리를 사용하여 간결하게 작성할 수 있다.

본 장에서는 투플, 집합, 딕셔너리 데이터 타입의 특징, 연산, 메소드 등을 논의하고, 딕셔너리를 활용한 주요 응용 몇 개를 살펴본다.

CHAPTER 8

투플, 집합, 딕셔너리

8.1 투플

투플은 리스트처럼 다양한 데이터 타입의 원소들을 포함할 수 있다. 투플은 리스트와 비슷하게 정의하지만 원소들을 소괄호 ()로 에워싼다. 투플은 문자열처럼 변경할 수 없는 불변 데이터 타입이다. 변수에 임의의 투플을 배징(생싱)하고 나면 투플의 원소들을 수정하고, 삭제하고, 추가하는 것이 불가능하다.

예 투플 생성

크기가 20보다 작은 소수들을 원소로 갖는 투플을 아래와 같이 정의한다.

```
>>> primes = (2, 3, 5, 7, 11, 13, 17, 19)
```

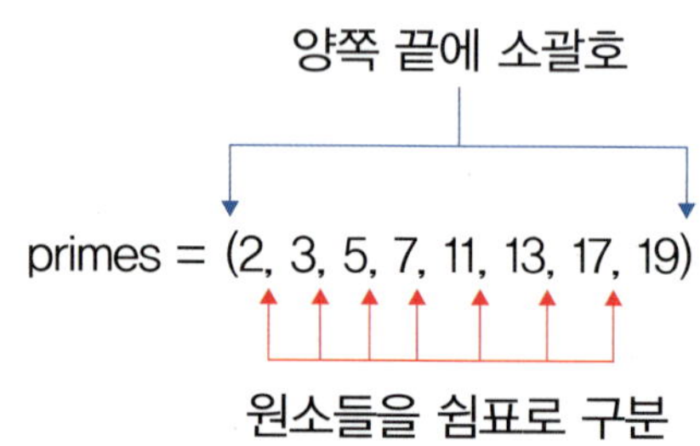


```
>>> primes
(2, 3, 5, 7, 11, 13, 17, 19)
```

← 투플 전체 내용이 출력됨

빈 투플은 ()로 표기한다. 원소가 한 개뿐인 투플을 생성할 때 주의해야 한다. 아래의 배정문은 변수 x에 정수 1을 배정한다. 소괄호가 사용되었지만 x에 원소 한 개인 투플을 배정한 것이 아니다.

```
x = (1)
```

한 개의 원소만 들어 있는 투플은 (1,)처럼 원소 다음에 쉼표를 표기해야 한다.

```
y = (1,)
```

TIP 파이썬은 (1)과 같이 표기하면 정수 1로 인식하기 때문에 투플이 아닌 것으로 취급한다. 예를 들어서 1 + (2*3)과 같은 식에서 (2*3)이 소괄호 안에 있기 때문에 투플로 취급하면, 정수 1과 (2*3)의 결과 투플을 덧셈하는 식이 되기 때문에 에러 메시지가 나타나야 한다. 따라서 (2*3)은 투플이 아니고 하나의 숫자로 취급한다.

8.1.1 투플과 인덱스

투플에서도 각각의 원소를 접근할 필요가 있다. 어떤 투플에 속한 각 원소의 위치를 구분하기 위해서 인덱스를 사용한다. 투플의 한 원소를 가리키려면 리스트 또는 문자열과 동일한 형식을 사용한다. 즉 투플을 생성할 때는 소괄호를 사용하지만 하나의 원소를 가리킬 때는 대괄호를 사용한다.

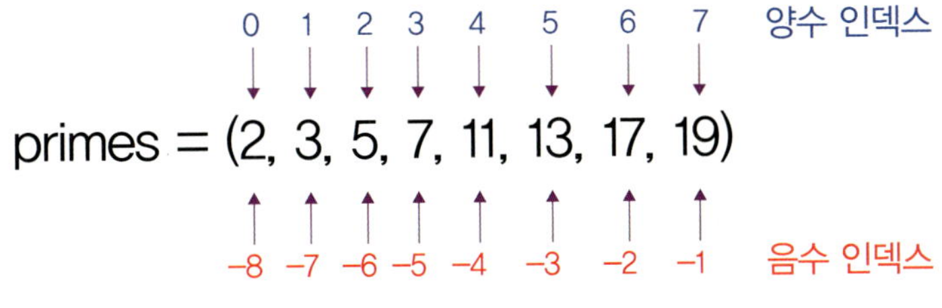

[그림 8–1] 투플의 양수 인덱스와 음수 인덱스

투플은 불변 데이터 타입

투플은 불변 데이터 타입이므로 t가 투플을 가리키는 변수일 때 투플 t의 임의의 원소를 = 기호 왼쪽에 사용하면 에러 메시지가 나타난다.

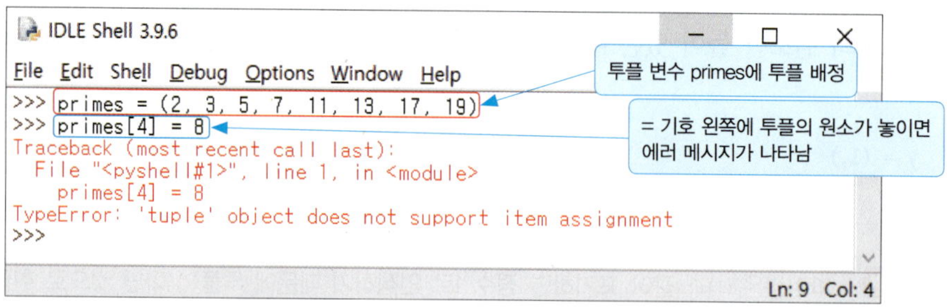

[그림 8-2] 투플의 원소를 수정하면 에러 메시지가 나타남

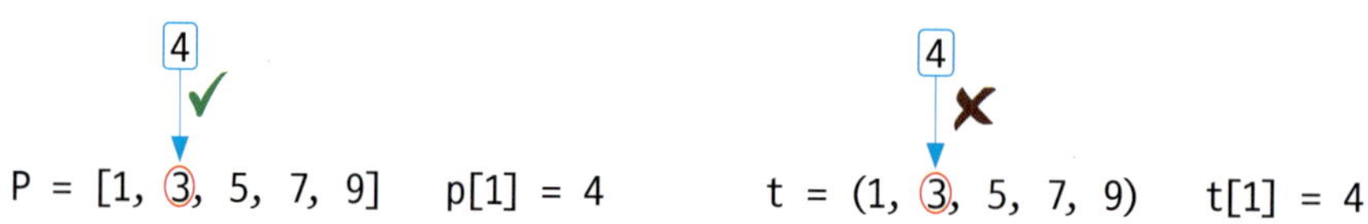

[그림 8-3] 리트의 원소는 수정 가능 vs. 투플의 원소는 수정 불가

예 평면상의 점

평면상의 어떤 점 p의 좌표 (x, y)를 나타내기 위해 투플을 사용할 수 있다.

```
>>> p = (12, 34)
```

투플에 반복문 활용

아래의 예는 for 문에서 투플의 원소들을 차례로 훑어보는 두 가지 방법을 보여준다. 투플 primes가 for 문의 헤더에서 시퀀스로 사용되고, 루프 변수 p는 primes의 원소를 하나씩 차례대로 배정받는다.

```
>>> primes = (2, 3, 5, 7, 11, 13, 17, 19)
>>> for p in primes:
        print(p)
```

리스트와 마찬가지로 투플도 인덱스를 지원하므로 각 인덱스에 대응되는 원소를 접근하는 아래의 for 문은 위의 for 문과 동일한 결과를 출력한다.

```
>>> primes = (2, 3, 5, 7, 11, 13, 17, 19)
>>> for i in range(len(primes)):
        print(primes[i])
```

투플이 지원하는 연산 및 함수들은 아래와 같다.

- 투플의 각 원소를 식별하는 인덱싱
- len, max, min 등의 내장 함수
- 슬라이스
- in 연산자
- +와 * 연산자

8.1.2 투플의 용도

투플은 = 기호 왼쪽에 여러 개의 변수가 사용되는 다중 배정문에 흔히 사용된다. 예를 들어서 변수 x와 y의 값을 교환하기 위해서 아래와 같이 임시 변수 temp를 흔히 사용한다.

```
temp = x
x = y
y = temp
```

하지만 투플을 사용하면 temp 변수 없이도 아래와 같이 변수 x와 y의 값을 교환할 수 있다.

```
x, y = y, x              # 투플이 사용됨
```

또는

(x, y) = (y, x)

= 기호 왼쪽에 여러 개의 변수를 사용한 배정문을 작성할 때도 투플이 사용된다.

```
(x, y) = (123, 456)
```

(x, y) = (123, 456)

이 때 당연히 = 기호 왼쪽의 변수들의 개수와 오른쪽의 값들의 개수가 같아야 한다.

함수의 실행 결과로 두 개 이상의 값을 반환하는 경우에도 흔히 투플을 사용한다. 아래의 함수 max_min은 숫자들의 리스트를 매개변수로 받아서, 내장 함수 max와 min을 리스트에 각각 적용하여 최대값과 최소값을 구한다. 한 개의 return 문에서 두 개의 값을 투플로 반환한다.

```
def max_min(value_lst):
    high = max(value_lst)
    low = min(value_lst)
    return (high, low)
```

투플

내장 함수를 사용하여 리스트와 투플을 서로 변환할 수 있다. 내장 함수 list()는 투플을 리스트로 변환하고, 내장 함수 tuple()은 리스트를 투플로 변환한다.

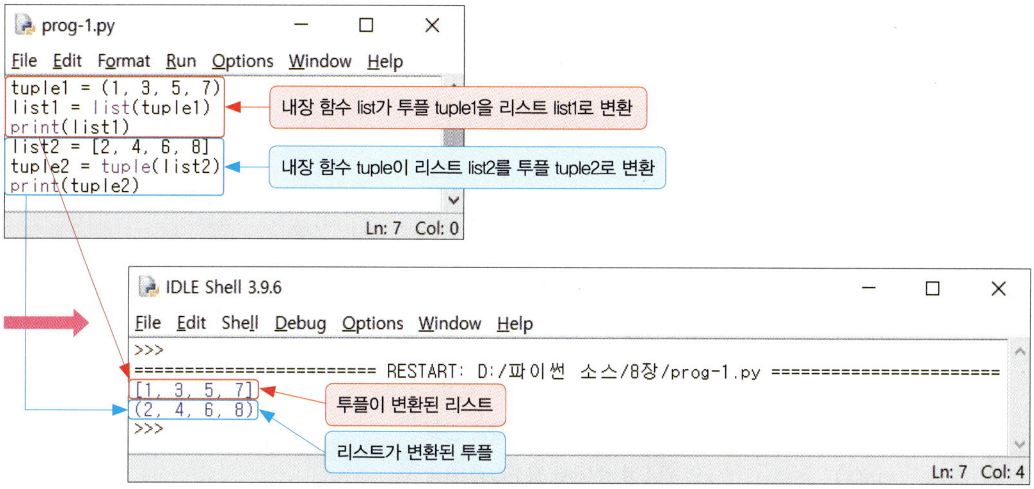

[그림 8-4] 내장 함수를 이용하여 투플을 리스트로, 리스트를 투플로 각각 변환

8.1.3 리스트와 투플의 비교

(1) 리스트와 투플의 유사점

리스트와 투플은 시퀀스이기 때문에 아래와 같은 유사점을 갖는다.

〈표 8-1〉 리스트와 투플의 유사점

리스트	투플	비고
>>> x = [11, 99]	>>> y = (11, 99)	변수에 배정하는 방법이 같음
>>> x[1] 99	>>> y[1] 99	특정 원소를 접근하는 인덱싱이 같음
>>> len(x) 2	>>> len(y) 2	리스트와 투플의 길이를 구하는 함수의 사용법이 같음

>>> [c, d] = [3, 6]
>>> c
3
	>>> (c, d) = (3, 6)
	>>> c
	3
		여러 개의 변수에 값을 한꺼번에 배정하는 방법이 같음

시퀀스 요약

문자열, 리스트, 튜플은 시퀀스이다. 시퀀스는 아래의 연산들을 공유한다. 〈표 8-2〉에서 x와 y는 시퀀스이고, i, j, n은 정수이다.

〈표 8-2〉 시퀀스에 적용할 수 있는 연산

구문	의미
x[i]	x에서 인덱스 i의 원소를 반환
x[i:j]	x에서 인덱스 i ~ (j-1)까지의 원소들을 반환
len(x)	x의 원소들의 개수(길이)를 반환
max(x)	x의 원소들 중에서 최대값을 반환
min(x)	x의 원소들 중에서 최소값을 반환
a in x	a가 x의 원소이면 True를 반환
x + y	x와 y를 접합
x * n	x를 n번 접합

(2) 리스트와 튜플의 차이점

리스트는 가변 데이터 타입, 튜플은 불변 데이터 타입이기 때문에 아래와 같은 차이점을 갖는다.

〈표 8-3〉 리스트와 튜플의 차이점

리스트	튜플	비고
>>> x = [11, 99]	>>> y = (11, 99)	
>>> x[1] = 77	>>> y[1] = 77 TypeError: 'tuple' object does not support item assignment	리스트의 원소는 변경할 수 있고, 튜플의 원소는 변경할 수 없음

리스트와 튜플의 개념 차이

리스트와 튜플이 다양한 데이터 타입의 다수의 원소들을 포함하는 시퀀스이지만 아래와 같은 본질적인 개념의 차이점이 존재한다.

〈표 8-4〉 리스트와 투플의 개념 차이

리스트	투플
순서대로 접근하는 순차적인 자료구조가 주요 목적	모든 원소들을 함께 접근하는 것이 주요 목적
동일 데이터 타입(예: 정수)의 원소들로만 이루어진 리스트가 최적	여러 데이터 타입의 원소들이 혼합되어 사용되는 것이 흔함
순차적: [3, 6, 9, 12, 15, 18, 21] 3의 배수들의 순차적인 모임	동시적: 특정 객체(예: 사람)를 설명하는 여러 항목들로 이루어짐. 예를 들어서, 어떤 사람의 이름이 '홍길동'이고, 나이는 24세이고, 휴대폰 번호는 '010-1234-5678'라는 사실을 한 개의 투플(=레코드)로 표현함 ('홍길동', 24, '010-1234-5678')

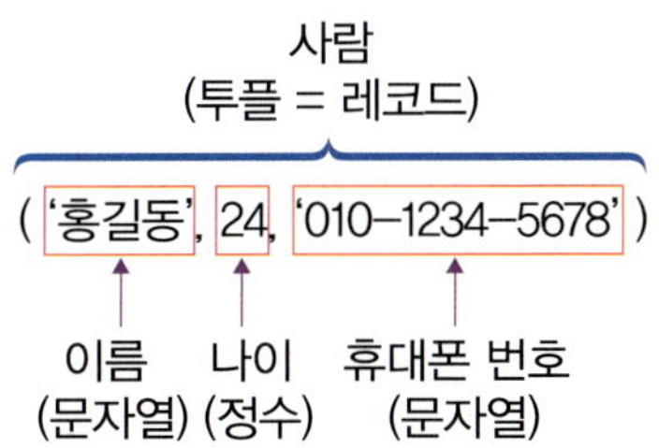

예 투플의 모든 원소들을 하나의 객체를 설명하는데 필요한 요소들로 취급하는 경우

```
>>> x = ('홍길동', 24, '010-1234-5678')
>>> x
('홍길동', 24, '010-1234-5678')
>>> type(x)
<class 'tuple'>
```

예 투플의 모든 원소들을 각각 구분하여 다루는 경우

```
>>> (a, b, c) = ('홍길동', 24, '010-1234-5678')
>>> a
'홍길동'
>>> b
24
>>> c
'010-1234-5678'
```

8.1.4 리스트를 사용할까 vs. 투플을 사용할까?

많은 데이터를 다루는 대부분의 응용에서 원소들에 순서가 있고, 가변 데이터 타입이 필요할 때는 리스트를 사용하는 것이 적절하다. 일반적인 시퀀스가 필요할 때 리스트를 사용하도록 하자.

리스트의 내용을 변경하지 않으려 할 때 투플을 사용한다. 실수로든 의도적이든 투플은 변경할 수 없어서 안전하고, 투플을 사용하면 리스트를 사용할 때보다 속도가 향상된다. 또한 단일 객체를 위해 여러 데이터 타입의 항목들을 한 번에 고려하는 상황에서는 투플이 더 적합하다.

언제 투플을 사용해야 하는가?

리스트보다 투플을 사용해야 하는 경우는 아래와 같다. 투플의 원소들이 연관된 값들을 나타내서 하나의 객체(대상)를 표현한다. 예를 들어서 한 사람에 관해 필요한 레코드들 나타낼 때 또는 2차원 평면상의 한 점의 좌표를 나타낼 때 하나의 투플이 적절하다. 투플 (2, 5)는 점 (2, 5)를 나타내고, 그 점의 좌표는 변하지 않을 것이다.

8.2 집합

파이썬은 **집합**이라고 부르는 데이터 타입을 제공한다. 파이썬의 집합은 수학의 집합처럼 중복된 값을 허용하지 않는다. 집합 연산자들을 사용하여 집합을 변경할 수 있기 때문에 집합은 가변 데이터 타입이다.

집합의 특징은 아래와 같다.

- 집합 내의 모든 원소들은 서로 달라야 한다. 집합을 생성할 때 중복된 원소들을 입력하더라도 실제로 집합에는 서로 상이한 원소들만 저장된다.

```
>>> s = {6, 1, 3, 1, 7}
>>> s
{1, 3, 6, 7}
```

- 집합 내의 원소들 간에는 어떤 순서가 없다. 따라서 각 원소를 특정하기 위해서 인덱스를 사용하는 것이 불가능하다.

```
    {1, 2, 3} = {2, 3, 1}
```

- 여러 데이터 타입의 원소들이 집합에 포함될 수 있다.

집합은 리스트와 비슷하게 정의하지만 원소들을 중괄호 {}로 에워싼다.

```
>>> s = {1, 3, 5}
```

중괄호 {}는 딕셔너리에도 사용되고, 빈 딕셔너리를 {}로 나타내기 때문에 빈 집합을 나타내려면 아래와 같이 인수가 한 개도 없는 set 함수를 사용하도록 하자.

```
>>> s = set()
```

중복된 원소들이 존재하는 리스트에서 중복된 원소들을 모두 제거하려면 아래와 같이 리스트를 집합으로 변환하고, 그 집합을 다시 리스트로 변환한다. set 함수는 리스트를 집합으로 변환할 때도 사용한다. 집합은 중복된 원소를 허용하지 않고, 원소들의 순서를 임의로 나타내므로 변환 과정에서 리스트의 원소들의 순서가 바뀔 수 있다.

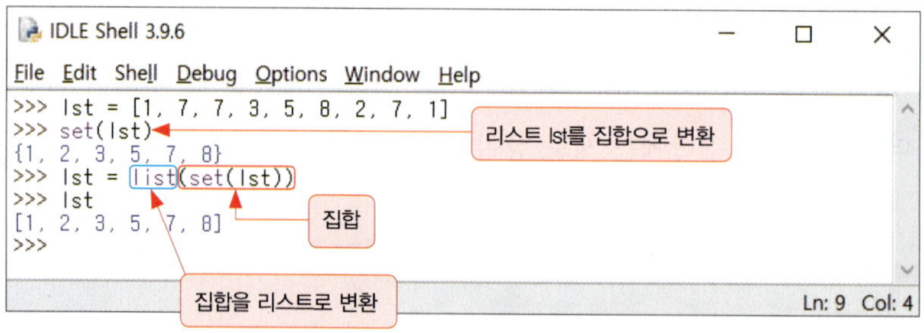

[그림 8-5] 내장 함수를 이용하여 리스트를 집합으로, 집합을 리스트로 각각 변환

> **TIP** 집합은 순서가 없는 데이터 모임이기 때문에 원소의 위치 또는 원소가 삽입된 순서를 기록하지 않는다. 따라서 인덱스, 슬라이스, 기타 시퀀스를 이용하는 연산들은 지원되지 않는다.

8.2.1 집합 연산자

어떤 원소가 집합에 속하는지, 어떤 집합이 다른 집합의 부분집합인지, 두 집합의 합집합은 무엇인지, 두 집합의 교집합은 무엇인지 등을 계산할 수 있다.

〈표 8-5〉 집합 연산자

연산자	수학 기호	의미	예
|	∪	합집합	{1, 3, 5} | {2, 3, 6} ⇒ {1, 2, 3, 5, 6}
&	∩	교집합	{1, 3, 5} & {2, 3, 6} ⇒ {3}
−	−	차집합	{1, 3, 5} − {2, 3, 6} ⇒ {1, 5}
^		대칭차집합	{1, 3, 5} ^ {2, 3, 6} ⇒ {1, 2, 5, 6}
in	∈	원소인가?	3 in {2, 3, 6} ⇒ True

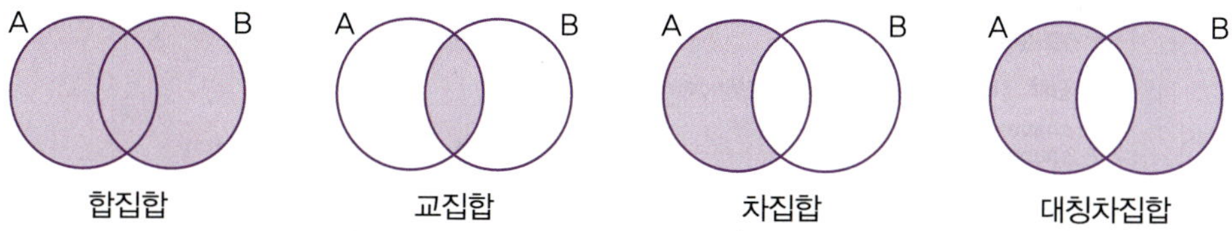

[그림 8-6] 집합 연산자

8.2.2 집합에 적용되는 메소드

파이썬은 집합에 적용할 수 있는 메소드들을 제공한다. add 메소드는 한 번에 한 개씩 원소를 집합에 추가한다.

형식

```
집합.add(원소)
```

remove와 discard 메소드는 집합에서 하나의 원소를 삭제한다.

형식

```
집합.remove(원소)                    # 집합에 있는 원소에 대해서만 사용 가능
집합.discard(원소)                   # 집합에 없는 원소에 대해서도 사용 가능
```

remove() 메소드를 사용하여 집합에서 원소를 삭제할 때 삭제하려는 원소가 집합에 존재하지 않으면 KeyError 에러 메시지가 나타난다. KeyError 에러 메시지가 나타나지 않으면서 삭제하려면 discard() 메소드를 사용한다.

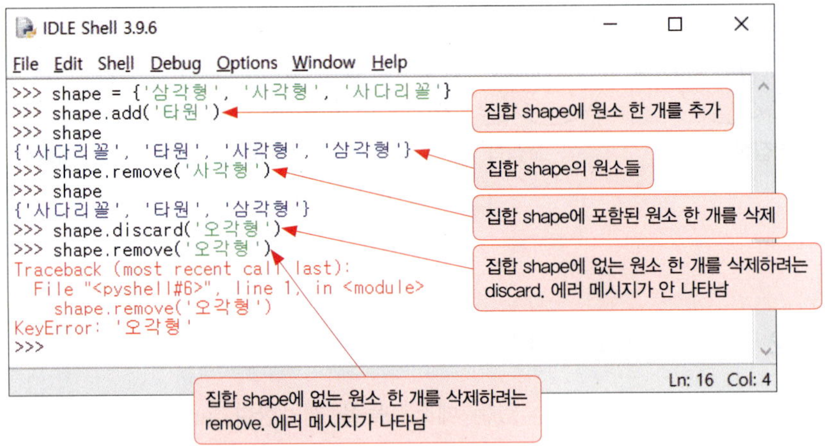

[그림 8-7] 집합 메소드

8.2.3 리스트 연산과 집합 연산의 비교

두 개의 리스트를 대상으로 집합 연산에 해당하는 연산을 표현하려면 집합을 대상으로 집합 연산자를 사용하여 표현하는 것보다 복잡하다.

(1) 교집합에 해당하는 연산

• 리스트 list1과 list2의 공통된 원소들을 찾는다. 빈 리스트 result1을 생성한 후 list2의 원소를 한 개씩 훑으면서 그 원소가 list1에도 존재하면 그 원소를 빈 리스트에 추가한다.

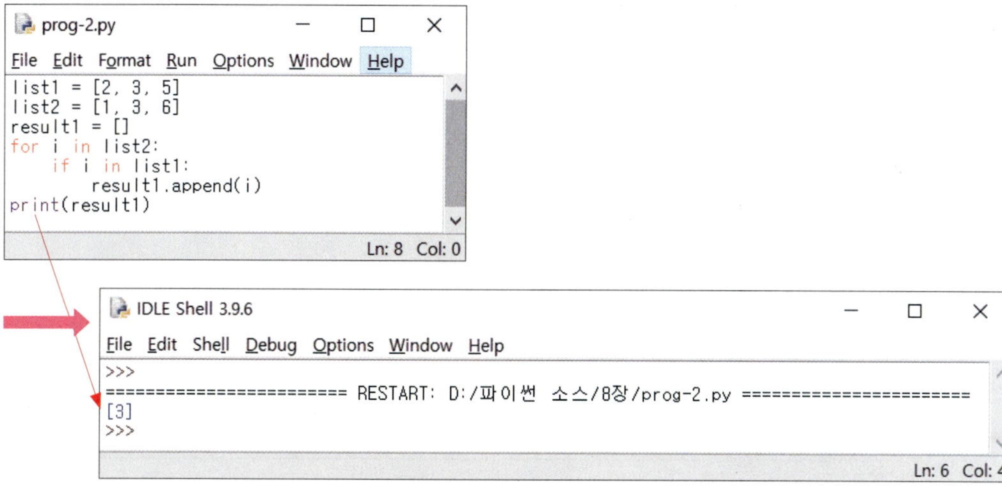

• 집합 set1과 set2의 공통된 원소들을 찾아라. 리스트보다 훨씬 간결하고, 표현하기 쉽다.

```
set3 = set1 & set2
```

(2) 합집합에 해당하는 연산

• 리스트 list1에 있거나 list2에 있거나 list1과 list2 모두에 있는 원소들을 찾는다. 먼저 list1과 list2를 접합하여 리스트 result2를 만든다. 리스트 result1은 list1과 list2에 공통된 원소들로 이루어진 리스트이다. 위의 (1)에서 구한 리스트이다. 리스트 result1의 원소를 한 개씩 훑으면서 그 원소를 result2에서 삭제한다.

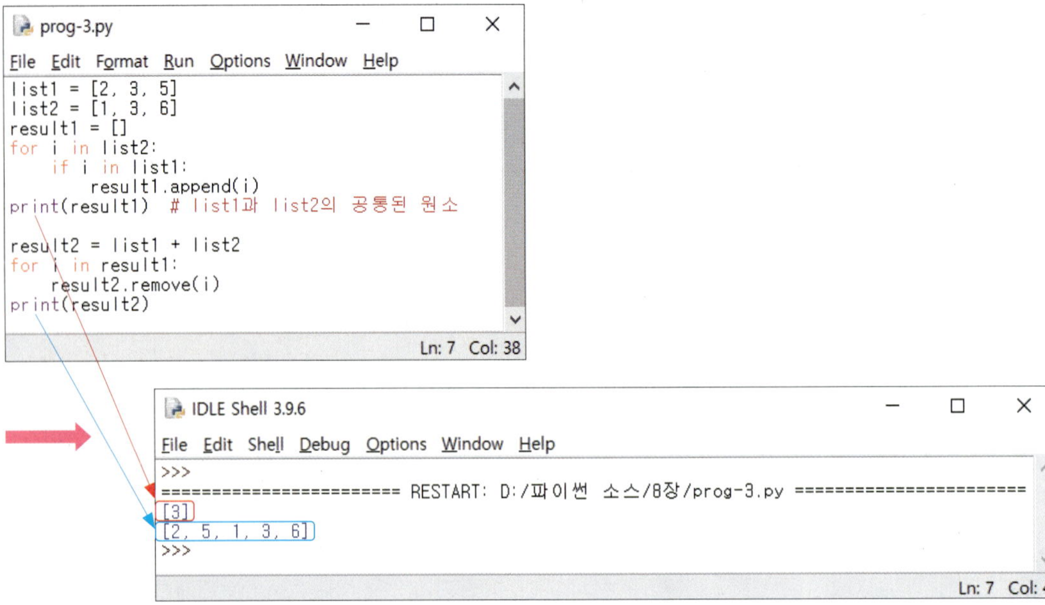

• 집합 set1에 있거나 set2에 있거나 set1과 set2 모두에 있는 원소들을 찾아라.

```
set3 = set1 | set2
```

(3) 차집합에 해당하는 연산

• list1 – list2, 즉 리스트 list1에서 list2에 속한 원소들을 삭제한다. list2의 원소를 한 개씩 훑으면서 그 원소가 list1에도 존재하면 그 원소를 list1에서 삭제한다. 차집합은 교환 법칙이 성립하지 않기 때문에 list1 – list2 ≠ list2 – list1이다.

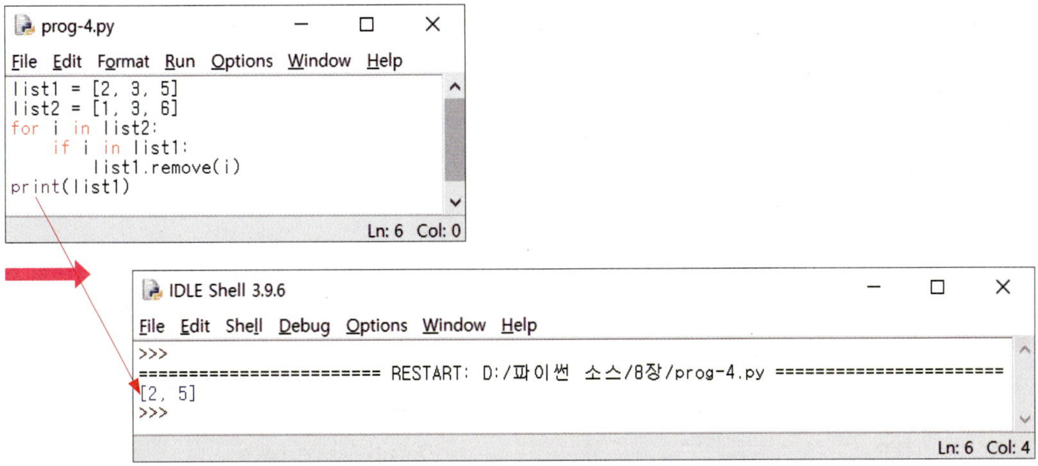

• 집합 set1에만 원소들을 찾는다.

```
set3 = set1 - set2
```

(4) 대칭차집합에 해당하는 연산

• 리스트 list1과 list2 중에서 어느 한 리스트에만 있는 원소들을 찾는다. 먼저 list1과 list를 접합하여 리스트 result2를 만든다. 빈 리스트 result3을 생성한 후 result2의 원소를 한 개씩 훑으면서 그 원소가 list1에 없거나 list2에 없으면 그 원소를 빈 리스트에 추가한다.

```
list1 = [2, 3, 5]
list2 = [1, 3, 6]
result2 = list1 + list2
result3 = []
for i in result2:
    if i not in list1 or i not in list2:
        result3.append(i)
print(result3)
```

```
>>>
======================= RESTART: D:/파이썬 소스/8장/prog-5.py =======================
[2, 5, 1, 6]
>>>
```

- 집합 set1과 set2 중에서 어느 한 집합에만 있는 원소들을 찾아라.

```
set3 = set1 ^ set2
```

8.3 딕셔너리

딕셔너리(dictionary)는 파이썬에서 가장 다재다능한 가변 데이터 타입이다. 딕셔너리의 한 원소는 **키**(key)와 **값**(value)의 쌍으로 이루어진다. 키는 대응되는 값을 찾는 인덱스 역할을 한다. 키가 주어지면 대응되는 값을 찾을 수 있다. 마치 사전에서 특정 단어를 사용하여 그 단어의 해설을 찾는 것과 유사하다.

[그림 8-8] 사전의 단어와 해설

딕셔너리 안의 모든 키들은 서로 달라야 하고, 반드시 불변 데이터 타입이어야 한다. 이에 반해서 값들은 임의의 데이터 타입일 수 있다. 정수, 실수, 문자열, 투플은 키가 될 수 있고, 리스트, 집합, 딕셔너리는 키가 될 수 없다. 일반적으로 키로 사용하는 데이터 타입은 숫자와 문자열이다. 다수의 서로 다른 키가 동일 값에 대응될 수 있다. 즉 동일 값들이 중복해서 나타날 수 있다.

TIP 딕셔너리에서 키를 사용하여 값을 찾을 때, 파이썬 내부에서 해싱(빠르게 검색하는 기법)이라고 부르는 알고리즘을 사용하기 때문에 매우 빠른 탐색이 가능하다. 해싱을 자세히 다루는 것은 본 교재의 범위를 넘어가기 때문에 생략한다.

주의

딕셔너리 키는 대문자와 소문자를 구분한다.

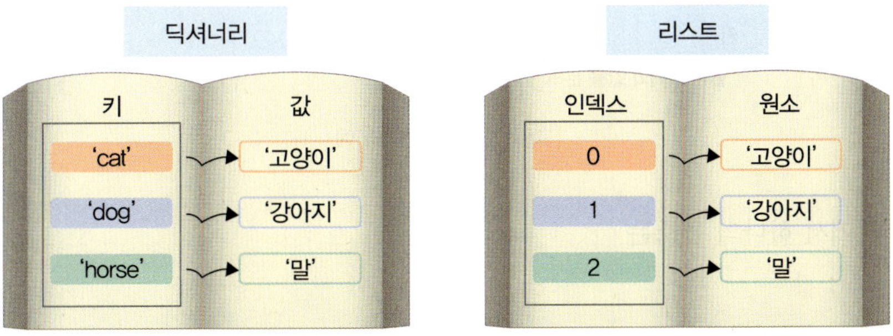

[그림 8-9] 딕셔너리와 리스트의 비교 (출처: realpython.com)

우선 딕셔너리를 영어 단어를 문자열로 받아서 이 단어에 해당하는 한글 단어를 문자열로 제시하는 영한사전과 비슷하게 생각해보자.

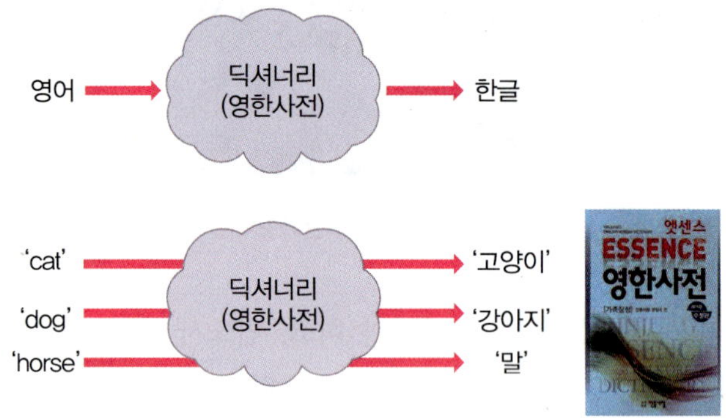

[그림 8-10] 작은 영한사전

[그림 8-11]은 세 개의 원소로 이루어진 매우 작은 영한사전을 파이썬의 딕셔너리로 표현한 것을 보여준다. 딕셔너리는 중괄호 {}로 에워싼다. 빈 딕셔너리는 {}로 나타낸다. 콜론으로 분리된 항목들의 쌍을 각각 키와 값이라고 부른다. [그림 8-11]에서 키는 딕셔너리에서 찾고자 하는 영어 단어이고, 값은 이 영어 단어에 해당하는 한글 단어이다.

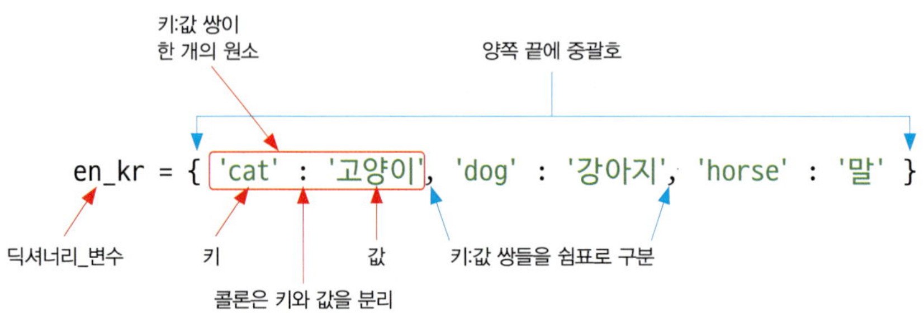

[그림 8-11] 딕셔너리 예

딕셔너리에서 하나의 원소는

키 : 값

의 쌍으로 이루어진다.

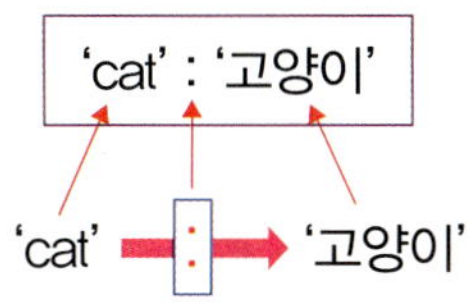

8.3.1 딕셔너리 연산

- **딕셔너리 생성**

원소들을 하나 이상 포함하는 딕셔너리를 생성하거나 빈 딕셔너리를 생성할 수 있다.

형식

```
딕셔너리_변수 = {키1 : 값1, 키2 : 값2, …, 키n : 값n}
```

또는

```
딕셔너리_변수 = dict()                    # 빈 딕셔너리 생성
```

빈 딕셔너리를 다음과 같이 정의할 수도 있지만 이 방법은 공집합과 혼동할 수 있기 때문에 가능하면 위의 방법을 사용하도록 하자.

딕셔너리_변수 = {}   # 빈 딕셔너리 생성

- **원소 추가**

딕셔너리는 가변 데이터 타입이므로 아래와 같은 방법으로 새로운 키-값 쌍을 딕셔너리에 추가할 수 있다. 만일 (기존의 키: 새로운 값) 쌍을 딕셔너리에 추가하면 딕셔너리에 중복된 키가 존재할 수 없기 때문에 그 키와 연관된 값이 새로운 값으로 바뀐다. 그 키가 딕셔너리에 존재하지 않으면 키-값 쌍이 딕셔너리에 추가된다.

형식

딕셔너리[키] = 값

키:값 쌍을 딕셔너리에 추가하는 것은 리스트에 원소를 추가하는 것보다 좀더 쉽다. 리스트에는 맨 끝(append 메소드) 또는 인덱스를 지정해서(insert 메소드) 원소를 추가할 수 있지만 딕셔너리의 키들 간에는 정해진 순서가 없기 때문에 배정문을 사용하여 딕셔너리에 키:값 쌍을 추가하면 임의의 위치에 추가된다.

예 딕셔너리에 원소 추가

아래와 같이 딕셔너리 en_kr을 생성한 후에

```
>>> en_kr = {'cat' : '고양이', 'dog' : '강아지', 'horse' : '말'}
```

딕셔너리 en_kr에 'cow' : '암소' 쌍을 추가한다. 대괄호 안에 키를 적고, = 기호 오른쪽에 값을 적는다.

```
>>> en_kr['cow'] = '암소'
```

딕셔너리를 출력하면 방금 추가한 원소를 확인할 수 있다.

```
>>> en_kr
{'cat': '고양이', 'dog': '강아지', 'horse': '말', 'cow': '암소'}
```

TIP 눈에 보이는 딕셔너리의 원소들의 순서가 딕셔너리에 사용자가 입력한 원소들의 순서와 항상 일치하는 것은 아니다. 파이썬은 딕셔너리의 성능을 향상시키기 위해서 사용자가 입력한 원소들의 순서를 임의로 재배치한다. 딕셔너리에서 원소들의 순서가 정해지지 않기 때문에 인덱스, 슬라이스 등 순서를 기반으로 하는 연산들이 지원되지 않는다.

● 키를 통한 검색

딕셔너리 안의 원소들은 임의의 순서로 저장되므로 딕셔너리로부터 특정 위치의 값을 검색하기 위해서 인덱스를 사용할 수 없다. 그 대신에 키를 사용해서 값을 검색해야 한다. 딕셔너리에서 어떤 값을 검색하려면 대괄호 [] 안에 그 값에 대한 키를 사용해서 아래와 같이 표현한다. 만일 키가 딕셔너리에 존재하면 키와 쌍을 이루는 값을 반환한다. 중괄호는 딕셔너리를 생성할 때 사용하고, 그 이후에는 대괄호를 사용한다.

형식

딕셔너리[키] → 값

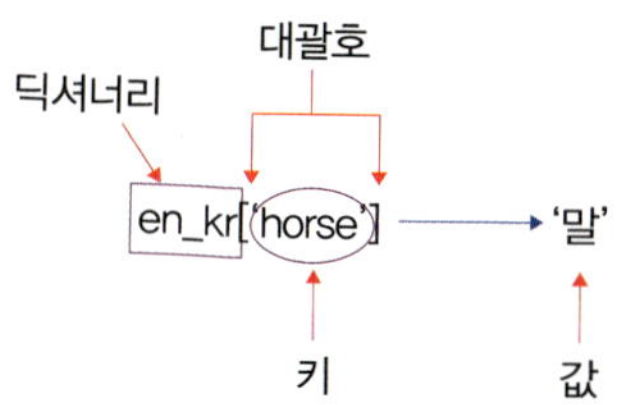

딕셔너리에 없는 키를 사용하여 검색하면 에러 메시지가가 나타난다.

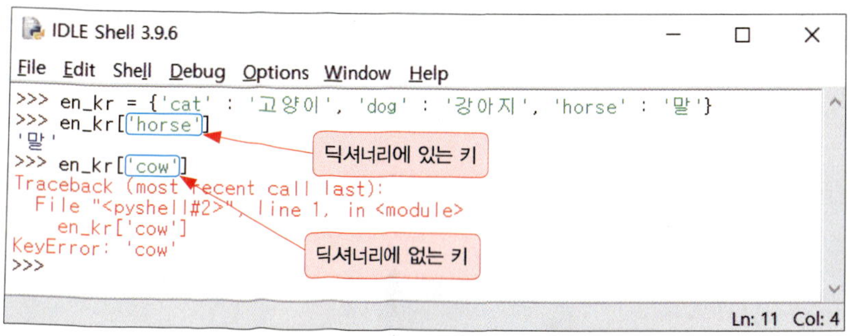

[그림 8-12] 딕셔너리에 없는 키로 값을 검색

● in 연산자

딕셔너리에 없는 키를 사용하여 딕셔너리를 검색하거나 삭제할 때 에러 메시지가 나타나므로 이를 방지하려면 in 연산자를 사용하여 주어진 키가 딕셔너리에 존재하는지 검사하고, True일 때 검색하도록 하자.

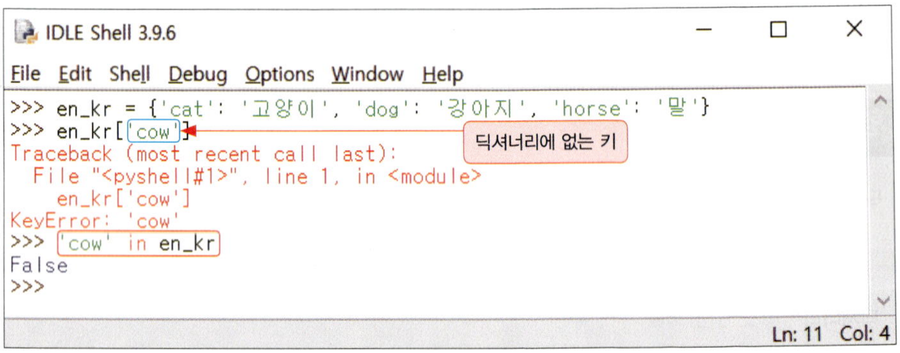

[그림 8-13] in 연산자

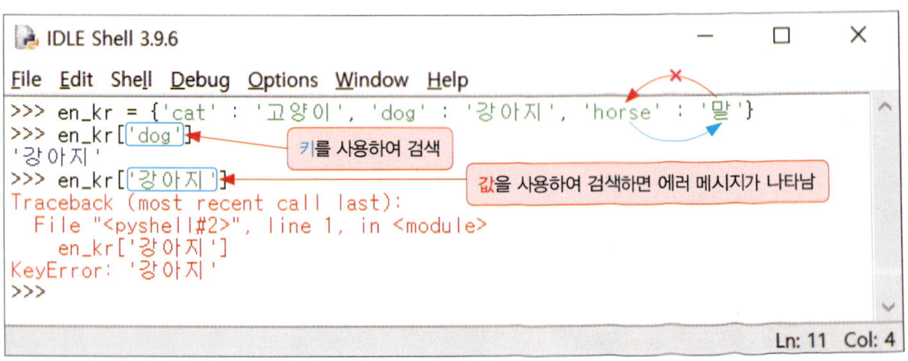

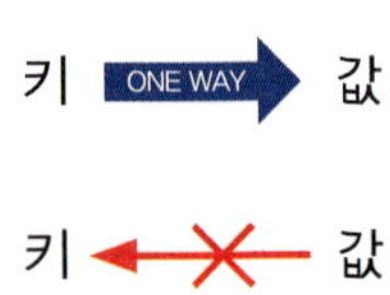

딕셔너리의 원소들이 임의의 순서대로 저장되어 있지만 for 문을 사용해서 딕셔너리 내의 모든 원소들을 하나씩 훑어볼 수 있다. 실제로는 키들을 하나씩 훑어보면서 대응되는 값을 읽는다.

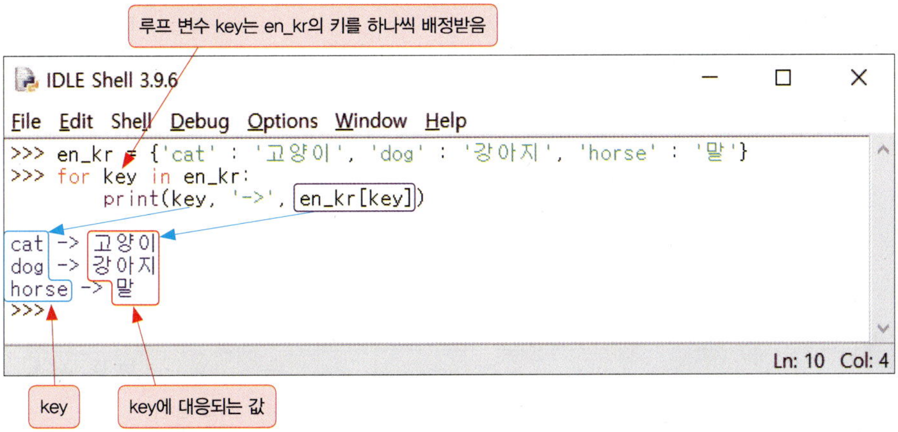

[그림 8-14] for 문을 사용해서 딕셔너리 내의 모든 원소들을 차례대로 검색

- **원소 삭제**

del 문을 사용하여 딕셔너리에서 키:값 쌍을 삭제할 수 있다. 만일 그 키가 딕셔너리에 존재하면 그 키와 연관된 값이 딕셔너리에서 함께 삭제된다. 딕셔너리에 없는 키를 사용하여 삭제하려고 하면 에러 메시지가 나타난다. 이런 에러를 방지하기 위해서 삭제할 키:값 쌍이 딕셔너리에 존재하는지 먼저 in 연산자를 사용하여 검사한다.

형식

```
del 딕셔너리[키]
```

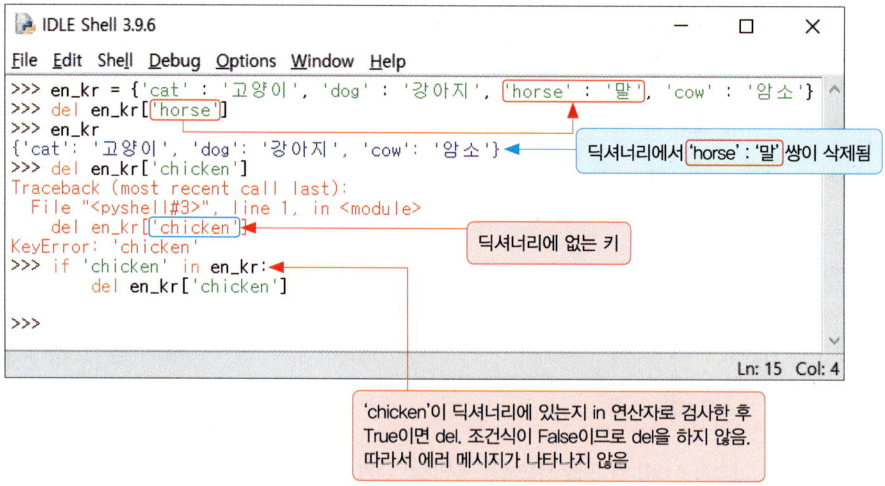

[그림 8-15] del 연산자와 in 연산자

8.3.2 딕셔너리 메소드

파이썬은 딕셔너리에 적용할 수 있는 메소드들을 제공한다.

〈표 8-6〉 딕셔너리 메소드

메소드	기능
딕셔너리.keys()	딕셔너리의 모든 키들을 리스트 형태로 반환한다.
딕셔너리.values()	딕셔너리의 모든 값들을 리스트 형태로 반환한다.
딕셔너리.items()	딕셔너리의 모든 원소들을 (키, 값) 쌍의 투플들의 리스트 형태로 반환한다.
딕셔너리.clear()	딕셔너리에서 모든 (키, 값) 쌍들을 삭제한다.
딕셔너리.copy()	딕셔너리의 복사본을 만든다.

- keys() 메소드

딕셔너리에 들어있는 모든 키들을 알고 싶으면 keys() 메소드를 사용한다. keys() 메소드는 딕셔너리의 모든 키들을 리스트 형태로 반환한다.

형식

```
딕셔너리.keys()
```

- values() 메소드

딕셔너리에 들어있는 모든 값들을 알고 싶으면 values() 메소드를 사용한다. values() 메소드는 딕셔너리의 모든 값들을 리스트 형태로 반환한다.

형식

```
딕셔너리.values()
```

예 keys() 메소드 vs. values() 메소드

```
>>> en_kr = {'cat': '고양이', 'dog': '강아지', 'horse': '말'}

>>> en_kr.key()
dict_keys(['cat' , 'dog' , 'horse'])

>>> en_kr.values()
dict_values(['고양이' , '강아지' , '말'])
```

주의

keys() 메소드와 values() 메소드가 반환하는 결과가 리스트 형태이지만 데이터 타입은 리스트가 아니다.

```
>>> type(en_kr.keys())
<class 'dict_keys'>
>>> type(en_kr.values())
<class 'dict_values'>
```

- items() 메소드

items() 메소드는 딕셔너리의 모든 원소들을 (키, 값) 쌍의 투플들의 리스트 형태로 반환한다.

```
>>> en_kr.items()
dict_items([('cat', '고양이'), ('dog', '강아지'), ('horse', '말')])
```

또한 딕셔너리로부터 items() 메소드로 (키, 값) 쌍의 투플들의 리스트를 반환받은 후에 for 문에서 (값, 키) 쌍의 투플들을 출력할 수도 있다.

items() 메소드가 반환하는 (키, 값) 쌍의 투플들의 리스트를 for 문에서 루프 변수 (eng, kor)로 하나씩 훑으면서 print 문에서는 (kor, eng) 쌍으로 출력하면 (영어 단어, 한글 단어) 순서가 (한글 단어, 영어 단어) 순서로 출력된다.

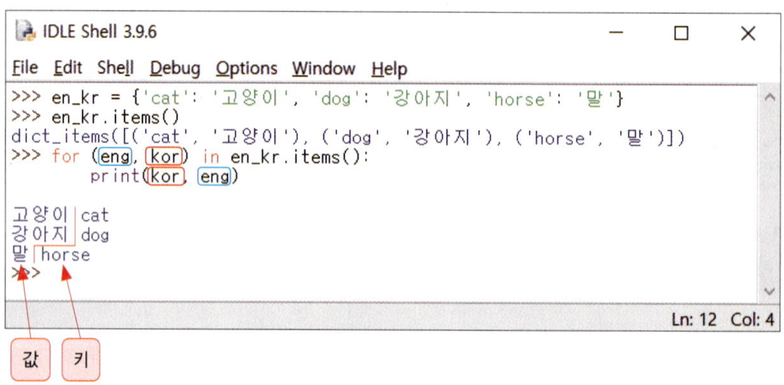

[그림 8-16] (키, 값) 쌍의 투플로부터 (값, 키) 쌍의 투플을 출력

items() 메소드가 딕셔너리의 모든 원소들을 (키, 값) 쌍의 투플들의 리스트 형태로 반환하지만 리스트 앞에 dict_items가 붙고, 데이터 타입이 리스트는 아니다.

list 함수를 사용하여 items() 메소드의 결과를 명시적으로 리스트로 변환해보자.

```
>>> list(en_kr.items())
[('cat', '고양이'), ('dog', '강아지'), ('horse', '말')]
```

- clear 메소드

clear 메소드는 딕셔너리의 모든 원소들을 삭제하여 빈 딕셔너리를 만든다.

형식

```
딕셔너리.clear()
```

```
>>> en_kr.clear()
>>> en_kr
{}
```

en_kr 딕셔너리 자체를 삭제하려면 아래와 같이 입력한다.

```
>>> del en_kr
>>> en_kr
Traceback (most recent call last):
  File "<pyshell#5>", line 1, in <module>
    en_kr
NameError: name 'en_kr' is not defined
```

- copy 메소드

딕셔너리를 복사하려면 copy 메소드를 사용한다.

형식

```
사본_리스트 = 원본_리스트.copy()
```

딕셔너리 용도

딕셔너리는 전화번호부, 메뉴, id-비밀번호처럼 키:값 쌍들로 이루어진 데이터를 저장하고 관리하는데 유용하다. 딕셔너리에 항목을 추가하고, 기존 항목을 삭제하고, 기존 항목을 수정할 수 있다.

딕셔너리는 데이터베이스와 유사한 연산을 매우 빠르게 수행한다. 데이터베이스에서는 키를 사용하여 데이터를 검색하는 작업을 자주 실행한다. 예를 들어서 은행 데이터베이스에서는 계좌번호(키)를 사용하여 잔액(값)을 검색한다.

8.4 딕셔너리 활용

딕셔너리는 파이썬에서 가장 강력한 데이터 타입으므로 많은 응용 문제들을 딕셔너리를 사용하여 간결하게 작성할 수 있다. C, 자바 등 대부분의 고급 프로그래밍 언어들은 딕셔너리를 제공하지 않는다.

8.4.1 커피 메뉴 관리

카페 운영자가 딕셔너리를 사용해서 카페의 메뉴를 관리한다고 가정하자. 먼저 커피 메뉴와 가격에 대한 딕셔너리를 정의한다. 커피 메뉴가 키이고, 가격이 값이다. 키는 문자열이기 때문에 따옴표로 에워싸고, 값은 정수이기 때문에 숫자만 입력한다.

```
>>> menu = {"아메리카노": 3500, "라떼": 4500, "카푸치노": 4300, "마키아또": 5000}
```

len 함수

딕셔너리에 키:값 쌍이 몇 개 들어있는가를 알려면 len 함수를 사용한다. 딕셔너리 menu에는 키:값 쌍이 네 개 들어있다.

```
>>> len(menu)
4
```

딕셔너리의 내용을 출력하려면 print 문을 사용한다.

```
>>> print(menu) (또는 >>> menu)
{"아메리카노": 3500, "라떼": 4500, "카푸치노": 4300, "마키아또": 5000}
```

menu 딕셔너리에 새로운 원소를 추가하려면 아래와 같은 문장을 사용한다.

```
>>> menu["카페 모카"] = 4800
>>> menu
{'아메리카노': 3500, '라떼': 4500, '카푸치노': 4300, '마키아또': 5000, '카페 모카': 4800}
```

딕셔너리의 원소들의 순서가 정해져 있지 않기 때문에 새로 추가한 엔트리는 딕셔너리의 임의의 곳에 나타난다.

커피 메뉴 한 개를 삭제하려면 del 문을 사용한다. 딕셔너리 menu에서 '카푸치노': 4300 쌍을 삭제해보자.

```
>>> del menu["카푸치노"]
>>> menu
{'아메리카노': 3500, '라떼': 4500, '마키아또': 5000, '카페 모카': 4800}
```

언제든지 특정 키에 대응되는 값을 수정할 수 있다. 예를 들어서 "마키아또"의 가격을 200원 인상하려면 아래와 같이 그 키에 대해서 새 값을 배정한다. "마키아또"의 가격이 기존 5000에서 5200으로 수정된다.

```
>>> menu["마키아또"] = 5200
>>> menu
{'아메리카노': 3500, '라떼': 4500, '마키아또': 5200, '카페 모카': 4800}
```

8.4.2 전화번호 관리

딕셔너리를 사용해서 친구들의 휴대폰 번호를 관리해보자. 이름과 휴대폰 번호 쌍들로 이루어진 딕셔너리를 만드는 한 가지 방법은 먼저 빈 딕셔너리를 만드는 것이다.

```
>>> phone_dict = dict()
```

만들어진 빈 딕셔너리에 엔트리를 한 개 추가해보자. phone_dict는 사람의 이름과 휴대폰 번호 쌍으로 이루어진 원소들로 이루어진다. 사람의 이름이 키이고, 휴대폰 번호가 값에 해당한다.

```
>>> phone_dict["김창섭"] = "010-1234-5678"
>>> phone_dict
{'김창섭': '010-1234-5678'}
```

리스트에 원소를 추가하기 위해서 append() 메소드를 사용했지만, 딕셔너리에 원소를 추가하기 위해서는 새 키와 값을 명시하면 된다.

```
>>> phone_dict["이수민"] = "010-9876-5432"
>>> phone_dict["박영권"] = "010-3456-7890"
>>> phone_dict["최종철"] = "010-7654-3219"
```

이제 전체 딕셔너리의 내용을 확인해보자.

```
>>> print(phone_dict)
{'김창섭': '010-1234-5678', '이수민': '010-9876-5432', '박영권': '010-3456-7890', '최종
철': '010-7654-3219'}
```

이제 딕셔너리 phone_dict에서 이름을 사용하여 대응되는 휴대폰 번호를 찾아보자. 전화번호를 알아내고 싶은 이름을 딕셔너리 오른쪽의 대괄호 [] 안에 명시한다.

```
>>> phone_dict["이수민"]
'010-9876-5432'
```

리스트를 사용하는 것보다 딕셔너리를 사용하는 것이 프로그램을 더 이해하기 쉽게 만든다. 예를 들어서 딕셔너리에서는 "이수민"의 인덱스를 알아볼 필요가 없다.

리스트와 딕셔너리의 차이점

리스트의 원소들에는 순서가 있어서 리스트를 정렬할 수 있다. 딕셔너리의 엔트리들은 순서가 없으므로 딕셔너리를 정렬하는 것은 아무런 의미가 없다.

딕셔너리에 새 원소를 추가하고 딕셔너리 내용을 출력하면 새 원소는 임의의 위치에 나타날 수 있다. 리스트의 원소들은 인덱스를 사용하여 접근한다. 딕셔너리의 원소들은 키를 사용하여 접근한다.

예 딕셔너리의 원소들을 키의 오름차순으로 출력

딕셔너리의 원소들을 어떤 순서에 따라 출력하고 싶을 때가 있다. 리스트는 정렬할 수 있으므로 딕셔너리의 키들을 뽑아서 리스트를 만들고, sorted 내장 함수를 사용하여 이 리스트를 오름차순으로 정렬하고, 정렬된 키들의 순서대로 키:값 쌍들을 출력한다.

```
>>> menu = {"아메리카노": 3500, "라떼": 4500, "카푸치노": 4300, "마키아또": 5000}
>>> for key in menu.keys():
        print(key, "->", menu[key])

아메리카노 -> 3500
라떼 -> 4500
카푸치노 -> 4300
마키아또 -> 5000
```

keys() 메소드는 menu의 모든 키들을 리스트 형태로 반환

임의의 순서

sorted()는 keys() 메소드가 반환한 키들을 오름차순으로 정렬하는 내장 함수

```
>>> for key in sorted(menu.keys()):
        print(key, "->", menu[key])

라떼 -> 4500
마키아또 -> 5000
아메리카노 -> 3500
카푸치노 -> 4300
```

키의 오름차순

[그림 8-17] 딕셔너리의 원소들을 키의 오름차순으로 출력

8.4.3 단어 수 세기

텍스트를 분석하는 응용 중에는 주어진 텍스트에 단어들이 몇 번씩 등장하는가를 세는 것이 중요한 경우가 있다. 사용자가 특정 단어를 포함한 문서들을 찾고자 할 때 문서 안에 특정 단어가 몇 번 사용되는가를 세고, 측정 단어가 가장 많이 포함된 문서부터 사용자에게 제시하는 것이 하나의 기준이 될 수 있다.

먼저 단어들의 리스트로부터 각 단어가 나타나는 빈도수를 구해보자. 주어진 텍스트에서 단어들이 나타나는 빈도수를 세기 위해서 딕셔너리를 사용한다.

디스크에 저장된 파일로부터 수많은 문장들로 이루어진 텍스트를 읽는 방법은 9장에서 자세하게 논의한다.

리스트의 각 단어를 읽으면서

- 딕셔너리에 있는 단어이면 그 단어(키)가 또 문자열에 나타난 것이기 때문에 그 단어에 대응되는 값(빈도수)을 1만큼 증가시킨다.
- 딕셔너리에 없는 단어이면 그 단어를 키로 하고, 값(빈도수)을 1로 해서 새 원소를 딕셔너리에 추가한다. 즉 딕셔너리에 없는 단어를 처음 등록하기 때문에 그 단어의 빈도수는 1이다.

알고리즘 : 단어의 빈도수

```
d = dict()                  # 빈 딕셔너리 생성
for w in words:             # words는 문자열을 split하여 생성한 단어들의 리스트
    if w in d:              # 딕셔너리에 있는 단어인지 검사
        d[w] = d[w] + 1     # 그 단어의 빈도수를 1만큼 증가
                            # d[w]는 키 w에 대응되는 값(빈도수).
    else:                   # 딕셔너리에 없는 단어
        d[w] = 1            # 그 단어를 딕셔너리에 등록
```

주의

어떤 단어를 처음 만나기 전까지 그 단어는 딕셔너리에 원소를 갖지 않으므로 딕셔너리에 없는 단어의 빈도수도 무조건 1만큼 증가시킬 수 없다.

이해를 돕기 위해, 아래와 같은 단어들이 포함되어 있는 리스트 words를 가지고 알고리즘을 따라가보자.

```
words = ["Python", "language", "object", "Python", "code", "Python", "language"]
```

대문자와 소문자를 서로 다른 문자로 구분하기 때문에 리스트 words의 원소들을 먼저 소문자로 변환한다.

딕셔너리의 키는 리스트로부터 읽은 단어이고, 값은 단어가 리스트에 몇 번 등장했는가를 나타낸다. 딕셔너리의 한 원소의 형식은 다음과 같다.

단어 : 빈도수

```
딕셔너리 = {}
```

⇓

딕셔너리 = {단어$_1$: 빈도수$_1$, 단어$_2$: 빈도수$_2$, …, 단어$_n$: 빈도수$_n$}

처음에 빈 딕셔너리로부터 시작하여 리스트의 단어들을 하나씩 읽으면서 알고리즘에 따라 각 단어의 빈도수를 누적해간다.

단어들의 리스트에서 단어를 한 개씩 읽을 때마다 딕셔너리를 검색해서 그 단어를 이전에 읽었는지(그 단어가 딕셔너리에 키로서 존재) 또는 새 단어인지(그 단어가 딕셔너리에 키로서 부재)를 검사하고, 이전에 읽은 단어이면 값(빈도수)을 1만큼 증가시키고, 새 단어이면 딕셔너리에 키(단어)로서 추가하고, 값은 1(빈도수)로 설정한다.

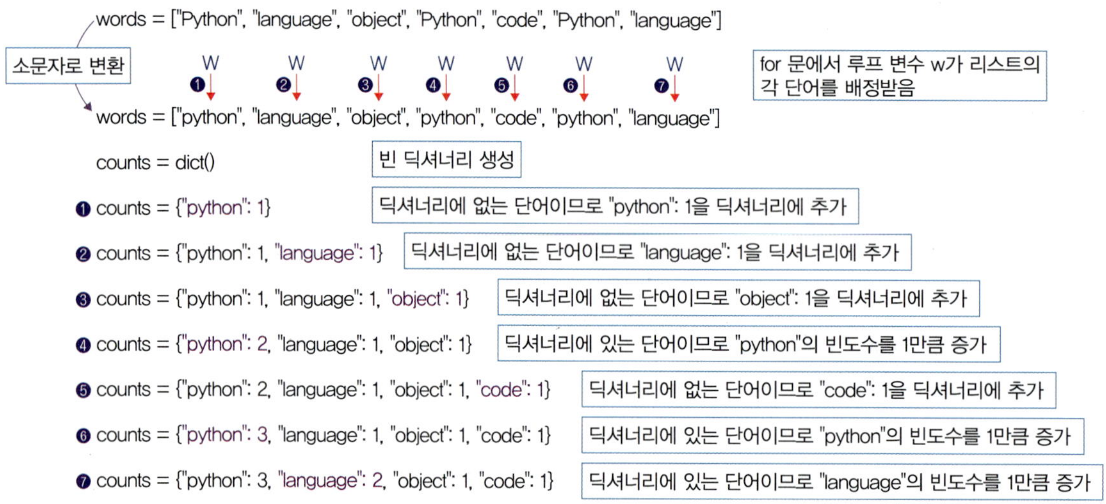

[그림 8-18] 리스트의 단어들을 하나씩 읽으면서 알고리즘에 따라 딕셔너리에 반영

위의 알고리즘을 프로그램으로 작성한 후 영어 한 문장으로 이루어진 문자열을 사용하여 실행해보자. 본 절에서는 아래와 같이 wikipedia에서 operating system(운영체제)을 검색한 페이지에 나타나는 문장 한 개를 예로 사용한다. 같은 단어(software)가 두 번 이상 나오는 문장이다. 한 문장을 예로 사용하지만, 수십~수백 페이지 분량의 수많은 문장들을 포함한 텍스트여도 알고리즘은 동일하다.

```
os = "An operating system is system software that manages computer hardware,
software resources, and provides common services for computer programs."
```

os는 여러 단어로 이루어진 긴 문자열을 가리키는데, 문자열에 포함된 단어들을 세는 일반적인 방법은 문자열을 split하여 단어들의 리스트로 변환한다. 각 문장의 첫 단어 또는 고유명사들은 대문자로 시작할테니 전체 문자열을 split하기 전에 먼저 소문자로 변환한다. 빈 딕셔너리를 만들고, 리스트의 단어들을 하나씩 훑어본다.

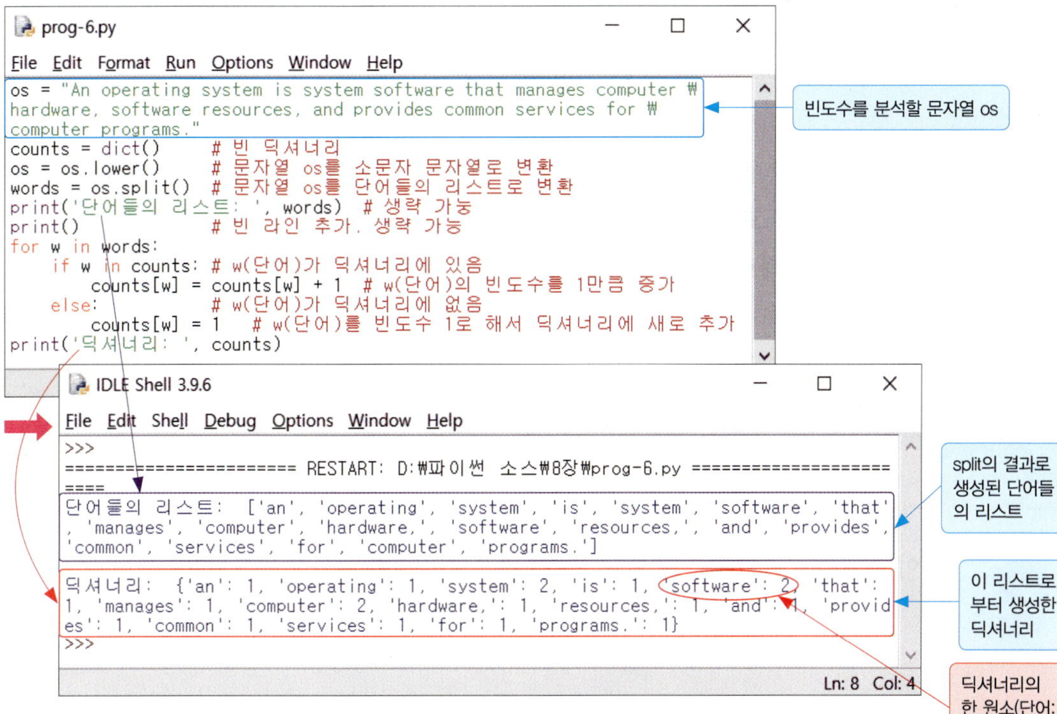

[그림 8-19] 리스트의 단어들을 하나씩 읽으면서 알고리즘에 따라 딕셔너리에 반영

딕셔너리 원소들에는 순서가 없으므로 딕셔너리를 출력할 때 키(단어)들이 나타나는 순서를 예측할 수 없다.

구두점 제거 함수

프로그램을 좀더 정교하게 만들려면 주어진 문자열에서 ?,.;:! 등의 구두점을 제거하는 과정을 거쳐야 한다. 구두점 제거 함수는 한 개의 문장을 매개변수로 받아서 문장 안에 포함된 ?,.;:! 등을 공백 문자로 변환한다.

```
def exchange_punctuation(line):
    for ch in line:
        if ch in '?,.;:!':
            line = line.replace(ch, '')
    return line
```

딕셔너리의 원소(단어 : 빈도수)들을 단어들의 알파벳 순서로 출력하려면 딕셔너리에 items 메소드를 적용하여 딕셔너리의 모든 원소들을 (단어, 빈도수) 쌍의 투플들의 리스트 형태로 변환하고, 그 결과에 list 함수를 적용한다. 아래와 같은 형태의 리스트가 반환된다.

```
[(단어1, 빈도수1), (단어2, 빈도수2), ..., (단어n, 빈도수n)]
```

이 리스트에 sort() 메소드를 적용한다. 투플들의 리스트를 정렬하면 첫 번째 항목(이 예에서는 단어)를 기준으로 오름차순으로 정렬한 결과가 반환된다.

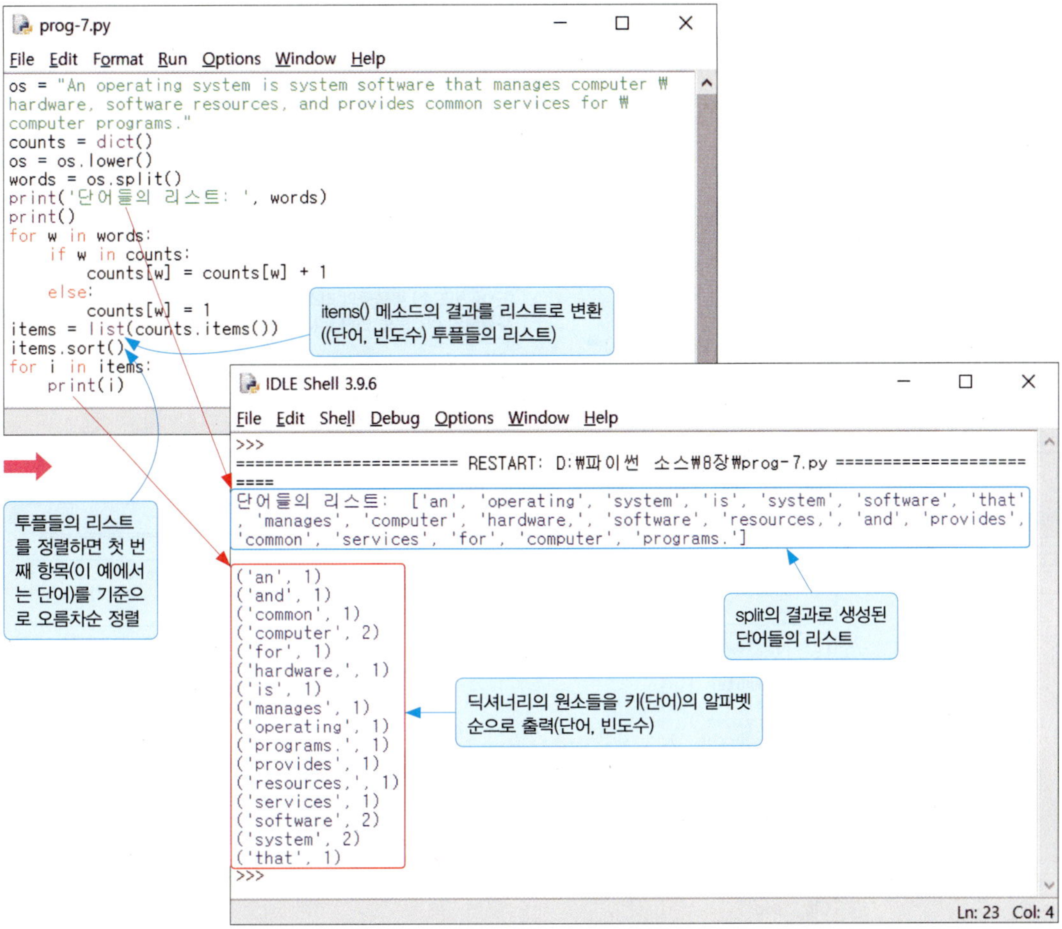

[그림 8-20] 딕셔너리의 원소들을 키(단어)들의 오름차순으로 출력

딕셔너리의 원소들을 단어들의 알파벳 순서가 아니고 빈도수가 큰 것부터 작은 것 순서대로 정렬하려면 아래와 같이 투플들의 리스트에서 각 투플의 첫 번째 원소와 두 번째 원소를 교환한 후 내림차순으로 정렬한다. 일반적으로 문서를 분석한 후 빈도수가 가장 큰 단어들에 관심을 두는 경우가 많다.

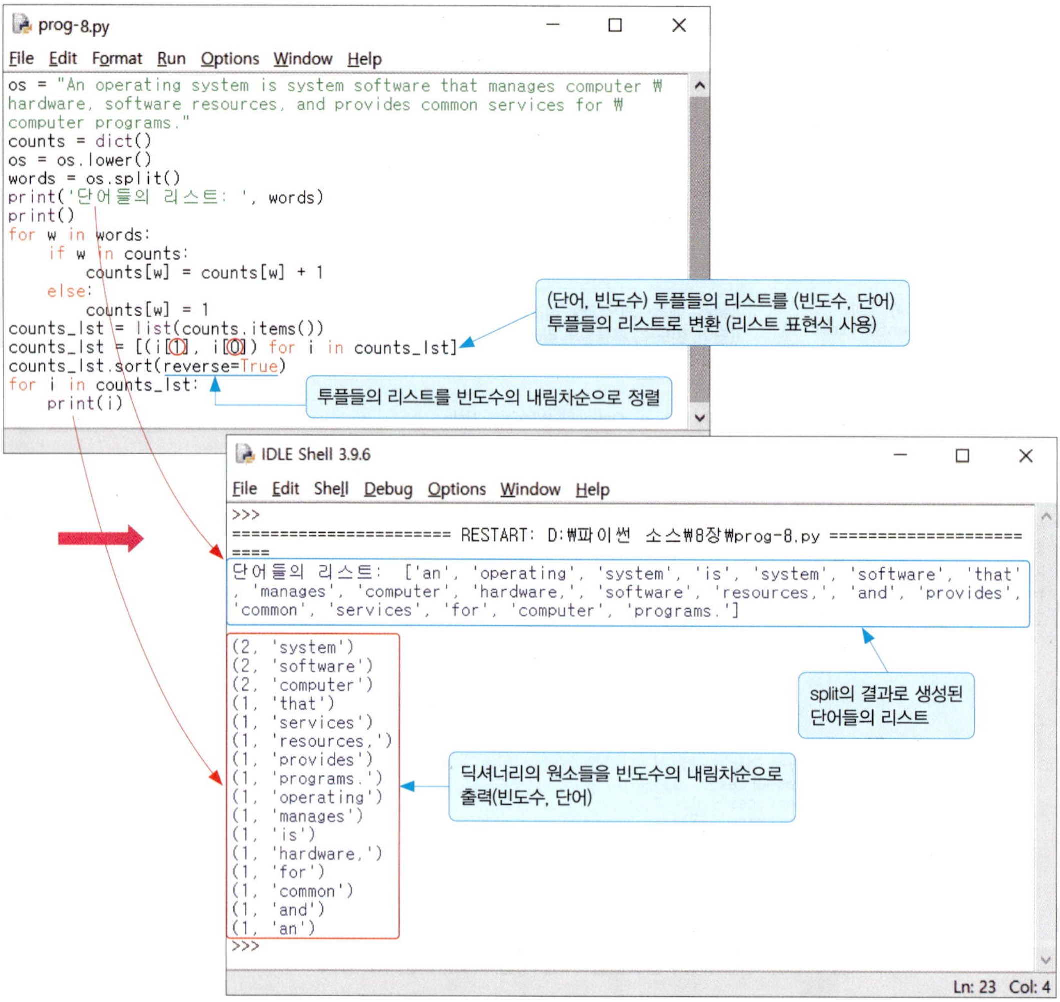

[그림 8-21] 딕셔너리의 원소들을 값(빈도수)들의 내림차순으로 출력

다시 강조하지만, 이런 유형의 문제를 해결하는데 딕셔너리는 매우 효율적이고 강력한 데이터 타입이다.

객관식 문제

1 아래의 프로그램의 실행 결과가 무엇인가?

```
t1 = (1)
t2 = (2, 3)
t1 = t1 + 4
print(t1)
print(t1 + t2)
```

① TypeError ② (1, 5, 3, 4)
③ 1 TypeError ④ 6 TypeError

2 아래의 프로그램의 실행 결과가 무엇인가?

```
my_set = {5, 2, 7, -2, 5}
print(10 in my_set, len(my_set))
```

① False 4 ② False 5
③ True 4 ④ False 4

3 아래의 프로그램의 실행 결과가 무엇인가?

```
list1 = list(range(9))
list2 = list(range(4, 9, 2))
my_set = set(list1) - set(list2)
print(my_set)
```

① {0, 1, 2} ② {0, 1, 2, 3, 4}
③ {0, 1, 2, 3, 5} ④ {0, 1, 2, 3, 5, 7}

4 아래의 프로그램의 실행 결과가 무엇인가?

```
def func(x, y):
    total = x + y
    sub = x - y
    mult = x * y
    return total, sub, mult

def middle(a, b):
    a = a + b
    value = func(a, b)
    return value

a, b, c = middle(-5, 6)
print(a, b, c)
```

① 1 −11 −30 ② 17 5 66

③ 7 −5 6 ④ −5 6

5 아래의 프로그램의 실행 결과가 무엇인가?

```
a = {1, 2, 3, 4}
b = a
a.add(5)
c = list(a) + list(b)
counter = 0
for item in c:
    counter = counter + 1
print(counter)
```

① 8 ② 9

③ 10 ④ 11

6 아래의 프로그램의 실행 결과가 무엇인가?

```
dict1 = {}
dict2 = {}
for i in range(10):
    dict1[i] = i * 3 + 2
    dict2[i] = i * 4 - 1
temp = 0
for j in range(4, 7):
    temp += dict1[j] + dict2[j]
print(temp)
```

① 62　　② 80

③ 104　　④ 108

7 두 개의 딕셔너리 d1, d2가 주어졌다. 아래의 조건을 충족하는 새로운 딕셔너리를 생성하려고 한다.

- d1에 속한 각 원소 (a: b)에 대해서 d2에 원소 (b: c)가 존재하면 원소 (a: c)를 새 딕셔너리 d3에 추가한다. 예를 들어서 d1 = {3:4, 9:20, 7:5, 6:13}, d2 = {3:6, 5:8, 4:11}이면 d3 = {3:11, 7:8}이다.

(1) 아래의 함수의 빈칸 (A)에 들어갈 문장은?

```
def test_dic(d1, d2) :
    ____(A)____
    for i in d1:
        if d1[i] in d2.keys():
            ____(B)____
```

① d3 = {}　　② d1 = {}

③ d1 = {}
d2 = {}　　④ d1 = {}
d2 = {}
d3 = {}

(2) 함수의 빈칸 (B)에 들어갈 문장은?

I. d3[i] = d2[d1[i]]
II. d3[i] = d1[i]
III. d3.update(i: d2[d1[i]])
IV. d3.update(d2[i]: d2[d1[i]])

① I ② I 또는 II
③ I 또는 II 또는 III ④ I 또는 III 또는 IV

단답식 문제

8 두 개의 집합 a, b를 사용해서 문제를 풀어라.

(1) 집합 a가 아래의 원소들을 포함하도록 정의하라.
[0, 1, 2, 3, 4, 5]

(2) 집합 a가 아래의 원소들을 포함하도록 정의하라.
[2, 4, 6, 8]

(3) 집합 a와 집합 b의 합집합을 출력하라.

(4) 집합 a와 집합 b의 교집합을 출력하라.

9 아래의 딕셔너리에 대해서

```
d = {3:0, 5:1, 10:1, 8:2, 15:4}
```

다음 문장(들)의 실행 결과가 무엇인가?

(a) print(d)

(b) for x in d:
    print(x)

(c) for x in d.keys():
    print(x)

(d for x in d.values():
    print(x)

10 아래의 프로그램의 실행 결과가 무엇인가?

```
d_num = {'1': 1, '2': 2}
copy = d_num
sum1 = d_num['1'] + copy['1']
d_num['1'] = 5
sum2 = d_num['1'] + copy['1']
print("sum1 = ", sum1 , " and sum2 = ", sum2)
```

11 아래의 프로그램의 실행 결과가 무엇인가?

```
dictionary = {}
dictionary[1] = 1
dictionary['1'] = 2
dictionary[1] += 1
sum = 0
for k in dictionary:
    sum += dictionary[k]
print(sum)
```

12 아래의 딕셔너리 d1에 대해서 프로그램의 실행 결과가 무엇인가?

```
d1 = {1: 0.1, 2: 0.2, 3: 0.3, 4: 0.4}
d2 = {}
lst = list(d1.values())
k = 5
for p in lst:
    d2[k] = 1 + p
    k += 2
print(d2)
```

13 아래의 프로그램의 실행 결과가 무엇인가?

```
counter = {}
def add_to_counter(country):
    if country in counter:
        counter[country] += 1
    else:
        counter[country] = 1

add_to_counter('Korea')
add_to_counter('Germany')
add_to_counter('Korea')
print(len(counter))
```

14 강좌 번호(키)와 강의실 번호(값)로 이루어진 딕셔너리를 생성하라.

강좌 번호(키)	강의실 번호(값)
CS101	19-110
CS102	19-114
CS103	19-328
EE210	12-105
EE223	12-108

실습 문제

15 투플 한 개와 원소 한 개를 매개변수로 받아서 원소가 투플 안에 나타나는 횟수를 구하는 함수를 작성하라.

(1) 내장 함수 count를 사용하지 말고 작성

(2) 내장 함수 count를 사용하여 작성

예

투플: (10, 8, 5, 2, 10, 15, 10, 8, 5, 8, 8, 2)
입력: 10
출력: 3

16 투플 한 개를 매개변수로 받아서 투플의 원소들을 역순으로 재배치한 새로운 투플을 반환하는 함수를 작성하라. 투플은 불변 데이터 타입이므로 매개변수로 받은 투플을 함수 안에서 변경할 수 없다.

예

입력: (10, 11, 12, 13, 14, 15)
출력: (15, 14, 13, 12, 11, 10)

17 두 개의 리스트를 매개변수로 받아서 두 리스트에 공통적으로 포함된 원소들로만 이루어진 새로운 리스트를 반환하는 함수를 set 함수를 활용하여 작성하라.

예

입력: lst1 = [15, 9, 10, 56, 23, 78, 5, 4, 9]
　　　lst2 = [9, 4, 5, 36, 47, 26, 10, 45, 87]
출력: [9, 10, 4, 5]

18 항목들의 리스트를 받아서 리스트의 고유한 항목들의 개수를 반환하는 함수를 집합을 사용하여 작성하라.

19 투플을 매개변수로 받아서 투플의 원소들의 합을 구하여 반환하는 함수 sum_all을 작성하라.

20 실수들의 리스트를 받아서 이들의 최소값과 최대값을 구하여 (최소값, 최대값) 투플을 반환하는 함수 min_max를 작성하라.

예 [1.0, 4.0, −1.0, −6.0, 7.0, 3.0] ⇒ (−5.0, 7.0)

21 사용자가 가전제품 이름을 입력하지 않은채 Enter 키를 누를 때까지 사용자로부터 가전제품 이름과 가격을 계속 입력받아 딕셔너리에 담는 프로그램을 작성하라. 키는 가전제품 이름이고, 값은 가격이다.
그 후에 사용자로부터 가전제품 이름을 입력받으면 딕셔너리에서 가격을 검색하여 사용자에게 보여주도록 한다. 딕셔너리에 없는 가전제품의 이름을 입력하면 "등록되지 않은 가전제품"이라는 메시지를 출력한다.

22 아래와 같은 기능들을 포함한 프로그램을 작성하라.

사용자 id가 키이고, 비밀번호가 값인 딕셔너리에 다섯 명의 사용자 id와 비밀번호를 담아서 생성한다.
id_passwd = {사용자id1: 비밀번호1, ..., 사용자id5: 비밀번호5}
사용자로부터 사용자 id와 비밀번호를 입력받아서 사용자 id가 딕셔너리에 없으면 "등록되지 않은 사용자"라는 메시지를 출력하고, 사용자 id가 딕셔너리에는 있는데 비빌번호가 틀리면 "비밀번호가 틀렸음"이라는 메시지를 출력하고, 사용자 id가 딕셔너리에 있고 비밀번호도 맞으면 "시스템에 로그인되었음"이라는 메시지를 출력한다.

23 학점(키)과 평점(값)으로 이루어진 딕셔너리를 사용해서, 학점을 매개변수로 받아서 대응되는 평점을 반환하는 함수를 작성하라.

```
{'A+': 4.5, 'A0': 4.0, 'B+': 3.5, 'B0': 3.0, 'C+': 2.5, 'C0': 2.0, 'D+': 1.5, 'D0':
1.0, 'F': 0.0}
```

24 이름(키), 휴대폰 번호(값)으로 이루어진 딕셔너리를 메인 프로그램에서 작성하고, 매개변수로 함수에 전달한다. 함수 안에서 사용자로부터 이름을 입력받아서 딕셔너리에서 휴대폰 번호를 검색하여 사용자에게 출력한다. 메인 프로그램과 함수를 작성하라.

25 값이 정수로 이루어진 딕셔너리가 있다. 이런 딕셔너리를 매개변수로 받아서 값들의 합을 구하는 함수를 작성하라.

예

입력: {'a': 100, 'b': 200, 'c': 300}
출력: 600

26 정렬되지 않은 정수들의 리스트를 매개변수로 받아서, 상이한 각 정수의 빈도수를 구하는 함수를 작성하라. 동일 정수가 여러 번 리스트에 나타날 수 있다. 딕셔너리를 활용하도록 한다.

예

입력: [1, 1, 1, 5, 5, 3, 1, 3, 3, 1, 4, 4, 4, 2, 2, 2, 2]
출력: 1 : 5
2 : 4
3 : 3
4 : 3
5 : 2

27 리스트를 매개변수로 받아서 딕셔너리를 반환하는 함수를 작성하라. 리스트에는 오직 문자열만 포함되어 있다. 반환하는 딕셔너리의 키는 문자열이고, 값은 문자열의 길이이다. 예를 들어서 a_list = ["파이썬", "프로그래밍", "언어"]가 매개변수이면 반환되는 딕셔너리 b_dict = {"파이썬": 3, "프로그래밍": 5, "언어": 2}이다.

28 사용자로부터 학생들의 이름과 성적을 계속 입력받아서 딕셔너리에 추가한다. 딕셔너리는 처음에 빈 딕셔너리이다. 사용자가 'END'를 입력하면 그때까지 딕셔너리에 추가한 원소들의 개수, 성적들의 평균, 리스트를 반환하는 함수를 작성하라. 'END'는 딕셔너리에 추가하면 안 된다.

29 요일을 나타내는 한 글자를 받아서 요일의 완전한 이름을 반환하는 함수를 if–elif 문장을 사용하여 아래와 같이 작성할 수 있다. 이 함수를 딕셔너리를 사용하여 작성하라.

```
def full_day(short):
    if abbreviation == '월':
        return '월요일'
    elif abbreviation == '화':
        return '화요일'
    elif
        ......
    else:
        return '일요일'
```

30 이름(키)과 이메일 주소(값)으로 이루어진 딕셔너리를 만들어서 다섯 명의 이름과 이메일 주소를 등록한다. 사용자가 '추가'를 선택하면 이름과 이메일 주소를 입력받아 딕셔너리에 추가한다. 사용자가 '검색'을 선택하면 이름을 입력받아 딕셔너리에서 그 이름에 대응되는 이메일 주소를 검색하여 출력한다. 사용자가 '변경'을 선택하면 이름과 이메일 주소를 입력받아 딕셔너리에서 그 이름에 대응되는 이메일 주소를 변경한다. 사용자가 '삭제'를 선택하면 이름을 입력받아 딕셔너리에서 그 이름과 대응되는 이메일 주소를 삭제한다.

프로젝트 1

31 리스트를 매개변수로 받아서, 그 리스트에 두 번 이상 나타나는 원소들만 포함하는 집합을 구하여 반환하는 함수를 작성하라.
예를 들어서 dups([1, 3, 2, 4, 3, 1, 1])는 returns {1, 3}.

프로젝트 2

32 정수들의 리스트로부터 모드(mode)를 구하는 문제이다. 모드는 숫자들의 모임에서 가장 빈번하게 나타나는 숫자이다.
예를 들어서 숫자들의 모임이 1, 4, 3, 4, 7, 1, 8, 1이면 모드는 1이다.
숫자들의 리스트 nums = [1, 4, 3, 4, 7, 1, 8, 1]로부터 어떻게 모드를 찾을 것인가?
– 모든 숫자들이 나타나는 빈도수를 센다.
– 가장 높은 빈도수를 가진 숫자가 모드이다.

학생들의 성적들이 들어있는 리스트 scores의 내용이 아래와 같다.
scores = [95, 96, 100, 85, 95, 90, 95, 100, 95]
딕셔너리를 사용해서 리스트 scores로부터 모드를 구하는 함수를 작성하라.

Python

9
CHAPTER

파일 입출력

| 학습 목표 |

적은 데이터를 입력받아 처리한 결과를 보여주는 프로그램의 효용성은 높지 않을 것이다. 어떤 프로그램은 많은 데이터를 입력받아 빠른 속도로 처리하고, 결과를 사용자에게 출력한다. 이런 프로그램을 수행할 때마다 매번 사용자가 키보드에서 방대한 데이터를 입력해야 한다면, 그 과정에 실수가 발생할 수 있고 매우 번거로운 작업일 것이다.

지금까지 표준 입출력을 통해 입력과 출력을 수행했는데, 본 장에서는 프로그램을 수행할 때 디스크의 파일로부터 입력 데이터를 읽고, 처리 결과를 화면에 보여주는 대신 디스크의 파일에 기록하는 방법을 논의한다. 또한 디스크에 저장된 파일을 읽어서 문자 수, 라인 수, 단어 수, 단어 빈도수 등을 분석하는 방법을 살펴본다.

CHAPTER 9 파일 입출력

9.1 텍스트 파일

일반적으로 대부분의 프로그램은 입력, 처리, 출력 문장들을 포함한다. 지금까지 살펴본 프로그램들은 프로그램이 실행될 때마다 사용자가 데이터를 매번 키보드에서 입력해야 한다. 왜냐하면 프로그램의 변수들이 가리키는 데이터는 주기억장치에 저장되고, 프로그램의 실행이 끝나면 모두 사라지기 때문이다. 출력은 직접 모니터에 표시되었다.

프로그램이 실행되는 동안 프로그램에서 계산한 결과들은 주기억장치에 저장되는데, 프로그램의 실행이 끝나거나 컴퓨터의 전원을 끄면 주기억장치의 내용은 모두 사라진다. 프로그램을 디스크상의 파일에 저장할 수 있듯이 프로그램 실행에 필요한 입력 데이터 또는 프로그램에서 계산한 출력 데이터를 파일에 저장할 수 있다. 파이썬에서 **파일**은 디스크에 저장된 문자열(바이트)들의 시퀀스이며, 이름을 가지고 있고, 디스크 또는 USB 메모리 등에 저장되어 있다.

9.1.1 방대한 데이터 처리하기

어떤 프로그램은 많은 데이터를 필요로 한다. 예를 들어서 학기말에 수강생이 많은 과목의 성적을 평가하기 위해서 중간성적과 기말성적 등 많은 데이터를 성적 처리 프로그램에 입력해야 한다. 회사에서 매월 사원들에게 지급할 급여를 계산하기 위해서 사원 이름, 사원 번호, 기본급, 수당 등을 포함해서 많은 데이터를 프로그램에 입력해야 한다. 어떻게 하면 좋을까?

방안1

데이터가 필요할 때마다 input 문을 사용해서 사용자로부터 입력받는다. 사용자가 키보드에서 방대한 데이터를 입력하는 과정에 실수가 발생할 수 있고, 입력하는 속도가 느릴 것이다.

방안2

프로그램이 필요로 하는 데이터를 디스크에 텍스트 파일로 저장해둔다. 텍스트 파일의 일부 내용을 언제든지 편집해서 수정할 수 있다. 프로그램을 실행할 때마다 데이터를 저장하고 있는 입력 파일을 열어서 데이터를 읽는다. 사용자가 매번 키보드에서 데이터를 입력할 필요가 없다. 프로그램에서 처리한 데이터도 나중에 다시 사용하고 싶으면 출력 파일에 기록한다. 필요할 때마다 출력 파일을 열어서 데이터를 읽는다.

자주 사용하는 대부분의 상용 소프트웨어들은 데이터를 파일에 저장한다. 몇 가지 예는 아래와 같다.

- **문서 편집기**

아래한글, MS Word, 메모장 등의 문서 편집기는 과제물, 메모, 보고서 등의 문서를 작성하는데 사용된다. 사용자가 입력한 내용을 파일에 저장하므로 언제든지 파일을 열어서 편집하고 인쇄할 수 있다.

- **엑셀**

엑셀은 수치 데이터를 다루기 위해서 많이 사용된다. 수식, 함수 등을 사용하여 수치 데이터를 처리하고 관리한다. 사용자가 입력한 워크시트를 파일에 저장하므로 언제든지 파일을 열어서 편집하고 인쇄할 수 있다.

9.1.2 파일을 사용하는 이유

- 파일은 사용자가 필요로 하는 데이터를 영구적으로 저장한다.
- 입력 파일을 반복해서 사용할 수 있으므로 프로그램을 실행할 때마다 입력 데이터

를 매번 타이핑할 필요가 없다.

- 프로그램의 출력을 파일에 저장하면 프로그램의 실행이 끝난 후에도 지속된다. 메모장 등의 프로그램을 사용해서(파이썬 프로그램을 실행하지 않고도) 파일의 내용을 살펴볼 수 있다.
- 파일을 사용하면 방대한 데이터를 다루기 쉽다.

사용자는 컴퓨터(파이썬)가 어떻게 디스크에 데이터를 저장하는가에 관해서 신경쓸 필요가 없다. 윈도우 운영체제가 모든 일을 떠맡아 준다. 프로그래머는 단지 파이썬에게 어떤 파일을 사용할건지, 어떻게 사용할건지만 알려주면 된다.

9.1.3 표준 입출력 vs. 파일 입출력

프로그램을 수행하는 과정에서 키보드(마우스)를 통해 데이터를 입력하고, 모니터를 통해 결과를 출력하는 것을 **표준 입출력**(standard input/output)이라고 부른다.

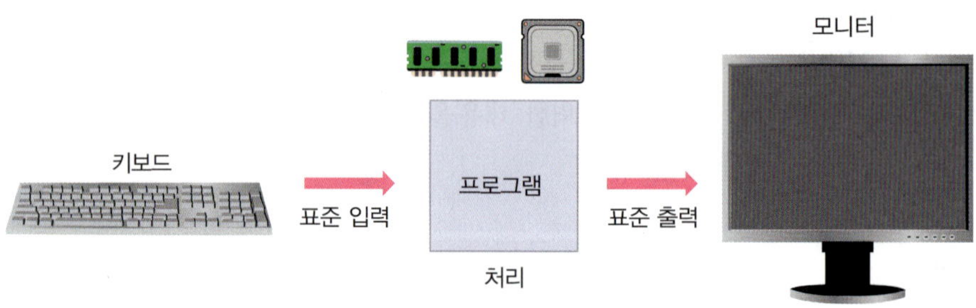

[그림 9-1] 표준 입출력

표준 입출력 외에 보조기억장치의 파일로부터 입력하고, 파일에 출력하는 유형도 있다.

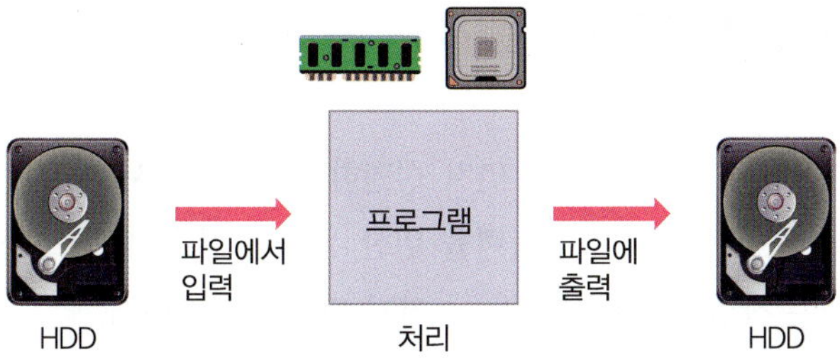

[그림 9-2] 보조기억장치를 사용한 입출력

〈표 9-1〉 리스트와 파일의 비교

	리스트	파일
지속성	일시적(프로그램이 실행되는 동안에만 유지됨)	영구적(프로그램이 끝난 후에도 디스크에 남아 있음)
용량	소용량(주기억장치에 저장 가능한 크기)	대용량(디스크 용량에 좌우됨)
접근 속도	빠름	느림
접근 방식	임의 접근	순차 접근

파일의 유형

보조기억장치의 파일에는 두 가지 유형이 있다.

- **텍스트 파일**(text file) – 사람이 읽을 수 있는 문자, 숫자, 특수 문자 등 텍스트를 저장하고 있는 파일이다. 아스키 코드 또는 유니코드를 사용하여 데이터를 텍스트로 저장한다. 데이터가 숫자를 포함하더라도 숫자들도 일련의 문자들로 저장한다. 텍스트 파일은 메모장 같은 텍스트 편집기로 열어서 내용을 읽을 수 있다.
- **이진 파일**(binary file) – 컴퓨터가 내부에서 데이터를 표현하는 방식인 이진수 형태로 저장하고 있는 파일이다. 메모장 같은 텍스트 편집기로 이진 파일의 내용을 읽을 수 없다.

파이썬에서 텍스트 파일과 이진 파일을 모두 사용할 수 있지만 본 교재에서는 텍스트 파일만 논의한다. 텍스트 파일의 각 라인은 문자열들의 시퀀스이다.

9.2 파일에서 읽기

파일로부터 데이터를 읽는 방법을 먼저 설명하고, 9.4절에서 파일에 데이터를 쓰는 방법을 논의한다. 파이썬은 파일 입출력을 위한 유용한 함수(메소드)들을 제공한다.

파일을 사용하는 작업을 진행하려면 세 가지 단계가 필요하다.

• 파일 열기(open)

파이썬에게 어떤 파일(파일의 경로와 이름)을 사용할지 어떤 방식으로 사용할지(파일 접근 모드)를 알린다. 파일 열기는 파일과 프로그램 사이에 연결을 생성한다.

• 파일로부터 읽기 또는 파일에 쓰기

그 파일로부터 데이터를 읽거나(입력 파일일 때), 그 파일에 데이터를 쓴다(출력 파일일 때).

• 파일 닫기(close)

파일을 읽기 모드로 열었든 쓰기 모드로 열었든 파일에 대한 작업이 모두 끝나면 그 파일을 닫아야 한다. 파일을 닫으면 파일과 프로그램 사이의 연결이 끊어진다. 파일 닫기를 올바르게 하지 않으면 주기억장치상의 데이터가 손실될 수 있다. 파일을 닫은 후에는 파일을 더 이상 접근할 수 없다. 그 파일을 또 사용하려면 다시 열어야 한다.

9.2.1 파일 열기

아래한글, 메모장, 엑셀 등과 마찬가지로 파이썬 프로그램에서 어떤 파일을 사용하려면 먼저 open 함수로 파일을 열어야 한다. open 문에 첫 번째 인수로 파일 이름, 두 번째 인수로 파일을 접근하는 모드를 명시한다. 때로 파일 이름에 파일이 저장된 경로도 함께 명시한다.

파일로부터 읽기 위해서는 'r'(read), 파일에 쓰기 위해서는 'w'(write), 파일 끝에 추가하기 위해서는 'a'(append)를 파일 접근 모드로 명시한다. 'w'를 명시하면 기존의 파일의 내용이 완전히 지워짐을 유의하자. 접근 모드를 지정하지 않으면 디폴트로 'r'로 인식한다.

〈표 9-2〉는 자주 사용하는 파일 접근 모드를 보여준다. 이 교재에서는 'r'과 'w'만 논의한다.

〈표 9-2〉 파일 접근 모드

기호	접근 모드	의미
'r'	read	파일을 읽기 위해 연다(디폴트 모드). 기존 파일이 없으면 에러 메시지가 나타난다.
'w'	write	파일에 쓰기(기록) 위해 연다. 기존 파일이 없으면 새로 만든다. 기존 파일이 있으면 내용이 모두 지워진다.
'a'	append	파일에 쓰기(기록) 위해 연다. 기존 파일이 없으면 새로 만든다. 기존 파일이 있으면 파일 끝에 추가된다.

open 문

아래의 open 문은 디스크에 'data.txt'라는 파일이 존재하면 그 파일을 가리키는 파일 객체인 infile을 주기억장치에 생성한다. open 문은 디스크의 한 파일과 주기억장치의 한 객체(변수)를 연관시킨다. infile은 'data.txt' 파일을 가리키는 변수 역할을 한다.

디스크의 파일 이름은 따옴표 안에 명시한다. 파일 객체는 파이썬이 제공하는 다양한 메소드들을 지원한다. 파일 객체에 대해 사용자가 원하는 이름을 지정할 수 있다. infile은 디스크의 파일 이름이 아니다. 'data.txt' 파일이 열리면 infile은 그 파일의 시작 위치를 가리킨다.

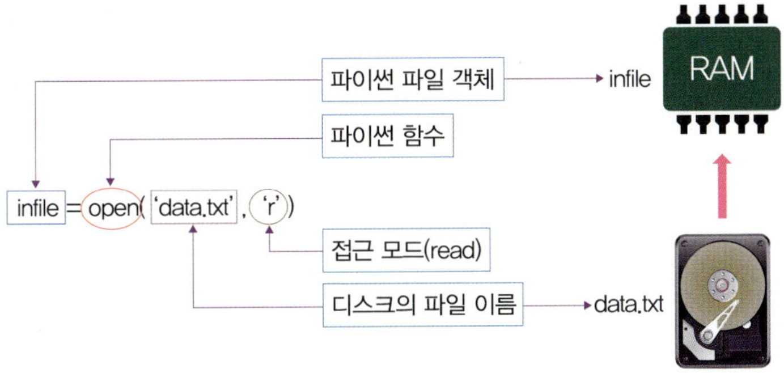

[그림 9-3] open 문

> **TIP** 대부분의 운영체제는 파일 이름에 확장자를 지원한다. 확장자는 파일에 저장된 데이터 타입을 나타낸다. 윈도우 운영체제에서 .txt 확장자는 텍스트를 포함한 파일임을 나타낸다.

파일 객체 vs. 파일 이름

파일 객체와 파일 이름 간의 차이점을 이해하는 것이 중요하다. 파일 객체는 프로그램 안에서 파일을 접근할 때 사용하는 변수이다. 파일 이름은 윈도우 운영체제가 관리하는 디스크상의 파일이다. 일단 디스크상의 파일을 열어서 파일 객체를 생성하면 그 후에는 더 이상 파일 이름을 사용하지 않는다. 그 파일에 대한 모든 동작은 파일 객체를 사용해서 이루어진다.

경로 이름

open 문에 파일 이름을 명시하면서 경로를 지정하지 않으면 파이썬은 그 파일이 프로그램과 동일 폴더에 존재한다고 가정한다. 다른 폴더에 저장된 파일을 열기 위해서서 open 문에 파일 이름뿐만 아니라 경로 이름도 명시해야 한다. 상대 경로 또는 절대 경로를 명시할 수도 있다.

윈도우 운영체제에서 경로 이름을 명시하는 경우에 맨 앞에 접두 문자 r을 붙여야 함을 주의하자.

예

접두 문자

```
infile = open(r'D:\파이썬 소스\9장\data.txt', 'r')
```

파일 경로(절대 경로) 파일 이름

이 문장은 드라이브 D:의 '\파이썬 소스\9장' 폴더에서 data.txt라는 파일을 읽기 모드로 연다. 접두 문자 r이 없으면 인터프리터는 \ 문자를 탈출 문자 시퀀스의 일부라고 판단하므로 에러 메시지가 나타난다.

파일 이름의 두 가지 종류

• 절대적 파일 이름

"D:\파이썬 소스\9장\data.txt"처럼 드라이브를 나타내는 C, D 등의 문자로 시작한다.

• 상대적 파일 이름

현재의 작업 폴더를 기준으로 파일이 저장된 폴더를 나타낸다.

9.2.2 파일에서 읽는 메소드

파일을 open 함수를 사용하여 접근 모드 'r'로 연 후에 파일로부터 데이터를 읽는 네 가지 메소드를 알아보자.

〈표 9-3〉 파일에서 읽는 메소드

구문	설명
파일객체.read()	파일의 현재 위치로부터 파일의 끝까지 읽어서 하나의 큰 문자열로 반환한다.
파일객체.read(n)	파일의 현재 위치로부터 n 바이트를 읽는다. 남아 있는 문자 수가 n보다 적으면 파일의 끝(EOF: End-Of-File)까지 읽는다.
파일객체.readline()	파일의 현재 위치로부터 라인의 끝(EOL: End-Of-Line)까지 읽는다.
파일객체.readlines()	파일의 현재 위치로부터 파일의 끝까지 읽어서 라인들의 리스트를 반환한다.

9.2.2.1 read 메소드

형식

```
변수 = 파일객체.read()
```

read() 메소드는 파일의 전체 내용(모든 라인)을 하나의 큰 문자열로 반환한다. read()를 마치자마자 그 파일을 즉시 닫도록 하자. 왜냐하면 파일의 내용을 모두 읽었으므로 더 이상 읽을 내용이 남아있지 않기 때문이다.

read()를 사용하여 파일로부터 데이터를 읽은 후 split을 하는 경우가 많다. split('\n')은 라인 끝에서 줄바꿈 문자를 삭제하기 때문에 줄바꿈 문자가 없는 라인들의 리스트를 반환한다.

```
lines = infile.read()          # 파일 객체 infile과 연결된 디스크 파일의 전체
                               # 내용을 한 개의 문자열로 반환하여 변수 lines에 배정
line_list = lines.split('\n')  # 이 문자열을 줄바꿈 문자를 기준으로 분리하여
                               # 라인들의 리스트를 반환
```

예 파일로부터 숫자 읽기

메모장에서 아래와 같이 다섯 개의 성적을 입력하고 scores.txt 파일에 저장하자. 각 성적을 입력한 후에 Enter 키를 눌렀기 때문에 각 성적 끝에 줄바꿈 문자가 포함되어 있다. 다섯 개의 성적은 scores.txt 파일에 아래와 같은 문자열로 저장된다.

```
'74\n87\n93\n68\n81\n'
```

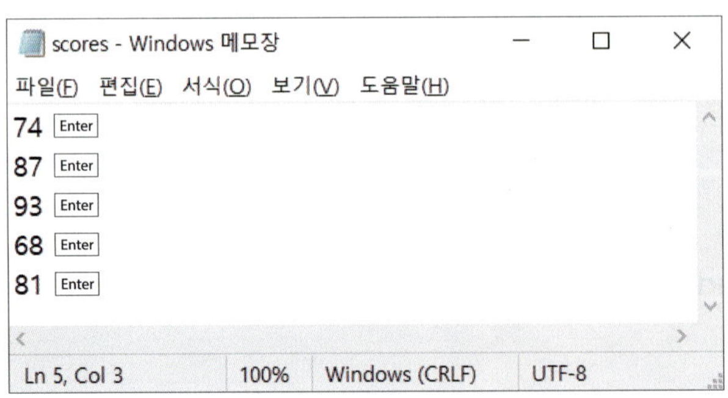

scores.txt

[그림 9-4] 메모장으로 작성한 scores.txt 파일의 내용

scores.txt 파일로부터 성적들을 읽어서 리스트에 담아보자. scores.txt 파일에 성적이 수십개, 수천개가 있어도 아래의 프로그램을 수정할 필요가 없다. input 문으로 숫자를 읽을 때처럼 파일로부터 숫자를 읽어도 문자열로 반환된다.

read() 메소드를 사용하여 파일에서 읽기를 하면 파일의 모든 내용(다섯 개의 성적)으로 이루어진 하나의 문자열이 반환된다.

```
lines = '74\n87\n93\n68\n81\n'
```

각 성적 끝에 줄바꿈 문자가 있기 때문에 이 문자열을 print하면 한 라인에 성적 한 개씩 출력된다. 이 문자열에 split('\n') 메소드를 적용하면 줄바꿈 문자를 기준으로 구분해서 숫자들의 리스트를 반환한다.

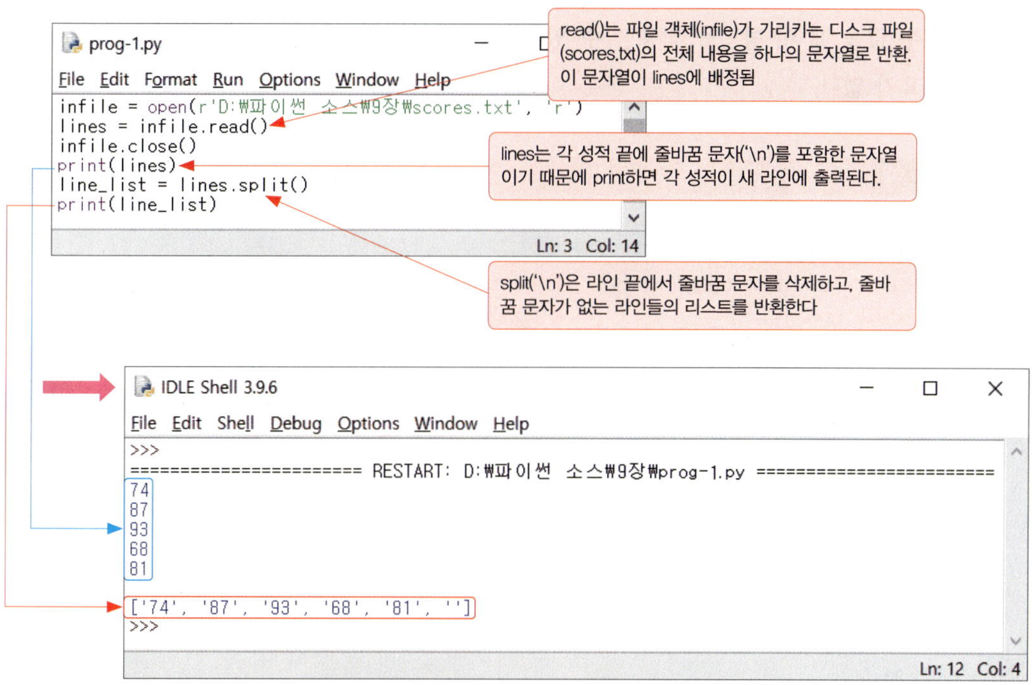

[그림 9-5] scores.txt 파일에서 read() 메소드로 읽은 한 개의 문자열을 성적들의 리스트로 반환

9.2.2.2 read(n) 메소드

형식

```
변수 = 파일객체.read(n)
```

read(n) 메소드는 파일로부터 n 바이트를 읽는다. n 바이트를 읽고난 후에 포인터가 n 바이트만큼 이동해서 다음에 읽을 데이터의 시작 위치를 가리킨다. 파일의 끝에 도달하면 빈 문자열이 반환된다. 파일이 워낙 커서 주기억장치에 파일 전체를 가져올 수 없을 때 이 방법을 적용할 수 있다. 이런 경우 외에는 이 메소드를 굳이 사용할 필요가 없다.

예 파일에서 80 바이트씩 읽기

```
infile = open('in_data.txt', 'r')
text = infile.read(80)           # priming 읽기
while text != '':                # text가 빈 문자열이 아니면 while 문의 몸체를 실행
    print(len(text))             # 읽은 문자열 text의 길이를 출력
    text = infile.read(80)       # 그 다음 80 바이트를 읽음
print(len(text))                 # while 문의 몸체를 벗어남(빈 문자열을 읽어서)
                                 # text의 길이를 출력 (길이가 0)
infile.close()
```

결과

```
80
80
...
12 (마지막으로 읽은 문자열의 길이이므로 80이하인 어떤 정수)
0
```

9.2.2.3 readline() 메소드

형식

```
변수 = 파일객체.readline()
```

readline() 메소드는 한 번에 한 라인씩 반환한다. 파일의 현재의 위치로부터 그 라인의 맨 끝(EOL)까지 데이터를 읽는다. 라인의 맨 마지막에 '\n'이 포함된 문자열이 반환된다. readline()은 파일 전체를 한꺼번에 읽을 필요가 없거나 한 번에 한 라인씩 데이터를 처리하고 싶을 때 유용하다. 파일 전체를 라인들의 리스트로 변환하게 되면 그 리스트를 다루기 어려운 경우가 있기 때문에 파일에서 한 라인씩 읽을 수 있는 기능은 유용하다.

TIP 매우 큰 파일을 읽을 때는 전체 내용을 한 덩어리로 읽지 말고, 라인 단위로 읽도록 하자.

예 파일로부터 숫자 읽기

[그림 9-4]의 scores.txt 파일로부터 성적을 하나씩 읽어서 출력해보자.

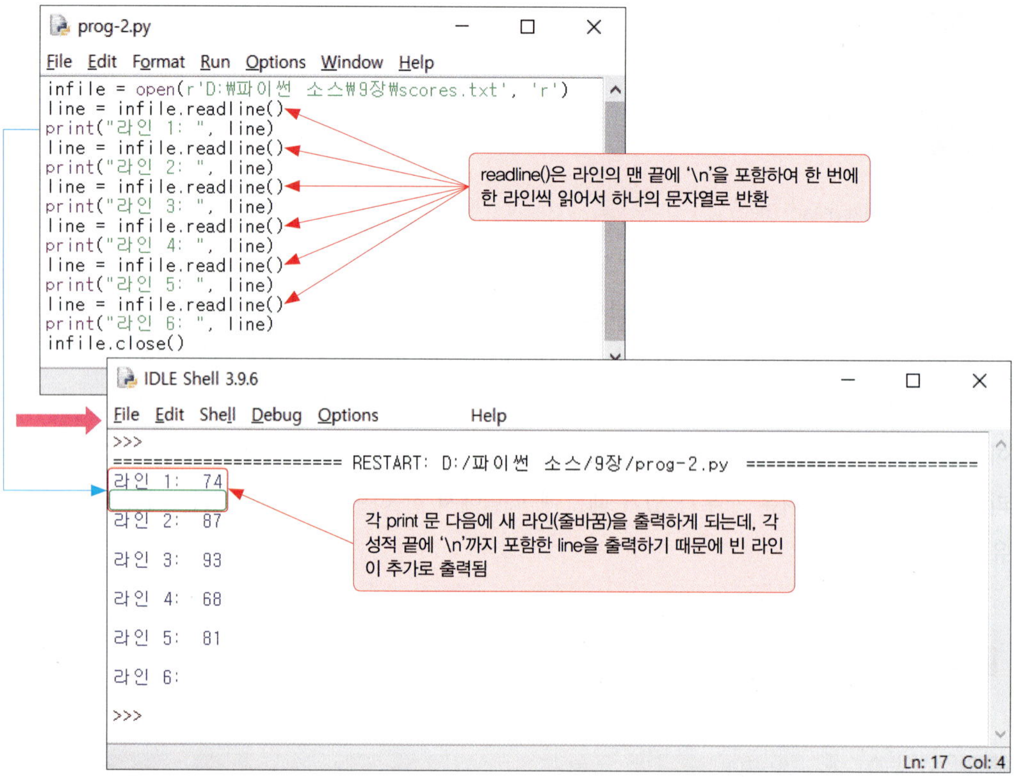

[그림 9-6] scores.txt 파일에서 readline() 메소드로 한 번에 한 라인씩 읽어서 출력

● while 문

[그림 9-6]의 프로그램은 readline() 메소드를 다섯 번 실행한다. 이런 경우에 반복문을 사용하는 것이 좋다. 파일로부터 많은 데이터를 읽거나 파일에 많은 데이터를 쓰기 위해서 흔히 프로그램에 반복문을 사용한다. 입력 파일에 몇 개의 라인이 포함되어 있는지 미리 알 수 없는 경우가 많다. 파일의 내용을 다 읽었는데, 프로그램에서 파일로부터 또 읽으려고 하면 어떤 일이 발생할까?

파일의 끝에 도달했을 때 readline() 메소드를 실행하면 빈 문자열('')을 반환한다. 이런 특징을 이용하여 while 문의 헤더에서 파일의 끝에 도달했는가를 테스트하도록 while 문을 작성할 수 있다.

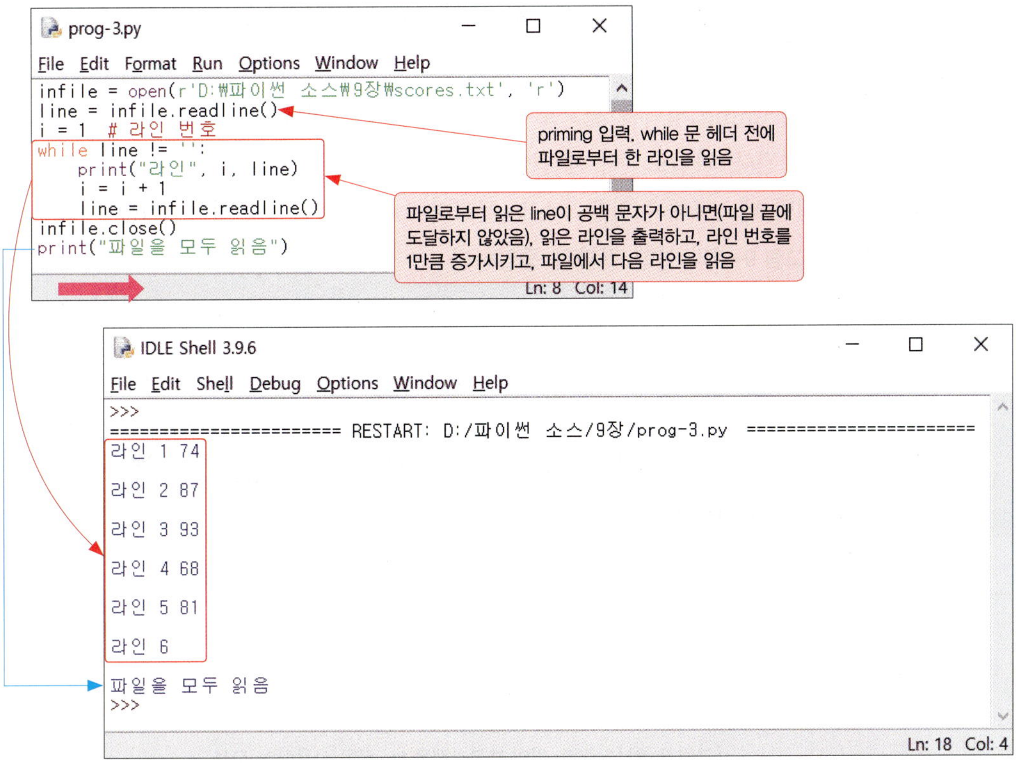

[그림 9-7] [그림 9-6]의 프로그램을 while 문을 사용하여 작성

- for 문

파일의 끝에 도달했음을 알려주는 조건식을 테스트하지 않고도 파일로부터 한 라인씩 자동적으로 읽는 for 문을 작성할 수 있다.

형식

```
for 루프변수 in 파일객체:
    문장1
    문장2
    ...
    문장n
```

파일의 각 라인마다 for 문의 몸체가 한 번씩 실행된다.

for 문은 priming 입력을 필요로 하지 않는다. 파일의 끝에 도달하면 자동적으로 for 문이 종료된다. 파일로부터 한 번에 한 라인씩 읽어서 처리할 때는 파일의 끝에 도달했는지 매번 테스트해야 하는 while 문보다 for 문이 더 간결하다. [그림 9-8]의 실행 결과는 [그림 9-7]의 실행 결과와 동일하다.

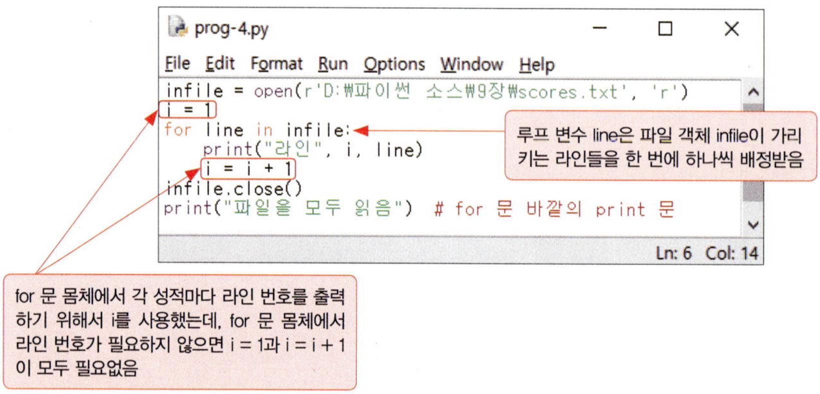

[그림 9-8] [그림 9-6]의 프로그램을 for 문을 사용하여 작성

예 for 문

메모장에서 아래와 같이 네 라인의 문장들을 입력하고 [그림 9-10]처럼 파이썬.txt 파일에 저장하자. 각 문장을 입력한 후에 Enter 키를 눌렀기 때문에 각 라인 끝에 줄바꿈 문자가 포함되어 있다. 파이썬의 편집기 창에서도 텍스트 문서를 작성할 수 있다. 편집기 창에서 텍스트 문서를 작성할 때는 파일 저장시 파일 형식에서 확장자 .py를 선택하지 말고, 확장자 .txt를 선택해야 한다.

이 교재에서는 메모장을 이용해서 파일을 만든다고 가정한다. 메모장에 한글 텍스트를 입력하고, 파일을 저장할 때는 [인코딩]에서 [ANSI]를 선택한 후 [저장] 버튼을 클릭하도록 하자.

이 교재에서는 [그림 9-10]의 텍스트 파일을 아래와 같은 경로에 저장한다.

D:\파이썬 소스\9장\파이썬.txt

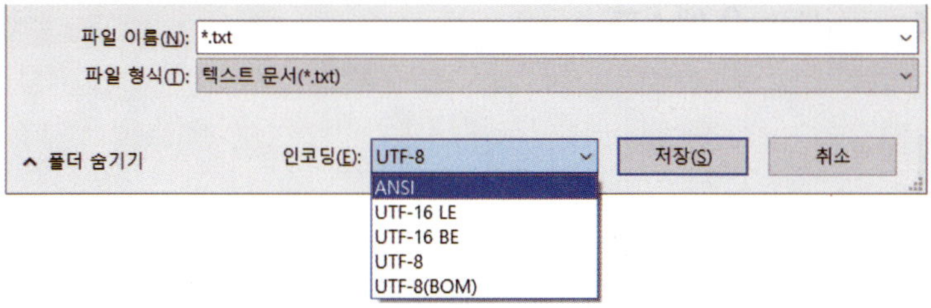

[그림 9-9] 메모장에서 텍스트 파일 저장시 인코딩 선택

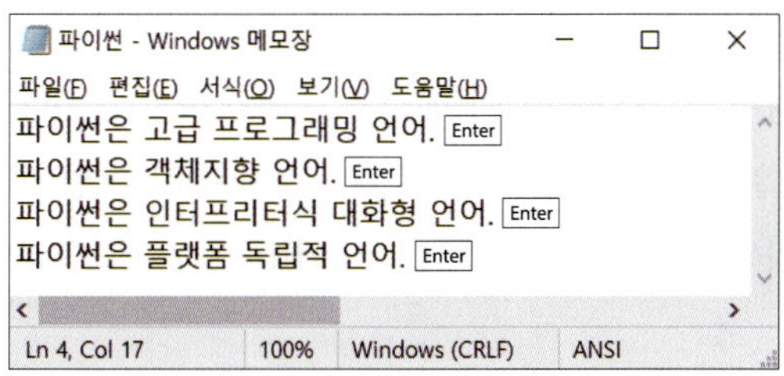

파이썬.txt

[그림 9-10] 메모장으로 작성한 파이썬.txt 파일의 내용

open 문의 결과로 파일 객체 infile이 반환된다. for 문을 사용해서 이 파일에 포함된 문장들을 한 라인에 한 문장씩 출력해보자.

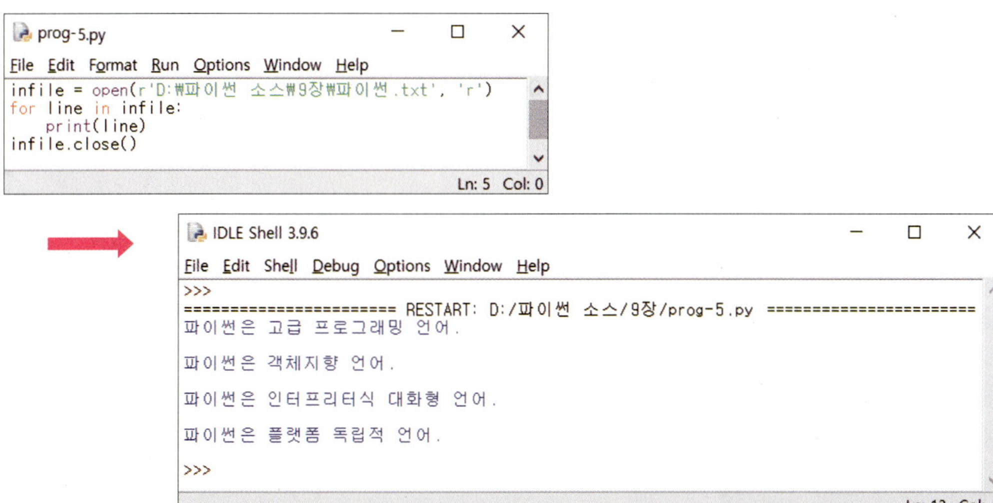

[그림 9-11] for 문을 사용하여 파이썬.txt 파일의 라인들을 한 번에 하나씩 출력

9.2.2.4 readlines() 메소드

형식

```
변수 = 파일객체.readlines()
```

readlines() 메소드는 파일의 모든 라인들을 한 개의 리스트로 읽어들인다. 각 라인이 리스트의 한 원소가 된다. 각 라인의 끝에는 '\n'이 포함된다. read()처럼 파일 크기가 주기억장치의 용량을 초과하면 이 메소드는 동작하지 않는다. readlines()는 파일의 내용을 한꺼번에 읽기 때문에 이 문장이 끝나자마자 그 파일을 close하도록 하자.

[그림 9-10]의 파이썬.txt 파일의 내용을 readlines() 메소드를 사용하여 한꺼번에 읽어보자.

```
infile = open('파이썬.txt', 'r')
infile.readlines()
```

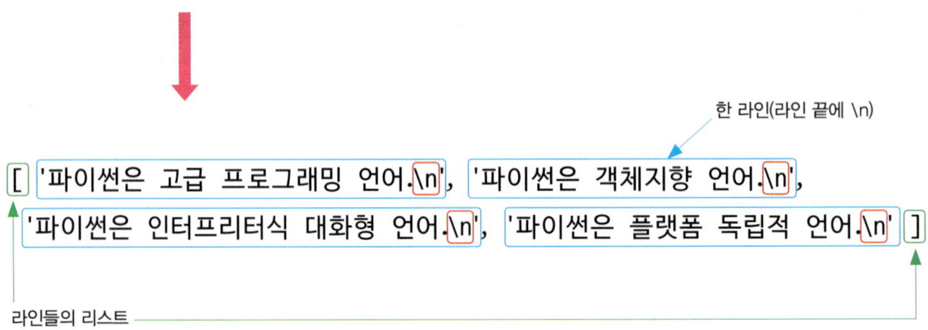

실행 화면은 다음과 같다

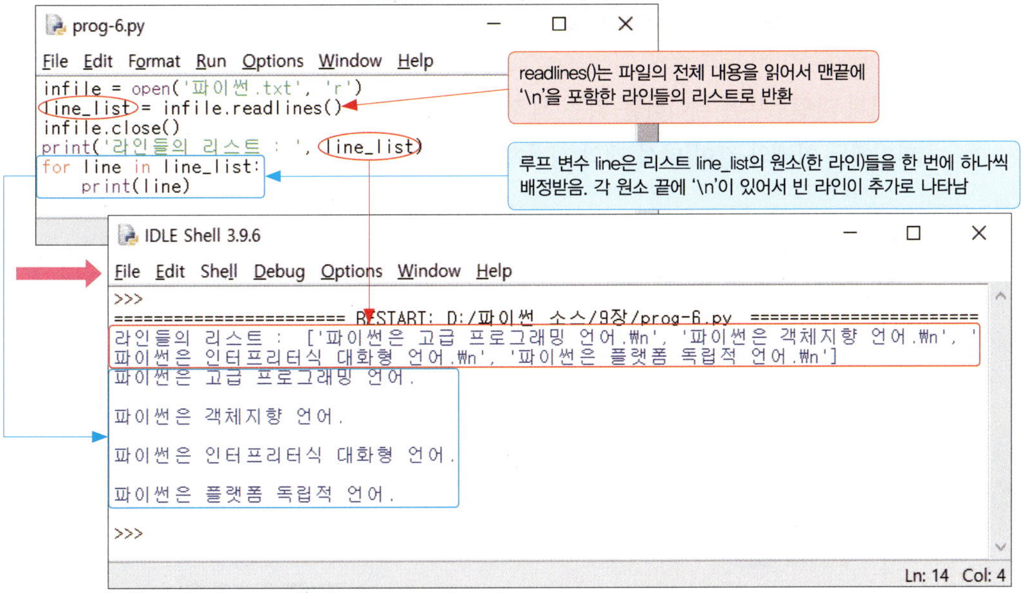

[그림 9-12] 파이썬.txt 파일에서 readlines() 메소드로 모든 라인들을 한 개의 리스트로 반환

Quiz

아래의 문장들은 베토벤 교향곡 9번 합창의 가사의 일부이다. 이 문장들을 메모장에 입력한 후 '환희의 송가.txt' 파일에 저장하라. 아래와 같은 프로그램을 각각 작성하라.

(1) readline()으로 한 라인씩 출력

(2) readlines()로 전체 내용을 한꺼번에 읽은 후 한 라인씩 출력

모든 존재는 자연의 품 속에서 환희를 마신다.
모든 선인도 모든 악인도 자연이 선물한 장미의 오솔길을 걷는다.
자연은 입맞춤과 포도나무를 주고, 죽음조차 빼앗아 갈 수 없는 친구를 주었다.
하물며 벌레 같은 사람 조차 쾌락을 누리며 지혜의 천사 케루빔은 신 앞에 서있다.

9.2.2.5 세 개의 메소드 비교

이제 파일로부터 데이터를 읽는 세 가지 메소드를 한 곳에서 비교해보자. scores.txt 파일에는 아래와 같이 다섯 개의 성적이 들어있다. 각 성적 끝에는 Enter 키를 눌렀다.

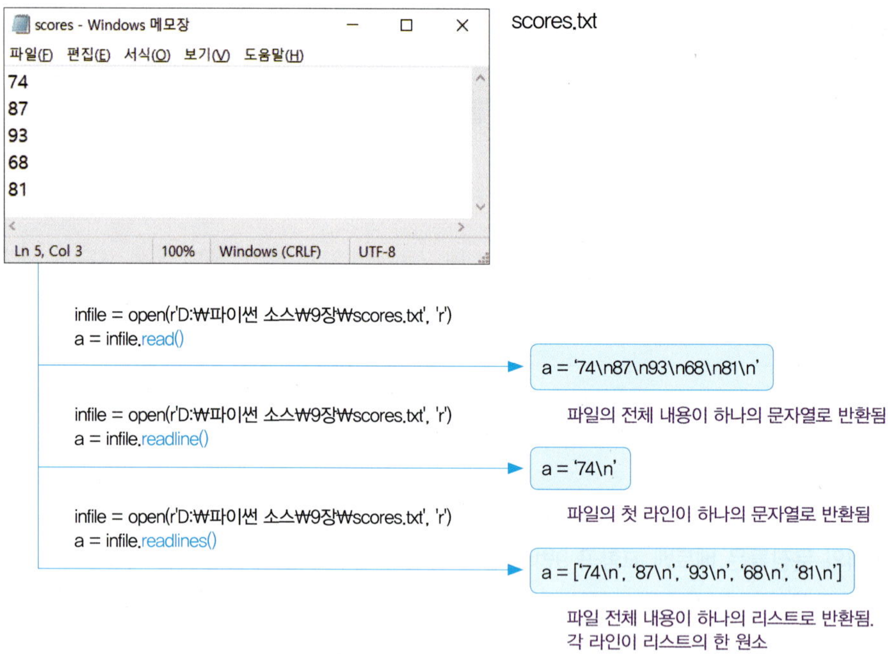

[그림 9-13] read(), readline(), readlines() 메소드 비교

9.3 파일의 데이터 처리 예

9.3.1 파일로부터 성적을 읽어서 평균을 계산하기

[그림 9-4] scores.txt 파일에서 성적들을 읽어서 평균 성적을 계산하고, 높은 성적부터 낮은 성적순으로 정렬해보자.

scores.txt 파일에 다섯 개의 성적이 아래와 같은 문자열로 저장되어 있다.

```
'74\n87\n93\n68\n81\n'
```

input 문으로 키보드에서 숫자를 읽을 때처럼 파일로부터 숫자를 읽어도 문자열로 반환된다. int 함수와 float 함수는 인수로 받은 문자열의 맨끝에 붙어있는 '\n'을 무시한다. 파일에서 숫자를 문자열로 하나씩 읽어서 정수로 변환해서 리스트에 담자.

for 문을 이용해서 파일로부터 숫자들을 문자열로 읽어서 리스트에 담아 처리하게 되면 파일에 숫자들이 많아도, 숫자들의 개수를 몰라도, 숫자들을 매번 반복해서 입력하지 않아도 원하는 결과를 프로그램이 항상 출력해주므로 파일을 사용하는 장점을 크게 실감할 것이다.

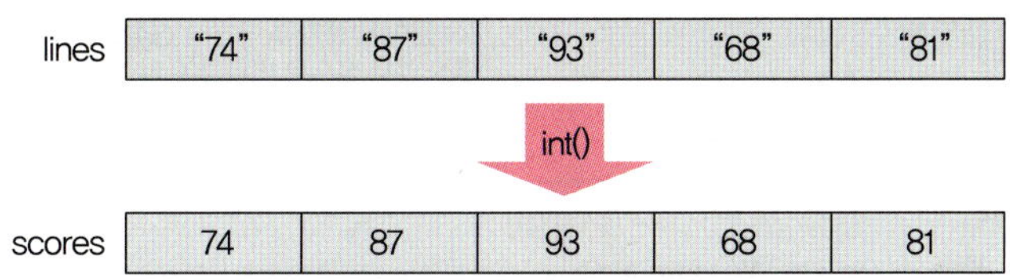

[그림 9-14] 리스트의 문자열들을 정수들로 변환

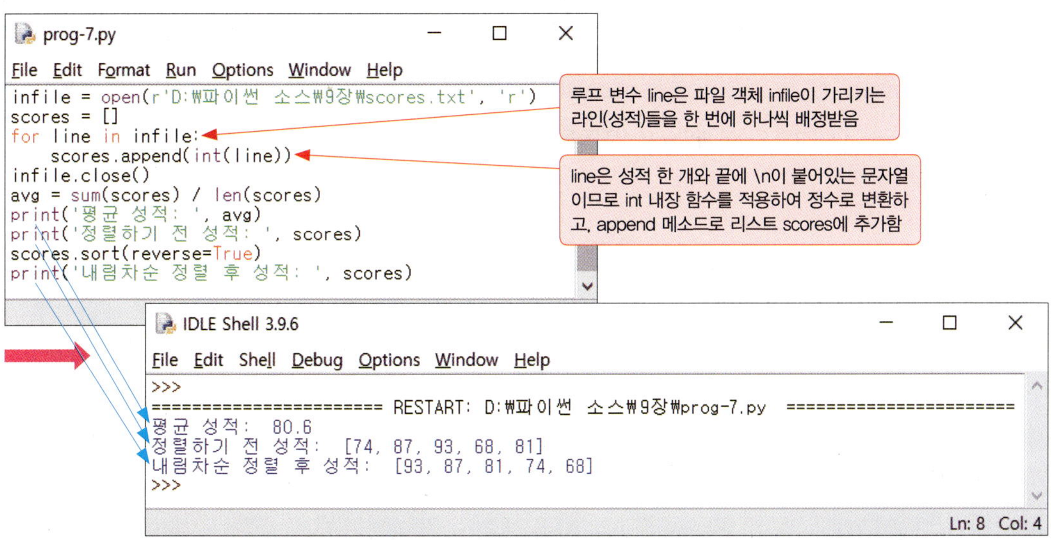

[그림 9-15] 파일에서 성적들을 읽고, 평균을 계산하고, 내림차순으로 정렬

일반적으로 하나의 문제를 해결하는 여러 가지 방법이 있을 수 있다. 아래의 프로그램은 readlines() 메소드를 사용하여 scores.txt 파일에서 모든 성적들을 한꺼번에 읽어서 리스트에 담는다. 이 리스트에 담긴 성적들은 문자열이다.

for 문에서 리스트의 원소들을 하나씩 훑으면서 정수로 변환하여 별도의 리스트에 추가한다. 정수들이 담긴 리스트를 사용해서 원하는 작업을 진행한다.

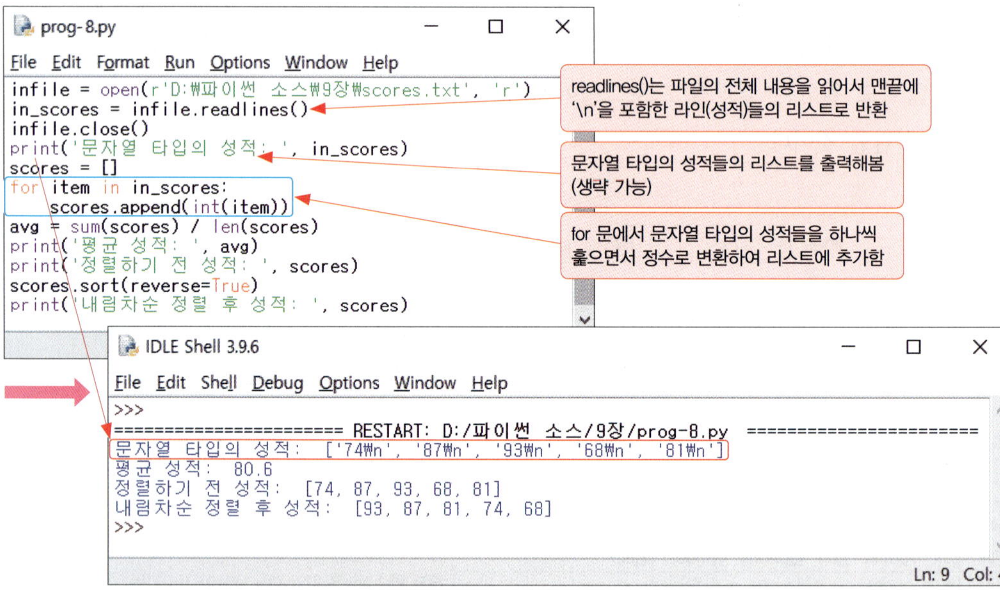

[그림 9-16] 파일에서 성적들을 읽고, 평균을 계산하고, 내림차순으로 정렬(다른 방법)

9.3.2 단어 처리

(1) 단어 수

[그림 9-10]의 파이썬.txt 파일에 저장된 단어들의 개수를 세어 보자. 파일을 열고 파일의 전체 내용을 하나의 문자열로 읽어 들인다.

```
infile = open(r'D:\파이썬 소스\9장\파이썬.txt', 'r')
word_string = infile.read()
```

word_string에는 아래와 같이 파일의 전체 내용이 하나의 긴 문자열로 배정된다.

```
'파이썬은 고급 프로그래밍 언어.\n파이썬은 객체지향 언어.\n파이썬은 인터프리터식 대화형
언어.\n파이썬은 플랫폼 독립적 언어.\n'
```

파일의 전체 내용이 하나의 문자열에 담겼으므로 문자열로부터 단어들의 리스트를 구하기 위해서 split 함수를 적용한다. split('\n')은 줄바꿈 문자를 기준으로 문자열을 분리하고, split()은 여백(공백 문자, 탭, 줄바꿈 문자)을 기준으로 구분해서 단어들의 리스트를 반환한다.

```
word_list = word_string.split()
```

리스트 word_list에는 아래와 같은 리스트가 배정된다. 문자열 word_string에 포함된 각 단어가 리스트의 원소가 된다.

```
['파이썬은', '고급', '프로그래밍', '언어.', '파이썬은', '객체지향', '언어.', '파이썬은', '인
터프리터식', '대화형', '언어.', '파이썬은', '플랫폼', '독립적', '언어.']
```

일단 리스트를 만들고 나면, len 함수를 사용해서 리스트 내의 원소들의 개수를 구할 수 있다. 리스트 내의 원소들의 개수는 파일 내의 단어들의 개수와 동일하다.

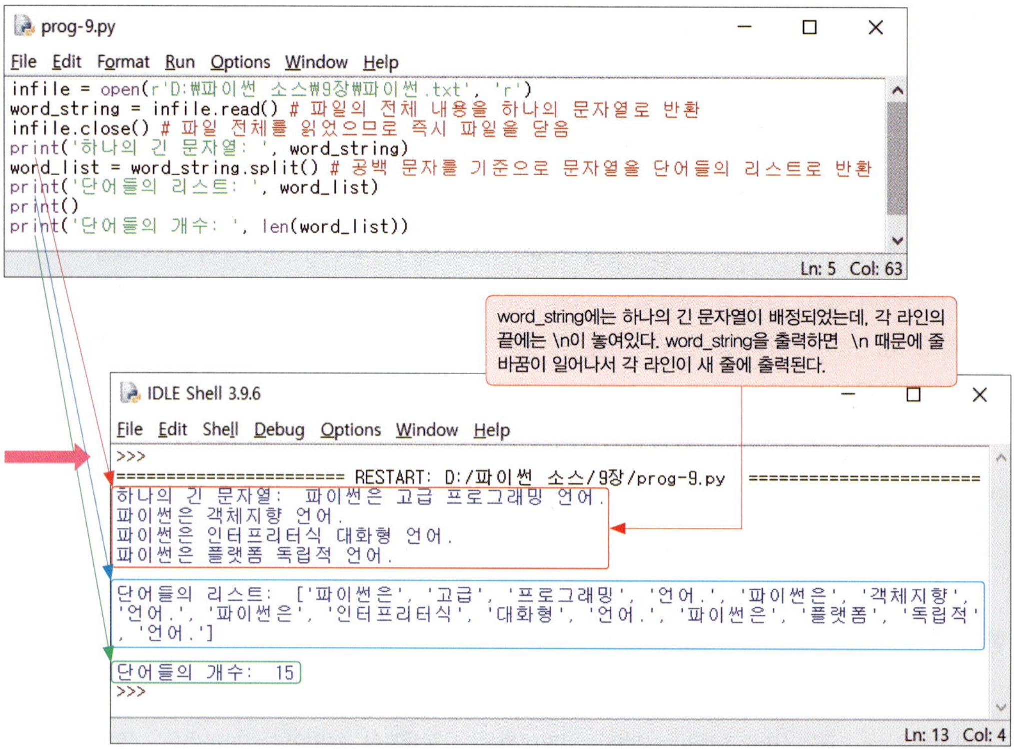

[그림 9-17] 파일에서 문장들을 읽고, 단어들의 리스트를 반환

Quiz

'파이썬.txt' 파일 내의 단어들 중에서 서로 다른 단어들만 찾아내고, 이들을 정렬하라.

(2) 유닉스 운영체제의 wc 명령

유닉스 운영체제의 wc(word count) 명령과 비슷하게 동작하는 프로그램을 작성해보자. wc 명령은 파일 내의 라인 수, 단어 수, 문자 수를 알려준다.

```
prog-10.py
File Edit Format Run Options Window Help
infile = open(r'D:₩파이썬 소스₩9장₩파이썬.txt', 'r')

n_lines = 0  # 라인 수
n_words = 0  # 단어 수
n_chars = 0  # 문자 수

for line in infile:
    words = line.split()
    n_lines = n_lines + 1
    n_words = n_words + len(words)
    n_chars = n_chars + len(line)

infile.close()
print("총 라인 수: ", n_lines)
print("총 단어 수: ", n_words)
print("총 문자 수: ", n_chars)
                                                    Ln: 6  Col: 0
```

루프 변수 line은 파일 객체 infile이 가리키는 라인들을 한 번에 하나씩 배정받음

- 루프 변수 line을 공백 문자를 기준으로 단어들의 리스트로 반환
- 루프 변수가 라인 한 개를 배정받았으니 n_lines를 1만큼 증가
- len(words)는 한 라인에 포함된 단어 수이므로 n_words에 누적
- len(line)은 한 라인에 포함된 문자 수이므로 n_chars에 누적

```
IDLE Shell 3.9.6
File Edit Shell Debug Options Window Help
>>>
======================= RESTART: D:/파이썬 소스/9장/prog-10.py ======================
총 라인 수:  4
총 단어 수:  15
총 문자 수:  69
>>>
                                                    Ln: 8  Col: 4
```

[그림 9-18] 유닉스 운영 체제의 wc 명령을 파이썬에서 프로그램으로 구현

(3) 텍스트 내의 단어 빈도수

텍스트에 등장하는 단어들의 빈도수를 구하는 프로그램을 작성해보자. 아래의 프로그램은 텍스트 파일의 크기에 구애받지 않으므로 분석하고자 하는 임의의 내용을 메모장으로 작성해서 .txt 파일로 저장하고 그 파일을 open하여 처리하면 된다.

영어 문장에는 조사가 없지만 한글에는 조사가 중요한 역할(예: 주격 조사, 소유격 조사, 목적격 조사 등)을 하기 때문에 조사가 없는 문장은 작성하기 어렵다. 텍스트 파일로부터 문장을 읽어서 단어들로 나눠 분석하려고 하는데, 공백 문자를 기준으로 단어들을 분리하면 '파이썬이', '파이썬은', '파이썬의' '파이썬을' 등은 명사가 동일하지만 문자열을 구성하는 조사가 다르기 때문에 서로 다른 단어로 구분된다.

문장으로부터 추출한 한글 단어로부터 조사들을 분리하는 방법을 다루는 것은 본 교재의 범위를 벗어나므로, wikipedia.org에서 검색한 텍스트를 입력한 파일을 예로

사용한다. 영어 문장들로 이루어진 [그림 9-19]의 software.txt 파일을 사용하여 단어들의 빈도수를 구해보자. 한글이나 영어나 단어들의 빈도수를 구하는 알고리즘은 동일하다.

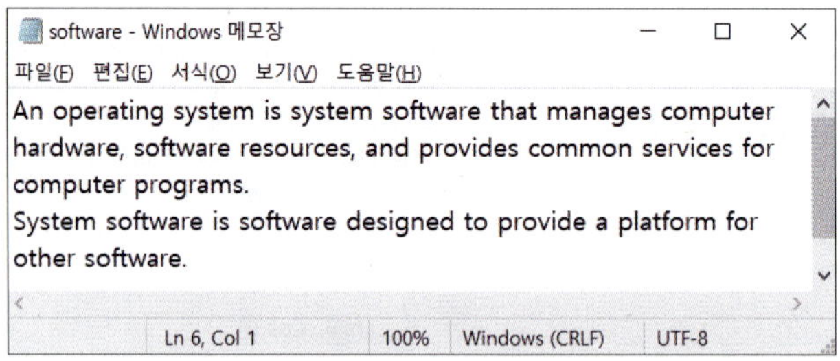

software.txt

[그림 9-19] 메모장으로 작성한 software.txt 파일의 내용

영어 단어들의 빈도를 세어볼 것이기 때문에 대문자와 소문자는 구분하지 않으려고 한다. 전체 텍스트를 먼저 소문자로 변환한다. 8장 딕셔너리에서는 파일을 학습하기 전이므로 분석할 문자열을 프로그램에서 직접 문자열 변수에 배정했다. 여기서는 분석할 파일을 먼저 open하고, 그 다음에 파일 객체에 read() 메소드를 적용하여 파일의 전체 내용을 하나의 문자열에 담는다. 그후의 알고리즘은 8장의 예와 동일하다.

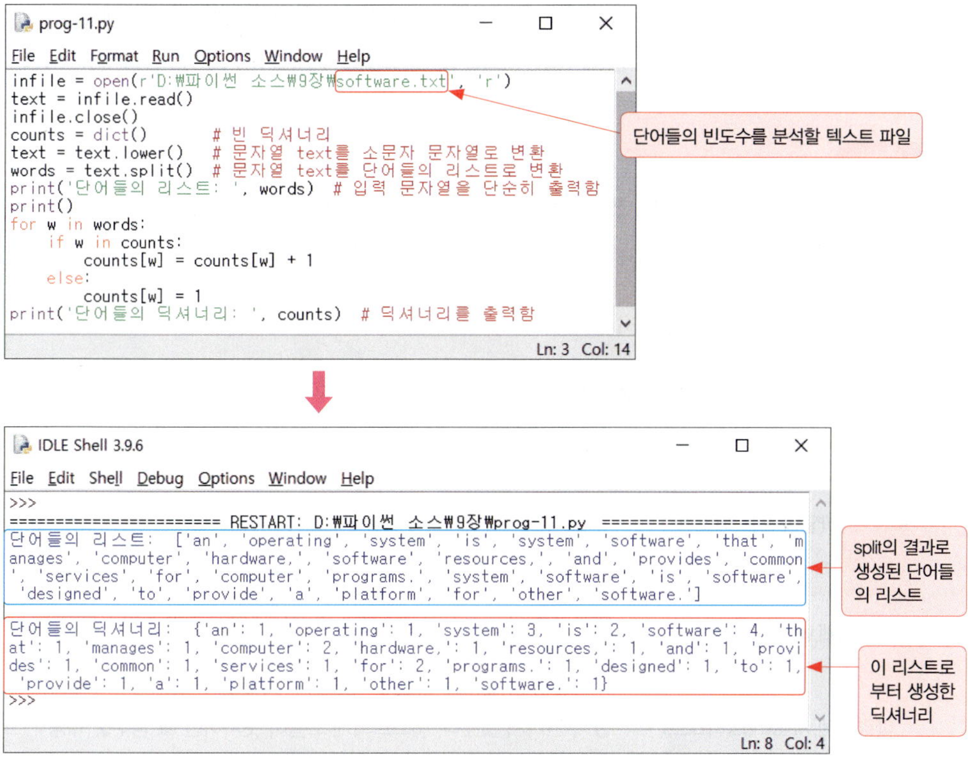

[그림 9-20] software.txt 파일에서 읽은 문장들에 나타나는 단어들의 빈도수

9.4 파일에 출력

모든 파일 입출력은 디폴트로 문자열로 이루어진다. 주기억장치에 있는 데이터를 파일에 기록하려면 파일을 접근 모드 'w'로 열고, write() 메소드를 사용하여 문자열을 파일에 쓴다. 정수 또는 실수는 파일에 쓰기 전에 str 내장 함수를 적용하여 문자열로 변환해야 한다. 파일에서 각 라인을 분리하려면 줄바꿈 문자를 추가한다.

```
>>> outfile = open('output.txt', 'w')
```

이 문장은 파일 객체인 outfile을 생성한다. 이 문장을 실행한 후에 디스크에 'output.txt' 파일이 생성된다. 파일 객체 outfile은 디스크상의 'output.txt' 파일과 연결된다.

주의

파일을 생성하기 위해서 쓰기 모드 'w'로 파일을 열었는데, 디스크에 그 파일이 이미 존재하면 기존의 파일의 내용이 모두 삭제된 채 열리게 된다.

파일에 쓰는 메소드

파일을 open 함수를 사용하여 접근 모드 'w'로 연 후에 파일에 데이터를 쓰는 두 가지 메소드를 알아보자.

〈표 9-4〉 파일에 쓰는 메소드

구문	설명
파일객체.write(문자열)	문자열을 파일에 기록한다. 문자열 끝에 자동적으로 줄바꿈 문자를 추가하지 않는다. .
파읽객체.writelines(리스트)	리스트의 각 원소를 파일에 기록한다. 각 원소 다음에 줄바꿈 문자를 추가하지 않는다. 리스트의 원소들이 숫자이면 str 함수를 적용하여 문자열로 변환한 후 파일에 쓰기를 해야 한다.

어떤 업무에서는 프로그래머가 리스트의 내용을 파일에 저장하고, 나중에 리스트를 다시 읽어서 사용한다. 파일 객체에 writelines 메소드를 적용하면 전체 리스트를 파일에 쓴다. 그러나 writelines 메소드의 단점은 각 원소의 끝마다 줄바꿈 문자를 자동적으로 붙이지 않는다는 것이다. 따라서 각 원소는 파일에서 하나의 긴 라인에 덧붙여지게 된다.

이 방법의 대안은 for 문을 사용하여 리스트 원소를 하나씩 읽고, write() 메소드를 통해 각 원소를 줄바꿈 문자('\n')와 함께 파일에 쓰는 것이다.

TIP print(문자열)을 수행하면 문자열을 화면에 출력한 후에 자동적으로 줄바꿈 문자도 출력한다. 그러나 write() 메소드는 자동적으로 줄바꿈 문자를 추가하지 않기 때문에 프로그래머가 줄바꿈 문자를 명시적으로 추가해야 한다.

예 숫자들을 파일에 쓰기

디스크상의 파일 'numbers'txt'에 11, 22, 33을 차례대로 기록해보자. str(n1) + '\n' 표현은 n1이 가리키는 값을 문자열로 변환하고, 그 문자열에 줄바꿈 문자를 접합한다. numbers.txt 파일에는 문자열 '11\n22\n33\n'이 저장되는데 이를 메모장으로 열면 아래와 같이 보인다.

각각 숫자를 가리키는 변수 n1, n2, n3 대신에 리스트 num_list = [11, 22, 33]을 파일에 기록하는 경우에는 반복문을 사용하여 리스트의 원소를 하나씩 읽어서 문자열로 변환하고, 줄바꿈 문자를 접합한 후 파일에 기록하면 된다.

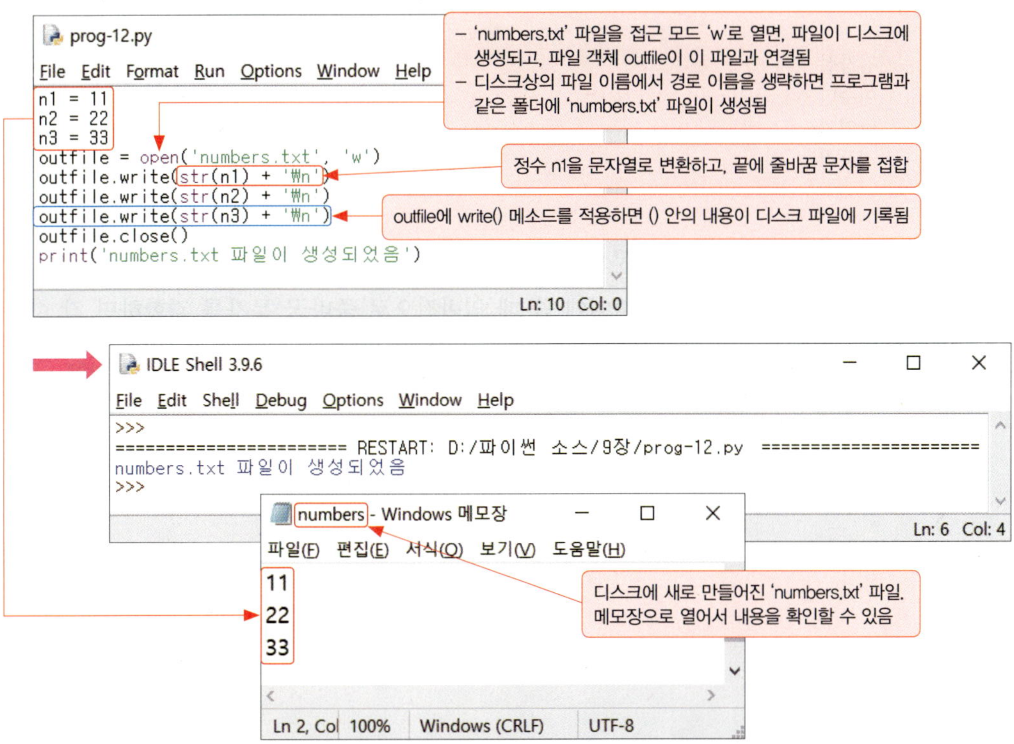

[그림 9-21] numbers.txt 파일에 숫자 세 개를 문자열로 기록

아래와 같이 writelines() 메소드를 사용하여 리스트를 한꺼번에 파일에 기록하면 numbers.txt에는 줄바꿈 문자 없이 '112233'이 기록된다.

```
num_list = ['11', '22', '33']
outfile = open('numbers.txt', 'w')
outfile.writelines(num_list)
outfile.close()
print('numbers.txt 파일이 생성되었음')
```

예 문자열들을 파일에 쓰기

친구 네 명의 이름을 input 문으로 읽어서 'names.txt' 파일에 기록해보자. 프로그램 실행이 끝난 후에 메모장에서 'names.txt' 파일을 열어서 이름들이 제대로 기록되었는지 확인해보라.

```
김창섭
이수민
박영권
최종철
```

친구들의 이름을 input 문으로 읽으면 이름 끝에 줄바꿈 문자가 포함되지 않는다. 사용자가 입력한 데이터를 파일에 쓸 때 일반적으로 줄바꿈 문자를 결합하면 각 항목이 파일에서 하나의 라인으로 구분되어서 좋다.

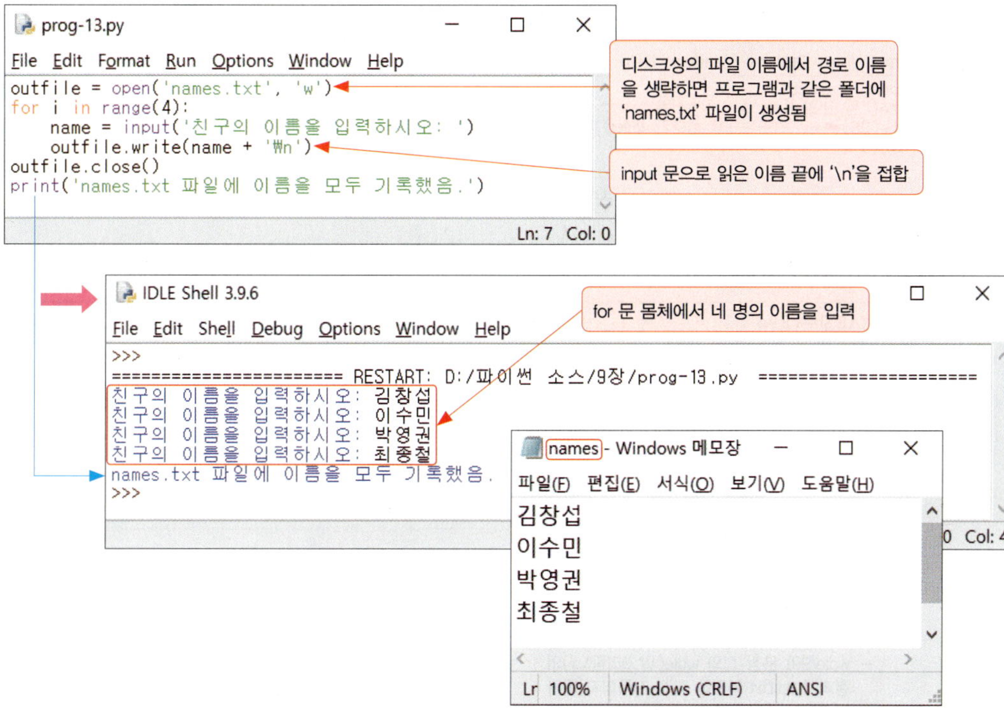

[그림 9-22] names.txt 파일에 이름 네 개를 기록

9.2절에서 파일로부터 데이터를 읽을 때 읽기가 끝나면 바로 파일을 닫아야 한다고 설명했다. 파일을 쓰기 모드로 열었을 때는 파일 닫기가 더욱 중요하다. 본 교재의 범위를 벗어나는 내용이어서 자세한 설명은 생략하지만, 실제로 파일에 기록해야 할 주기억장치의 데이터가 파일을 닫기 전까지는 디스크 파일에 기록되지 않을 수 있기 때문이다.

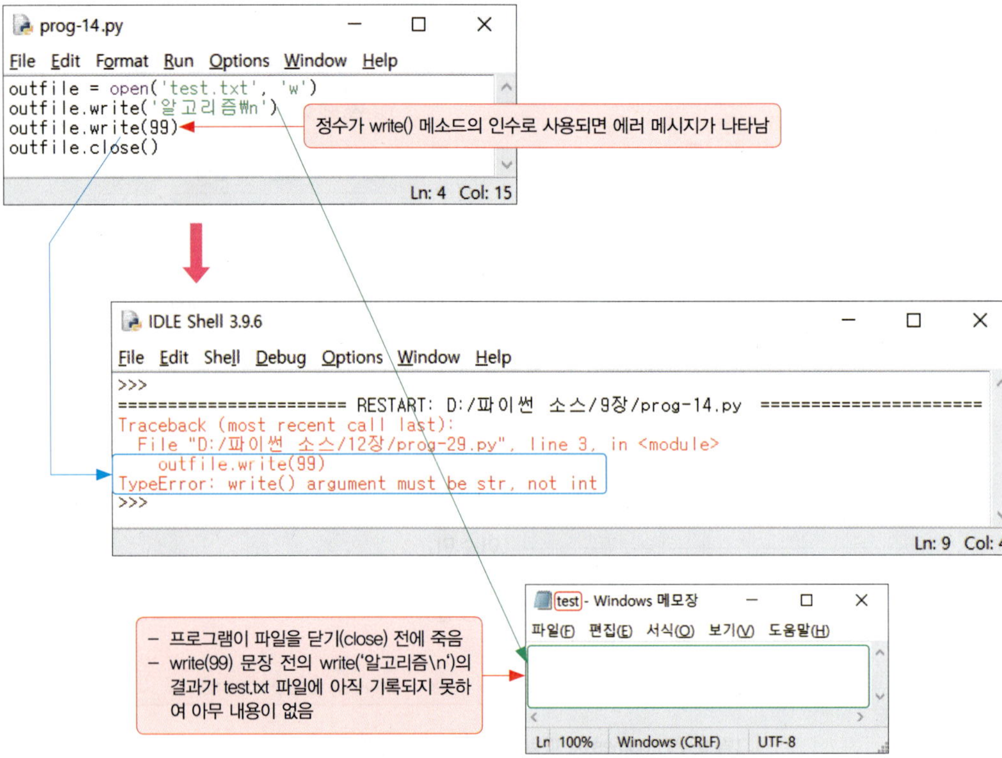

[그림 9–23] 파일 쓰기에서 close 전의 write 결과가 파일에 기록되지 않은 예

IIIIIIII EXERCISE | 연습문제 |

객관식 문제

1 data.txt 파일의 내용이 아래와 같다.

```
Kim 25
Park 78
Lee 90
```

이 파일에 대해서 다음 프로그램을 실행한 결과 중에서 맞는 것은 무엇인가?

```
infile = open('data.txt', 'r')
a = infile.readlines()
print(a)
```

① Kim 25
② Park 78
③ Lee 90
④ ['Kim 25\n', 'Park 78\n', 'Lee 90\n']

2 아래의 프로그램의 실행이 끝난 후 output.txt의 내용은? 공백 문자와 새줄 문자를 명확히 나타내라.

```
outfile = open('output.txt', 'w')
words = ['순서도', '의사코드', '함수']
for w in words:
    outfile.write(w)
outfile.close()
```

① 함수의사코드순서도
② 순서도 의사코드 함수
③ 순서도의사코드함수
④ 순서도
의사코드
함수

3 파일 이름을 매개변수로 받아서 그 파일 안의 모든 숫자들의 합을 구하여 반환하는 함수를 아래와 같이 작성하였다. 파일의 각 라인은 이름과 두 개의 숫자로 이루어진다. 이들은 /로 구분된다. 숫자는 정수 또는 실수 모두 가능하다. 예를 들어서 한 라인은 아래와 같은 형태를 갖는다. (1)에 들어갈 문장이 무엇인가?

홍길동/12.3/45

```
def add(filename):
    infile = open(filename, 'r')
    n = 0
    lines = infile.readlines()
    for line in lines:
        ____(1)____
        num1 = float(lst[1])
        num2 = float(lst[2])
        n += (num1 + num2)
    infile.close()
    return n
```

① lst = line.split()　　② lst = line.split('\n')
③ lst = line.split('/')　　④ lst = line.split(',')

단답식 문제

4 아래의 프로그램에서 틀린 곳 다섯 개를 찾아내라.

```
infile = open('data.txt', 'read')
x = infile.read()
x.append('x')
for y in x
    if y = 'y':
        print y
```

5 cities.txt 파일의 내용이 아래와 같다.

```
서울
베를린
워싱턴
런던
파리
```

이 파일에 대해서 다음 프로그램을 실행한 결과는 무엇인가?

```
city = open('cities.txt', 'r')
a = city.readline()
city.close()
city = open('cities.txt', 'r')
b = city.readlines()
city.close()
print(a[1])
print(b[0])
print(b[1])
```

6 datafile.txt 파일의 내용이 아래와 같다.

```
파이썬
소프트웨어
하드웨어
알고리즘
프로그래밍
```

다음 프로그램을 실행한 후에 파일에 어떤 내용이 저장되는가?

```
infile = open('datafile.txt', 'r')
text = infile.read()
infile.close()
x = text.split('\n')
outfile = open('dataoutfile.txt', 'w')
for i in x:
    if len(i) % 2 == 0:
        outfile.write(i + "!\n")
    else:
        outfile.write(i + "?\n")
outfile.close()
```

7 problem.txt 파일의 내용이 아래와 같다. 아래의 프로그램의 실행 결과가 무엇인가?

```
software
algorithm
variable
```

(1)

```
fin = open('problem.txt', 'r')
s = fin.read()
print(s[1])
```

(2)

```
fin = open('problem.txt', 'r')
s = fin.readlines()
print(s[1])
```

(3)

```
fin = open('problem.txt', 'r')
for s in fin:
    print(s[1],)
```

실습 문제

8 scores.txt 파일에 아래와 같은 성적들이 들어있다. 이 파일을 읽어서 상위 3개의 성적을 출력하는 프로그램을 작성하라.

```
66.8
99.3
73.5
54.8
85.7
79.6
82.9
```

9 scores.txt 파일의 각 라인마다 한 학생의 이름과 세 개의 성적(중간, 기말, 퀴즈)이 포함된다. 이들은 모두 공백문자로 구분된다.

```
이성래 64 52 57
김상원 86 69 90
조민희 74 66 40
이수민 55 44 67
박영원 77 66 88
```

각 학생에 관한 데이터를 읽고, 평균 성적을 계산한다. 평균 성적이 60 이상이면 '통과'한 학생이다. 전체 학생들 중에서 몇 명이 '통과'되었는지 알아내는 프로그램을 작성하라.

10 파일을 복사하는 프로그램을 작성하라. 복사할 파일을 열고, 내용을 읽고, 새 파일을 만들고, 새 파일에 내용을 쓴다. 새 파일의 내용을 읽어서 화면에 출력함으로써 프로그램이 올바르게 동작하는지 확인하라.

11 메모장에서 sales.txt 파일에 아래의 내용을 입력하여 파일을 새로 만들라. 각 라인은 사원의 이름과 판매 실적들을 나타낸다.

```
이만득 24 15 8 10
홍길동 33 42
김순미 21 17 31 14 25
```

(1) 이 파일을 읽고 각 사원의 이름과 모든 판매 실적의 합을 계산하여 출력하는 프로그램을 작성하라.

이만득 합계 =
홍길동 합계 =
김순미 합계 =

(2) 결과를 화면에 출력하지 않고 total.txt 파일에 출력하도록 이 프로그램을 수정하라.

12 파일을 읽고, 각 라인을 단어들로 구분하고, 단어들로부터 공백 문자와 아래와 같은 구두점 및 특수 문자를 떼어내고, 그 다음에 소문자로 변환하는 프로그램을 작성하라.

```
special_char = "!#$%&,()*+,-./:;⟺?@[\]^_„{¦}~"
```

13 파일의 전체 내용을 한꺼번에 읽어서 단어들의 리스트를 만들고, 단어들을 오름차순으로 정렬하고, 정렬된 단어들을 출력하는 프로그램을 작성하라.

14 shopping.txt 파일에 담겨있는 내용이 아래와 같다. 각 라인에는 상품 이름, 개수, 가격이 들어있다.

```
두부        1    1500
콩나물      2    2400
사과        5    2000
라면        4     600
```

이 파일을 열어서 데이터를 읽은 후 상품별 구입 금액을 계산하여, buy.txt 파일에 아래와 같이 출력하는 프로그램을 작성하라. 각 라인에는 상품 이름, 구매 금액이 들어있다.

```
두부        1500
콩나물      4800
사과        10000
라면        2400
```

15 while 문을 사용하여 사용자에게 0을 입력할 때까지 숫자로 표현된 성적을 반복해서 입력하도록 하고, 사용자가 입력한 성적들을 "grades.txt" 파일에 쓰는 프로그램을 작성하라. 각 성적은 파일에서 별도의 라인에 저장된다. 이렇게 만든 "grades.txt" 파일을 열어서 모든 성적을 리스트에 담고, 평균 성적, 최고 성적, 최저 성적을 계산하여 출력하는 프로그램을 작성하라.

16 파일을 열어서 첫 번째 라인과 마지막 라인을 출력하는 프로그램을 작성하라. 사용자로부터 파일 이름을 입력받아야 한다.

17 practice.txt 파일을 열고, 각 라인을 읽어서 첫 번째 단어를 출력하는 프로그램을 작성하라. 각 라인에는 적어도 한 개의 단어가 포함되어 있다고 가정하라. 각 단어마다 새 라인에 출력된다.

18 lines 리스트의 내용이 아래와 같다.

```
lines = ["첫 번째 라인\n",
        "두 번째 라인\n",
        "세 번째 라인\n",
        "네 번째 라인\n"]
```

아래와 같은 작업을 수행하는 프로그램을 작성하라.

(1) "myfile.txt"라는 새로운 파일을 쓰기 모드로 열고, lines 리스트의 네 개의 원소를 그 파일에 출력하고, 파일을 닫아라.

(2) (1)에서 생성한 파일을 읽기 모드로 열고, 반복문 안에서 파일의 네 개의 라인을 읽고 출력하라.

19 number_list.txt 파일을 출력 모드로 열고, 반복문을 사용하여 1부터 100까지의 정수를 파일에 쓰고, 파일을 닫는 프로그램을 작성하라. 각 정수 끝에 줄바꿈 문자를 붙인다.

20 아래의 문장들은 베르디 오페라 〈라 트라비아타〉의 아리아 〈사랑하는 이여, 파리를 떠나서〉 가사의 일부이다. 이 문장들을 메모장에 입력한 후 '파리를 떠나서.txt' 파일에 저장하라. 이 텍스트 문서를 열어서 각 문장의 평균 단어 수를 출력하는 프로그램을 작성하라.

(1) readline()으로 한 라인씩 읽음

(2) readlines()로 전체 내용을 한꺼번에 읽음

```
사랑아 파리를 나와 함께 떠나 이별없는 생활 시작해봐요.
지난 날 고통 다 사라지고 그대 몸의 건강 빛나리라.
당신은 나의 소망과 햇빛 행복된 앞날이 오리라.
```

프로젝트

21 사용자들이 시스템에 로그인한 시간과 로그아웃한 시간을 기록하는 logfile.txt가 있다. 이 파일의 한 라인은 아래와 같은 형식을 갖는다.

```
user_id, 15:31, 17:45
```

각 라인에는 사용자id, 로그인_시간, 로그아웃_시간 등 세 개의 항목이 있으며, 이들은 쉼표로 구분된다. 로그인_시간과 로그아웃_시간은 같은 날짜의 시간이다. 즉 로그인한 날짜와 동일한 날짜에 로그아웃한다.
이 파일을 열어서 모든 데이터를 훑어보고, 적어도 두 시간 이상 로그인 상태를 유지한 사용자들의 id를 모두 출력하는 프로그램을 작성하라.

Python

CHAPTER 10

예외 처리

| 학습 목표 |

코딩 과정에 실수를 하는 것은 흔히 일어나는 일이다. 프로그램을 작성해서 화면에 결과가 출력될 때까지 구문 에러, 의미상 에러, 실행 시 에러 등 세 가지 유형의 에러가 발생할 수 있다. 세 가지 에러를 바로 잡지 않으면 프로그램은 정확한 결과를 출력할 수 없다. 본 장에서는 세 가지 에러의 특징을 논의한다.

실행시 에러가 발생하면 프로그램이 죽는데, 어떤 조치를 취한 후 계속 실행하는 것이 바람직할 때가 종종 있다. 프로그램이 죽는 실행시 에러가 발생했을 때 try/except 문을 사용하여 프로그램이 죽지 않도록 예외를 붙잡아서 다룰 수 있는 방법을 살펴본다.

CHAPTER 10

예외 처리

10.1 에러의 종류

세상사 모든 일이 뜻대로 되지 않는 경우가 많듯이 프로그램도 항상 프로그래머의 의도대로 정확하게 동작하지는 않는다. 코딩 과정에 실수를 하는 것은 흔히 일어나는 일이다. 전문적인 프로그래머도 자주 실수를 저지른다. 여러분도 이 교재의 연습문제 등을 푸는 과정에서 수많은 에러를 겪었을 것이다. 프로그램을 실행하는 과정에 에러가 발생해서 프로그램이 죽더라도 운영체제 또는 하드웨어가 망가지지 않으니 걱정할 필요는 전혀 없다.

프로그램을 작성해서 화면에 결과가 출력될 때까지(또는 파일에 결과가 기록될 때까지) 세 가지 유형의 에러가 발생할 수 있다.

- 구문 에러
- 의미상 에러
- 실행시 에러

▌10.1.1 구문 에러

파이썬 인터프리터는 구문이 정확한 문장만을 실행할 수 있다. **구문**은 특정 프로그래밍 언어가 허용하는 문장 작성 규칙(문법)이다. **구문 에러**(syntax error)는 프로그램의 일부 문장이 파이썬의 문법을 따르지 않아서 발생하는 에러이다. 구문 에러는 가장 흔히 발생하는 에러 유형이다. 키워드의 철자를 잘못 쓰거나, 쉼표 또는 콜론 등의 구두점을 잘못 쓰는 것도 허용되지 않는다. 사람들은 자연어 문장에 사소한 에러가 있어도 문장을 이해하는데 어려움이 없지만 프로그래밍 언어는 그렇지 않다.

구문 에러는 인터프리터가 문장을 기계어로 번역하는 과정에서, 그 문장이 실행되기 전에 발생한다. 프로그램 안에서 구문 에러를 한 개라도 만나게 되면 파이썬 인터프리터는 에러 메시지를 출력하고 그 곳에서 종료되므로 프로그램이 더 이상 실행되지 않는다.

[그림 10-1]은 IDLE 셸 창에서 파이썬의 구문에 맞지 않는 문장들을 입력하고 실행할 때 나타나는 에러 메시지들의 예를 보여준다. 편집기 창에서 구문에 맞지 않는 문장을 입력하고 실행해도 동일한 에러 메시지가 나타난다.

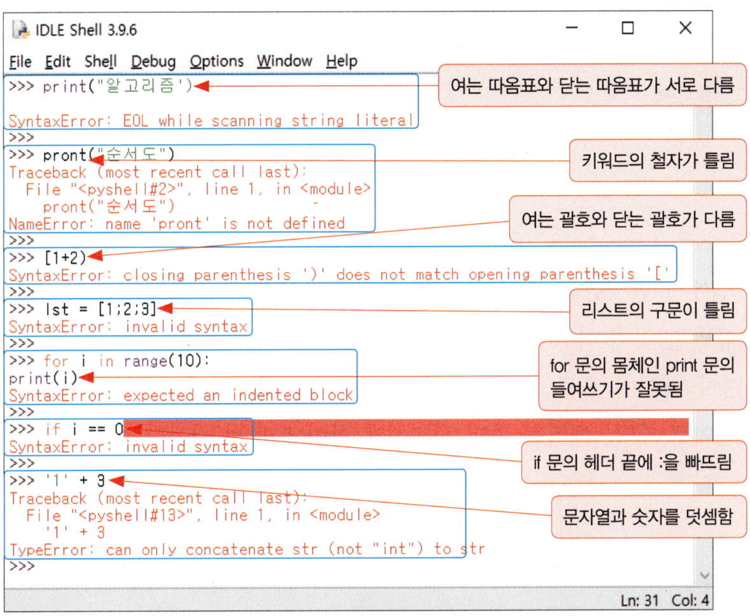

[그림 10-1] 구문 에러들의 예

파이썬 인터프리터가 구문 에러를 포함한 문장을 만나게 되면 "SyntaxError: invalid syntax"와 비슷한 메시지를 화면에 표시한다. 이 에러 메시지를 보고 왜 에러가 발생했는지 알기 어려운 경우도 종종 있다.

Traceback 키워드로 시작하는 에러 메시지들도 있다. 그 다음 라인은 어디서(파일 이름과 라인 번호) 에러가 발생했는지 알려준다. 프로그래머가 에러를 포함한 문장으로 좁혀가는데 도움이 된다. 그 다음에 잘못된 부분을 보여준다. 에러 메시지의 마지막 라인은 발생한 예외의 이름(TypeError)과 간단한 이유를 보여준다. 프로그래머는 이런 메시지로부터 에러가 발생한 원인을 찾고, 수정할 수 있다.

IDLE 셸 창에서는 대화식으로 한 문장씩 입력하여 실행하기 때문에 line 1이 당연하게 보이지만 편집기 창에서 작성한 프로그램을 실행할 때 Traceback 에러 메시지가 나타나는 경우에는 line 다음에 표시되는 라인 번호가 크게 도움이 된다.

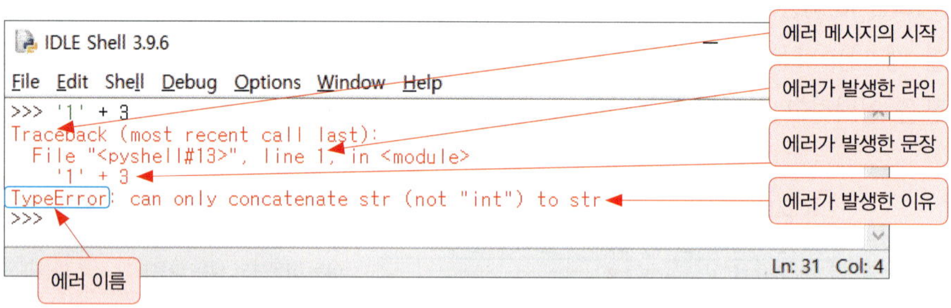

[그림 10-2] Traceback 에러 메시지의 예

일반적으로 Traceback 에러 메시지는 에러가 발견된 곳을 가리키지만 실제 에러는 이전 라인에서 발생했을 수 있다. 즉 에러가 발견된 곳을 알려주지만 그곳이 실제로 에러를 유발한 곳이 아닌 경우가 종종 있다.

여러분이 파이썬 프로그램을 작성하는 경험을 쌓아가면서 점차 구문 에러를 적게 경험할 것이고, 구문 에러를 좀더 신속하게 찾아내게 될 것이다.

Quiz

IDLE 셸 창에서 아래의 문장들을 그대로 입력해서 실행해보고, 어떤 에러 메시지가 표시되는지 확인하라.

```
>>> Print("Hello, Python!")
>>> print(Hello, Python!)
>>> print("Hello, Python!')
>>> print('Hello'
```

10.1.2 의미상 에러

의미상 에러(semantic error)를 흔히 **논리 에러**(logic error)라고도 부른다. 구문 에러를 프로그래머가 모두 고친 후에 인터프리터는 프로그램을 실행하는 과정에 의미상 에러가 발생했는지 탐지하지 못한다. 인터프리터는 단지 프로그램의 문장을 기계어로 번역해서 실행할 뿐이므로, 프로그래머의 의도를 알 수 없다.

예를 들어 프로그램에서 세 개의 숫자의 평균을 계산하기 위해서 아래와 같이 입력했다 하더라도 인터프리터는 이를 탐지할 수 없다. 이런 유형의 에러가 의미상 에러이다.

```
(x + y + z) / 4.0
```

그럼 이런 에러는 어떻게 발견해서 고쳐야 할까? 의미상 에러에 대해서 인터프리터는 어떠한 에러 메시지도 출력하지 않으므로 이런 유형의 에러를 파악해서 고치는 것은 매우 어려울 수 있다. 가장 널리 사용되는 방법은 적절한 곳에 print 문을 추가하여 중간중간 변수들의 내용을 확인해보는 것이다. 10.2절에서 print 문을 활용하는 디버깅 방법을 자세하게 논의한다.

예 의미상 에러

• 무한 반복문 (while 문의 몸체에 루프 변수 i를 증가시키는 문장이 없으므로 while 문의 헤더의 조건식의 결과가 항상 True)

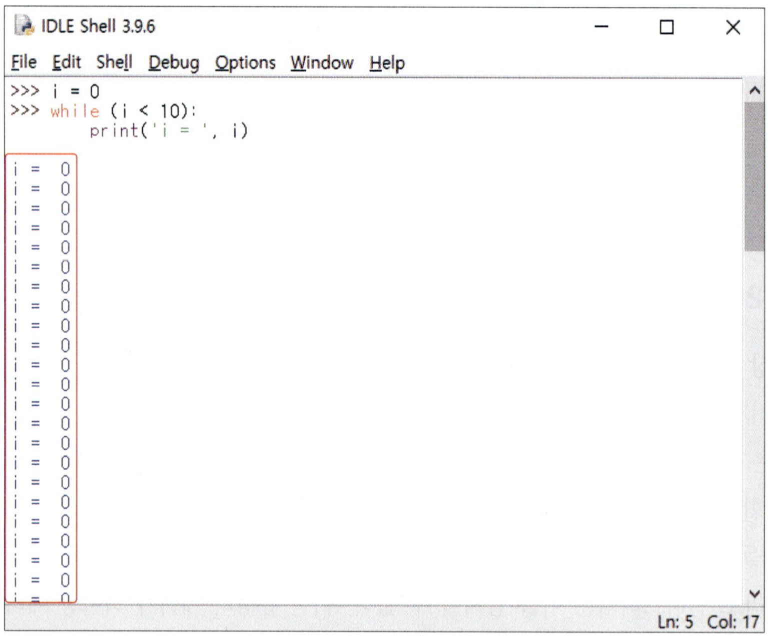

[그림 10-3] 의미상 에러의 예

• 루프 변수의 초기값 실수

리스트 lst의 원소들의 합을 구하려고 while 문을 작성하였다. 이 프로그램에는 구문 에러가 없다. 리스트 lst의 다섯 개 원소들의 합은 30이어야 한다.

```
total = 2 + 4 + 6 + 8 + 10
```

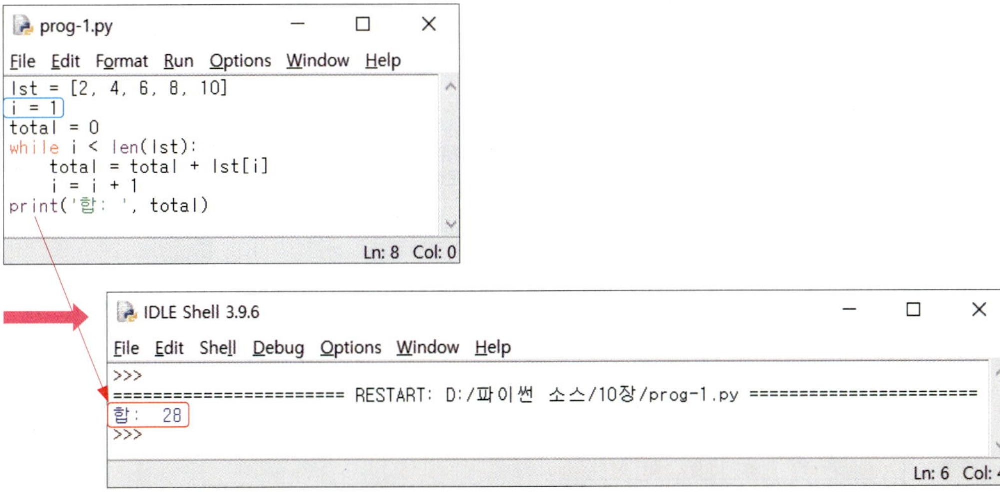

[그림 10-4] 의미상 에러의 예

하지만 이 프로그램의 실행 결과는 28이다. 왜 합이 틀렸을까? 루프 변수 i의 초기값으로 0을 배정해야 하는데, 1을 배정했다. 따라서 리스트의 첫 번째 원소인 2는 total에 더해지지 않는다.

```
total = 4 + 6 + 8 + 10
```

10.1.3 실행시 에러

프로그램에 구문 에러가 없더라도 프로그램을 실행하는 도중에 에러가 탐지되고, 프로그램이 중도에 죽을 수 있다. **실행시 에러**(runtime error)는 해당 문장을 만나기 전에 미리 탐지할 수 없다.

예를 들어서 [그림 10-5]에서 원소가 10개인 리스트를 만들고, 이 리스트의 원소들을 하나씩 접근할 때 인덱스는 0~9만 가능하다. 하지만 while 문의 헤더에서 조건식을 i <= len(lst)와 같이 표현했기 때문에 루프 변수가 10(= len(lst))까지 변한다.

인덱스 10에 위치한 원소를 읽으려고 하면 구문 에러는 발생하지 않지만 실행시 에러가 발생한다. 왜냐하면 인덱스 10에 해당하는 원소는 존재하지 않기 때문이다.

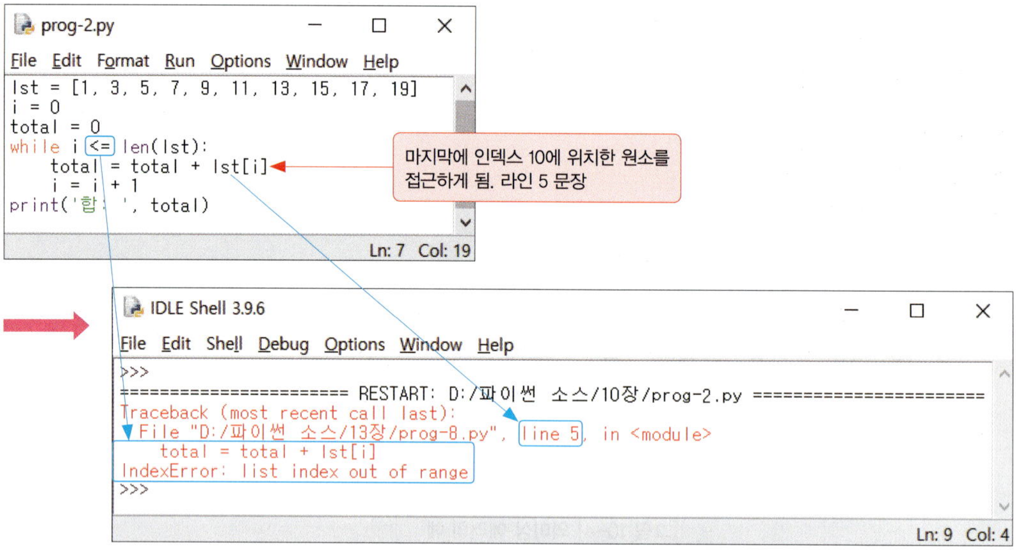

[그림 10-5] 실행시 에러의 예: 인덱스 범위 초과

어떤 수를 0으로 나누는 문장을 실행할 때, 산술 연산과 같이 숫자를 사용해야 하는 곳에 문자열을 사용할 때, 정의하지 않은 변수(값을 배정하지 않은 변수)를 사용할 때도 실행시 에러가 발생해서 프로그램이 죽는다.

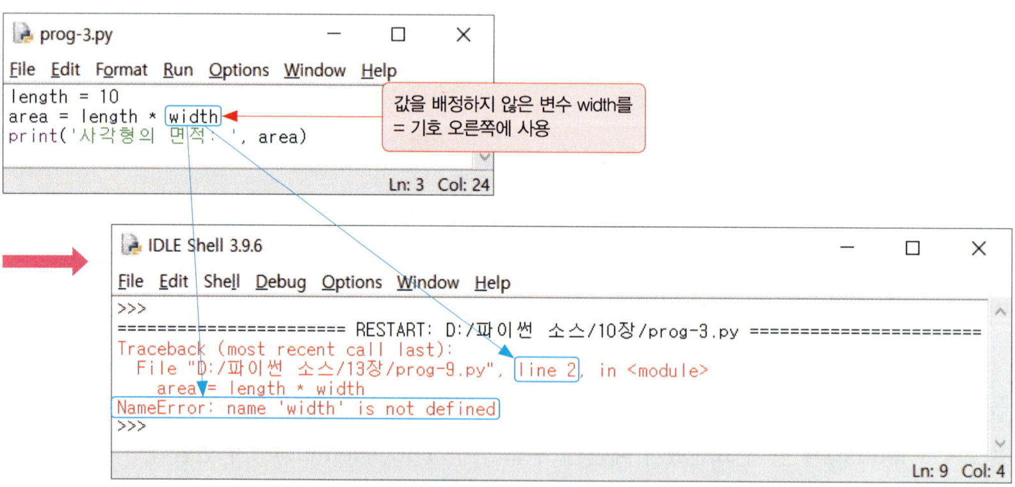

[그림 10-6] 실행시 에러의 예: 값을 배정하지 않은 변수 사용

적어도 에러가 발생한 사실은 알 수 있기 때문에 프로그래머 입장에서는 실행시 에러가 의미상 에러보다 더 해결하기 쉽다.

10.2 디버깅

버그(bug)는 프로그램에 존재하는 에러(벌레)이다. 역사적인 이유 때문에 프로그램에 존재하는 모든 에러를 버그라고 부른다. 타이핑 실수와 같은 단순한 것부터 논리 에러까지 다양한 버그가 존재할 수 있다.

벌레를 잡자!

프로그램이 부정확한 결과를 산출하면 프로그래머는 프로그램을 **디버그**(debug)한다. **디버깅**(debugging)은 프로그램의 버그(에러)를 찾아서 고치는 과정을 말한다. 디버깅은 결코 사소한 작업이 아니다. 프로그램 개발의 상당 부분을 차지하는 중요한 작업이다. 프로그램이 커질수록 에러가 발생할 가능성이 높아지므로 점점 더 많은 시간을 디버깅에 소비하게 될 것이다.

디버깅의 두 가지 주요 도구(수단)는 print 문과 IDLE 셸 창의 **디버거**(Debugger)이다. 디버깅에 print 문을 사용하는 것은 특정 도구(예: 파이썬의 디버거)를 배우지 않아도 사용가능하다는 장점이 있다. 적절한 곳에 print 문을 사용해서 변수들의 값을 출력해보는 것이다. 기존 프로그램에 print 문만 추가해서 그 프로그램을 다시 실행해본다. 추가한 print 문의 출력을 꼼꼼히 살펴보면서 변수들의 값의 변화 추이를 관찰한다. 이런 방법을 통해서 에러가 발생한 원인을 찾게 되면 그 부분을 수정하고, 추가했던 print 문들은 모두 삭제한다.

IDLE 셸 창에서 파이썬의 디버거를 시작하려면 제목 표시줄에서

[Debug] → [Debugger]

를 차례로 선택한다. 그 후 문장들을 입력하여 수행하면 Debug Control 창에 상세한 정보가 표시된다. 본 교재에서는 파이썬의 디버거를 더 이상 다루지 않는다.

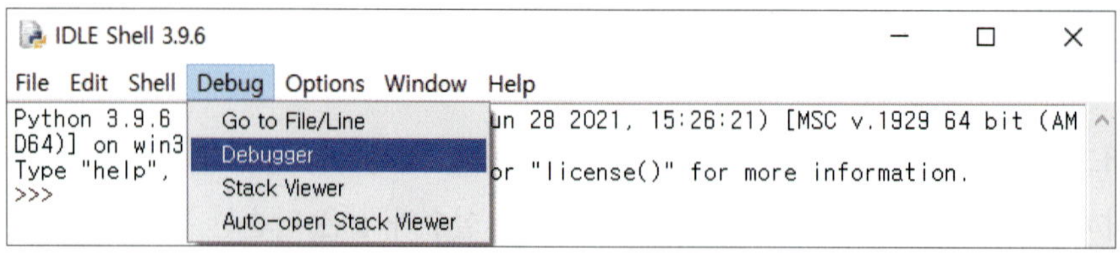

[그림 10-7] IDLE 셸 창의 제목 표시줄의 Debug 메뉴

예 print 문을 사용한 디버깅

아래의 프로그램은 1 + 2 + 3 + ... + 10을 구하기 위해 작성한 것이다. while 문을 벗어난 후에 합을 출력할 print 문이 있음에도 불구하고, 이 프로그램을 실행한 후 한참을 기다려도 합이 출력되지 않는다.

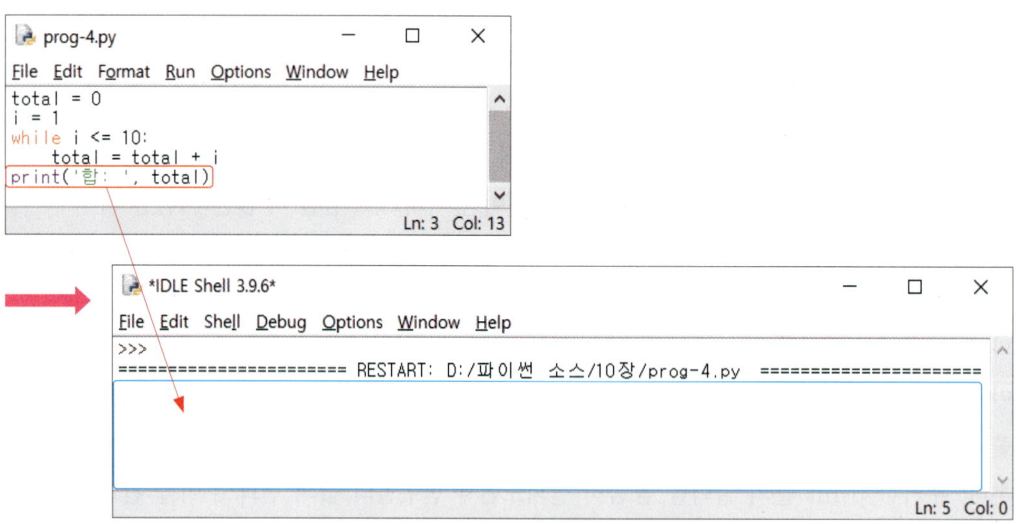

[그림 10-8] while 문 바깥의 print 문의 결과가 안 나타남

그 이유를 알아보기 위해서 while 문의 몸체 안에 루프 변수를 출력하는 print 문을 추가해본다. 반복문의 몸체에 print 문을 삽입하면 각 반복마다 변수들의 값이 어떻게 바뀌는지 파악할 수 있다. 무한 반복 등의 원인을 쉽게 알아낼 수 있다.

i = 1이 무한히 출력된다. Ctrl+C 단축키를 눌러서 프로그램의 실행을 종료시킨다.

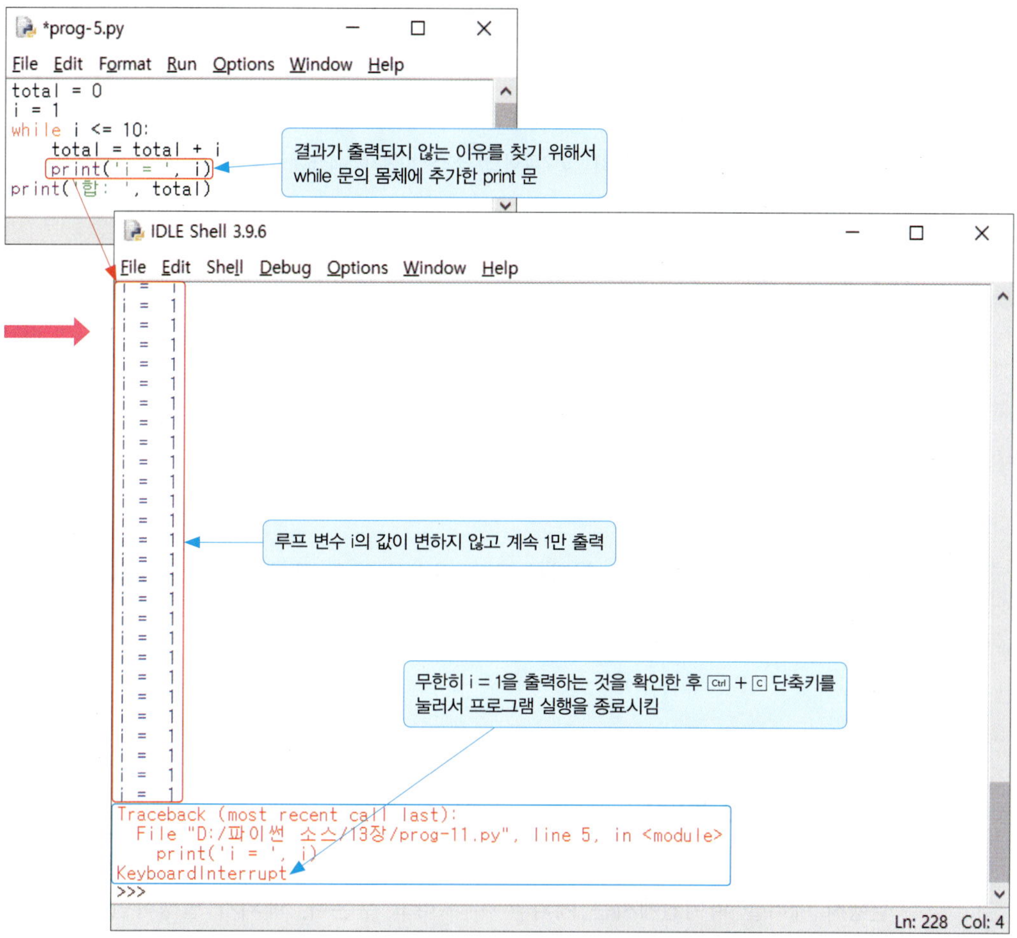

[그림 10-9] Ctrl + C 키를 눌러서 프로그램의 무한 반복을 종료시킴

루프 변수 i의 값이 while 문의 몸체 안에서 변하지 않는 것을 확인했으니 아래의 문장을 추가하고 프로그램을 다시 실행해본다. 결과가 올바르게 출력된다.

i = i + 1

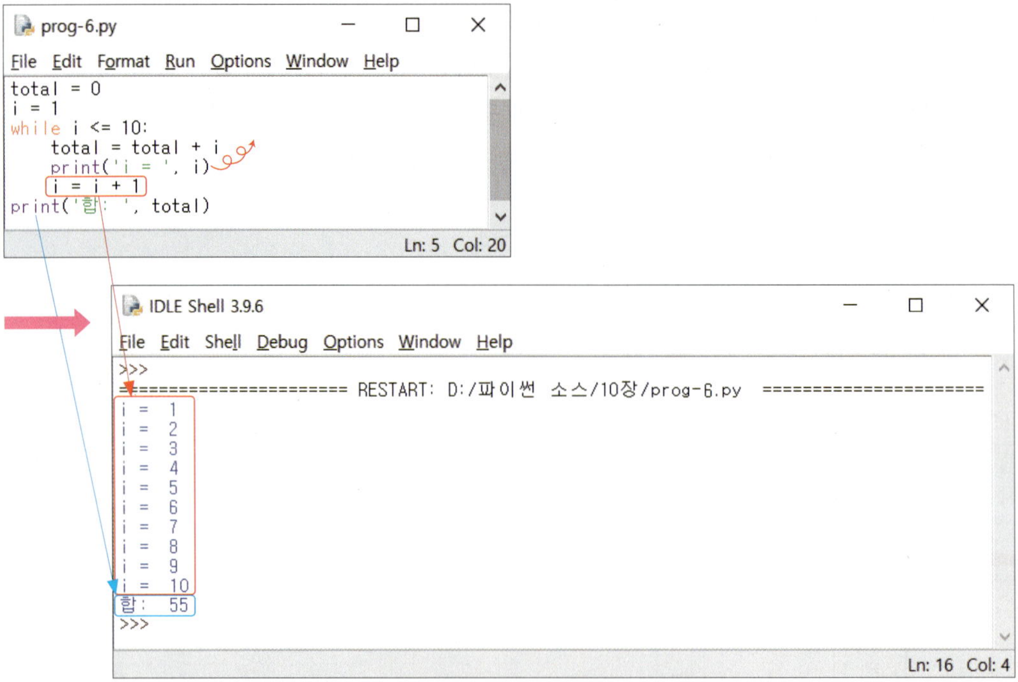

[그림 10-10] 실행시 에러의 원인을 발견함

실행시 에러의 원인을 찾기 위해서 루프 변수의 값을 확인할 목적으로 while 문의 몸체 안에 추가했던 print('i = ', i)를 이제 삭제한다.

10.3 예외 처리

실행시 에러를 파이썬에서는 **예외**(exception)라고 부른다. 예외가 발생하면 프로그램이 죽는다.

예 float 함수의 인수에 문자열이 사용됨

input 문은 사용자가 입력한 내용을 문자열로 반환한다. 내장 함수 float는 숫자만 포함된 문자열을 실수로 변환한다. 사용자가 xyz를 입력한 경우에는 float가 숫자로 변환할 수 없기 때문에 실행시 에러가 발생하고 프로그램이 죽는다.

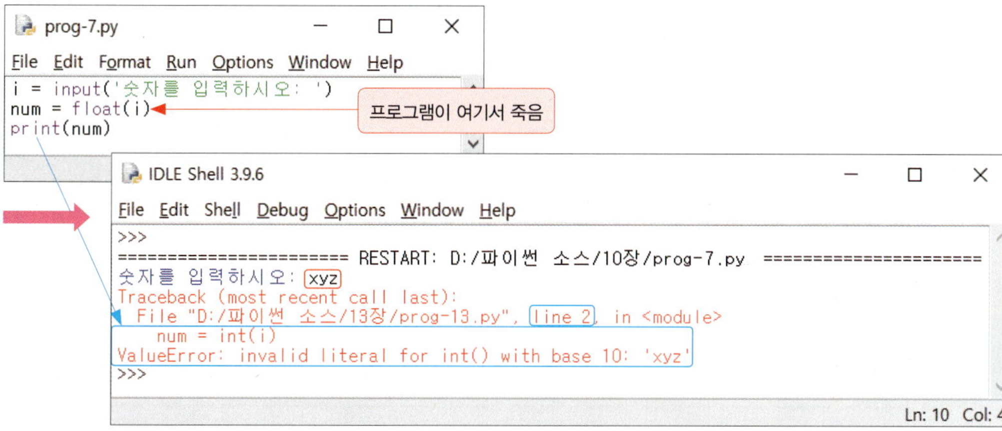

[그림 10-11] 내장 함수 float의 인수에 문자열이 사용됨

예 0으로 어떤 수를 나눔

[그림 10-12] 프로그램을 두 번 실행해보자. 처음에는 5를 입력한다. 내장 함수 float가 '5'를 5.0으로 변환하고, 1/5.0의 결과가 div에 배정되고, print 문이 div를 출력한다. 프로그램이 죽지 않는다.

두 번째 실행할 때는 0을 입력한다. 내장 함수 float가 '0'을 '0.0'으로 변환하고, 0으로 어떤 수를 나눌 수 없기 때문에 1/0.0의 결과로 프로그램이 죽는다. print 문을 실행하지 못한다.

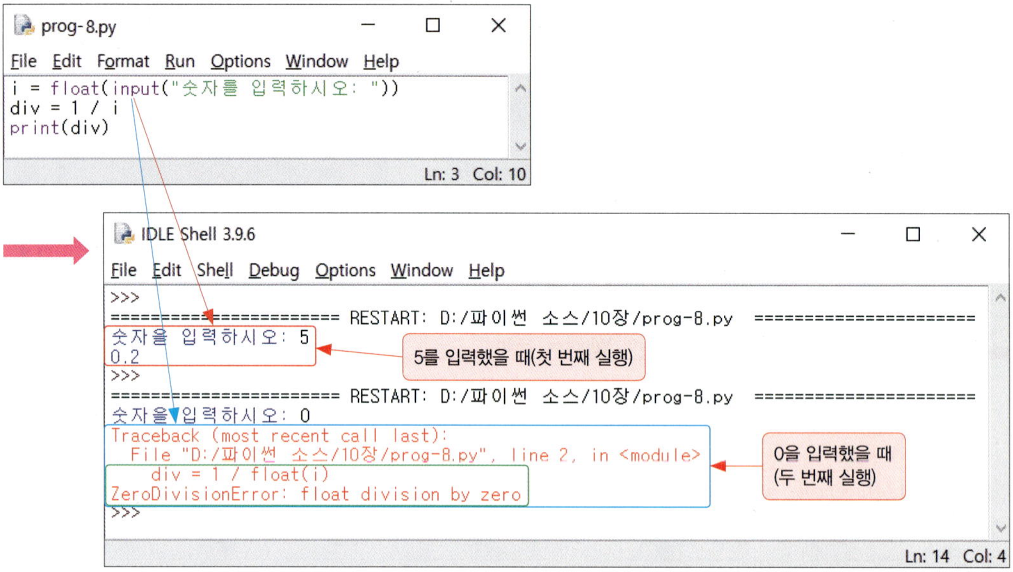

[그림 10-12] 0으로 어떤 수를 나눔

10.3.1 try/except 문

예외가 발생하면 디폴트로 프로그램이 죽는다. 예외가 발생하더라도 프로그램을 죽게 놔두지 않고 어떤 조치를 취한 후 계속 실행하는 것이 바람직할 때가 종종 있다. 프로그램이 죽는 예외가 발생했을 때 try/except 문을 사용하여 프로그램이 죽지 않도록 예외를 붙잡아서 다룰 수 있다. 이런 방법을 **예외 처리**(exception handling)라고 부른다.

try/except 문의 형식은 아래와 같다. 본 교재에서는 try/except 문의 모든 가능한 형식을 다루지는 않는다.

형식

❶ try:

예외를 발생시킬 가능성이 있는 문장들의 블록 (try 블록)

❷ except 예외1:

    예외1이 발생했을 때 조치를 하는 문장들의 블록

except 예외2:

    예외2가 발생했을 때 조치를 하는 문장들의 블록

...

❸ except: (선택 사항)

    예외 유형을 명시하는 않은 예외들을 조치하는 문장들의 블록

❹ else: (선택 사항)

    어떤 예외도 발생하지 않을 때 수행하는 문장들의 블록

❶ 키워드 try 다음에 :이 온다. 그 아래에 **try 블록**이라고 부르는 문장들의 블록이 온다. 예외를 발생시킬 가능성이 있는 문장들만 try 블록에 포함시키도록 한다. 파이썬 인터프리터가 try를 만나면 try 블록에 있는 문장들을 실행한다. 만일 아무런 예외도 발생하지 않으면 모든 except(들)을 무시하고, else가 있는 경우에는 else 아래에 놓인 문장으로 제어가 넘어가고, else가 없는 경우에는 try/except 문 아래에 놓인 문장으로 제어가 넘어간다.

❷ try 블록 밑에 except 절이 온다. **except 절**은 키워드 except로 시작하고, 예외 이름이 오고, :으로 끝난다. 그 아래에 문장들의 블록이 온다. 서로 다른 예외 상황에 대응하기 위해서 하나의 try 블록에 대해 여러 개의 except 절을 포함할 수 있다.

except 절은 오직 try 블록의 문장 중에서 예외가 발생했을 때만 실행된다. 여러 개의 except 절이 허용되는 것은 if-elif 문에서 여러 개의 elif가 허용되는 것과 유사하다.

❸ 마지막 except 절에는 예외 유형을 명시하지 않는 것이 가능하다. 이전의

except 절들이 잡아내지 못한 모든 예외들을 잡아서 처리하게 된다. 예외 유형을 명시하지 않은 except 절을 사용하면 심각한 예외의 원인을 찾아내지 못할 수 있으니 주의하자.

❹ 맨 마지막에 else 키워드를 포함할 수 있다. else는 try 블록에서 어떤 예외도 발생하지 않았을 때 실행된다.

또한 하나의 except 키워드에 여러 개의 예외를 열거할 수 있다. 해당 예외의 이름들을 () 안에 명시한다.

```
except (ValueError, IndexError):
```

만일 try 블록에 속한 문장들을 실행하는 과정에 어떤 예외가 발생하면 try 블록의 현재 문장부터 나머지 문장들의 실행이 즉시 중지되고, 파이썬 인터프리터는 이 예외에 해당하는 except 절이 명시되어 있는가를 체크하고, 프로그램을 죽이는 대신에 해당 예외에 대응되는 except 절로 제어가 넘어가서 except 절에 속한 문장들을 실행한 후 나머지 except 절들은 건너뛰고, try/except 문 아래에 놓인 문장으로 제어가 넘어간다. try/except 문을 사용하더라도, except 절에 명시하지 않은 예외가 발생하면 여전히 프로그램은 죽을 수 있다.

〈표 10-1〉 except 절에 사용하는 예외 이름

예외 이름	설명
ZeroDivisionError	0으로 어떤 수를 나누려고 할 때 유발
IndexError	유효 인덱스 범위를 초과한 인덱스를 사용하여 원소를 접근하려고 할 때 유발
IOError	입출력 연산이 실패했을 때 유발(예: 없는 파일을 open하려고 함)
NameError	값을 배정하지 않은 변수를 = 기호 오른쪽에 사용하려고 할 때 유발
TypeError	잘못된 데이터 타입에 함수 또는 연산을 적용하려고 할 때 유발
ValueError	데이터 타입은 올바르나 잘못된 값에 함수 또는 연산을 적용하려고 할 때 유발(예: 숫자로 변환할 수 없는 문자열에 int 또는 float 함수를 적용)
KeyError	딕셔너리에 없는 키를 사용하려고 할 때 유발

주의

try와 except 끝에 :을 입력하는 것을 잊지 말자. 또한 try 블록과 except 블록은 네 칸만큼 들여쓰기해야 한다.

TIP
- 가능하면 특정 예외를 붙잡도록 한다.
- except 블록에는 해당 예외를 처리하는데 필요한 최소한의 문장들만 포함한다.

예 0으로 어떤 수를 나누는 예외에 try/except 문 추가

[그림 10-12]의 문장들을 그대로 둔 채 try/except 문을 추가해보자. 기존의 세 문장을 try: 아래에 네 칸만큼 들여쓰기한다. except 다음에는 ZeroDivisionError (0으로 나누는 예외) 키워드를 적는다. try 블록을 먼저 실행하면서 사용자가 5를 입력하면 0으로 나누는 예외가 발생하지 않으므로 except 절은 실행하지 않는다.

사용자가 0을 입력하면 try 블록의 두 번째 문장에서 0으로 나누는 예외가 발생하지만, 인터프리터는 이 예외에 대한 except 절이 있는 것도 안다. 따라서 프로그램이 죽지 않고, except 절에 명시된 문장(들)을 실행하게 된다. 하지만 input 문에 문자들을 입력하면 이에 대한 except 절이 없으므로 여전히 프로그램이 죽는다.

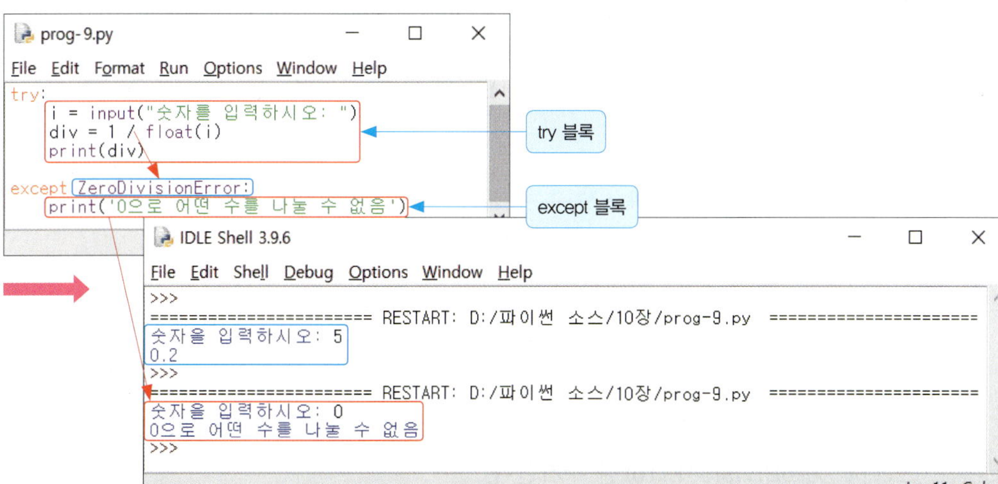

[그림 10-13] try/except 문으로 0으로 어떤 수를 나누는 예외 처리

예 하나의 try 블록에 여러 개의 except 절 사용

[그림 10-11]과 [그림 10-12]에서 살펴본 바와 같이 아래의 프로그램을 실행할 때 input 문에 xyz 같은 문자열을 입력하면 ❶번 문에서 예외(ValueError)가 발생하여 프로그램이 죽고, input 문에 0(또는 0.0)을 입력하면 ❷번 문에서 예외(ZeroDivisionError)가 발생하여 프로그램이 죽는다. 서로 다른 예외 상황에 대응하기 위해서 하나의 try 블록에 대해 여러 개의 except 절을 포함할 수 있다.

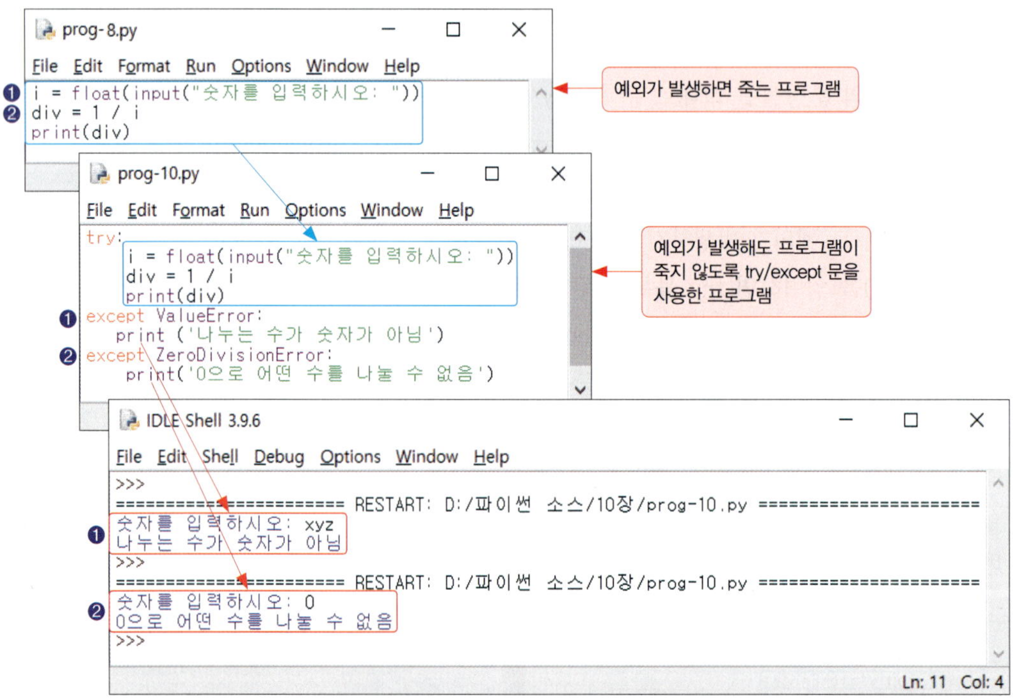

[그림 10-14] 하나의 try 블록에 두 개의 except 절 사용

원래의 프로그램에 속한 세 문장을 try 블록에 넣는다. input 문에 숫자가 아닌 문자들을 입력하는 경우에 프로그램이 죽지 않도록 하기 위해서 except ValueError를 추가하고, input 문에 0을 입력하는 경우에 프로그램이 죽지 않도록 하기 위해서 except ZeroDivisionError를 추가한다.

input 문에 0이 아닌 숫자들만 입력하는 경우에는 프로그램에 예외가 발생하지 않았기 때문에 try 블록의 세 문장만 실행하고, 두 개의 except 절은 건너뛰고, try/except 문 아래에 놓인 문장으로 제어가 넘어간다.

10.3.2 try/except 문의 세 가지 수행 흐름

try/except 문을 사용했을 때, ❶ try 블록의 문장을 수행하는 도중에 예외가 발생하지 않을 수 있고, ❷ try 블록에서 예외가 발생하고 이 예외에 대응되는 except 절이 명시되어 있을 수 있고, ❸ try 블록에서 예외가 발생했는데 이 예외에 대응되는 except 절이 없는 경우가 존재할 수 있다. [그림 10-15]는 세 가지 경우의 try/except 문의 수행 흐름을 보여준다.

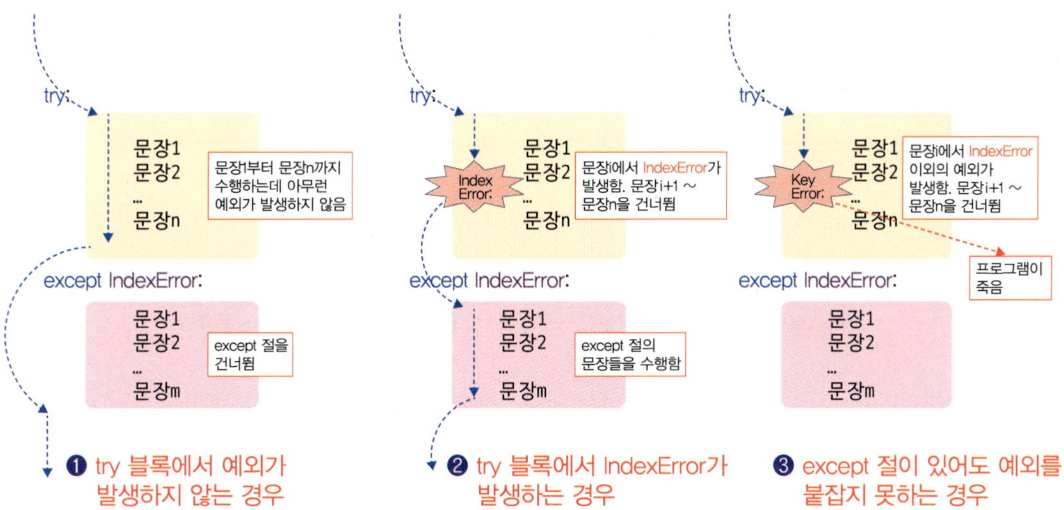

[그림 10-15] try/except 문을 사용할 때 예외 처리의 세 가지 경우

예 인덱스 예외 처리

다섯 개의 성적이 들어있는 리스트 scores가 있다.

```
scores = [74, 65, 93, 87, 81]
```

while 문을 사용하여 이 리스트의 원소들의 합을 구하는 프로그램을 [그림 10-16]의 오른쪽 같이 작성하면 예외가 발생한다. 오른쪽 while 문의 헤더의 조건식의 비교 연산자 <= 때문에 루프 변수가 5를 가리킬 때 인덱스 예외가 발생한다.

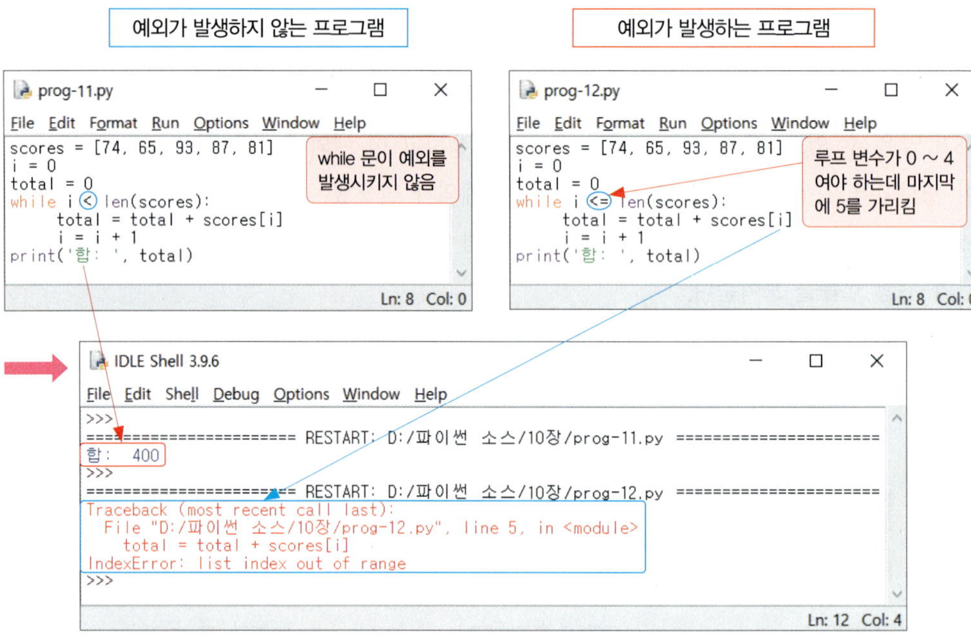

[그림 10-16] 올바르게 작성한 프로그램 vs. 인덱스 예외가 발생하는 프로그램

혹시 인덱스 범위를 벗어나더라도 프로그램이 죽지 않고 적절한 조치를 취하면서(예: 메시지 출력) 수행을 계속하도록 하려면 try/except 문을 사용한다. 예외를 유발할 수 있는 문장들을 try 블록에 넣고, 인덱스 예외가 발생할 때 붙잡을 수 있도록 except IndexError 절을 포함한다. except IndexError 블록 안에서 적절한 메시지를 출력한다.

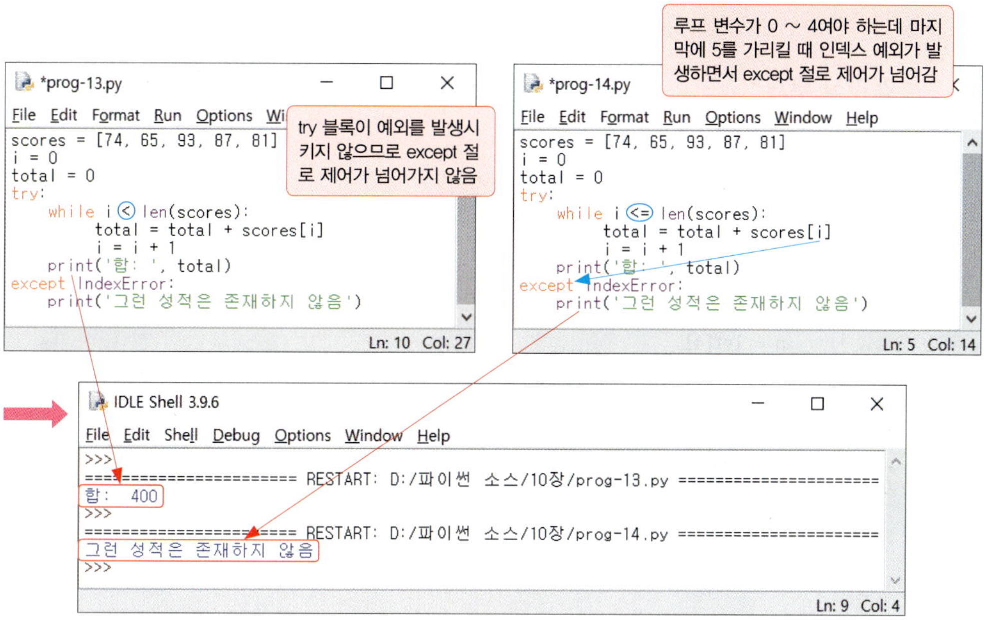

[그림 10-17] 인덱스 예외가 발생할 때 붙잡을 수 있는 except IndexError

객관식 문제

1 아래의 프로그램의 실행 결과가 무엇인가?

```
lst = [1, 2, 3, 4]
n = 0
try:
    n = lst[4]
except IndexError:
    print('인덱스 에러', end = '')
except:
    print('그밖의 에러 ', end = '')
```

① 그밖의 에러 ② 인덱스 에러
③ 인덱스 에러 그밖의 에러 ④ 의미상 에러

2 아래의 프로그램의 실행 결과가 무엇인가?

```
b_list = [1, 2, 3, 4, 5]
try:
    b_list = b_list[5] / 0
except (IndexError, ZeroDivisionError):
    print('인덱스 에러 또는 0으로 나누는 에러 ', end = '')
else:
    print('그밖의 에러 ', end = '')
```

① 의미상 에러 ② 실행시 에러
③ 그밖의 에러 ④ 인덱스 에러 또는 0으로 나누는 에러

3 아래의 프로그램의 실행 결과가 무엇인가?

```
data = 50
try:
    data = data / 0
except ZeroDivisionError:
    print('0으로 나눌 수 없음 ', end = '')
else:
    print('성공적으로 나누기함 ', end = '')

try:
    data = data / 5
except:
    print('except 블록의 내부 ', end = '')
else:
    print('else의 내부', end = '')
```

① 0으로 나눌 수 없음 else의 내부
② 0으로 나눌 수 없음
③ 0으로 나눌 수 없음 except 블록의 내부 else의 내부
④ 0으로 나눌 수 없음 except 블록의 내부

단답식 문제

4 아래의 각 프로그램에 대해서 사용자가 두 가지 값을 입력했다. 각 프로그램의 출력이 무엇인가? 만일 프로그램이 예외를 유발했으면 "예외"라고 답하라.

(1)

```
print('시작')
try:
    x = int(input('x를 입력하시오: '))
    print(x)
except ValueError:
    print('잘못됨!')
print('종료')
```

① 12를 입력
② ab를 입력

(2)

```
print('시작')
try:
    x = int(input('x를 입력하시오: '))
    print(x)
except Exception:
    print('잘못됨!')
print('종료')
```

① 12를 입력
② ab를 입력

(3)

```
print('시작')
try:
    x = int(input('x를 입력하시오: '))
    print(x)
except ValueError:
    print('잘못됨!')
else:
    print('잘했음')
print('종료')
```

① 12를 입력
② ab를 입력

5 아래의 프로그램의 실행 결과가 무엇인가?

```
a_list = [1, 2, 3, 4]
n = 0
try:
    n = a_list[3]
except IndexError:
    print('인덱스 에러 ', end = '')
except:
    print('그밖의 에러 ', end = '')

n = 10
try:
    n = n / 0
except ZeroDivisionError:
    print('0으로 나누는 에러 ', end = '')
```

6 아래의 프로그램의 실행 결과로 아래와 같이 출력되도록 빈칸 (1), (2)를 채우라.

빨강
파랑

```
x = 4
y = 0
try:
    z= x / y
    print(z)
except ZeroDivisionError:
    ______________(1)______________
______________(2)______________
```

7 아래의 프로그램의 실행 결과가 무엇인가?

```
a_list = [2, 0, 'x']
for i in a_list:
    print('원소 ', i)
    div = 1 / int(i)
    print('1/', i, '은 ', div)
```

실습 문제

8 사용자로부터 파일 이름을 입력받아 그 파일을 open하고, 파일의 라인을 하나씩 읽어서 출력하는 프로그램을 작성하려고 한다. 파일이 디스크에 없을 때 프로그램이 죽지 않고 예외 처리를 할 수 있도록 프로그램을 작성하라.

프로젝트

9 아래의 2차 방정식의 근을 구해보자. a, b, c는 계수이다. input 문으로 a, b, c를 입력받는다. 사용자가 실수로 a에 0을 입력할 수도 있다.

$ax^2 + bx + c = 0$

2차 방정식의 근을 구하는 공식은 아래와 같다.

$$root = \frac{-b \pm \sqrt{b^2 - 4ac}}{2a}$$

판별식 d는 아래와 같다.

d = b * b - 4 * a * c

- d < 0이면 근이 없다.
- d = 0이면 근이 한 개 있다. root = –b / (2 * a)
- d > 0이면 두 개의 근이 있음.

  root1 = (–b + d ** 0.5) / (2 * a)

  root2 = (–b - d ** 0.5) / (2 * a)

사용자가 a의 값으로 0을 입력하거나 a, b, c에 숫자가 아닌 문자를 입력하더라도 프로그램이 죽지 않도록 try/except 문을 사용하여 2차 방정식의 근을 구하는 프로그램을 작성하라.

Python

11 CHAPTER

모듈과 터틀

| 학습 목표 |

파이썬은 표준 라이브러리에 다양한 모듈들을 제공하기 때문에 배터리 내장이라고 부르기도 한다. 표준 라이브러리의 기능과 종류가 워낙 풍부하기 때문에 파이썬의 큰 장점이 된다. 또한 다수의 제삼자 모듈들을 인터넷에서 다운로드해서 사용할 수도 있다.

random 모듈은 난수 생성과 관련된 함수들을 제공한다. 난수는 여러 유형의 프로그래밍 작업에 유용하다. 터틀 모듈은 모니터 위에 컴퓨터가 어떻게 그림을 그리는지를 배우는데 유용한 모듈이다.

본 장에서는 모듈에 관해 전반적인 사항을 알아본다. 또한 수많은 모듈들 중에서 random 모듈과 터틀 모듈을 예로 들어 모듈 안의 함수 또는 메소드를 사용하는 방법을 알아본다.

CHAPTER 11

모듈과 터틀

11.1 모듈이란?

모듈(module)은 하나의 파일에 함께 저장된 함수(메소드)들을 말한다. 일반적으로 기능적으로 연관된 함수(메소드)들을 같은 모듈 안에 함께 모아둔다.

표준 라이브러리에 속하는 대다수의 함수들도 모듈이라고 부르는 파일들에 저장되어 있다. 파이썬은 표준 라이브러리에 워낙 다양한 모듈들을 제공하기 때문에 **배터리 내장**(batteries included)이라고 부르기도 한다. 이런 라이브러리의 기능과 종류가 워낙 풍부하기 때문에 파이썬의 큰 장점이 된다. 이런 모듈들은 사용자가 파이썬을 자신의 컴퓨터에 설치할 때 컴퓨터에 복사되어 프로그램을 작성할 때 자유롭게 사용할 수 있다. 표준 모듈들의 이름은 소문자로 이루어진다.

또한 다수의 제삼자 모듈들을 인터넷에서 다운로드할 수 있다. 파이썬이 오픈 소스 소프트웨어이기 때문에 수많은 사람들이 다양한 모듈들을 개발하여 다른 사람들이 자유롭게 사용할 수 있도록 내놓고 있다. 물론 사용자 스스로 모듈을 만들 수도 있다.

모든 파이썬 프로그램들은 내장 함수라고 부르는 기본적인 함수들을 호출할 수 있다. 예를 들어서 지금까지 살펴본 print, input, len, range 등이 내장 함수이다. 파이썬을 설치하면 **내장 모듈**(built-in module)들의 모임도 함께 설치되기 때문에 프로그램에서 내장 함수들을 사용하려면 단지 함수를 호출하기만 하면 된다.

내장 함수가 아닌, 어떤 모듈에 포함된 함수를 호출하려면 프로그램의 상단에서 import 키워드를 사용해서 그 모듈을 명시해야 한다. 파이썬이 제공하는 모듈이든 사용자가 직접 작성한 모듈이든, 어떤 모듈을 import하는 방법은 동일하다.

형식

```
import 모듈
```

이후부터 import 키워드로 명시한 모듈에 속한 어떤 함수도 프로그램 안에서 자유롭게 사용할 수 있다. 예를 들어서 사용자가 math 모듈에 속하는 어떤 함수를 사용하려고 하면 프로그램의 상단에서 아래와 같이 math 모듈을 import해야 한다. 모듈의 확장자도 .py이다. 인터프리터가 import math 문을 만나면 math 모듈의 모든 함수들을 주기억 장치로 읽어와서, 프로그램에서 사용할 수 있도록 한다.

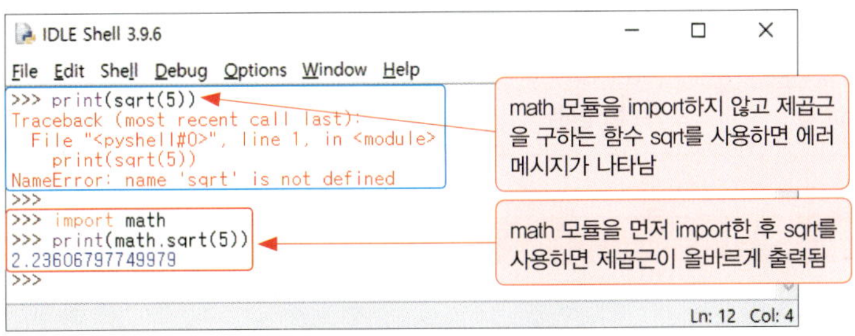

[그림 11-1] math 모듈을 import한 후 제곱근 계산

주의

import math.py가 아니고, import math라고 표기해야 한다.

TIP 모든 import 문을 프로그램의 시작 부분에 표기하는 것이 관례이다. 표준 라이브러리에 속하는 모듈들을 먼저 import하고, 그 다음에 제삼자 라이브러리 모듈들을 import하고, 마지막에 스스로 작성한 모듈들을 import한다. 프로그램에서 필요로 하는 모듈들만 import하자.

파이썬의 표준 라이브러리의 math 모듈은 sqrt, sin, cos, tan, exp, log10, factorial, floor, ceil 등 다양한 수학적 함수들을 포함하고 있다. 〈표 11-1〉은 math 모듈에 속하는 일부 함수들을 보여준다. 이 함수들은 한 개 이상의 값을 매개변수로 받아서 수학 연산을 수행하고 결과를 반환한다.

〈표 11-1〉 math 모듈에 포함된 주요 함수들

함수	기능
math.sqrt(x)	x의 제곱근을 반환
math.pi	pi 값(3.14159...)을 반환
math.pow(x, y)	x^y을 반환
math.ceil(x)	x 이상의 최소 정수를 반환
amth.floor(x)	x 이하의 최대 정수를 반환
math.factorial(x)	x!을 반환
math.log(x, b)	$\log_b x$를 반환
math.sin(x)	x의 사인값을 반환
math.exp(x)	e^x을 반환

예 math 모듈의 함수

```
>>> import math
>>> a = math.factorial(4)
>>> print(a)
24

>>> b = math.ceil(3.4)
>>> print(b)
3
```

11.1.1 내장 함수와 모듈의 차이

내장 함수는 어떤 모듈을 import하지 않고도, 언제든지 호출하여 사용할 수 있는 함수이다. abs는 내장 함수이므로 abs에 인수를 () 안에 전달하면 인수의 절대값이 반환된다. floor 함수는 내장 함수가 아니고, math 모듈에 속하기 때문에 먼저 math 모듈을 import하고, **모듈.함수(인수)**와 같은 구문을 사용하여 함수를 호출한다.

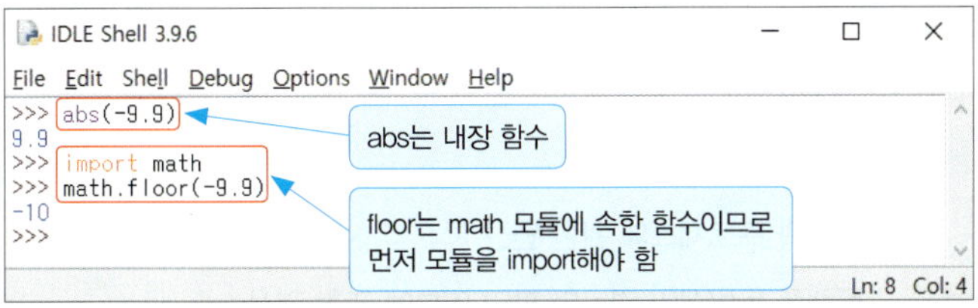

[그림 11-2] 내장 함수 vs. 모듈에 속한 함수

이 교재에서는 다루지 않지만 유용한 파이썬 모듈들을 추가로 다운로드하여 사용할 수 있다. 모듈들의 모임을 **패키지**(package)라고 부른다. 예들 들어서 수치 계산 및 과학 분야의 프로그램 작성을 위해 NumPy, SciPy 패키지를 많이 사용한다. NumPy와 SciPy 패키지에는 방대한 종류의 함수들이 포함되어 있다.

- NumPy: 벡터 및 다차원 행렬 계산을 빠른 속도로 수행함. 주로 물리학자들이 이 모듈을 활용함 (http://www.numpy.org/)
- SciPy: 미분방정식과 선형대수 문제를 푸는 과학적 프로그래밍을 위한 함수들을 제공함 (http://www.scipy.org/)

TIP 파이썬의 패키지는 모듈들의 모임을 의미하는데, 패키지를 모듈과 동의어처럼 사용해도 좋다.

11.1.2 파이썬의 표준 라이브러리

표준 라이브러리의 모듈들 중에서 널리 사용되는 모듈들은 아래와 같다. 이 교재를 공부하는 수준에서는 이들을 전부 알 필요가 없지만 여러분이 점차 파이썬의 전문가로 활동하게 될 때 이 모듈들을 자주 사용하게 될 것이다.

〈표 11-2〉 파이썬의 표준 라이브러리

모듈 이름	기능
math	수학적인 연산
os	파일과 프로세스에 관한 연산
os.path	플랫폼 독립적인 경로와 파일 이름에 관한 연산
string	문자열 연산
sys	시스템 변수 및 정보
time	날짜와 시간에 연관된 함수

11.2 모듈을 import하는 방법

필요한 모듈을 import하는 세 가지 형식이 있다.

- import 모듈
- from 모듈 import 함수1, 함수2, ...
- from 모듈 import *

이들의 차이점은 모듈로부터 어떤 함수가 import되는가, 모듈이 import된 후에 어떤 함수를 참조하기 위해 어떻게 표기해야 하는가이다.

(1) import 모듈

모듈을 import하는 가장 간단한 방법이다. 모듈 안의 모든 함수들이 import된다. 이런 형식으로 특정 모듈을 import한 후에 그 모듈에 속하는 어떤 함수를 사용하려면 모듈을 함수 왼쪽에 접두어처럼 명시한다. 모듈을 생략하고 함수만 사용하면 안 된다.

모듈.함수

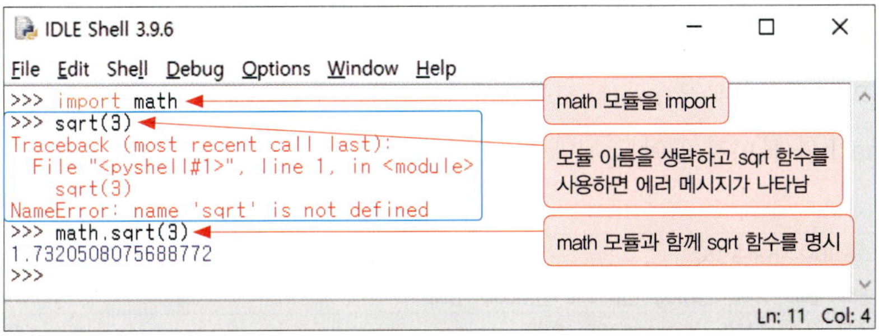

[그림 11-3] 형식 (1)로 모듈을 import하고, 함수 호출

import 모듈 as 별칭

때로 모듈 이름이 매우 긴 경우가 있다. 긴 모듈이 필요할 때마다 타이핑하는 것이 번거로울 때 모듈에 별칭을 지정하고 별칭을 사용해서 그 모듈의 함수를 사용할 수 있다.

별칭.함수

예를 들어서 'math'가 길어서 타이핑하는게 불편하다면 좀더 짧은 이름을 모듈의 별칭으로 지정할 수 있다.

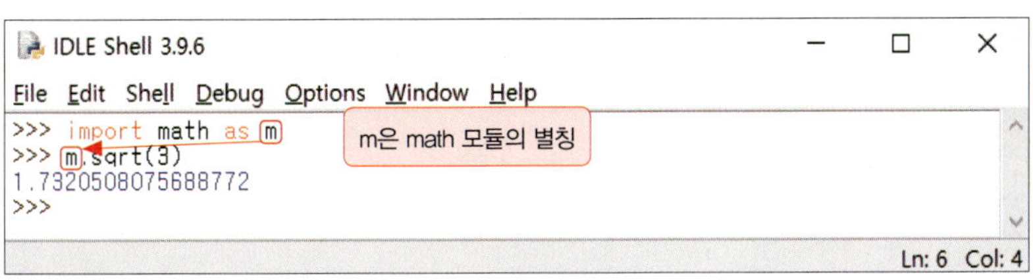

[그림 11-4] 모듈의 별칭

(2) from 모듈 import 함수1, 함수2, ...

import하려는 모듈에 매우 많은 함수들이 포함되어 있고, 이들 중에서 몇 개만 사용할 경우에 이런 형식으로 import하는 것이 좋다. import하려는 함수들의 이름을 쉼표로 구분하면서 열거한다. 이후 이 모듈에 속하는 어떤 함수를 참조할 때 모듈을 접두어로 사용하지 않고, 함수만 표기한다.

예 from 모듈 import 함수

아래의 import 문은 math 모듈에서 sqrt와 pi만 import한다. 함수 이름 왼쪽에 모듈 math를 붙이지 않아도 된다.

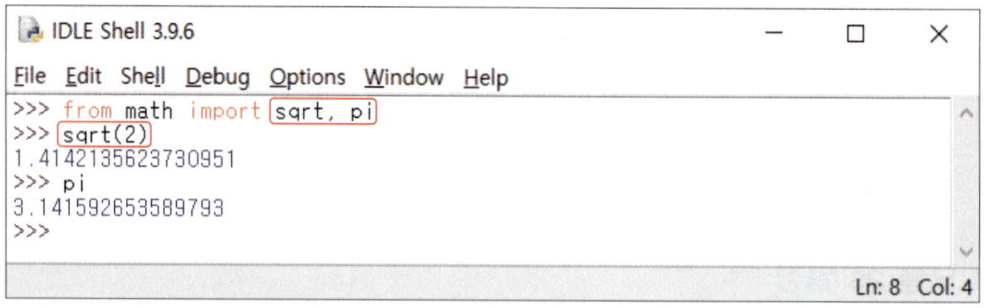

[그림 11-5] 형식 (2)로 모듈을 import하고, 함수 호출

(3) from 모듈 import *

모듈 안의 모든 함수들이 import된다. 모듈에 속한 모든 함수들이 import되는 것은 형식 (1)과 동일하지만 형식 (3)에서는 함수를 참조할 때 모듈 이름을 접두어로 붙이지 않는다.

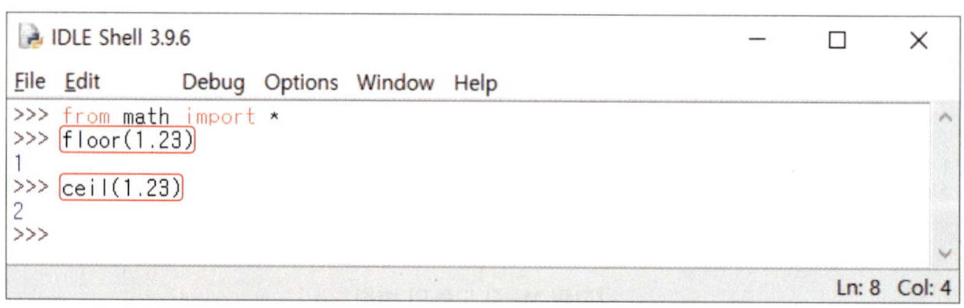

[그림 11-6] 형식 (3)으로 모듈을 import하고, 함수 호출

형식 (1) 또는 형식 (2)를 사용하도록 하자. 형식 (3)으로 import할 수도 있지만 이렇게 명시하는 것은 피하는 것이 좋다. 만일 프로그램에서 형식 (3)으로 두 개 이상의 모듈을 import하는데, 서로 다른 모듈에 속하면서 같은 이름을 가진 함수들이 있는 경우에 어느 모듈에 속한 함수인지 구분할 수 없기 때문이다.

11.2.1 사용자 정의 모듈

다른 프로그래머들이 이미 만들어놓은 모듈을 사용자가 import하여 사용하듯이 사용자가 스스로 작성한 함수들을 모아서 모듈에 저장할 수 있다. 물론 한 개의 함수만 한 모듈에 저장할 수도 있다. 이 모듈은 파이썬의 표준 라이브러리에 속한 모듈 또는 제삼자가 개발한 모듈과 같은 방법으로 import하여 사용자의 프로그램에서 사용할 수 있다.

디폴트로, 파이썬은 import하려는 사용자 정의 모듈을 프로그램과 동일 폴더 또는 sys.path에 열거된 폴더에서 찾는다. 표준 라이브러리에 속하는 모듈을 import할 때는 표준 라이브러리 폴더에서 찾는다.

모듈을 저장하는 파일의 확장자는 .py로 끝나야 한다. 또한 모듈의 이름은 파이썬의 표준 라이브러리에 포함된 모듈의 이름과 같지 않아야 한다. 예를 들어서 사용자가 작성한 모듈을 저장할 때 math.py, random.py, sys.py 등의 이름을 사용해서는 안 된다.

6장 [그림 6-26]에서 input 문으로 값을 읽어서 리스트에 채우는 함수 read_data, 이 리스트의 원소들의 최대값을 구하는 함수 max_val, 이 리스트의 원소들의 합을 구하는 함수 sum_data 등 세 개의 함수를 정의하고, 이 함수들을 호출하는 메인 프로그램을 작성해보았다.

필요한 함수들을 편집기 창에서 하나의 모듈에 저장하고([그림 11-7] 예에서는 my_module.py), 프로그램에서 이 모듈을 import하면 모듈에 속한 함수들을 자유롭게 호출할 수 있다. read_data, max_val, sum_data는 my_module 모듈에 속하는 함수이므로 my_module.read_data(인수), my_module.max_val(인수), my_module.sum_data(인수)와 같은 구문을 사용하여 해당 함수를 호출한다.

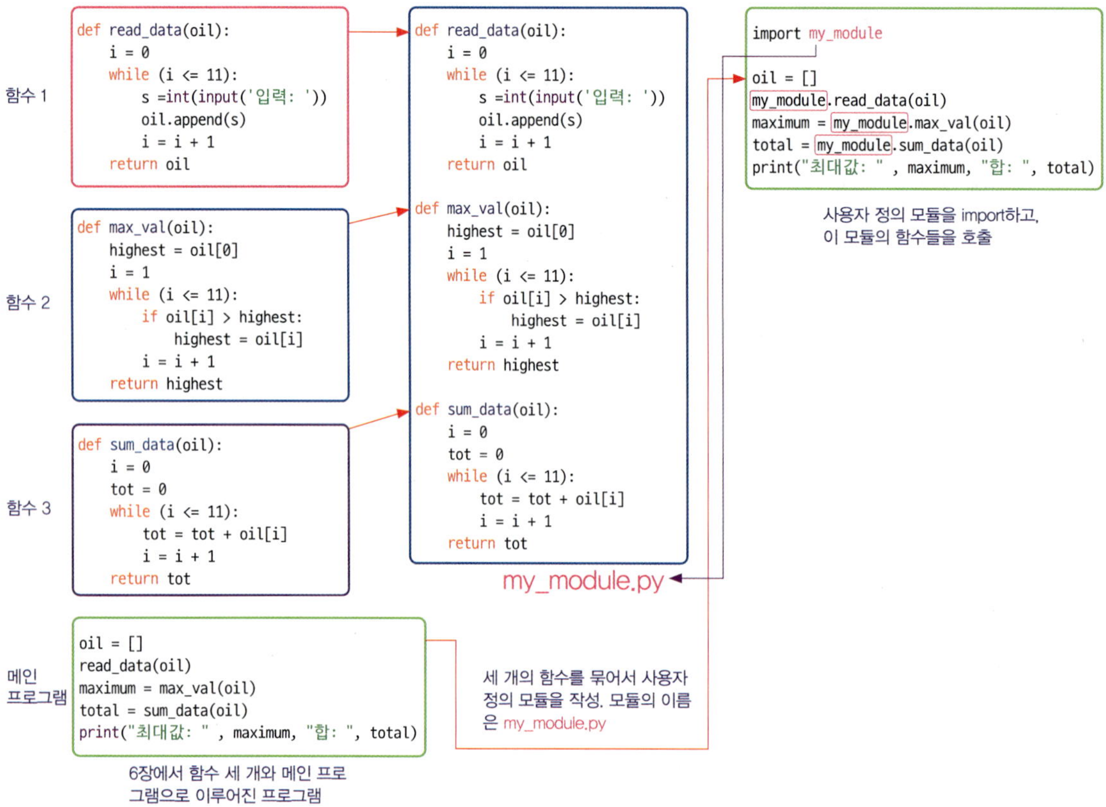

[그림 11-7] [그림 6-26]의 세 개의 함수를 사용자 정의 모듈 my_module.py에 넣음

11.2.2 dir()과 help() 함수

사용자가 유용한 모듈을 찾았을 때 그 모듈 안에 어떤 함수들이 포함되어 있는지 알려면 dir() 내장 함수를 사용한다. dir() 내장 함수는 모듈의 이름을 매개변수로 받는다. dir() 내장 함수를 호출하기 전에 먼저 해당 모듈을 import해야 한다.

math 모듈을 import한 후 [그림 11-8]과 같이 문장을 실행해보자. math 모듈 안의 모든 함수와 변수들의 리스트가 나타난다. 파이썬의 기본을 학습하는 과정에서는 언더스코어(_)로 시작하는 것들을 몰라도 좋다. sqrt 함수에 관한 도움말을 보고 싶으면 [그림 11-8]과 같이 help() 문을 입력한다. 함수의 헤더(def ...)와 함수 몸체 사이에 삼중 따옴표로 에워싼 텍스트(독스트링)를 입력했다면 이 텍스트가 help(모듈.함수) 문의 결과로 반환된다.

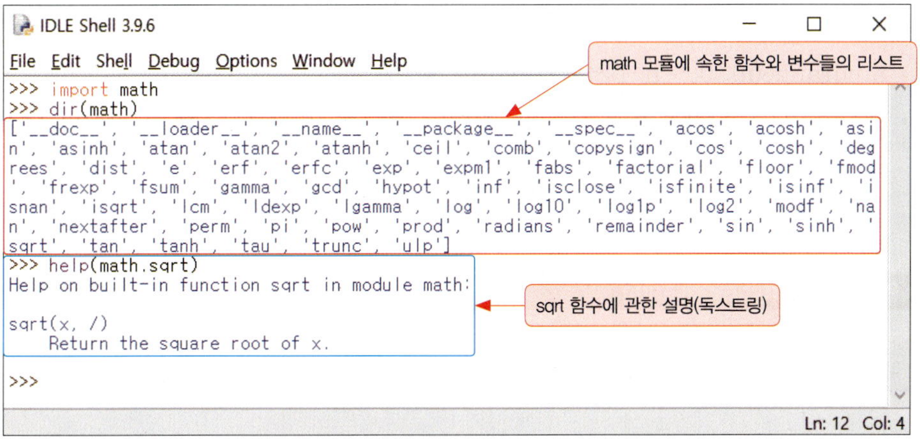

[그림 11-8] math 모듈을 import한 후 dir()과 help() 실행

11.3 random 모듈

파이썬에서 **난수**(random number)를 생성하려면 random 모듈에 포함된 함수들을 이용하므로 먼저 random 모듈을 import한다.

형식

```
import random
```

random 모듈은 난수 생성과 관련된 함수들을 제공한다. 난수는 시뮬레이션 프로그램, 분석을 위해 데이터를 임의로 선택하는 통계 프로그램 등 여러 유형의 프로그래밍 작업에 유용하다.

random 모듈에 속하는 함수들 중에서 난수 생성에 자주 사용되는 세 개의 함수들의 기능은 아래와 같다.

- random(): [0.0, 1.0) 사이의 실수들을 생성한다. 1.0은 포함되지 않는다. 만일 어떤 범위의 정수들을 원하는 경우에는 random 함수의 결과에 어떤 수를 곱한 후에 정수로 변환해야 한다.
- randrange(n): 0 ~ n-1 사이의 정수를 생성한다.
- randint(low, high): low ~ high 사이의 정수를 생성한다. range 함수와 달리 randint 함수는 오른쪽 끝값(high)도 포함한다.

예 random과 randrange

```
a = random.random()
```

을 실행하면 a에는 0.0에서 1미만의 임의의 실수가 배정된다.

```
x = random.randrange(1, 100)
```

을 실행하면 x에는 1 ~ 99 사이의 임의의 정수가 배정된다.

예 randint

만일 주사위를 던져서 나타나는 숫자를 임의로 생성하려면 randint(1, 6) 함수를 호출한다.

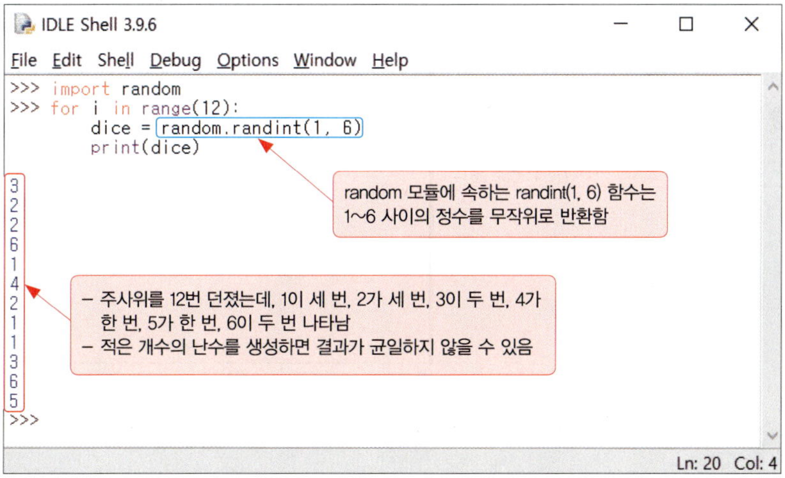

[그림 11-9] randint() 함수

11.4 터틀 모듈

파이썬에서 **터틀**(turtle)은 모니터 위를 천천히 움직이는 검정색 작은 화살표이다. 터틀 모듈은 모니터 위에 컴퓨터가 어떻게 그림을 그리는지를 배우는데 유용한 모듈이다. 이 절에서는 터틀을 사용하여 단순한 모양과 선들을 그리는 방법을 알아보자.

터틀을 사용하기 위해서는 먼저 turtle 모듈을 import해야 한다. turtle 모듈은 모니터상에 그림들을 그리는데 필요한 메소드(함수)들을 포함하고 있다. setup() 메소드를 먼저 호출해보자. 이 메소드는 지정한 크기(픽셀 수)의 캔버스를 생성한다. **캔버스**는 화가들이 그림을 그리는 도화지와 마찬가지로 터틀이 그림을 그리게 될 빈 공간이다. [그림 11-10]에서는 가로 400 픽셀, 세로 300 픽셀 크기의 캔버스가 생성된다. 캔버스의 정중앙의 좌표는 (0, 0), 오른쪽 위 꼭지점의 좌표는 (200, 150), 왼쪽 아래 꼭지점의 좌표는 (-200, -150)이다.

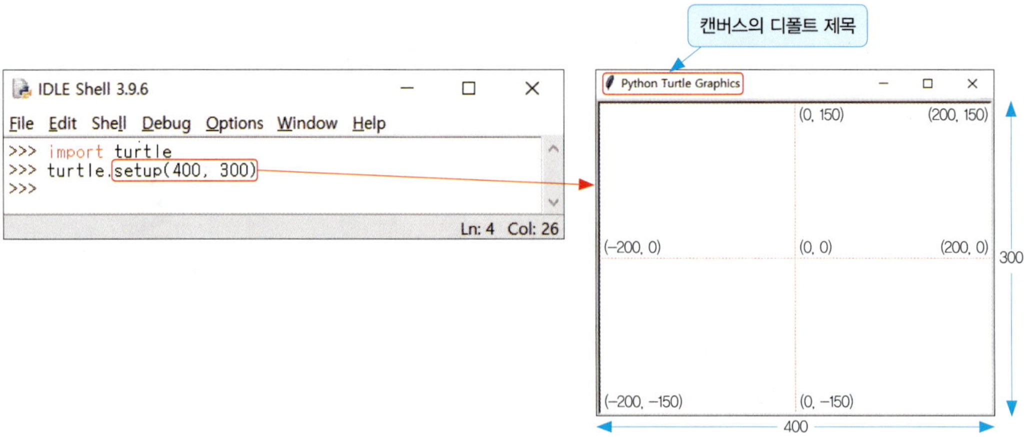

[그림 11-10] setup() 메소드를 호출하여 캔버스 생성

계속해서 IDLE 셸 창에서 아래의 두 문장을 실행하자.

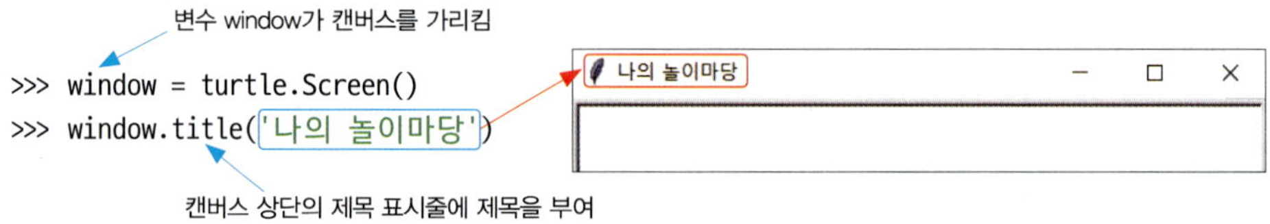

[그림 11-11] 캔버스의 제목 설정

아래의 문장을 실행한다. getturtle() 메소드를 호출하면 캔버스에 디폴트 터틀이 나타난다. 터틀의 디폴트 모양은 화살촉()이다. 화살촉을 터틀이라고 부르지만 실제로는 거북이 모양이 아니다. 모든 터틀의 초기 위치는 창의 정중앙의 좌표인 (0, 0)이고, 터틀의 방향은 3시 방향이다. 화살촉의 디폴트 색깔은 검정색이다.

```
>>> t = turtle.getturle()
```

변수 t가 터틀을 가리킴. t는 터틀에 부여한 별칭

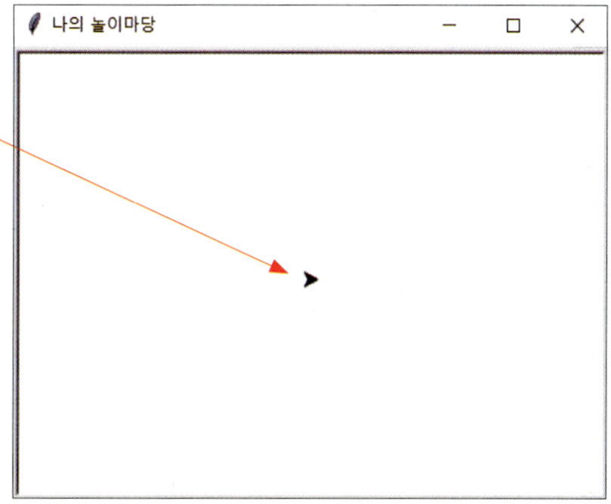

[그림 11-12] 화살촉 모양의 터틀

픽셀

픽셀(pixel)은 모니터상의 하나의 점이다. 사용자가 바라보는 모니터는 수많은 작은 정사각형 픽셀들로 이루어진다. 모니터에 표시되는 모든 글자와 이미지는 픽셀들로 표현된다. 모니터의 해상도는 dpi(Dots Per Inch)로 나타낸다. dpi는 1인치(2.54cm)당 픽셀의 개수를 나타내는 단위이다. dpi가 클수록 글자와 이미지가 섬세하게 표현된다.

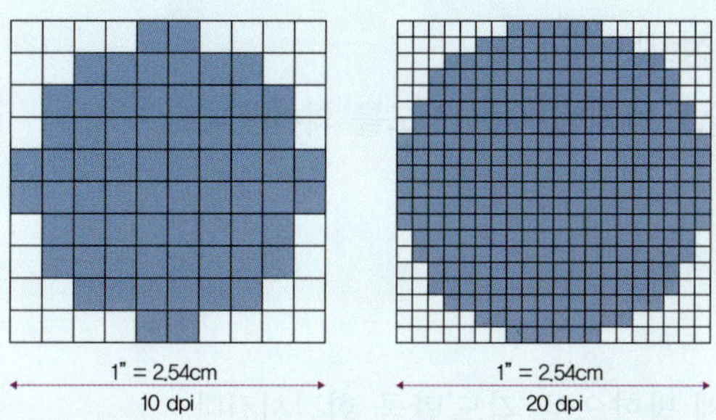

[그림 11-13] 해상도 10 dpi vs. 20 dpi

터틀의 화살촉을 확대해서 보면 수많은 픽셀들로 이루어졌음을 알 수 있다.

터틀에 관한 메소드

- 터틀을 이동시키는 메소드

```
>>> t = turtle.forward(거리)
```

이 메소드를 실행하면 터틀이 가리키는 방향으로 '거리'만큼 전진한다. '거리'는 터틀이 이동하는 픽셀의 수이다. 숫자가 클수록 터틀이 더 멀리 전진한다. 위의 문장에서 () 안에 100을 넣고 실행해보자. 그 다음에 50을 넣고 실행해보자. 터틀이 전진하는 거리가 어떻게 달라지는지 확인해보자.

```
>>> turtle.backward(거리)
```

터틀이 현재 가리키고 있는 반대 방향으로 '거리'만큼 이동하도록 한다. 터틀이 가리키고 있는 방향을 바꾸지는 않는다.

- 터틀의 각도를 조정하는 메소드

left()와 right()의 괄호 안의 숫자는 각도를 의미한다.

```
>>> t = turtle.left(각도)
```

터틀의 방향을 반시계 방향으로 '각도'만큼 회전시킨다.

```
>>> t = turtle.right(각도)
```

터틀의 방향을 시계 방향으로 '각도'만큼 회전시킨다.

각도는 터틀의 기존 방향에서 새로운 방향으로 전환하는 정도를 나타낸다. 각도는 도(° 로 표기)로 측정한다. 360°는 완전한 1회전이다. 각도는 0° ~ 360° 사이의 값을 갖는다.

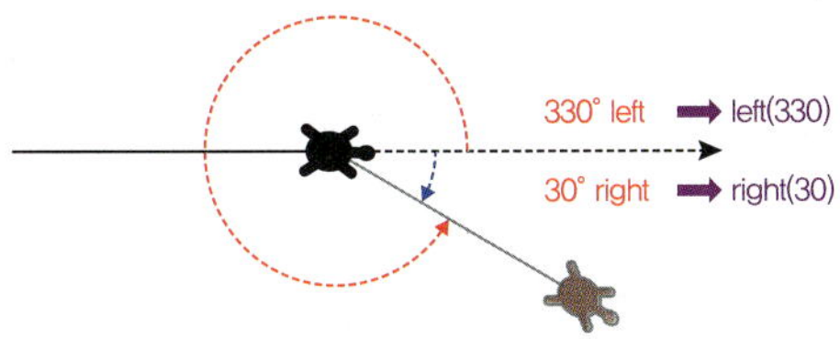

[그림 11-14] 터틀의 각도

펜에 관한 메소드

● 펜의 방향 메소드

penup()과 pendown() 메소드로 펜의 방향(up과 down)을 제어한다. 펜이 down일 때 터틀이 이동하면 선이 그려진다. 펜이 up일 때는 선을 그리지 않은 채 터틀이 다른 좌표로 이동할 수 있다.

● 선의 폭 메소드

pensize 메소드를 사용하여 터틀이 그리는 선의 굵기를 변경할 수 있다. 선의 폭은 픽셀 수로 나타낸다. 디폴트 선의 굵기는 1 픽셀이다. 예를 들어서 pensize(3)은 선의 폭이 3 픽셀임을 나타낸다.

```
>>> t = turtle.pensize(3)
```

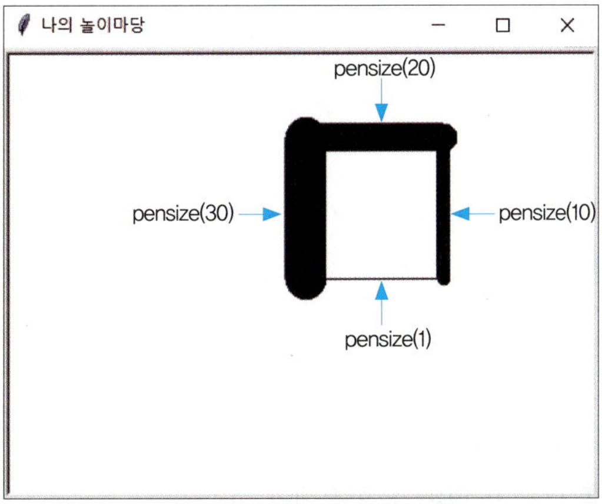

[그림 11-15] 몇 가지 pensize 예

● 선의 색깔 메소드

pencolor 메소드를 사용하여 펜의 색깔을 선택할 수 있다. 예를 들어서 pencolor('blue')를 실행하면 파란색으로 바뀐다. 일상생활에서 사용하는 색깔의 이름 'black', 'red', 'blue', 'green', 'yellow' 등을 대부분 그대로 사용할 수 있다.

```
>>> t = turtle.pencolor('blue')
```

터틀의 shape와 색에 관한 메소드

디폴트 터틀 모양(화살촉)과 디폴트 터틀 색(검정) 외에 터틀의 모양과 색을 변경할 수 있다. 예를 들어서 터틀의 모양에는 'classic', 'turtle', triangle', 'square', 'circle' 등이 있다. 'classic'이 디폴트 터틀 모양으로서 화살촉이다.

```
>>> turtle.shape('turtle')
```

예 정사각형 그리기

이제 터틀을 사용한 그림 그리기의 간단한 예로 정사각형을 그려보자. 디폴트로 터틀은 좌표 (0, 0)부터 시작하여 펜을 아래 방향(선을 그릴 수 있는 상태)으로 한다. 이제 터틀을 움직여서 정사각형을 그려보자. 한 변의 길이는 100픽셀로 지정한다.

원 이외의 임의의 도형을 그릴 때 세 가지 사항을 알아야 한다. 원 이외의 도형을 그리기 위해서 터틀이 직선을 그리고, 일정 각도만큼 회전하고, 다시 직선을 그리는 과정을 반복한다.

- 몇 개의 직선이 존재하는가
- 각 직선의 길이가 얼마인가
- 각 직선을 그린 후 터틀이 얼마큼 회전해야 하는가

이 세 가지 사항 중에서 마지막이 가장 알아내기 어렵다. 원하는 도형을 그리기 위해서 터틀이 회전해야 하는 각도를 계산하는 공식은 다음과 같다.

각도 = 360° ÷ 변의 개수

사각형을 예로 들어보자. 사각형에는 변이 네 개 있으므로 각도는 90°이다.

각도 = 360° ÷ 4 = 90°

❶ t = turtle.forward(100)
초기에 터틀이 3시 방향을 향하고 있다. 터틀이 100 픽셀만큼 전진한다. 따라서 (0, 0)부터 (100, 0)까지 직선이 그려진다. 정사각형의 아래 변이다.

❷ t = turtle.left(90)
터틀이 전진하지는 않고, 터틀의 방향만 왼쪽으로 90°만큼 회전한다. 12시 방향을 가리킨다.

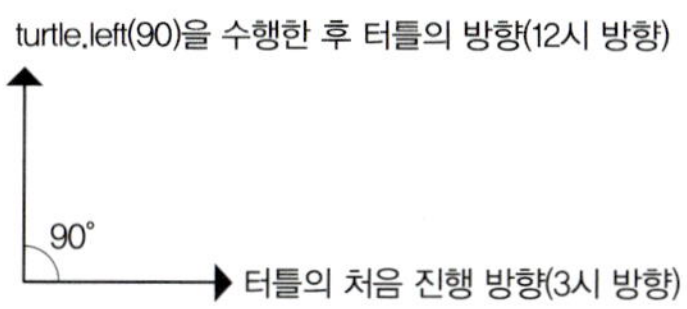

❸ t = turtle.forward(100)
터틀이 가리키는 방향으로 100 픽셀만큼 전진한다. 따라서 (100, 0)부터 (100, 100)까지 직선이 그려진다. 정사각형의 오른쪽 변이다.

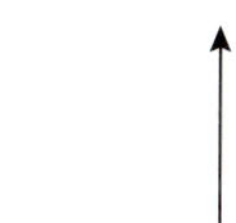

❹ t = turtle.left(90)
터틀의 방향만 왼쪽으로 90°만큼 회전한다. 9시 방향을 가리킨다.

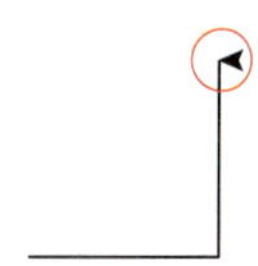

❺ t = turtle.forward(100)
터틀이 가리키는 방향으로 100 픽셀만큼 전진한다. 따라서 (100, 100)부터 (0, 100)까지 직선이 그려진다. 정사각형의 윗 변이다.

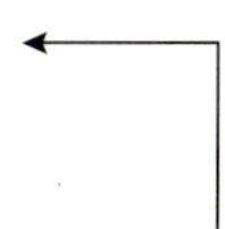

❻ t = turtle.left(90)
터틀의 방향만 왼쪽으로 90°만큼 회전한다. 6시 방향을 가리킨다.

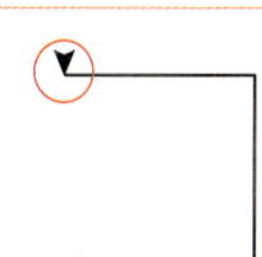

❼ t = turtle.forward(100) 터틀이 가리키는 방향으로 100 픽셀만큼 전진한다. 따라서 (0, 100)부터 (0, 0)까지 직선이 그려진다. 정사각형의 왼쪽 변이다.	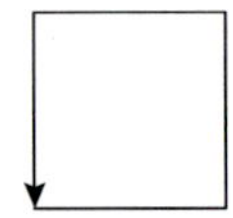

이제 정사각형이 완성되었다. 터틀은 100 픽셀만큼 전진한 후 왼쪽으로 90°만큼 회전하는 동작을 4회 반복하였다. 나중에 for 문을 사용하여 정사각형을 그리는 문장들을 간략하게 표현하겠다.

예 정삼각형 그리기

터틀 모양을 'turtle'로 변경한 후 아래와 같은 정삼각형을 그려보자. 정삼각형의 한 변의 길이는 150 픽셀이다. 정삼각형의 왼쪽 아래 꼭지점이 터틀의 출발점이다.

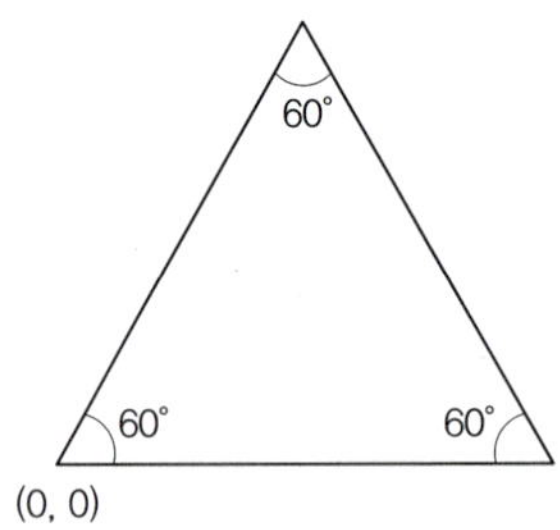

❶ import turtle turtle.setup(400, 400) t = turtle.getturtle() 세 문장을 차례로 실행하면 가로와 세로가 400 픽셀인 정사각형 모양의 캔버스가 나타난다. 캔버스의 정중앙(0, 0)에 화살촉 모양의 터틀이 표시된다.	
❷ t = turtle.shape('turtle') 터틀의 모양이 화살촉에서 거북이 모양으로 바뀐다.	
❸ t = turtle.forward(150) 초기에 터틀이 3시 방향을 향하고 있다. 터틀이 150 픽셀만큼 전진한다. 따라서 (0, 0)부터 (150, 0)까지 직선이 그려진다. 정삼각형의 아래 변이다.	
❹ t = turtle.left(120) 정삼각형의 내부의 각도가 60°이므로 현재의 각도에서 왼쪽으로 120°만큼 회전한다.	

❺ t = turtle.forward(150) 터틀이 가리키는 방향으로 150 픽셀만큼 전진한다. 정삼각형의 오른쪽 변이다.	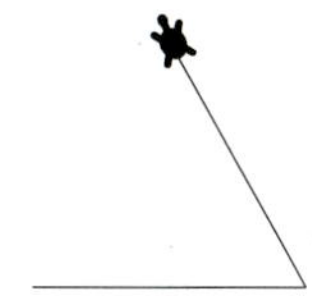
❻ t = turtle.left(120) 현재의 각도에서 왼쪽으로 120°만큼 회전한다.	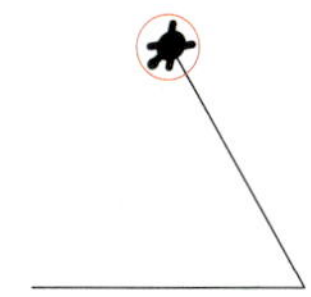
❼ t = turtle.forward(150) 터틀이 가리키는 방향으로 150 픽셀만큼 전진한다. 정삼각형의 왼쪽 변이다.	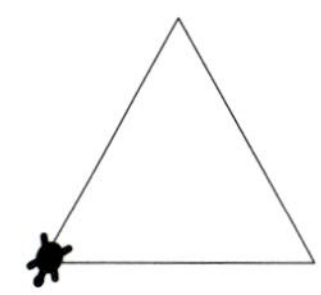

이제 정삼각형이 완성되었다.

Quiz 1

아래와 같은 직사각형을 그려라. 가로의 길이는 120 픽셀, 세로의 길이는 50 픽셀이다.

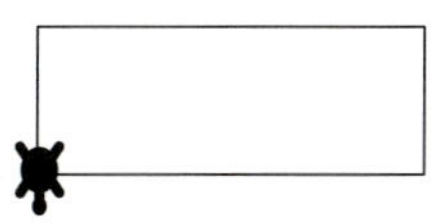

Quiz 2

아래와 같은 접시 모양을 그려보자. 변의 길이는 각각 50 픽셀, 100 픽셀, 50픽셀이다. 출발점에서 오른쪽으로 45°만큼 방향을 틀었다. 그 후 방향을 얼마큼 변경해야 하는지 생각해보라.

11.4.1 반복문 사용하여 그림 그리기

지금까지 예로 든 몇 개의 터틀 프로그램에서 left(또는 right), forward 등의 메소드를 반복해서 실행한 경우가 있다. 반복문을 사용하면 터틀 프로그램의 문장 수가 많이 줄어든다. 앞에서 정사각형(한 변의 길이는 100 픽셀)을 그리는 예제에서 사용한 문장들을 다시 살펴보자. 반복문을 사용하지 않고 정사각형을 그리기 위해서는 import 문 외에 8개의 문장이 필요하다.

```
t = turtle.forward(100)
t = turtle.left(90)
t = turtle.forward(100)
t = turtle.left(90)
t = turtle.forward(100)
t = turtle.left(90)
t = turtle.forward(100)
t = turtle.left(90)        # 터틀의 방향을 처음과 동일하게 만들기 위해 추가
```

이 프로그램에서 아래의 두 개의 문장이 네 번 반복된다.

forward(100)

left(90)

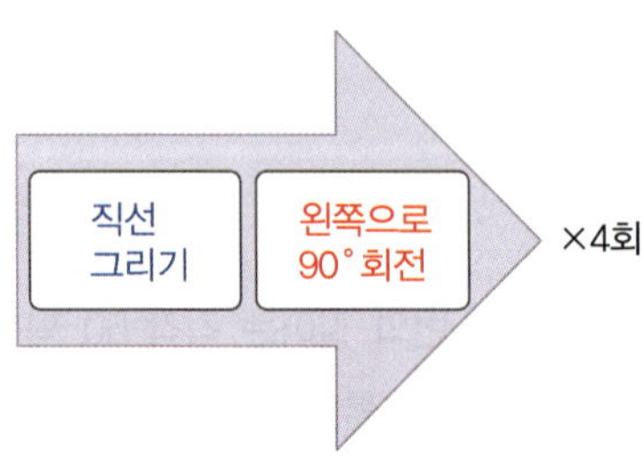

반복하는 횟수를 알 때는 while 문보다 for 문이 더 편리하다. 아래와 같이 for 문을 사용하여 간결하게 표현할 수 있다.

```
>>> t = turtle.forward(100)
>>> t = turtle.left(90)
>>> t = turtle.forward(100)
>>> t = turtle.left(90)
>>> t = turtle.forward(100)
>>> t = turtle.left(90)
>>> t = turtle.forward(100)
>>> t = turtle.left(90)
```

```
>>> for i in range(4)
        t = turtle.forward(100)
        t = turtle.left(90)
```

Quiz 1

파란색 선의 정사각형을 그려보라. 회전하는 메소드로 left 대신 right를 사용하고, 한 변의 길이가 80 픽셀이고, for 문을 사용하여 프로그램을 작성하라. 그림에서 거북이가 있는 곳은 정중앙(0, 0)이고, 이곳부터 그림을 그리기 시작한다.

Quiz 2

반복문을 사용하여 아래와 같은 정팔각형을 그려보라. 한 변의 길이는 20 픽셀이다. 반복되는 문장들을 식별해서 for 문 안에 넣도록 하자.

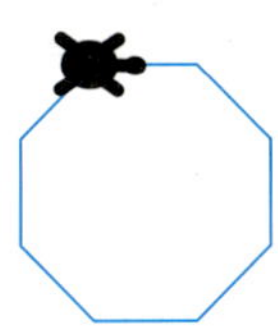

도형의 배경색 채우기

터틀이 그리는 선의 색을 변경하듯이 fillcolor 메소드를 사용하여 도형의 내부의 색을 변경할 수 있다. 도형에 배경색을 지정하려면 도형을 그리기 전에 begin_fill을, 도형을 그린 후에 end_fill 메소드를 호출해야 한다.

예 세 변은 파란색이고, 내부는 빨간색으로 채워진 정삼각형 그리기

한 변의 길이기 100 픽셀이고, 세 변은 파란색이고, 내부는 빨간색으로 채워진 정삼각형을 그리자. 정삼각형을 그리기 위해서는 forward(100)과 left(120)이 세 번 반복되므로 for 문을 사용하여 아래와 같이 프로그램을 작성한다.

```
>>> turtle.reset()                    # 그림을 지우고 터틀은 (0, 0)으로 되돌아감
>>> t = turtle.pencolor('blue')       # 펜의 색을 파란색으로
>>> t = turtle.fillcolor('red')       # 채우기 색을 빨간색으로
>>> turtle.begin_fill()
>>> for i in range(3)
        t = turtle.forward(100)
        t = turtle.left(120)
>>> turtle.end_fill()
```

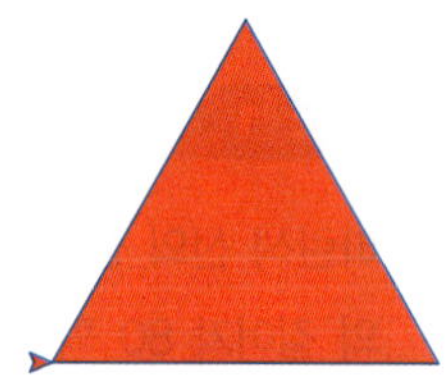

turtle.clear()는 터틀을 현재 위치에 남겨두고 캔버스에 있는 그림을 지운다. turtle.reset()은 터틀을 처음 위치(0, 0)로 되돌리고 캔버스에 있는 그림을 지운다.

11.4.2 터틀로 그림 그리기에 함수 활용

공통적으로 수행되는 문장들의 모임을 함수로 정의하고, 함수를 호출하여 복잡한 도형을 쉽게 그릴 수 있다.

예 정사각형을 그리는 함수 작성

한 변의 길이가 100 픽셀인 정사각형을 그리는데 필요한 forward(100), left(90) 문들로 이루어진 함수 draw_square를 정의하고, 메인 프로그램에서 draw_square()을 처음 호출한다. 정사각형 한 개가 그려진다. 메인 프로그램에서 터틀의 각도를 반시계 방향으로 45°만큼 회전한다. 메인 프로그램에서 draw_square()을 두 번째 호출한다. 두 번째 정사각형 한 개가 그려진다.

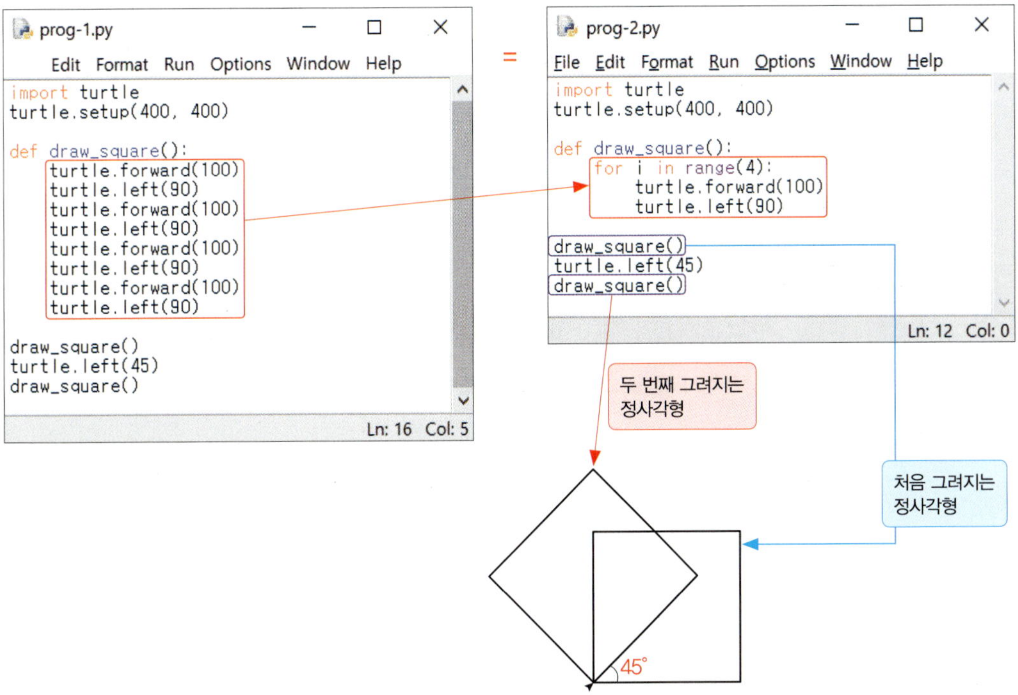

[그림 11-16] 정사각형을 그리는 함수를 호출하여 정사각형 두 개 그리기

예 정사각형을 그리는 함수의 일반화

임의의 크기의 정사각형을 그릴 수 있도록 draw_square 함수를 일반화할 수 있다. 정사각형의 한 변의 길이를 draw_square 함수에 매개변수로 전달한다. 임의의 크기의 정사각형을 함수에서 그릴 수 있다.

메인 프로그램에서 draw_square(100)을 처음 호출한다. 한 변의 길이기 100 픽셀인 정사각형 한 개가 그려진다. 메인 프로그램에서 터틀의 각도를 반시계 방향으로 45°만큼 회전한다. 메인 프로그램에서 draw_square(50)을 두 번째 호출한다. 한 변의 길이기 100 픽셀인 두 번째 정사각형 한 개가 그려진다.

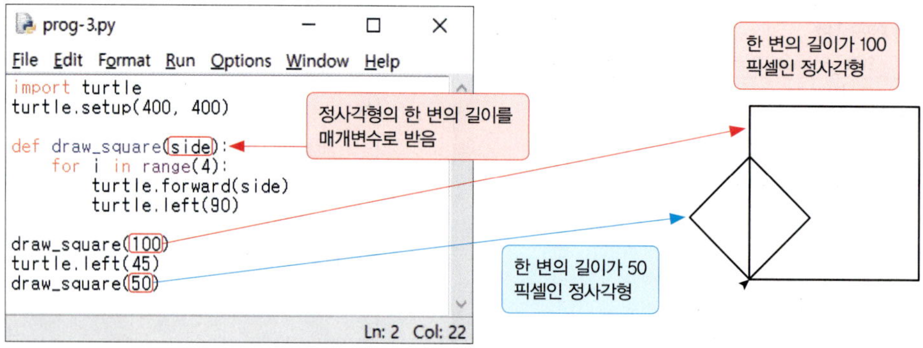

[그림 11-17] 정사각형을 그리는 함수를 호출하여 임의의 크기의 정사각형 두 개 그리기

객관식 문제

1 math 모듈의 sin 함수를 아래와 같은 문장으로 호출하고자 한다.

```
x = math.sin(3.14)
```

import 문을 어떻게 표현해야 하는가?

① from math import * ② import sin
③ import math ④ from math import sin

2 random.random()이 반환하는 값들의 범위는?

① [0.0, 1.0] ② (0.0, 1.0]
③ (0.0, 1.0) ④ [0.0, 1.0)

3 아래의 프로그램의 실행 결과로 나타날 수 있는 것은?

```
import random
n = 10 + 3 * random.randrange(0, 2)
if n == 10:
    print("A")
elif n == 11:
    print("B")
elif n == 12:
    print("C")
else:
    print("D")
```

① A ② A와 C
③ A와 D ④ B와 D

4 아래의 프로그램과 실행 결과를 보고 물음에 답하라.

```
____(A)____

def volumn(r):
    return 4/3 * pi * r ** 3

def surf(r):
    return 4 * pi * r ** 2

def sphere_surf_and_volume(a):
    return volume(a), area(a)

r = float(input("구의 반지름을 입력하시오: "))
____(B)____
print('구의 용적: ', vol)
print('구의 표면의 면적: ', area)
```

(1) (A)에 들어갈 문장으로 적합한 것은?

① from math import pi, sqrt ② from math import math.pi
③ import math ④ import math to pi

(2) (B)에 들어갈 문장으로 적합한 것은?

① area, vol = sphere_area_and_volume(r)
② area, vol = sphere_area_and_volume(myr)
③ vol, area = sphere_area_and_volume(r)
④ vol, area = sphere_area_and_volume(myr)

단답식 문제

5 my_utils.py 파일에 아래와 같은 함수가 저장되어 있다. my_utils.py 파일로부터 greeting() 함수를 호출하는 올바른 문장을 작성하라.

```
def greeting():
    print('안녕')
```

6 아래의 프로그램과 실행 결과를 보고 물음에 답하라. 두 점 간의 거리를 계산하는 프로그램이다. read_point 함수는 한 점의 좌표에 필요한 x와 y를 입력받아서 반환하는 역할을 한다. cal_distance 함수는 두 점 간의 거리를 계산하여 반환하는 역할을 한다.

```
import math
def read_point():
        (A)

def cal_distance(c, d):
        (B)

x1, y1 = read_point()
x2, y2 = read_point()
d = cal_distance(x2, y2)
```

(1) (A)에 들어갈 문장을 작성하라.

(2) (B)에 들어갈 문장을 작성하라.

7 0~100 사이의 임의의 실수를 생성하는데 필요한 문장을 작성하라.

```
import random
```

8 50~100 사이의 임의의 정수(100은 불포함)를 생성하는데 필요한 문장을 작성하라.

```
import random
```

9 아래의 프로그램의 실행 결과로 어떤 도형이 그려지는가?

```
import turtle
count = 0
length = 100
while count < 4:
    turtle.forward(length)
    turtle.left(90)
    count = count + 1
    length = length - 10
```

10 아래의 프로그램의 실행 결과로 어떤 도형이 그려지는가?

```
import turtle
turtle.setup(500, 500)
t = turtle.getturtle()
for i in range(3):
    turtle.pencolor('blue')
    turtle.forward(200)
    turtle.left(120)
    for j in range(3):
        turtle.pencolor('red')
        turtle.forward(100)
        turtle.left(120)
```

11 아래의 프로그램의 실행 결과가 어떤 도형이 그려지는가?

```
import turtle as t
t.pensize(10)
t.pencolor("red")
t.circle(100)
t.left(90)
t.pencolor("blue")
t.circle(100)
t.left(90)
t.pencolor("yellow")
t.circle(100)
t.left(90)
t.pencolor("violet")
t.circle(100)
```

실습 문제

12 개수, 하한값(start)과 상한값(end)을 입력받은 후 하한값~상한값 사이의 임의의 정수들을 개수만큼 생성하여 리스트에 저장하는 프로그램을 작성하라. random 모듈을 사용하라.

예

입력: num = 10, start = 20, end = 40
출력: [23, 20, 30, 33, 30, 36, 37, 27, 28, 38]

13 직사각형의 가로와 세로를 사용자로부터 입력받는다. 직사각형 안에 포함될 수 있는 가장 큰 원의 반지름과 면적을 구하는 프로그램을 작성하라.

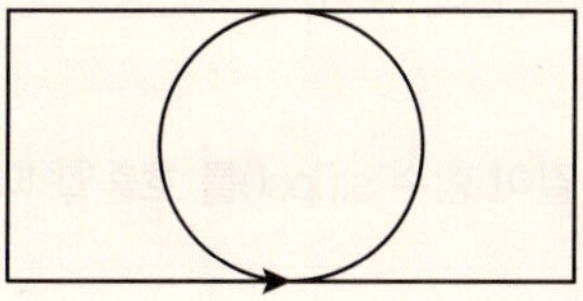

14 터틀 모듈을 사용하여 가로가 300 픽셀, 세로가 150 픽셀인 직사각형을 그리고 내부를 노란색으로 채우는 프로그램을 작성하라.

15 터틀 모듈을 사용하여 한 변의 길이가 50 픽셀이고, 선의 색깔이 빨간색인 정팔각형을 그리는 프로그램을 반복문을 사용하여 작성하라.
〈힌트〉 한 변을 그린 후 45°만큼 회전한다.

16 터틀 모듈을 사용하여 Python의 첫 알파벳 P를 그리는 프로그램을 작성하라. 알파벳의 색깔이 빨간색이다.

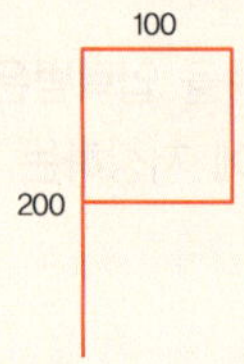

17 터틀 모듈을 사용하여 아래와 같은 계단 모양의 도형을 그리는 함수 steps()를 작성하라. 한 개의 단의 가로와 세로(높이) 길이가 동일하다. 이 함수는 세 개의 매개변수를 받는다.

- 터틀 변수
- 한 개의 단의 가로와 세로(높이)
- 계단의 수

예를 들어서 아래와 같이 함수 steps()를 호출할 때 다음과 같은 계단이 그려진다.

```
steps(turt, 50, 30, 3)
```

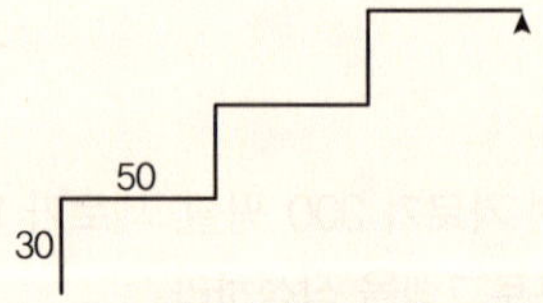

18 터틀 모듈을 사용하여 아래와 같은 직각삼각형을 그려보자. 긴 빗변의 길이는 피타고라스의 정리를 이용해서 계산하라.

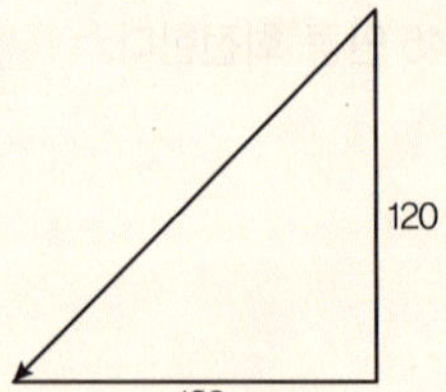

19 각 변의 색깔을 리스트에 저장하고, 이 리스트를 사용하여 각 변의 색이 서로 다른 정사각형을 그리는 프로그램을 작성하라.

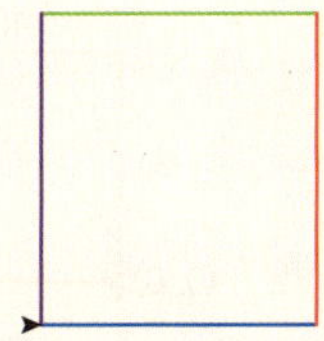

20 터틀 모듈을 사용하여 아래와 같은 집을 그리려고 한다. for 문을 최대한 사용하여 프로그램을 작성하라. 지붕은 정삼각형, 집의 몸체는 정사각형이고, 한 변의 길이는 50 픽셀이고, 선의 굵기는 3 픽셀이고, 선의 색깔은 오렌지색이다.

(1) 먼저 한 채의 집을 그려라.

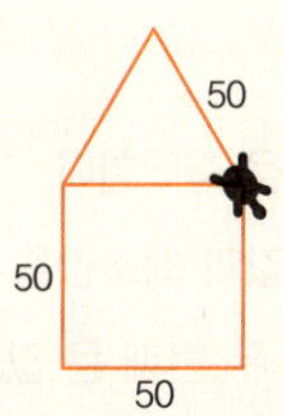

(2) (1)을 그리는데 사용한 문장들을 활용하여 아래와 같이 붙어있는 3채의 집을 그려라.

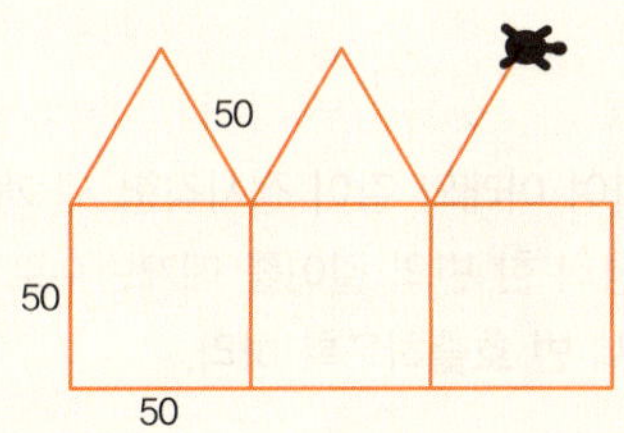

21 터틀 모듈을 사용하여 아래와 같이 정사각형 두 개가 세로로 붙어있는 그림을 그려라. 터틀은 정중앙(0, 0)에서 출발한다.

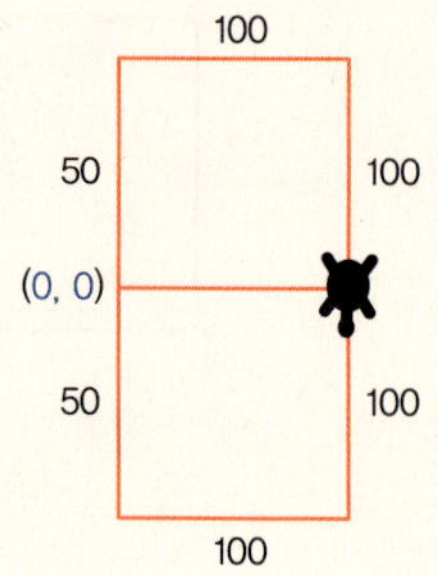

프로젝트 1

22 1과 100 사이의 임의의 정수들을 20개 생성하여 리스트에 저장하고 아래의 문장들을 포함하는 프로그램을 작성하라.

(a) 리스트를 출력한다.

(b) 리스트의 원소들의 평균을 출력한다.

(c) 리스트의 원소들의 최대값과 최소값을 출력한다.

(d) 리스트의 원소들 중에서 두 번째 큰 값과 두 번째 작은 값을 출력한다.

(e) 리스트의 원소들 중에서 짝수인 원소들의 개수를 출력한다.

프로젝트 2

23 터틀 모듈을 사용하여 아래와 같이 정사각형 세 개가 포개진 그림을 그리는 프로그램을 작성하라. 사각형의 한 변의 길이를 매개변수로 받아 정사각형을 그리는 함수를 정의하고, 이 함수를 세 번 호출하도록 하라.

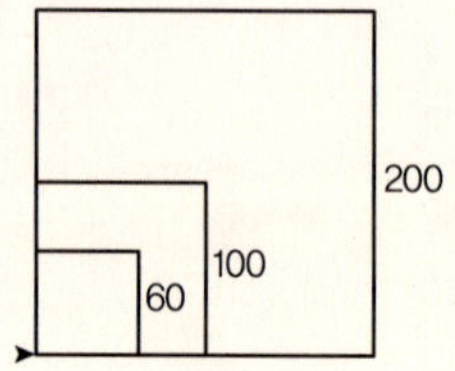

Python

12

CHAPTER

객체지향

| 학습 목표 |

파이썬은 절차적 프로그래밍 언어이면서 객체지향 프로그래밍 언어이다. 파이썬의 객체지향 기능을 활용하지 않고도 매우 다양한 응용 분야의 프로그램들을 작성할 수 있다. 실제로 11장까지 본 교재에서 다룬 예제와 연습문제에서 제시한 대부분의 프로그램들은 절차적 프로그래밍을 기반으로 한다.

본 장에서는 파이썬의 객체지향 프로그래밍의 기초를 논의한다. 클래스와 객체의 개념을 알아보고, 클래스를 정의하는 예들을 제시한다. 객체지향의 또다른 주요 개념인 상속을 소개본다.

12 CHAPTER

객체지향

12.1 객체지향이란?

파이썬은 **객체지향 프로그래밍**(object-oriented programming) 언어이지만 객체지향 기능을 활용하지 않고도 매우 다양한 응용 분야의 프로그램들을 작성할 수 있다. 또한 프로그래밍 언어 C는 객체지향 프로그래밍 언어가 아니지만 매우 다양한 프로그램을 C 언어로 개발할 수 있다. 본 장에서는 파이썬의 객체지향 프로그래밍의 기초만 다루고자 한다.

이미 문자열, 리스트, 딕셔너리 등의 데이터 타입을 설명할 때 객체지향 개념을 일부 소개하였다. 예를 들어서 아래와 같은 구문은 객체지향 개념인 메소드를 호출하는 것이다.

```
리스트.append(인수)
딕셔너리.keys()
```

객체지향 프로그래밍은 데이터, 데이터를 다루는 메소드에 초점을 맞추는 프로그래밍의 한 형태이다. 객체지향 프로그래밍의 핵심 개념은 **객체**(object)이다. 파이썬에서는 모든 것이 객체이다. 문자열, 리스트, 정수, 실수 등이 모두 객체이다. 객체는 데이터, 데이터에 대해 동작하는 함수(메소드라고 부름)로 이루어진다. 예를 들어서 파이썬에서 문자열 객체의 데이터는 문자열을 구성하는 실제 문자들이고, 문자열 객체에 적용할 수 있는 메소드에는 lower, upper, replace, split 등이 있다.

```
문자열.lower()
문자열.replace(인수1, 인수2)
문자열.split()
```

모든 객체지향 프로그래밍 언어에 꼭 필요한 아래의 개념을 알아보자.

- 클래스(class)
- 객체
- 캡슐화(encapsulation)
- 상속(inheritance)

<표 12-1>은 현재 많이 사용되고 있는 프로그래밍 언어들이 지원하는 절차적 프로그래밍과 객체지향 프로그래밍 패러다임을 보여준다.

<표 12-1> 프로그래밍 언어가 제공하는 프로그래밍 패러다임

프로그래밍 언어	지원되는 프로그래밍 패러다임	
	절차적	객체지향
파이썬	○	○
C	○	
C++	○	○
자바		○
HTML	○	
C#	○	○

절차적 프로그래밍의 핵심은 프로그램에서 처리하려는 데이터에 대한 절차(함수)를 작성하는 것에 있다. 11장까지 본 교재에서 다룬 예제와 연습문제에서 제시한 대부분의 프로그램들은 함수를 기반으로 한다.

12.1.1 클래스와 객체

지금까지 파이썬이 제공하는 여러 가지 데이터 타입들을 살펴보았다. 이들 중에서 정수, 실수, 문자열, 부울 등은 기본 데이터 타입이다. 리스트, 투플, 집합, 딕셔너리 등은 복잡한 데이터 타입이다.

파이썬이 제공하는 데이터 타입들 외에 프로그래머가 스스로 데이터 타입(클래스)을 정의하고 생성할 수 있다. 클래스를 일단 정의하면 그 클래스는 새로운 데이터 타입의 역할을 하게 된다. 사용자는 그 데이터 타입에 속하는 객체들을 원하는 만큼 생성할 수 있다.

예를 들어서 문자열은 데이터 타입(클래스)이다. 문자열 클래스의 객체들을 다음과 같이 생성한다.

```
employee = "홍길동"
course = "프로그래밍 개론"
```

클래스 vs. 객체

클래스는 새로운 객체들을 생성하는 공장 또는 템플릿이라고 생각할 수 있다. 프로그램이 실행되는 동안 어떤 클래스의 객체들을 원하는 만큼 주기억 장치 안에 생성할 수 있다. 각 **객체**는 그 객체가 생성되는 클래스로부터 속성들을 이어받는다.

예 집의 설계도

집의 **설계도**(blueprint) 자체는 집이 아니지만 집의 구조를 상세하게 기술한 것이다. 설계도로부터 실제로 집을 지을 때 그 집은 설계도의 한 객체라고 말할 수 있다. 원한다면 하나의 설계도로부터 여러 개의 동일한 집들을 지을 수 있다. 이 때 설계도는 클래스이고, 각 집은 설계도로부터 생성한 객체이다.

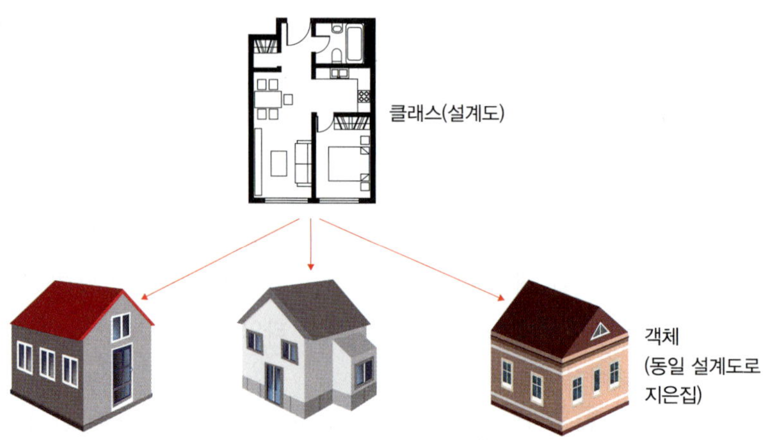

[그림 12-1] 설계도와 그 설계도로 지은 집

예 세탁기 설계도

세탁기 설계도는 클래스이다. 이 클래스로부터 수많은 세탁기들을 생산할 수 있다. 세탁기에 필요한 속성들로는 메이커, 색깔, 생산연도, 용량 등이 있다. 세탁기에 필요한 메소드들로는 켜기, 끄기, 예약 세탁, 스팀 세탁, 울 세탁 등이 있다.

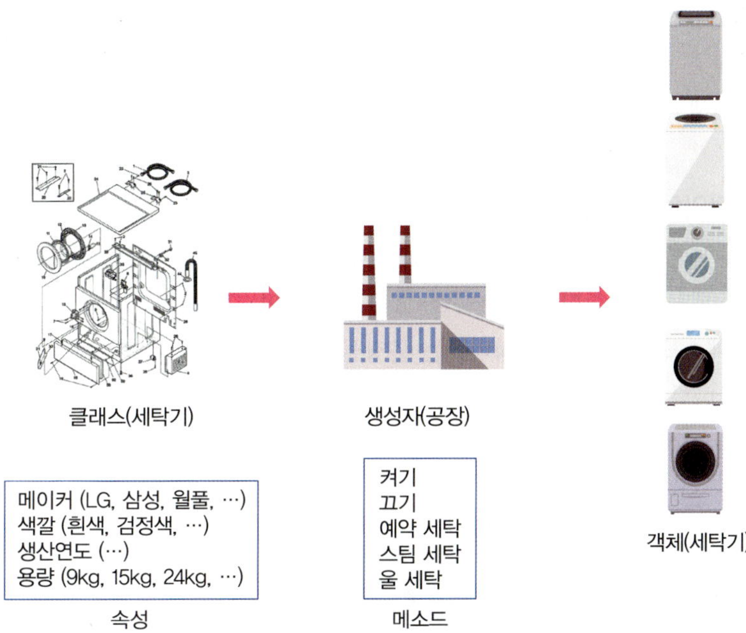

[그림 12-2] 세탁기 설계도와 그 설계도로 만든 세탁기, 세탁기의 속성과 메소드

클래스 정의

클래스는 객체를 어떻게 만들 것인가를 정의하는 특별한 데이터 타입이다. 클래스의 메소드를 정의하는 방법은 함수를 정의하는 방법과 동일하다. 다만 각 메소드의 첫 번째 인수를 관례적으로 self라고 명시한다. self는 메소드를 호출하는 현재 객체를 나타내는 매개변수이다. 사용자를 위해서 파이썬이 self 인수를 추가해주므로 사용자는 메소드를 호출할 때 self 인수를 표기하지 않는다. 클래스를 정의하는 단계에서는 객체가 실제로 생성되지 않는다. 클래스는 설계도일 뿐이다. 이 설계도로부터 메소드를 호출하여 객체들을 생성한다.

객체 생성

클래스의 객체들을 생성하려면 클래스 이름과 __init__ 메소드에 전달할 인수를 사용해야 한다. 객체는 클래스의 인스턴스이다. 인스턴스와 객체는 같은 의미로 사용된다.

실세계의 객체들은 두 가지 요소를 갖는다.

- 객체를 설명하는 속성들
- 객체에 대해 수행할 수 있는 동작(메소드)들

클래스를 정의하는 구문

파이썬에서 클래스를 정의하는 구문은 [그림 12-3]과 같다. 키워드 class가 새로운 클래스의 정의를 시작한다. 그 다음에 클래스 이름이 오고, 마지막에 :을 입력한다. 그 아래에 메소드와 속성들을 정의하는 문장들이 배치된다. 관례상 클래스 이름은 대문자로 시작한다. 각 메소드에는 적어도 하나의 매개변수를 명시해야 한다. 클래스 안의 메소드들 사이에는 빈 라인 한 개를 넣는다.

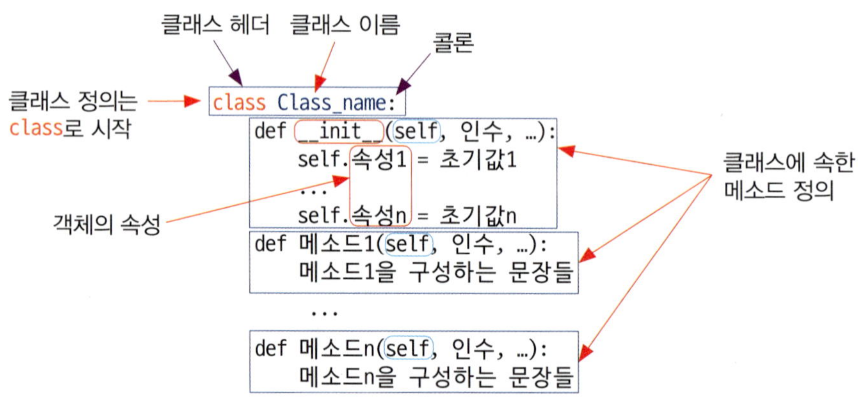

[그림 12-3] 클래스 정의문의 형식

설명

- **메소드**는 객체에 대해 어떤 동작을 수행하는 문장들의 모임이다. 메소드는 객체 안에 포함된 함수이다. 하나의 클래스 안에 다수의 메소드 정의들을 포함할 수 있다.

이 메소드들은 클래스와 연관된 기능 또는 행위들을 나타낸다.

- 클래스에 속한 모든 메소드들은 첫 번째 매개변수로 self를 포함한다. 관례적으로 이 매개변수를 self라고 부른다. 클래스가 자신의 변수 또는 메소드를 참조할 때마다 self를 앞에 붙여야 한다. self는 메소드가 적용되고 있는 현재의 객체를 가리킨다.
- __init__ 메소드는 왼쪽과 오른쪽에 언더스코어(_)를 두 개씩 표기한다. __init__ 메소드는 객체를 초기화하는 특별한 메소드이다. **생성자**(constructor)라고 부르는 이 메소드는 클래스로부터 객체가 생성될 때 자동적으로 호출된다. 이 메소드는 클래스의 새 객체에 특정 초기 상태를 배정하는 문장들을 포함한다. 객체의 속성들은 __init__ 메소드 안에서 접두어 self가 붙은 변수이다.
- 다음과 같이 클래스에 속한 객체를 생성할 때 __init__ 메소드가 호출된다.

  객체 = 클래스_이름(인수)
- 클래스의 외부에서 클래스 메소드를 호출하려면 아래와 같은 구문을 명시한다.

  클래스_이름.메소드_이름(인수)
- 객체와 . 연산자를 사용하여 객체의 속성들을 접근할 수 있다.

  객체.속성
- 사용자가 정의한 클래스를 다른 프로그램에서 사용하려면 아래와 같이 그 클래스를 import 문에서 명시해야 한다.

  import 클래스

요약

- 클래스 – 객체를 생성하는 템플릿
- 객체 – 템플릿으로부터 생성된 한 인스턴스
- 메소드 – 객체의 한 부분인 함수로서 객체에 직접 작용함
- 생성자 – 새로운 객체를 만드는 특별한 메소드

예 클래스와 객체의 관계

아래의 그림은 width와 height 속성을 갖고, 사각형의 면적을 계산하는 area 메소드를 갖는 클래스 Rectangle과 이 클래스로부터 생성된 세 개의 사각형 객체 rectangle1, rectangle2, rectangle3을 보여준다.

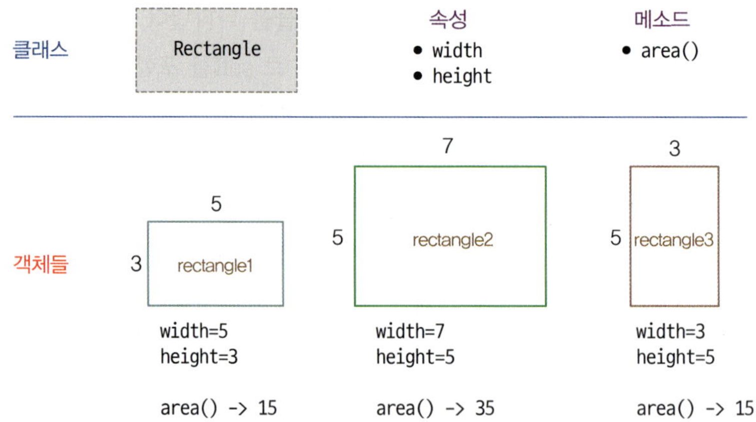

[그림 12-4] 클래스 Rectangle과 이 클래스의 세 개의 객체

예 좌표 클래스 정의

평면상의 좌표를 나타내는 클래스 Point를 정의해보자. 이 클래스에는 점 객체를 생성하는 __init__ 메소드와 원점 (0, 0)에서 임의의 점 (x, y) 간의 거리를 계산하는 dist_from_origin 메소드가 포함되어 있다.

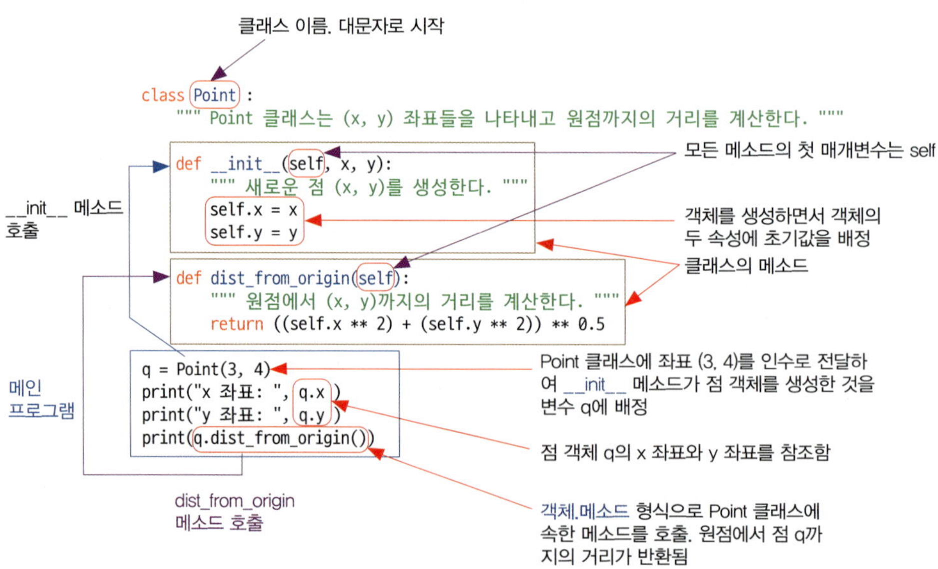

[그림 12-5] 클래스를 정의하고, 객체를 생성하고, 거리를 계산하는 메소드를 호출하는 프로그램

이 프로그램의 실행 결과는 아래와 같다.

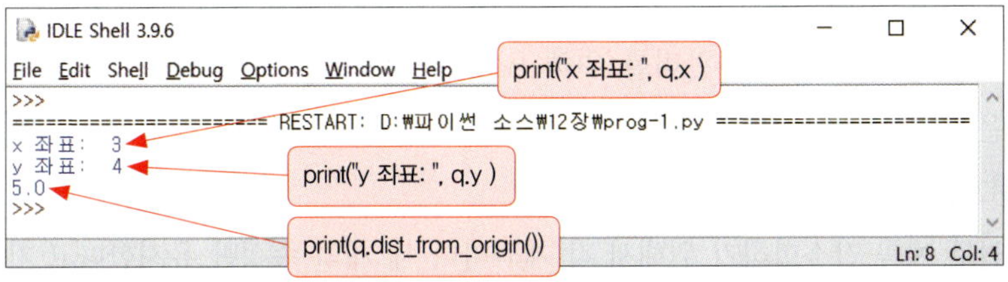

메소드를 정의할 때는 반드시 self를 명시적으로 표기해야 하지만 파이썬이 사용자를 위해서 자동적으로 self 인수를 메소드에 전달하기 때문에 메소드를 호출할 때 self를 명시하지 않는다.

클래스 안에서 메소드 정의

```
def dist_from_origin(self):
    return ((self.x ** 2) + (self.y ** 2)) ** 0.5
```

클래스 외부에서 메소드 호출

```
q.dist_from_origin()
```

Quiz

아래의 프로그램을 보고 물음에 답하라.

(1) 클래스의 이름이 무엇인가?

(2) 이 클래스는 어떤 속성을 갖는가?

(3) 이 클래스는 어떤 메소드를 갖는가?

(4) 이 프로그램의 실행 결과가 무엇인가?

```
class Test:
    def __init__(self, a):
        self.a = a

    def display(self):
        print(self.a)

obj = Test(99)
obj.dispay
```

예 은행 계좌 클래스 정의

은행의 계좌를 관리하는 프로그램을 객체지향 프로그래밍으로 작성해보자. [그림 12-6] 프로그램은 은행 계좌관리를 위해 Bank_account 클래스를 사용한다. 실세계의 은행은 수많은 계좌를 저장하고 있고, 각 계좌마다 계좌번호, 잔고, 고객이름, 주민등록번호, 주소, 연락처 등을 저장한다.

은행 업무 예를 간소화하기 위해서 각 계좌마다 세 개의 속성만 유지한다고 가정한다.

- 계좌번호
- 고객이름
- 잔고

또한 이 클래스에는 __init__(계좌 생성), deposit(입금), withdraw(출금), print_bal(잔고 확인) 등 네 개의 메소드가 포함되어 있다.

먼저 은행 계좌 클래스 Bank_account를 정의한다. 각 객체는 계좌번호 속성(정수), 고객이름 속성(문자열), 잔고 속성(정수)을 갖는다. 실세계에서는 은행 계좌 관리 프로그램이 디스크상의 파일(데이터베이스)을 사용할텐데, 이런 과정은 생략한다.

클래스 정의

```
class Bank_account:
    """ 은행 계좌관리를 위한 클래스 """

    def __init__(self, number, name, balance):
        """ 은행 계좌객체의 변수들을 초기화 """
        self.account_number = number      # 계좌번호
        self.name = name                  # 고객이름
        self.balance = balance            # 잔고

    def deposit(self, amount):
        """ 이 은행 계좌에 amount만큼 입금 """
        self.balance += amount

    def withdraw(self, amount):
        """ 이 은행 계좌에서 amount만큼 인출. 인출 금액이 잔고보다
            적을 때만 인출 가능 """
        if self.balance >= amount:
            self.balance -= amount
```

```
        else:
            print('잔고가 부족해서 인출 불가')
        return self.balance

    def print_bal(self):
        print('잔고: ', self.balance)
```

메인 프로그램

```
# import Bank_account (메인 프로그램과 클래스가 같은 파일에 저장되어 있을 때는 불필요)
customer_kim = Bank_account(12345, "김창섭", 300000) # 계좌 객체(김창섭) 생성
print(customer_kim.account_number,customer_kim.name, customer_kim.balance) # 단순 확인용
customer_kim.deposit(50000)          # 김창섭 계좌에 50000원 입금
customer_kim.print_bal()             # 김창섭 계좌의 잔고 확인

customer_lee = Bank_account(98765, "이수민", 500000) # 계좌 객체(이수민) 생성
print(customer_lee.account_number, customer_lee.name, customer_lee.balance) # 단순 확인용
customer_lee.withdraw(100000)        # 이수민 계좌에서 100000원 출금
customer_lee.print_bal()             # 이수민 계좌의 잔고 확인
customer_lee.withdraw(700000)        # 이수민 계좌에서 700000원 출금 (실패)
customer_lee.print_bal()             # 이수민 계좌의 잔고 확인
```

[그림 12-6] 은행 계좌관리 프로그램(클래스 정의와 메인 프로그램)

은행 계좌 예제의 메인 프로그램과 결과를 좀더 자세히 살펴보자. Bank_account 클래스로부터 생성되는 모든 은행 계좌 객체는 특성들을 공유한다. 예를 들어서 어떤 계좌 객체에서든 입금과 출금이 가능하다. 메인 프로그램에서는 Bank_account 클래스로부터 '김창섭'과 '이수민'의 계좌 객체를 만든다. 각 계좌 객체에 대해서 deposit 또는 withdraw 메소드를 호출한다. 두 계좌 객체에 대해서 메소드 deposit과 메소드 withdraw를 중복해서 작성할 필요가 없다.

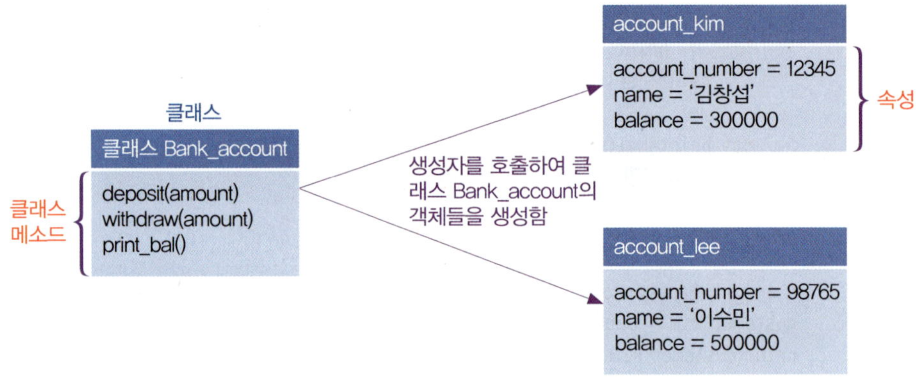

[그림 12-7] 은행 계좌 클래스로부터 두 개의 계좌 객체 생성

클래스를 정의할 때 모든 객체들이 공유하는 메소드들을 한 번 정의하면 이 클래스로부터 생성되는 모든 객체들은 그 메소드들을 자유롭게 호출할 수 있다. 이런 특성이 클래스를 매우 유용한 데이터 타입으로 만드는 중요한 이유 중 하나이다.

클래스_이름(인수)을 사용하여 객체를 생성할 때 __init__(매개변수) 메소드가 호출되고, 인수들이 매개변수들에 전달되고, 생성되는 객체의 속성에 초기값을 배정하는데 매개변수가 사용된다.

[그림 12-6]의 메인 프로그램

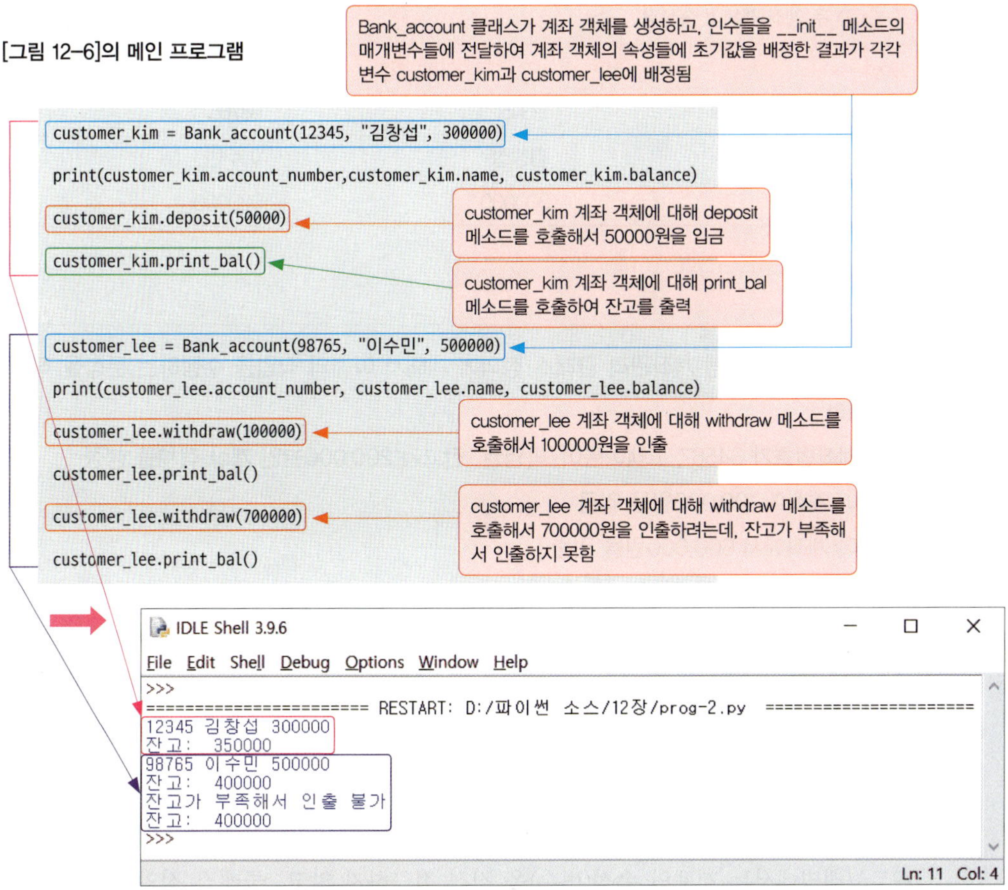

[그림 12-8] [그림 12-6] 프로그램의 실행 결과

클래스 안의 메소드들은 모든 객체들이 공유하지만 각 객체는 서로 구분된다. 각 객체마다 계좌번호, 고객이름, 잔고가 있다. 계좌번호, 고객이름, 잔고는 각 객체의 상태를 나타내는 역할을 한다. 특히 계좌번호는 모든 계좌 객체마다 고유해야 한다.

〈표 12-2〉 두 계좌 객체의 속성값

속성 \ 객체	account_kim	account_lee
account_number	12345	98765
name	김창섭	이수민
balance	300000	500000

Quiz

[그림 12-6]의 은행 계좌관리 클래스 정의에 대해서 아래의 작업을 수행하는 문장을 작성하라.

(1) 계좌번호가 34567, 고객이름이 '박영권', 잔고가 200,000원인 계좌 객체를 생성

(2) 이 계좌에 100,000원을 입금

(3) 이 계좌에서 600,000원을 인출

(4) 이 계좌의 잔고를 확인

12.1.2 캡슐화

객체지향 프로그래밍에서 중요한 개념 중 하나는 **캡슐화**(encapsulation)이다. 객체지향 프로그래밍에서는 객체의 속성(변수)을 직접 접근하지 않고, 클래스 정의에 포함된 메소드를 통해서만 접근할 수 있다.

캡슐화는 객체 안에 데이터와 코드를 결합하는 것을 의미한다.

객체 = 속성 + 메소드

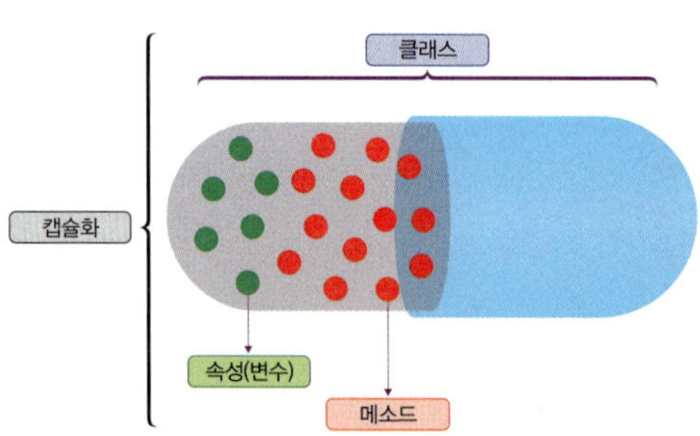

[그림 12-9] 캡슐화

12.2 상속

객체지향 프로그래밍의 또다른 중요한 개념은 **상속**(inheritance)이다. 상속은 기존의 클래스로부터 새로운 클래스를 만드는 것을 의미한다. 기존의 클래스로부터 새로운 클래스를 정의할 때 기존의 클래스를 **수퍼클래스**(superclass), 새로운 클래스를 **서브클래스**(subclass)라고 부른다. 수퍼클래스는 범용 클래스이고, 서브클래스는 좀더 세분화된 클래스이다. 상속을 하게 되면 서브클래스는 수퍼클래스로부터 모든 속성과 메소드들을 물려받는다.

수퍼클래스로부터 속성과 메소드를 물려받은 후, 수퍼클래스와 동일 이름을 가진 메소드를 서브클래스에서 재작성함으로써 수퍼클래스의 메소드와 다르게 동작하도록 할 수 있다. 서브클래스의 메소드는 수퍼클래스의 메소드보다 높은 우선순위를 갖는다.

서브클래스를 정의할 때 서브클래스의 이름 오른쪽의 () 안에 수퍼클래스의 이름을 명시한다. 예를 들어서 Customer 클래스가 Person 클래스의 서브클래스라면 Customer 클래스를 정의하는 첫 문장을 아래와 같이 표기한다.

예 Shape의 서브클래스

아래의 그림에서 Shape는 수퍼클래스로서 범용 클래스이다. Rectangle는 Shape 중에서 변의 개수가 네 개이고, Circle은 Shape 중에서 원이고, Triangle은 Shape 중에서 변의 개수가 세 개이다. Rectangle, Circle, Triangle은 Shape의 서브클래스이며, Shape보다 세분화된 클래스이다. Rectangle, Circle, Triangle은 Shape의 모든 속성과 메소드를 상속한다.

수퍼클래스 Shape에 면적을 계산하는 메소드가 있다면, 서브클래스 Rectangle, Circle, Triangle은 면적을 계산하는 공식이 서로 다르므로 각 서브클래스에 맞게 면적 계산 메소드를 작성한 후 Shape로부터 물려받은 면적 계산 메소드보다 각 서브클래스의 면적 계산 메소드를 우선시해서 면적을 계산하게 된다.

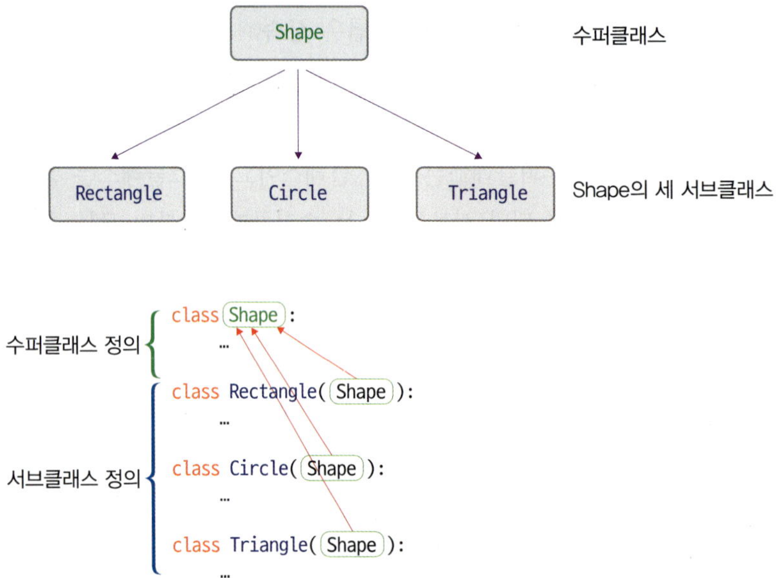

[그림 12-10] Shape의 서브클래스

```
class Shape:
    def __init__(self):
        self.color = 'black'
    ...
```

```
class Rectangle(Shape):
    def __init__(self, w, h):
        Shape.__init__(self)            # 수퍼클래스 Shape의 생성자를 호출
        self.width = w
        self.height = h

    def area(self):                     # 사각형의 면적을 계산하는 메소드
        return self.width * self.height
```

[그림 12-11] Shape의 서브클래스인 Rectangle 정의

예 Vehicle의 서브클래스

Vehicle(자동차)은 메이커, 생산연도, 색깔, 가격 등의 속성을 공통적으로 갖는다. 또한 Vehicle마다 시동, 주차, 전진, 후진, 정지 등의 메소드를 갖는다. Vehicle을 수퍼클래스에 놓고, 모든 공통된 속성과 메소드들을 수퍼클래스에 포함시키고, Sedan(승용차)과 SUV를 Vehicle의 서브클래스로 정의한다. Sedan과 SUV는 Vehicle의 모든 속성과 메소드를 상속한다.

각 서브클래스에 적용되는 속성이나 메소드를 추가할 수 있다. Sedan(승용차)은 Vehicle의 속성들 외에 추가로 문의 개수(2 또는 4) 속성을 갖는다. SUV는 Vehicle의 속성들 외에 추가로 승객 수(5 또는 7) 속성을 갖는다.

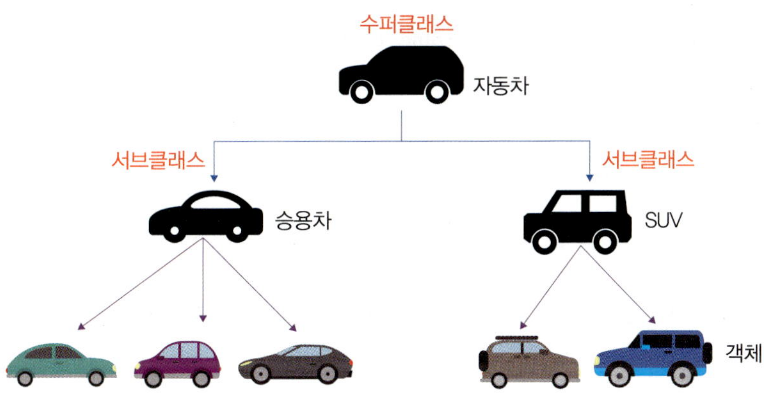

[그림 12-12] Vehicle의 서브클래스, 서브클래스의 객체들

```python
class Vehicle:
    def __init__(self, make, year, color, price):
        self.make = make
        self.year = year
        self.color = color
        self.price = price
    ...
```

```python
class Sedan(Vehicle):                    # Sedan은 Vehicle의 서브클래스
    def __init__(self, make, year, color, price, doors):
        Vehicle.__init__(self, make, year, color, price)
                                         # 수퍼클래스 Vehicle의 생성자를 호출
        self.no_doors = doors

class SUV(Vehicle):                      # SUV는 Vehicle의 서브클래스
    def __init__(self, make, year, color, price, passengers):
        Vehicle.__init__(self, make, year, color, price)
                                         # 수퍼클래스 Vehicle의 생성자를 호출
        self.no_passengers = passengers
```

예 Person의 서브클래스

대학교에서 학생(Student)은 어떤 학과에 속하고, 교수(Professor)는 전공을 갖는다. 사람(Person)을 수퍼클래스에 놓고, 모든 공통된 속성과 메소드들을 수퍼클래스에 포함시키고, 학생과 교수를 사람의 서브클래스로 정의한다. 학생과 교수는 사람의 모든 속성과 메소드를 상속한다.

수퍼클래스 Person에 이름과 나이를 출력하는 메소드가 있는데, 서브클래스 Student는 이름과 나이에 추가로 소속학과를 출력하는 메소드를 작성하고, 서브클래스 Professor는 이름과 나이에 추가로 전공을 출력하는 메소드를 작성한 후 Person으로부터 물려받은 출력 메소드보다 각 서브클래스의 출력 메소드를 우선시해서 출력하게 된다.

메인 프로그램에서 수퍼클래스 Person에 속하는 객체를 생성하고, 서브클래스 Student와 Professor에 각각 속하는 객체를 생성한다. 이 객체들의 속성을 출력하는 메소드를 호출한다.

```
class Person:
    def __init__(self, name):
        self.name = name
        self.age = age
    def print_details(self):
        print('이름 : ', self.name, '나이 : ', self.age)
    ...
```

```
class Student(Person):                    # Student는 Person의 서브클래스
    def __init__(self, name, age, department):
        Person.__init__(self, name, age)  # 수퍼클래스 Person의 생성자를 호출
        self.department = department

    def print_details(self):             # 수퍼클래스 Person의 출력 메소드를 재정의
        print('이름 : ', self.name, '나이 : ', self.age, '학과 : ', self.department)

class Professor(Person):                  # Professor는 Person의 서브클래스
    def __init__(self, name, age, major):
        Person.__init__(self, name, age)  # 수퍼클래스 Person의 생성자를 호출
        self.major = major

    def print_details(self):             # 수퍼클래스 Person의 출력 메소드를 재정의
        print('이름 : ', self.name, '나이 : ', self.age, '전공 : ', self.major)
```

```
메인 프로그램
person1 = Person('홍길동')                              # 사람 객체를 생성
student1 = Student('이만득', 21, '컴퓨터학과')          # 학생 객체를 생성
professor1 = Professor('김순미', 39, '데이터베이스')   # 교수 객체를 생성

print(person1.print_details())
print(student1.print_details())
print(professor1.print_details())
```

Quiz

아래의 프로그램의 실행 결과가 무엇인가?

```
class A:
    def __init__(self):
        self.func(33)
        print("클래스 A 안에서 i: ", self.i)

    def func(self, i):
        self.i = 2 * i;

class B(A):
    def __init__(self):
        super().__init__()

    def func(self, i):
        self.i = 3 * i;

b = B()
```

TIP 파이썬에서 서브클래스는 한 개 이상의 수퍼클래스로부터 상속받을 수 있지만 한 개의 수퍼클래스로부터 상속받는 것을 권장한다.

객관식 문제

1 아래의 프로그램의 실행 결과가 무엇인가?

```
class A_class:
    def __init__(self):
        self.v = 0

    def f(self):
        self.v = self.v + 1
        return self.v

x = A_class()
print(x.f() + x.f())
```

① 1 ② 2
③ 3 ④ 4

2 아래의 프로그램의 실행 결과가 무엇인가?

```
class My_class:
    def __init__(self, value):
        self.value = value

x = My_class(10)
y = My_class(20)

if x == y:
    t = My_class(x.value + y.value)
else:
    t = My_class(x.value - y.value)

print(t.value )
```

① −10 ② 0
③ 10 ④ 20

3 아래의 프로그램의 실행 결과가 무엇인가?

```
class Account:
    def __init__(self, id):
        self.id = id
        id = 666
        id = self.id + id

acc = Account(123)
print(acc.id)
```

① 0 ② 123

③ 666 ④ 789

4 아래의 프로그램의 실행 결과가 무엇인가?

```
class A:
    def __init__(self):
        self.i = 2

    def m(self):
        self.i = 10

class B(A):
    def m(self):
        self.i += 2
        return self.i

b=B()
print(b.m())
```

① 2 ② 4

③ 10 ④ 12

5 아래의 프로그램의 실행 결과가 무엇인가?

```
class A:
    def __init__(self, i):
        self.i = i

    def m1(self):
        self.i += 1

class B(A):
    def __init__(self, j):
        A.__init__(self, 3)
        self.j = j

    def m1(self):
        A.m1(self)
        self.j += 1

b = B(0)
b.m1()
print(b.i, b.j)
```

① 0 0　　② 3 1
③ 4 1　　④ 3 0

단답식 문제

6 아래의 프로그램의 실행 결과가 무엇인가?

```
class Car:
    def __init__(self, color, model):
        self.color = color
        self.model = model

    def update(self, color, model):
        color = color
        self.model = model

    def print_car(self):
        print('이 자동차는 ' + self.color + '' + self.model + '.')

car1 = Car('빨강 ', '페라리')
car1.update('노랑 ', '포르셰')
car1.print_car()
```

7 아래의 프로그램의 실행 결과가 무엇인가?

```
def increment(c, times):
    c.count += 2
    times += 2

class Count:
    def __init__(self):
        self.count=0

my_count = Count()
times = 0
for i in range(0, 50):
    increment(my_count, times)
print("my_count.count = ", my_count.count, "times = ", times)
```

8 아래의 프로그램의 실행 결과가 무엇인가?

```
class A:
    def __init__(self):
        self.setI(20)
        print("A로부터의 i ", self.i)

    def setI(self, i):
        self.i = 2 * i;

class B(A):
    def __init__(self):
        super().__init__()

    def setI(self, i):
        self.i = 4 * i;

b=B()
a=A()
```

9 아래의 프로그램의 실행 결과가 무엇인가?

```
class B:
    def __init__(self, name):
        self.name = name

    def get(self):
        return "Person의 get 메소드가 호출됨"

    def printB(self):
        print(self.get())

class D(B):
    def get(self):
        return "Student의 get 메소드가 호출됨"

b = B("p1")
d = D("s1")
b.printB()
d.printB()
```

10 아래의 프로그램의 실행 결과가 무엇인가?

```
class B_class:
    def __init__(self, id):
        self.id = id
        id = 99

acc = B_class(111)
print(acc.id)
```

11 아래의 프로그램의 실행 결과가 무엇인가?

```
class A():
    x = 1

    def __init__(self, n):
        self.y = n
        A.x += 1

    def p(self):
        print(self.y)
        self.y += 3
        self.r()

    def r(self):
        self.y += 2
        print(self.y)

class B(A):
    x = 10

    def __init__(self, n):
        super().__init__(n)
        sum = self.y + B.x
        self.m = sum

    def r(self):
        self.y += self.x
        print(self.m)

a = A(1)
b = B(2)
a.p()
b.p()
```

(1) a.p()의 실행 결과는?

(2) b.p()의 실행 결과는?

실습 문제

12 개수, length와 width 속성을 가진 Rectangle 클래스를 정의하라. 사각형의 면적을 구하는 메소드, 둘레의 길이를 구하는 메소드를 작성하라. 사각형의 면적은 length * width, 둘레의 길이는 2 * (length + width)이다.

13 클래스 Person을 정의하라. 이 클래스는 사람에 관한 속성들을 갖는다.

```
name, address, phone_no
```

그 다음에 Person 클래스의 서브클래스인 Customer를 정의하라. 이 클래스는 추가로 customer_no와 이메일 수신 여부를 나타내는 부울 속성을 갖는다. Customer 객체를 두 개 생성하는 프로그램을 작성하라.

14 정육면체를 나타내는 클래스를 작성하라. 이 클래스에 포함해야 하는 메소드는 아래와 같다.

- __init__(self, side) 한 변의 길이가 side인 정육면체 객체를 생성한다.
- get_side(self) 정육면체의 한 변의 길이를 반환한다.
- get_outside_area(self) 다음 공식을 사용하여 정육면체의 표면의 면적을 반환한다.
  area = 6 * side * side
- get_volume(self) 다음 공식을 사용하여 정육면체의 부피를 반환한다.
  volume = side * side * side

프로젝트

15 클래스 Employee를 정의하라. 이 클래스는 네 개의 속성을 갖는다.

```
name, id, department, title
```

클래스를 정의한 후 Employee 객체를 세 개 생성하는 프로그램을 작성하라. 각 객체는 아래와 같은 데이터를 갖는다. 또한 프로그램에서 각 객체가 갖는 데이터를 화면에 출력하도록 한다.

name	id	department	title
이만득	12345	'영업'	'대리'
김상원	23456	'개발'	'사원'
조민희	34567	'기획'	'과장'

Python

13
CHAPTER

프로그래밍 응용 : 정렬과 탐색

| 학습 목표 |

국어 사전에 단어들이 가나다 순서대로 나열되어 있음을 이미 알고 있다. 식당의 메뉴에서 주문할 음식을 찾거나 포털 사이트에서 정보를 검색한 경험도 있을 것이다. 정렬과 탐색은 일상생활뿐만 아니라 컴퓨터 주제에서 매우 중요한 작업이다.

본 장에서는 세 가지 정렬 알고리즘을 이해하여 순서도나 의사 코드로 표현하고, 이를 프로그램으로 구현할 수 있도록 안내한다. 또한 두 가지 탐색 알고리즘을 이해하여 순서도나 의사 코드로 표현하고, 이를 프로그램으로 구현할 수 있도록 설명한다.

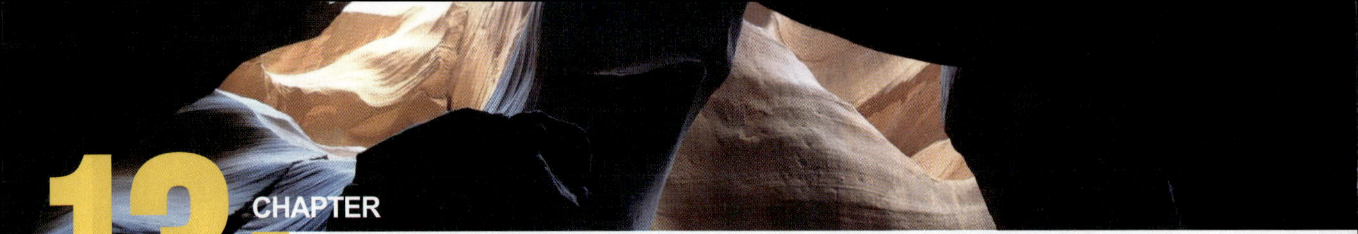

13 CHAPTER 프로그래밍 응용: 정렬과 탐색

13.1 정렬이란?

국어사전에는 단어가 가나다순으로 나열되어 있고, 영어 사전에는 단어가 ABC순으로 나열되어 있다. 관심을 갖고 살펴보면 일상생활에서 어떤 순서대로 항목들을 나열하는 경우를 흔히 발견할 수 있다. 정렬이 무엇인가 알아보고, 주변에서 정렬이 사용되는 사례를 찾아보자.

정렬은 데이터를 순서대로 나열하는 것이다. 값이 커지는 순서대로 정렬하는 것을 **오름차순 정렬**, 값이 작아지는 순서대로 정렬하는 것을 **내림차순 정렬**이라고 부른다.

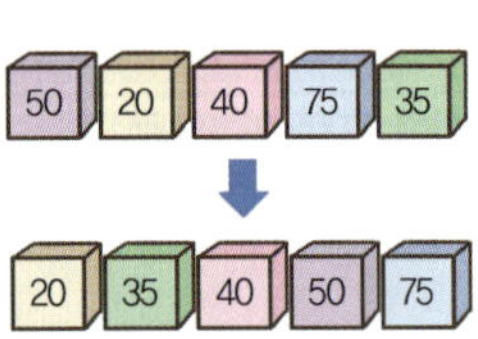

숫자들을 오름차순으로 정렬

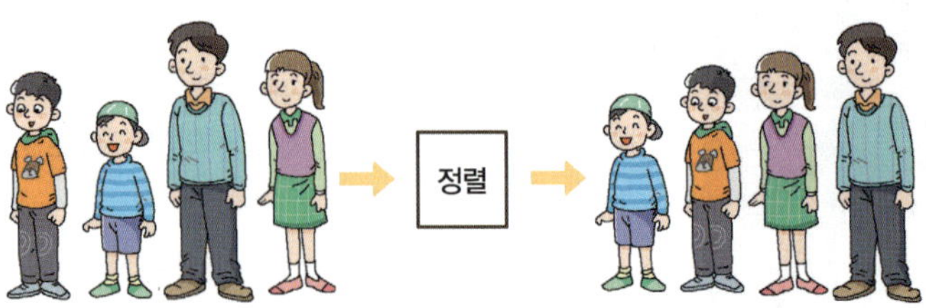

사람들을 키 순서대로 정렬

정렬된 리스트는 어떤 원소를 빨리 찾는 데 도움이 된다. 사전에서 단어를 빠르게 찾을 수 있는 것은 사전 안의 단어가 정렬되어 있기 때문이다. 만일 국어사전 속의 단어들이 가나다순으로 정렬되어 있지 않다면 '알고리즘'이라는 단어를 찾는 것이 얼마나 어려울까? 사람보다 컴퓨터의 속도가 비교할 수 없을 정도로 빠르지만 데이터가 정렬되어 있지 않으면 컴퓨터에서도 시간이 오래 걸릴 수 있다.

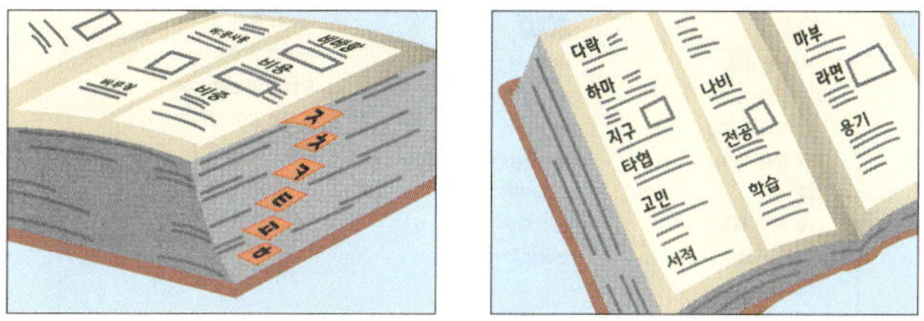

[그림 13-1] 단어들이 정렬된 사전과 단어들이 임의의 순서대로 나열된 사전(가상의 사전)

13.1.1 정렬 사례

주변에서 흔히 볼 수 있는 정렬 사례를 살펴보자.

- 윈도우 운영체제의 파일 탐색기에서 폴더와 파일의 이름 순서, 크기 순서, 수정한 날짜 순서대로 정렬하여 보여 준다. 엑셀은 목록을 정렬하는 다양한 방법을 제공한다.

[그림 13-2] 파일 탐색기에서 파일이나 폴더를 정렬하는 기준

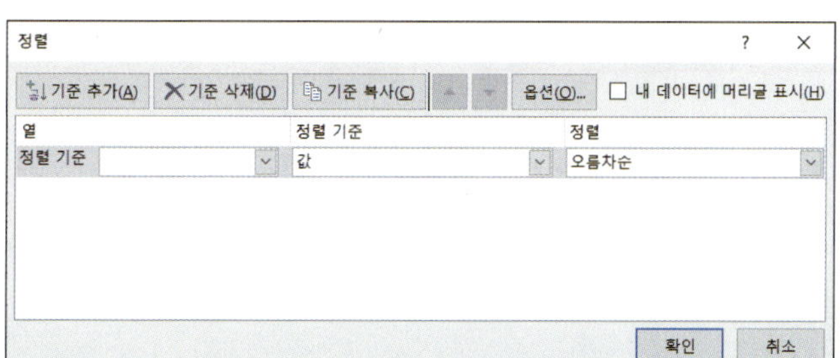

[그림 13-3] 엑셀에서 정렬하는 기준 정하기

• 찾아보기: 대부분의 책의 끝 부분에는 책에 나오는 주요 용어 및 용어가 게재된 페이지 번호가 용어들의 가나다순으로 정렬되어 있다.

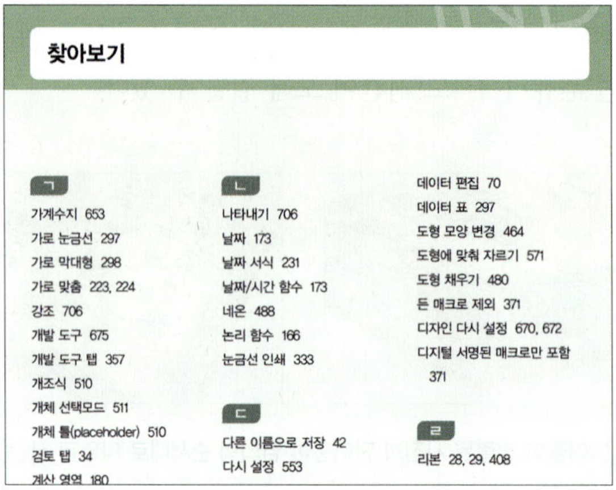
찾아보기

ㄱ
가계수지 653
가로 눈금선 297
가로 막대형 298
가로 맞춤 223, 224
강조 706
개발 도구 675
개발 도구 탭 357
개조식 510
개체 선택모드 511
개체 틀(placeholder) 510
검토 탭 34
계산 영역 180

ㄴ
나타내기 706
날짜 173
날짜 서식 231
날짜/시간 함수 173
네온 488
논리 함수 166
눈금선 인쇄 333

ㄷ
다른 이름으로 저장 42
다시 설정 553
데이터 편집 70
데이터 표 297
도형 모양 변경 464
도형에 맞춰 자르기 571
도형 채우기 480
든 매크로 제외 371
디자인 다시 설정 670, 672
디지털 서명된 매크로만 포함 371

ㄹ
리본 28, 29, 408

[그림 13-4] 책 끝 부분의 찾아보기

• 온라인 쇼핑몰: 온라인 쇼핑몰에서는 사용자가 입력한 키워드에 부합하는 상품들의 종류가 매우 많이 검색될 수 있으므로 사용자의 편의를 위해서 낮은 가격순, 높은 가격순, 판매량순 등 여러 가지 기준으로 정렬하여 볼 수 있도록 서비스한다.

[그림 13-5] 온라인 쇼핑몰

[그림 13-6] 온라인 서점

• 신용카드 이용대금명세서에는 회원이 신용카드로 결제한 내역을 카드 사용 날짜 순서대로 정렬한다.

21.08.12	이수연	KV802	PLS	F-마트	7,320		
21.08.14	이수연	KV802	PLS	우리냉면	20,000		
21.08.16	이수연	KV802	PLS	교모문고	12,000		
21.08.16	이수연	KV802	PLS	한국백화점	40,000		
21.08.19	이수연	KV802	PLS	우리극장	8,000		
21.08.19	이수연	KV802	PLS	F-마트	2,000		
21.08.19	이수연	KV802	PLS	땡땡치킨	10,000		
21.08.26	이수연	KV802	PLS	올리브피씨방	5,000		
21.08.26	이수연	KV802	PLS	사임당한복	300,000		

[그림 13-7] 신용카드 이용대금명세서

13.1.2 정렬 방법의 성능 차이는 왜 생길까?

정렬은 컴퓨터 과학에서 매우 기본적이고 중요한 알고리즘이다. 정렬이 컴퓨터에서 빈번하게 사용되는 작업이기 때문에 컴퓨터 과학자들은 오랫동안 정렬 방법을 연구하여 수많은 정렬 방법을 제안하였다.

대부분의 정렬 알고리즘은 두 가지 연산을 기반으로 한다.

- 원소들의 크기 비교
- 원소들의 위치 교환

동일한 개수의 데이터를 정렬할 때 알고리즘에 따라서 아래와 같은 이유 때문에 성능 차이가 발생한다.

- 어떤 알고리즘은 비교 횟수가 적고
- 어떤 알고리즘은 위치 교환을 적게 하고

어떤 정렬 방법들은 간단해서 이해하기 쉽지만 많은 양의 데이터를 정렬할 때는 성능이 나빠서 주로 적은 양의 데이터를 정렬하는 데 사용한다. 또 다른 정렬 방법들은 복잡해서 구현하기 어렵지만 성능이 우수하여 주로 많은 양의 데이터를 정렬하는 데 사용한다.

오름차순으로 정렬하는 방법을 이해하면 내림차순으로 정렬할 때 부등호만 반대로 사용하면 되므로, 본 장에서는 오름차순으로 정렬한다고 가정한다.

13.2 정렬 알고리즘

본 절에서는 알고리즘이 간단하지만 수행 속도가 느리기 때문에 적은 양의 데이터를 정렬하는 데 사용되는 선택 정렬, 버블 정렬을 살펴본다. 그 다음에 알고리즘이 복잡하지만 수행 속도가 빠른 합병정렬을 살펴본다.

파이썬은 리스트를 정렬하는 sort 메소드를 제공하기 때문에 정렬하는 프로그램을 프로그래머가 직접 작성할 필요성은 거의 없지만 프로그래밍과 알고리즘을 공부하는 목적에서 정렬 과정을 이해하는 것은 매우 유익하다.

또한 나중에 다른 프로그래밍 언어를 사용하게 될 때, 그 프로그래밍 언어가 sort 등의 메소드(함수)를 제공하지 않으면 직접 정렬 알고리즘을 구현해야 할 것이다.

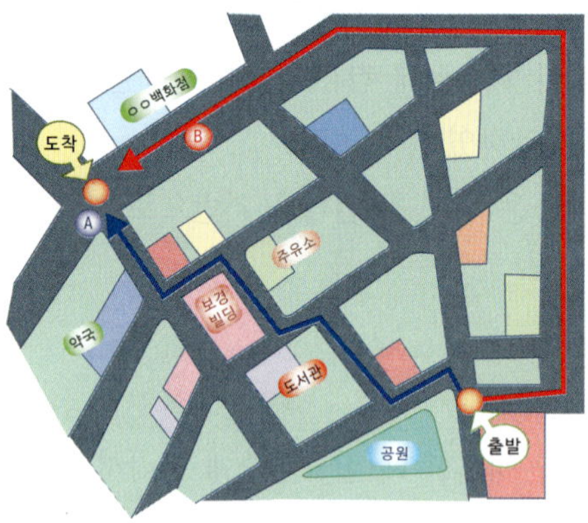

[그림 13-8] 목적지까지 가는 두 가지 경로
(경로 Ⓐ: 복잡한 골목길이지만 지름길, 경로 Ⓑ: 간단한 대로이지만 돌아가는 먼 길)

13.2.1 선택 정렬

선택 정렬 과정에서 리스트는 정렬된 부분과 정렬되지 않은 부분으로 구분된다. 오름차순 정렬시, 정렬되지 않은 첫 번째 원소와 정렬되지 않은 원소들 중 가장 작은 원소를 반복적으로 교환한다. 정렬되지 않은 부분에서 가장 작은 원소를 찾기 위해서 모든 원소를 검사해야 한다.

예 선택 정렬

포스트잇에 아래와 같은 숫자들의 시퀀스가 적혀 있다고 가정하자. 선택 정렬 방법을 사용하여 이 숫자들을 오름차순으로 정렬해보자. 실세계에서는 정렬할 숫자들이 수백, 수천, 수백만 개가 있을 수 있다.

1단계

전체 리스트의 다섯 개의 숫자들 중에서 가장 작은 숫자(핑크색)를 찾는다.

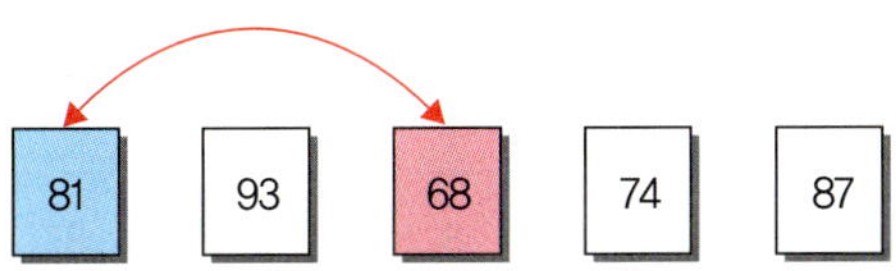

이 숫자를 첫 번째 숫자(하늘색)와 교환한다.

이제 전체 리스트에서 가장 작은 숫자는 첫 번째 위치에 놓였다. 이 원소는 무시하고, 나머지 숫자들에 집중하자.

2단계

두 번째 원소부터 마지막 원소까지 리스트의 네 개의 숫자들 중에서 가장 작은 숫자(핑크색)를 찾는다.

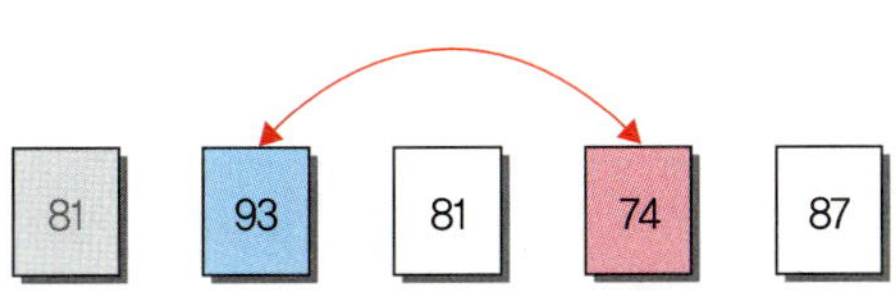

이 숫자를 두 번째 숫자(하늘색)와 교환한다.

이제 전체 리스트에서 가장 작은 두 개의 숫자는 첫 번째와 두 번째 위치에 놓였다. 이 원소들은 무시하고, 나머지 숫자들에 집중하자.

3단계

세 번째 원소부터 마지막 원소까지 리스트의 세 개의 숫자들 중에서 가장 작은 숫자(핑크색)를 찾는다. 이번에는 세 번째 원소가 가장 작은 원소이고, 이 원소가 위치해야 할 곳에 이미 놓여 있으므로 교환이 필요 없다.

이제 전체 리스트에서 가장 작은 세 개의 숫자는 올바른 위치에 놓였다. 이 원소들은 무시하고, 나머지 숫자들에 집중하자.

4단계

네 번째 원소부터 마지막 원소까지 리스트의 두 개의 숫자들 중에서 가장 작은 숫자(핑크색)를 찾는다.

이 숫자를 네 번째 숫자(하늘색)와 교환한다.

이제 다섯 개의 원소들 중에서 처음 네 개의 원소들이 올바른 위치에 놓였다. 리스트에서 한 개 남은 맨 마지막 원소는 검사할 필요가 없다. 그 원소도 올바른 위치에 놓인 것이다. 따라서 정렬이 끝났다.

이제 포스트잇 대신에 리스트와 인덱스를 사용하여 선택 정렬 알고리즘에 좀더 가까이 다가가보자. 리스트 a에 여섯 개의 원소(23, 78, 45, 8, 32, 56)를 배정하면 다음 [그림 13-9]처럼 저장된다.

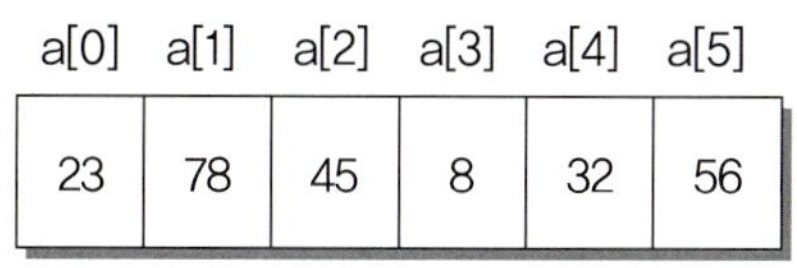

[그림 13-9] 정렬할 리스트 a의 초기 상태

선택 정렬 수행 과정에 리스트 a는 [그림 13-10]처럼 두 부분으로 나뉜다. 정렬을 시작하기 전에는 '정렬한 부분'은 없고, 리스트 전체가 '정렬할 부분'이다. 정렬이 진행됨에 따라 '정렬한 부분'의 크기가 증가하고, '정렬할 부분'의 크기는 줄어든다. 오름차순으로 정렬하는 경우에, 선택 정렬의 각 단계마다 '정렬할 부분'에서 최소 원소를 찾아서 '정렬할 부분'의 첫 번째 원소와 교환한다. 이 최소 원소는 '정렬한 부분'이 된다. 정렬이 끝났을 때는 배열의 모든 원소가 '정렬한 부분'에 해당한다.

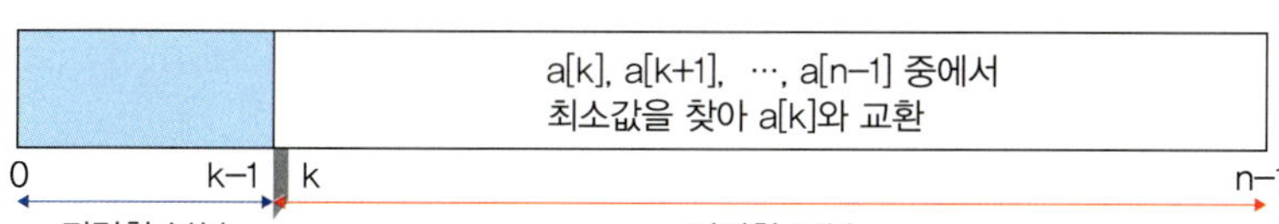

[그림 13-10] 리스트 a의 두 부분: '정렬한 부분'과 '정렬할 부분'

이제 선택 정렬 수행 과정을 〈표 13-1〉로 이해해 보자.

〈표 13-1〉 선택 정렬 수행 과정

단계	리스트 내용	설명	비교 횟수
0	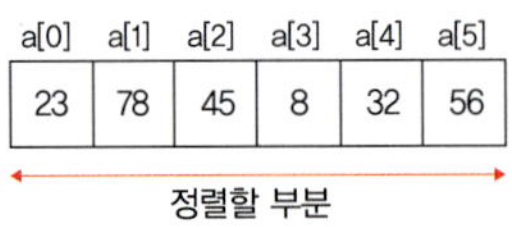	원본 리스트	
1	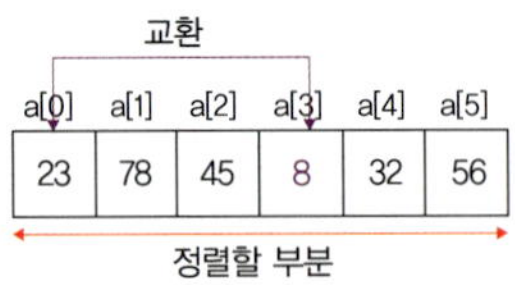	'정렬할 부분'의 원소들 중에서 가장 작은 값(8)을 찾는다. 이 값을 첫 번째 원소(23)와 교환한다. 23은 '정렬할 부분'의 첫 번째 원소이다.	최소값을 찾기 위해서 5번
2	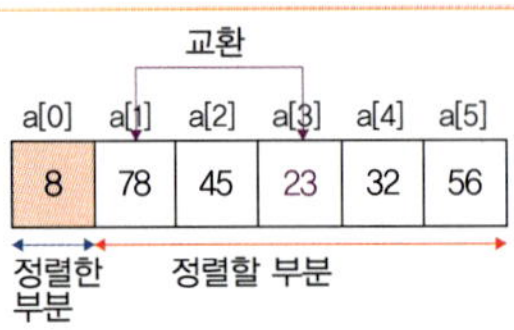	'정렬할 부분'의 원소들 중에서 가장 작은 값(23)을 찾는다. 이 값을 두 번째 원소(78)와 교환한다. 78은 '정렬할 부분'의 첫 번째 원소이다.	4번
3	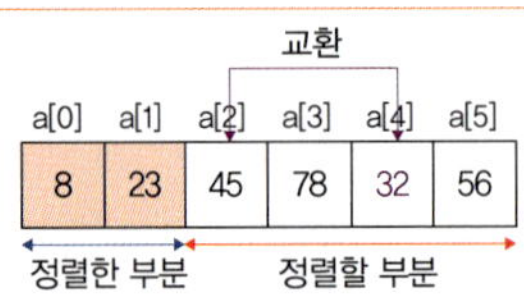	'정렬할 부분'의 원소들 중에서 가장 작은 값(32)을 찾는다. 이 값을 세 번째 원소(45)와 교환한다. 45는 '정렬할 부분'의 첫 번째 원소이다.	3번
4	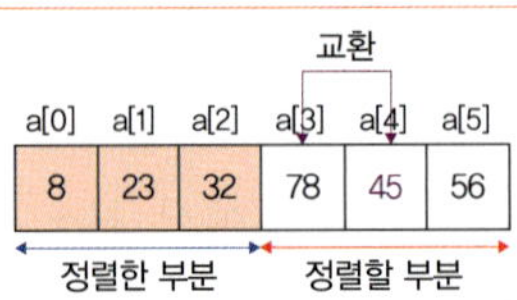	'정렬할 부분'의 원소들 중에서 가장 작은 값(45)을 찾는다. 이 값을 네 번째 원소(78)와 교환한다. 78은 '정렬할 부분'의 첫 번째 원소이다.	2번
5	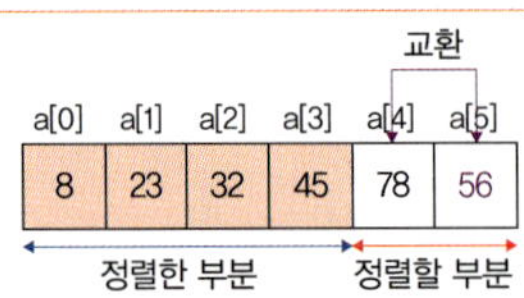	'정렬할 부분'의 원소들 중에서 가장 작은 값(56)을 찾는다. 이 값을 다섯 번째 원소(78)와 교환한다. 78은 '정렬할 부분'의 첫 번째 원소이다.	1번
6	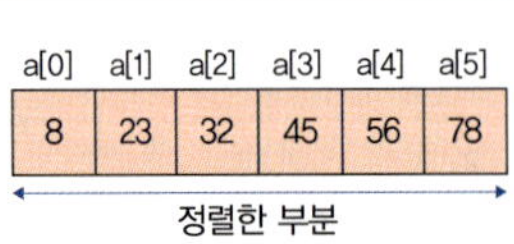	정렬이 완료되었다.	
		총 비교 횟수	5+4+3+2+1=15번

● 비교 횟수

두 개의 원소 중에서 최소값을 찾으려면 1번의 비교가 필요하다. 세 개의 원소 중에서 최소값을 찾으려면 2번의 비교가 필요하다. 네 개의 원소 중에서 최소값을 찾으려면 3번의 비교가 필요하다. n개의 원소 중에서 최소값을 찾으려면 (n−1)번의 비교가 필요하다. 따라서 n개의 원소를 정렬하려면 총 비교 횟수는 1 + 2 + 3 + 4 + … + (n−1)번이다. 비교 횟수의 합은 n(n−1)/2이다.

● 선택 정렬 알고리즘의 순서도와 프로그램

선택 정렬 알고리즘의 순서도를 다음과 같이 표현할 수 있다. 중첩된 반복문이 필요하다.

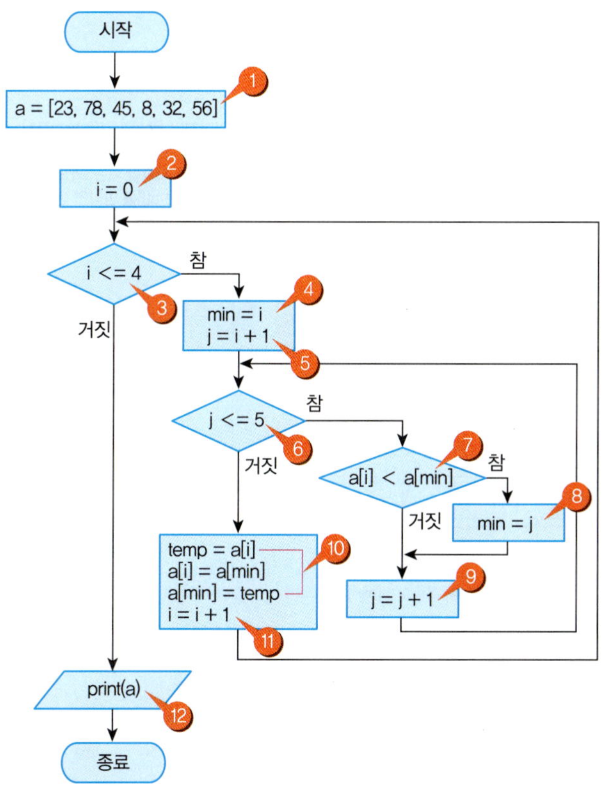

❶ 정렬할 리스트의 초기 상태
❷ '정렬할 부분'의 첫 원소의 인덱스
❸ 리스트의 마지막 직전 원소의 인덱스까지
❹ a[min], 즉 a[i]가 최소값이라고 가정
❺ j는 i의 바로 오른쪽 인덱스
❻ 리스트의 마지막 원소의 인덱스까지
❼ a[j]가 지금까지의 최소값인 a[min]보다 작은가?
❽ 그렇다면 min이 j를 가리키도록 함
❾ '정렬할 부분'의 다음 원소의 인덱스로 이동
❿ a[min]은 '정렬할 부분'의 최소값. 임시 변수 temp를 사용하여 a[i]와 a[min]을 교환
⓫ '정렬할 부분'의 다음 원소의 인덱스로 이동
⓬ 정렬이 끝난 리스트를 출력

[그림 13-11] 선택 정렬 알고리즘의 순서도

프로그래밍에 익숙하지 않으면 선택 정렬 알고리즘의 순서도를 보고 바로 이해하기는 어려울 것이다. 특히 리스트의 원소를 가리키는 인덱스가 i, min, j 등 세 개나 사용되어 이들의 역할을 정확하게 구분하는 것이 쉽지 않다.

정렬이 시작된 직후부터 〈표 13-1〉의 단계 2로 접어들 때까지의 과정을 상세하게 살펴봄으로써 인덱스 i, min, j가 어떻게 변하고, '정렬한 부분'이 어떻게 생기는가를 천천히 따라가 보자. 리스트가 완전히 정렬될 때까지 〈표 13-2〉의 과정이 반복해서 진행된다.

〈표 13-2〉 선택 정렬 알고리즘의 단계 1을 상세하게 표현

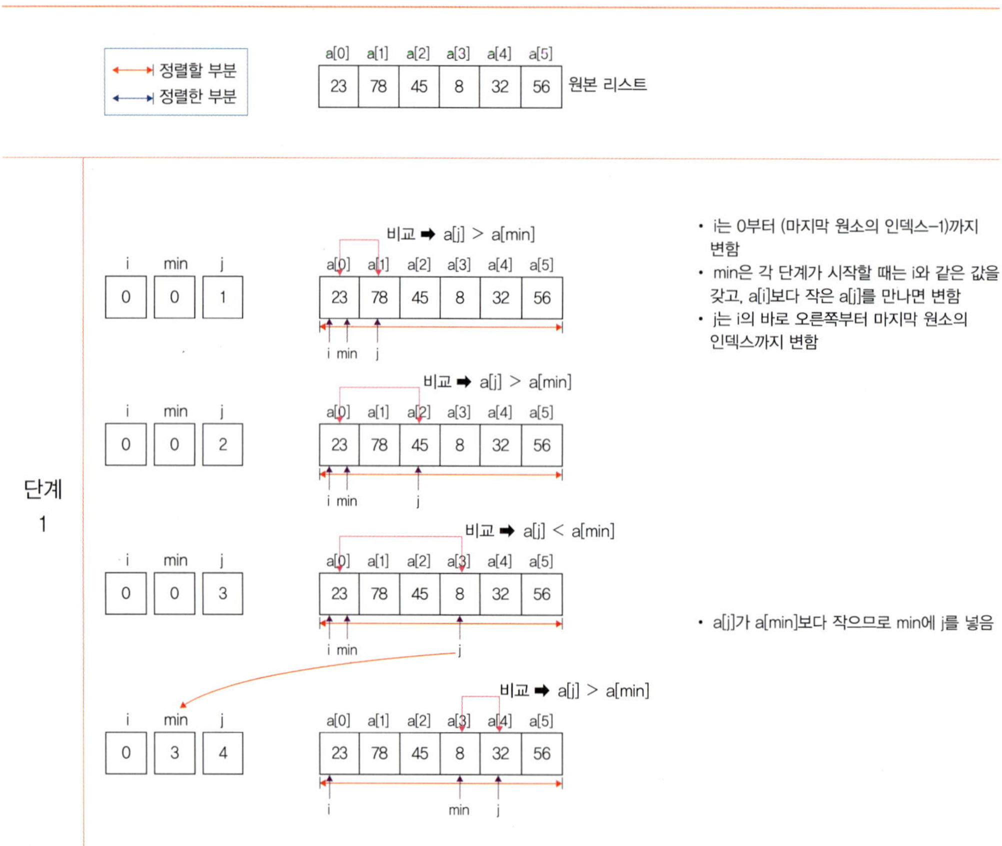

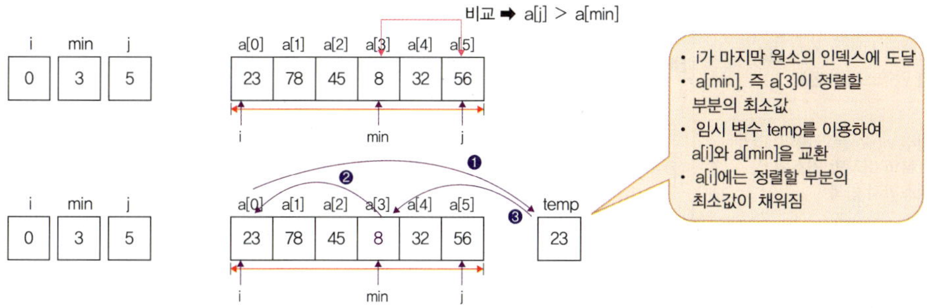

단계 2 …

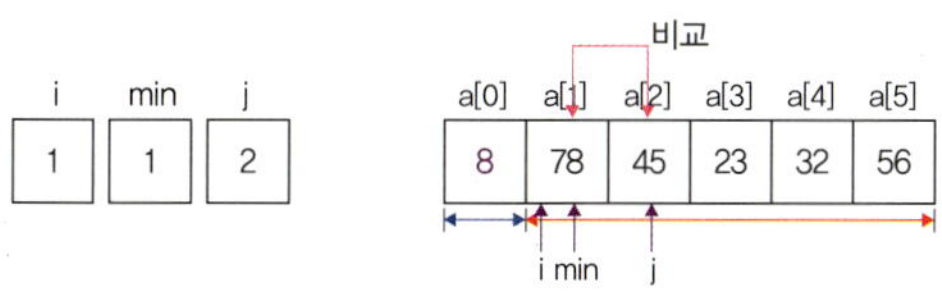

…

이제 [그림 13-11]의 순서도를 프로그램으로 구현해 보자. 프로그램이 순서도와 거의 일대일로 대응되므로, [그림 13-11]의 순서도를 이해하고 있다면 프로그램도 이해할 수 있을 것이다. while 문 대신 for 문을 사용해서 구현할 수도 있다. while 문의 몸체 안에 또다른 while 문이 중첩된 것을 주목하라.

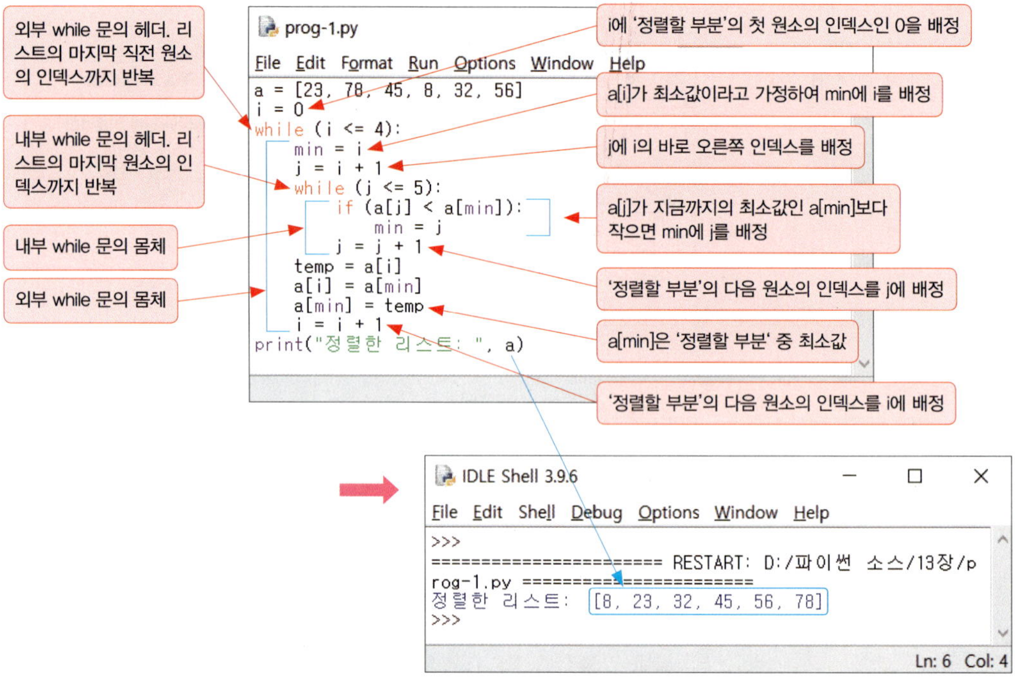

[그림 13-12] 선택 정렬 프로그램

Quiz 1

선택 정렬 알고리즘을 사용하여 리스트 [12, 26, 10, 17]을 정렬하려고 한다. 최종적으로 정렬되기까지 어떤 중간 단계들을 거치는가?

Quiz 2

선택 정렬 알고리즘을 사용하여 리스트 ['k', 'm', 'b', 'a', 'x', 'z', 'y', 'n']을 정렬하려고 한다. 세 번째 단계가 끝났을 때 리스트의 내용이 무엇인가?

13.2.2 버블 정렬

버블 정렬은 가장 단순한 정렬 알고리즘이다. 오름차순 정렬시 리스트의 첫 번째 원소와 두 번째 원소를 비교하여 첫 번째 원소가 두 번째 원소보다 크면 두 원소를 서로 교환한다. 리스트의 끝에 도달할 때까지 인접한 두 원소를 비교하면서 왼쪽 원소가 오른쪽 원소보다 클 때마다 두 원소를 교환한다. 가장 큰 원소가 리스트의 오른쪽 끝에 놓이게 된다.

그 다음에는 다시 리스트의 첫 번째 원소와 두 번째 원소를 비교하는 작업을 시작한다. 인접한 두 원소를 비교하면서 왼쪽 원소가 오른쪽 원소보다 클 때마다 두 원소를 교환한다. 두 번째로 큰 원소가 배열 오른쪽 끝의 바로 왼쪽에 놓이게 된다. 서로 교환할 원소가 없을 때까지 이런 과정을 반복한다.

이와 같은 과정을 반복해서 수행하면 점차 리스트의 맨 오른쪽으로 탄산음료의 거품(버블)처럼 큰 값이 떠오른다.

a[0]	a[1]	a[2]	a[3]	a[4]
29	10	14	37	13

[그림 13-13] 정렬할 리스트 a의 초기 상태

〈표 13-3〉 버블 정렬 수행 과정

단계	리스트 내용	설명	비교 횟수
0	a[0] a[1] a[2] a[3] a[4] 29 10 14 37 13 정렬할 부분	원본 리스트	
1	a[0] a[1] a[2] a[3] a[4] 29 10 14 37 13 정렬할 부분 교환	첫 번째 원소(29)와 두 번째 원소(10)를 비교한다. 29가 10보다 크다.	1번
1	a[0] a[1] a[2] a[3] a[4] 10 29 14 37 13 정렬할 부분 교환	29와 10을 교환한다. 두 번째 원소(29)와 세 번째 원소(14)를 비교한다. 29가 14보다 크다.	1번
1	a[0] a[1] a[2] a[3] a[4] 10 14 29 37 13 정렬할 부분	29와 14를 교환한다. 세 번째 원소(29)와 네 번째 원소(37)를 비교한다. 29가 37보다 작다. 교환이 필요 없다.	1번
1	a[0] a[1] a[2] a[3] a[4] 10 14 29 37 13 정렬할 부분 교환	네 번째 원소(37)와 다섯 번째 원소(13)를 비교한다. 37이 13보다 크다.	1번
1	a[0] a[1] a[2] a[3] a[4] 10 14 29 13 37 정렬할 부분 정렬한 부분	37과 13을 교환한다. 가장 큰 값이 배열의 오른쪽 끝에 놓였다. 이제 단계 1이 끝났다.	1번
2	a[0] a[1] a[2] a[3] a[4] 10 14 29 13 37 정렬할 부분 정렬한 부분	첫 번째 원소(10)와 두 번째 원소(14)를 비교한다. 10이 14보다 작다. 교환이 필요 없다.	1번

2	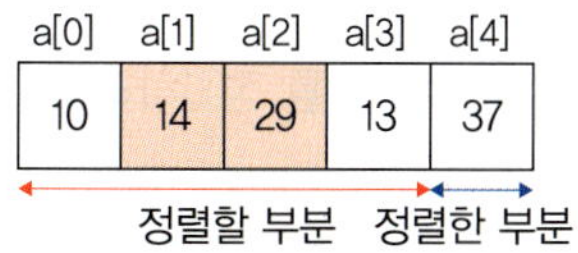	두 번째 원소(14)와 세 번째 원소(29)를 비교한다. 14가 29보다 작다. 교환이 필요 없다.	1번
2	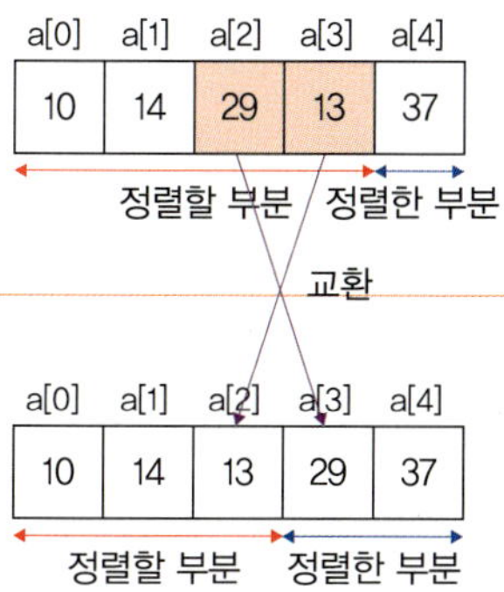	세 번째 원소(29)와 네 번째 원소(13)를 비교한다. 29가 13보다 크다.	1번
2		29와 13을 교환한다. 정렬할 부분의 가장 큰 값이 배열의 오른쪽 끝의 바로 왼쪽에 놓였다. 이제 두 번째 단계가 끝났다.	
⋮	⋮	종료 위치를 하나씩 감소시키면서 인접한 원소들을 비교하고 교환해 나간다.	⋮

버블 정렬 알고리즘을 파이썬으로 구현한 함수와 메인 프로그램은 아래와 같다.

```
def bubble_sort(lst):
    n = len(lst)
    # 리스트의 모든 원소들을 차례로 훑어봄
    for i in range(n):
        # 리스트의 마지막 i개의 원소들은 제 자리에 놓여 있음
        for j in range(0, n-i-1):
            # 리스트의 원소를 0부터 n-i-1까지 훑어봄
            # 왼쪽 원소(j)가 오른쪽 원소(j+1)보다 크면 두 원소를 교환
            if arr[j] > arr[j+1]:
                arr[j], arr[j+1] = arr[j+1], arr[j]


lst = [29, 10, 14, 37, 13]
bubble_sort(lst)
print("정렬한 리스트: ", lst)
```

Quiz

버블 정렬 알고리즘을 사용하여 리스트 ['o', 'u', a', 'z', 'a', 'k', 'i']를 정렬하려고 한다. 세 번째 단계가 끝났을 때 리스트의 내용이 무엇인가?

13.2.3 합병 정렬

합병 정렬 알고리즘은 분할 정복 기법을 사용한다. **합병 정렬** 알고리즘은 반복해서 리스트를 절반으로 분할하는 순환 알고리즘이다.

- 정렬해야 할 리스트를 절반 크기 리스트 두 개로 분할한다.
- 이 두 개의 리스트에 대해서 다시 순환적으로 자신을 호출한다. (원래의 문제보다 작은 문제이다.)
- 더 이상 분할할 수 없는 단계(모든 서브리스트의 원소 수가 1)에 들어서면 두 개의 정렬된 리스트를 합병하여 한 개의 리스트로 만든다. 합병은 두 개의, 작은 정렬된 리스트를 받아서 이들을 결합하여 하나의 정렬된 새로운 리스트를 만드는 과정이다.

분할된 리스트가 비었거나 원소가 하나만 들어있으면 순환 알고리즘의 기본 사례에 해당하여 이미 정렬되었다고 간주한다.

[그림 13-14]는 합병 정렬에 의해서 원소의 개수가 1개 이하일 때까지 분할되고 있는 리스트를 보여준다. 또한 [그림 13-14]는 합병되는 리스트들과 최종적으로 정렬된 리스트를 보여준다.

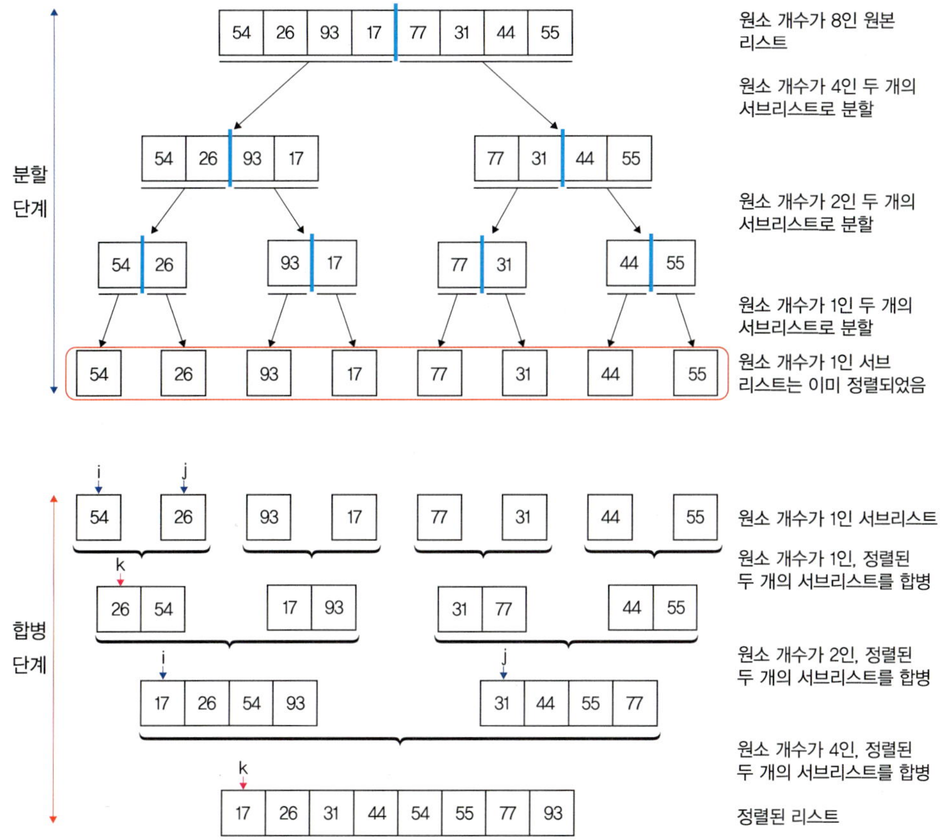

[그림 13-14] 합병 정렬의 분할 단계와 합병 단계

[그림 13-15]는 합병 정렬 프로그램을 보여준다. 지금까지 본 교재에서 제시한 프로그램들 중에서 가장 긴 프로그램이다.

```python
# 원본 리스트 arr[]의 두 개의 서브 리스트를 합병함
# 왼쪽 서브리스트는 arr[left..mid]
# 오른쪽 서브리스트는 arr[mid+1..right]

def merge(arr, left, mid, right):
    n1 = mid - left + 1  # n1은 왼쪽 서브리스트의 원소 개수
    n2 = right - mid  # n2는 오른쪽 서브리스트의 원소 개수

    # 임시 리스트를 생성함
    left_list = [0] * n1  # 리스트의 왼쪽 절반 서브리스트
    right_list = [0] * n2 # 리스트의 오른쪽 절반 서브리스트

    # 데이터를 임시 리스트 left_list[]와 right_list[]에 복사
    for i in range(0, n1):
        left_list[i] = arr[left + i]

    for j in range(0, n2):
        right_list[j] = arr[mid + 1 + j]

    # 임시 리스트들을 arr[left..right]로 합병
    i = 0     # 왼쪽 서브리스트의 첫 원소의 인덱스
    j = 0     # 오른쪽 서브리스트의 첫 원소의 인덱스
    k = left     # 합병된 리스트의 첫 원소의 인덱스

    while i < n1 and j < n2:  # 두 서브리스트의 합병
        if left_list[i] <= right_list[j]:
            arr[k] = left_list[i]
            i += 1
        else:
            arr[k] = right_list[j]
            j += 1
        k += 1

    while i < n1:  # 왼쪽 서브리스트에 남은 원소들이 있으면 복사
        arr[k] = left_list[i]
        i += 1
        k += 1

    while j < n2:  # 오른쪽 서브리스트에 남은 원소들이 있으면 복사
        arr[k] = right_list[j]
        j += 1
        k += 1
```

```
# left는 정렬할 리스트의 왼쪽 서브리스트의 인덱스이고,
# right는 정렬할 리스트의 오른쪽 서브리스트의 인덱스이다.

def merge_sort(arr, left, right):
    if left < right:  # 리스트의 원소 개수가 두 개 이상
        mid = (left + right) // 2      # 리스트의 가운데 원소의 인덱스
        # 왼쪽 서브리스트와 오른쪽 서브리스트를 정렬
        merge_sort(arr, left, mid)   # 리스트의 왼쪽 절반 서브리스트에 대한 순환 호출
        merge_sort(arr, mid+1, right)  # 리스트의 오른쪽 절반 서브리스트에 대한
                                       # 순환 호출
        merge(arr, left, mid, right)   # 두 서브리스트의 합병

arr = [54, 26, 93, 17, 77, 31, 44, 55] # 정렬할 리스트
n = len(arr)
print("원본 리스트: ")
for i in range(n):
    print("%d" % arr[i]),

merge_sort(arr, 0, n-1)
print("\n정렬한 리스트: ")
for i in range(n):
    print("%d" % arr[i])
```

[그림 13-15] 합병 정렬 프로그램

Quiz

합병 정렬 알고리즘을 사용하여 리스트 [12, 26, 10, 17]을 정렬하려고 한다. 최종적으로 정렬되기까지 어떤 중간 단계들을 거치는가?

13.3 탐색이란?

우리는 일상생활 중에 자주 무엇인가를 찾는다. 식당에서 주문할 음식을 찾을 때는 음식 이름을 하나씩 살펴본다. 사전에서 단어를 찾을 때는 단어가 있을 만한 페이지를 펼치고, 그 페이지에 단어가 없으면 단어가 있을 만한 페이지를 다시 펼치는 방식으로 단어를 찾아간다.

이처럼 우리는 일상생활 중에 탐색 대상의 특성에 적합한 탐색 방법을 경험적으로 적용하고 있다.

컴퓨터 과학에서 탐색은 정렬과 함께 매우 중요한 작업이다. 데이터를 찾는 데 흔히 사용되는 두 가지 알고리즘은 순차 탐색과 이진 탐색이다. 순차 탐색은 정렬되지 않은 데이터에도 적용할 수 있지만 상대적으로 수행 속도가 느리다. 이진 탐색은 정렬된 데이터에만 사용할 수 있지만 수행 속도가 빠르다.

13.3.1 순차 탐색

순차 탐색은 문자열 또는 리스트에서 원하는 원소를 발견할 때까지 또는 리스트의 맨 마지막 원소에 도달할 때까지 리스트 내의 각 원소를 순차적으로 검사하는 간단한 알고리즘이다. 순차 탐색은 리스트 내의 모든 원소를 일일이 검사하므로 큰 리스트를 순차 탐색하면 성능이 매우 나쁘다. 따라서 정렬되지 않은 리스트나 크기가 작은 리스트에 적용하는 것이 좋다.

아래의 순차 탐색 함수 search는 리스트 lst와 탐색 원소 key를 매개변수로 받아서 리스트에서 탐색 원소가 존재하는 첫 번째 위치를 반환한다. 만일 탐색 원소가 존재하지 않으면 -1을 반환한다.

```python
def search(lst, key):
    for i in range(len(lst)):
        if lst[i] == key:
            return i # 탐색 원소를 발견하자마다 함수의 실행을 종료하고 인덱스를 반환
    return -1  # 탐색 원소가 리스트에 없음
```

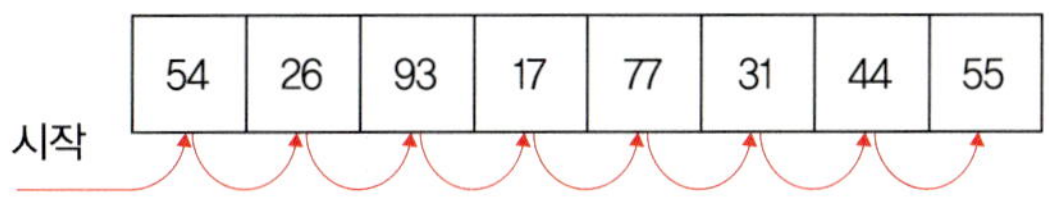

[그림 13-16] 리스트의 원소를 순차 탐색

〈표 13-4〉는 탐색이 성공한 경우의 순차 탐색 과정을 나타낸다.

〈표 13-4〉 탐색이 성공한 순차 탐색(리스트에서 77을 탐색)

단계	리스트 내용	설명	비교 횟수
0	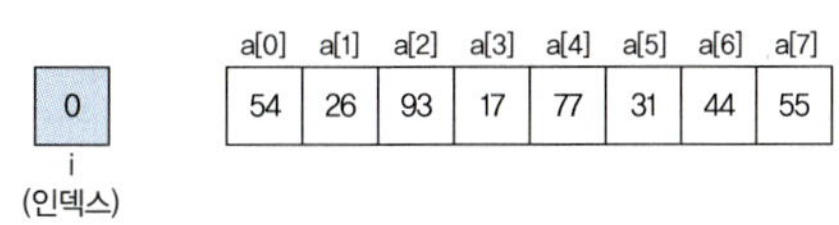	원본 리스트. 77을 찾아 보자.	
1	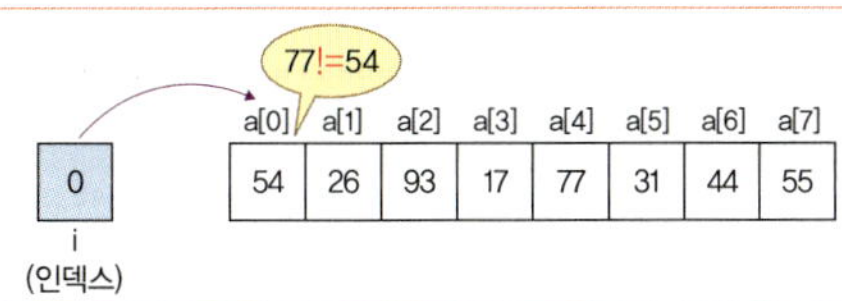	77을 첫 번째 원소(54)와 비교한다. 77이 54와 다르다.	1번
2	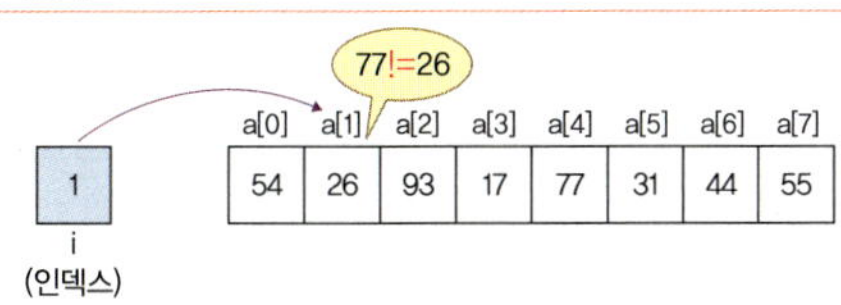	77을 두 번째 원소(26)와 비교한다. 77이 26과 다르다.	1번
3	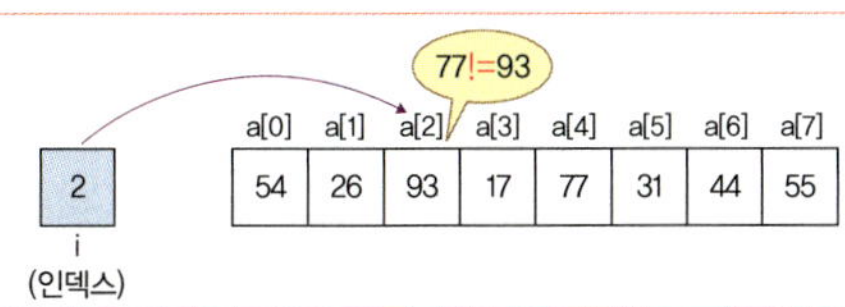	77을 세 번째 원소(93)와 비교한다. 77이 93과 다르다.	1번
4	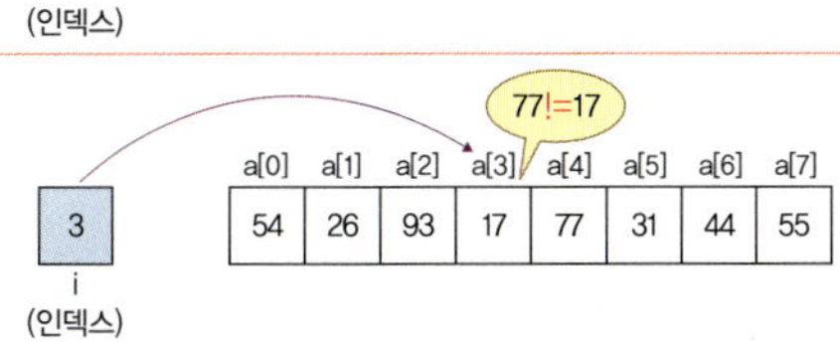	77을 네 번째 원소(17)와 비교한다. 77이 17과 다르다.	1번

5	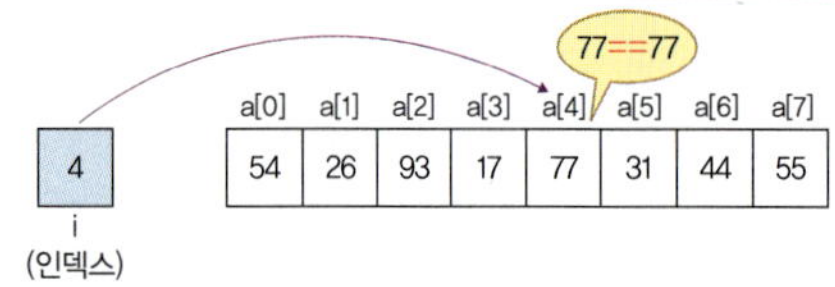	77을 다섯 번째 원소(77)와 비교한다. 77이 77과 같다. 탐색이 성공했다.	1번
		총 비교 횟수	1+1+1+1+1 = 5번

prog-4.py

```python
def seq_search(lst, key):
    for i in range(len(lst)):
        if lst[i] == key:
            return i
    return -1

lst = [54, 26, 93, 17, 77, 31, 44, 55]
key = int(input("탐색 키를 입력하시오: "))
i = seq_search(lst, key)
if i != -1:
    print("탐색 키가 발견된 위치: ", i)
else:
    print("탐색 키가 없음")
```

함수에서 반환된 값이 –1인지 확인

IDLE Shell 3.9.6

```
>>>
====================== RESTART: D:/파이썬 소스/13장/prog-4.py ======================
탐색 키를 입력하시오: 77
탐색 키가 발견된 위치:  4
>>>
====================== RESTART: D:/파이썬 소스/13장/prog-4.py ======================
탐색 키를 입력하시오: 66
탐색 키가 없음
>>>
```

리스트에 있는 탐색 키

리스트에 없는 탐색 키

[그림 13–17] 순차 탐색 프로그램 실행: 탐색이 성공한 경우와 실패한 경우

순차 탐색 알고리즘의 성능

순차 탐색 알고리즘에서 리스트의 탐색 키를 발견할 때까지 리스트의 첫 원소부터 마지막 원소까지 하나씩 차례대로 비교하기 때문에 원소가 n개 있는 리스트에서 아래와 같은 비교 횟수를 갖는다.

〈표 13-5〉 원소가 n개 있는 리스트에서 탐색 키를 순차 탐색할 때 필요한 비교 횟수

	최적	최악	평균
리스트에 있는 원소를 탐색	1 (첫 원소)	n (마지막 원소)	n/2 (중간 원소)
리스트에 없는 원소를 탐색	n	n	n

순차 탐색을 적용하기 어려운 사례

- 포털 사이트의 로그인 창에 아이디, 비밀번호를 입력하면 포털 사이트는 이 사용자가 등록된 사용자인지 아닌지를 확인해서 알려준다.

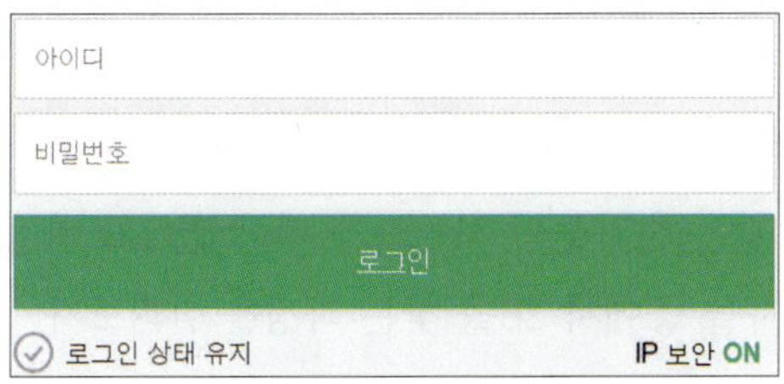

[그림 13-18] 포털 사이트의 로그인 창

등록된 id가 1000만 개 있다고 가정하자. 등록된 사용자인지 여부를 순차 탐색으로 확인한다고 가정하자. 시간이 얼마나 걸릴까? 평균적으로 n/2 = 10,000,000/2 = 5,000,000번의 비교가 필요하고, 1번 비교시 1/1,000초가 걸린다면 5000초 = 1시간 23분 20초가 걸린다. 실제로 로그인하는데 이렇게 오래 기다려야 한다면 아무도 그 포털 사이트에 로그인하지 않을 것이다.

- 은행 계좌번호를 입력하면 은행 컴퓨터는 이 고객의 정보를 찾아 잔액이 얼마나 있는지 알아낸다. 대형 은행의 계좌 수도 1000만 개를 넘을 것이다. 은행에서도 계좌번호를 찾는데 이처럼 오래 기다려야 한다면 아무도 그 은행을 이용하지 않을 것이다.

13.3.2 이진 탐색

사전에서 단어를 찾을 때 첫 페이지부터 한 페이지씩 넘기면서 찾는 사람이 있을

까? 사람들은 사전에서 단어를 찾을 때 사전을 펼쳐서 찾으려는 단어가 현재 페이지에 있는 단어보다 앞에 놓이는지 또는 뒤에 놓이는지 판단한 다음에 단어가 있을 부분을 다시 펼쳐서 탐색해 나간다.

이진 탐색은 탐색 키를 찾을 때까지 또는 리스트에 한 원소만 남을 때까지 탐색 대상이 되는 리스트를 계속해서 반씩 줄여 가는 분할 정복 기법이다. 탐색 키를 한 번 비교할 때마다 남아 있는 원소들이 약 절반으로 줄어든다. 탐색 대상을 계속 절반씩 줄여가기 때문에 이진 탐색은 매우 빠르게 원하는 값을 찾을 수 있다.

이진 탐색은 리스트의 원소들이 정렬되어(오름차순 또는 내림차순) 있을 경우에만 적용할 수 있다.

예 이진 탐색

포스트잇에 아래와 같은 숫자들의 시퀀스가 적혀 있다고 가정하자. 아래와 같이 정렬되어 있는 9개의 숫자들 중에서 26을 찾는 과정을 살펴보자.

15	21	26	32	43	54	58	79	99

1단계

지금은 전체 리스트에서 탐색하고 있다. 중간 원소(핑크색)를 선택한다.

15	21	26	32	**43**	54	58	79	99

```
26 == 43?
```

26 < 43이고, 리스트는 정렬되어 있으므로 43과 43의 오른쪽에 위치한 모든 원소들은 26보다 클 것이다. 리스트의 오른쪽 절반을 무시하고 탐색 과정을 반복하자. 이제 전체 리스트에서 43의 왼쪽 부분만 고려한다.

15	21	26	32	43	54	58	79	99

2단계

이 리스트에서 중간 원소(핑크색 표시)를 선택한다.

15	21	26	32	43	54	58	79	99

```
26 == 21?
```

21 < 26이고, 리스트는 이미 정렬되어 있으므로 21과 21의 왼쪽에 위치한 모든 원소들은 26보다 작을 것이다. 리스트의 왼쪽 절반을 무시하고 탐색 과정을 반복하자. 이제 리스트에서 26과 26의 오른쪽 부분만 고려한다.

15	21	26	32	43	54	58	79	99

3단계

이 리스트에서 중간 원소(핑크색)를 선택한다.

15	21	26	32	43	54	58	79	99

```
26 == 26?
```

26과 26이 같으므로 탐색이 성공했다.

이번에는 26 대신에 30을 탐색하고 있다고 가정하자. 지금까지의 과정은 모두 동일하다. 그러나 마지막 단계에서 26 < 30이므로 26과 26 왼쪽의 원소들은 모두 무시한다.

4단계

이 리스트에서 중간 원소(핑크색)를 선택한다.

```
30 == 32?
```

30과 32는 서로 다르다. 이제 32와 32의 오른쪽에 위치한 모든 원소들은 무시한다. 그러나 이젠 남아있는 리스트가 비었으므로 30은 리스트에 존재하지 않음을 알 수 있다.

이진 탐색 프로그램

오름차순으로 정렬된 리스트에서 리스트에 있는 탐색 키와 리스트에 없는 탐색 키를 사용해서, 각각 이진 탐색 프로그램을 실행하였다. low는 남아있는 리스트의 가장 왼쪽 원소의 인덱스, high는 남아있는 리스트의 가장 오른쪽 원소의 인덱스, mid는 중간 원소의 인덱스를 가리킨다. 탐색 키와 남아있는 리스트의 중간 원소를 비교한 결과에 따라 반복문 몸체에서 low, mid, high가 수정된다.

prog-5.py

File Edit Format Run Options Window Help

```python
def bin_search(lst, key):
    low = 0
    high = len(lst) - 1
    while low <= high:
        mid = (low + high) // 2  # 중간 원소의 인덱스
        if key == lst[mid]:
            return mid
        elif key < lst[mid]:
            high = mid - 1
        else:
            low = mid + 1
    return -1

lst = [15, 21, 26, 32, 43, 54, 58, 79, 99]
key = int(input("탐색 키를 입력하시오: "))
i = bin_search(lst, key)
if i != -1:
    print("탐색 키가 발견된 위치: ", i)
else:
    print("탐색 키가 없음")
```

함수에서 반환된 값이 −1인지 확인

Ln: 20 Col: 0

IDLE Shell 3.9.6

File Edit Shell Debug Options Window Help

```
>>>
====================== RESTART: D:/파이썬 소스/13장/prog-5.py ======================
탐색 키를 입력하시오: 26
탐색 키가 발견된 위치: 2
>>>
====================== RESTART: D:/파이썬 소스/13장/prog-5.py ======================
탐색 키를 입력하시오: 30
탐색 키가 없음
>>>
```

리스트에 있는 탐색 키

리스트에 없는 탐색 키

Ln: 10 Col: 0

[그림 13-19] 이진 탐색 프로그램 실행: 탐색이 성공한 경우와 실패한 경우

[그림 13-20]은 이진 탐색 알고리즘이 리스트에서 탐색 키를 찾는 과정에서 low, mid, high가 어떻게 수정되는가를 보여준다.

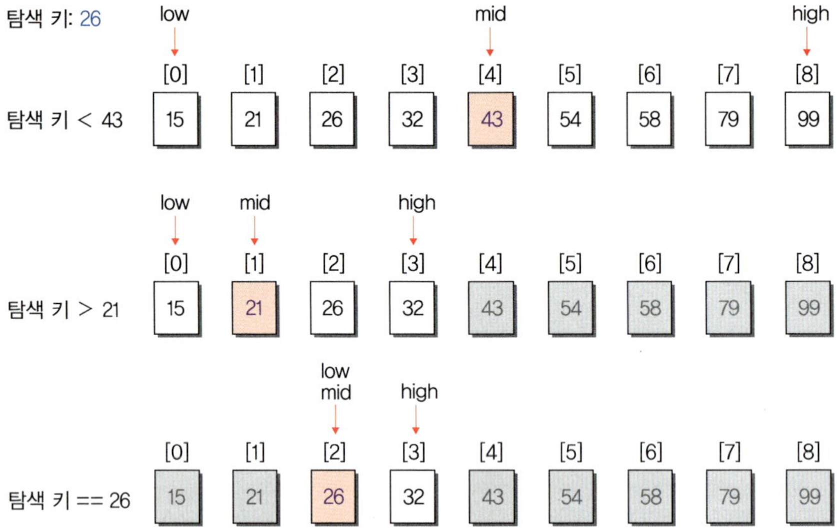

[그림 13-20] 탐색 과정에서 low, mid, high의 변화

객관식 문제

1 리스트 [54, 26, 93, 17, 26, 31, 44, 77, 20, 65]에서 순차 탐색을 사용하여 33을 찾으려고 한다. 몇 번의 비교가 필요한가?

① 5 ② 10
③ 4 ④ 2

2 리스트 [2, 6, 7, 8, 10, 14, 16, 17, 19, 20]에서 이진 탐색 알고리즘을 사용하여 8을 찾으려고 한다. 8을 찾을 때까지 8과 비교하는 원소들의 순서는?

① 10, 6, 7, 8 ② 14, 7, 10, 8
③ 2, 6, 7, 8 ④ 20, 14, 5, 8

3 버블 정렬 알고리즘을 사용하여 리스트 [19, 1, 9, 7, 3, 10, 13, 15, 8, 12]를 정렬하려고 한다. 세 번의 단계가 지난 후 리스트의 내용은?

① [1, 9, 19, 7, 3, 10, 13, 15, 8, 12] ② [1, 3, 7, 9, 10, 8, 12, 13, 15, 19]
③ [1, 7, 3, 9, 10, 13, 8, 12, 15, 19] ④ [1, 9, 19, 7, 3, 10, 13, 15, 8, 12]

4 선택 정렬 알고리즘을 사용하여 리스트 [13, 9, 29, 30, 96, 95, 12, 10, 5, 12, 21]을 정렬하려고 한다. 다섯 번의 패스가 지난 후 리스트의 내용은?

① [5, 9, 10, 12, 12, 95, 30, 29, 13, 96, 21]
② [5, 9, 10, 12, 12, 13, 30, 29, 95, 96, 21]
③ [5, 9, 10, 30, 96, 95, 12, 29, 13, 12, 21]
④ [5, 9, 10, 12, 96, 95, 30, 29, 13, 12, 21]

5 아래와 같은 숫자들의 리스트에 대해서 합병 정렬을 진행하고 있다. 합병 단계에서 가장 먼저 합병되는 두 개의 리스트는 무엇인가?

[21, 1, 26, 45, 29, 28, 2, 9, 16, 49, 39, 27, 43, 34, 46, 40]

① [21, 1]과 [26, 45]
② [[1, 2, 9, 21, 26, 28, 29, 45]와 [16, 27, 34, 39, 40, 43, 46, 49]
③ [21]과 [1]
④ [9]와 [16]

단답식 문제

6 오른쪽 표는 서울 지하철 1호선 [청량리–용산] 구간의 지하철역들의 이름을 나타낸다. 이 표에서 시청역을 찾으려고 한다.

청량리
제기동
신설동
동대문
종로5가
종로3가
시청
서울역
남영
용산

(1) 순차 탐색과 이진 탐색 중 어느 방법을 사용해야 할까?

(2) 그 이유는 무엇인가?

(3) 몇 번의 비교가 필요한가?

7 오른쪽 표는 프로그래밍 경진 대회 참가자 명단이다. 이 명단에서 '홍지원'을 찾으려고 한다.

번호	이름	반
1	김민재	6
2	김보연	4
3	문혜원	3
4	박지영	6
5	배재익	1
6	변지영	2
7	오광석	5
8	이인학	5
9	이진경	1
10	홍지원	2

(1) 순차 탐색과 이진 탐색 중 어느 방법을 사용해야 할까?

(2) 그 이유는 무엇인가?

(3) 몇 번의 비교가 필요한가?

8 아래의 프로그램은 선택 정렬 알고리즘을 구현한 함수이다.

```
def select_sort(x):
    for i in range(len(x) - 1):
        m = x[i]
        pos = i
        for j in range(i, len(x)):
            if x[j] < m:
                m = x[j]
                pos = j
        x[i], x[pos] = x[pos], x[i]
```

외부 for 문은 range(**len(x)–1**)이고, 내부 for 문은 range(i, **len(x)**)인 이유가 무엇인가?

9 아래의 리스트에 대해서 이진 탐색 프로그램을 수행한다.
[0, 2, 4, 6, 8, 10, 12, 14, 16, 18, 20, 22, 24, 26, 28, 30, 32]
이 리스트에서 25를 탐색할 때 low, mid, high의 값이 어떻게 변하는가? 표를 채우라.

단계	low	mid	high
1			
2			
3			
4			
…			

10 아래의 함수는 정수들의 리스트와 정수인 제수(나누는 수)를 매개변수로 받고, 리스트의 원소들 중에서 제수로 나눠지는 정수를 찾아서, 제수로 나눠지는 첫 번째 정수의 인덱스를 반환한다. 제수로 나눠지는 정수가 리스트에 없으면 None을 반환한다. 이 함수의 빈칸을 채우라.

```
def first_divisible(nums, divisor):
    for ____________(1)____________:
        if ____________(2)____________:
            return ________(3)________
    return ____(4)____
```

실습 문제

11 정렬되지 않은 리스트 scores에서 가장 큰 원소 두 개와 가장 작은 원소 두 개를 출력하는 프로그램을 작성하라.

12 입력 리스트에는 서로 상이한 정수들이 들어있고, 리스트의 원소 수가 2보다 크다고 가정한다. 주어진 리스트에서 두 번째로 큰 숫자를 반환하는 함수를 작성하라. 예를 들어서 func([10, 15, 13, 24, 39, 7, 13])은 24를 반환한다.

13 정수들의 리스트 또는 문자열들의 리스트를 매개변수로 받아서 이 리스트가 오름차순으로 정렬되어 있으면 True를 반환하고, 그렇지 않으면 False를 반환하는 함수를 작성하라.

14 reverse 메소드를 사용하지 않고, 리스트의 원소들을 역순으로 만들어 반환하는 함수를 작성하라. 원본 리스트는 수정하지 말고, 역순 리스트를 새로 만들어서 반환하도록 한다.

프로젝트

15 4장의 프로젝트와 연관된 문제이다.

한국대학교에서는 학생들에게 부여하는 학번에 아래와 같은 규칙을 적용한다.

- 대문자 'H'로 시작
- 8바이트 길이
- 첫 알파벳 'H'을 제외하고 나머지 7바이트는 모두 숫자

문자열을 매개변수로 받아서 한국대학교의 유효한 학번인지 검사하는 if 문을 4장에서 작성하였다. 사용자로부터 유효한 학번 다섯 개를 입력받아 리스트에 차례로 담는 함수를 먼저 작성하라. 이때 중복된 학번은 허용하지 않는다. 서로 상이한 다섯 개의 학번으로 이루어진 리스트가 채워지면 이를 오름차순으로 정렬하는 함수를 작성하라.

A.1 컴퓨터 시스템
A.2 하드웨어
A.3 소프트웨어
A.4 운영체제
A.5 이진수
— 연습문제

Python

부록

컴퓨터 시스템

| 학습 목표 |

우리는 지금 정보사회에 살고 있으며 조만간 인공지능사회에 진입할 것이다. 책상 옆에 놓인 PC와 노트북은 자연스러운 풍경이 되었다. 또한 대부분의 사람들은 들고 다니는 컴퓨터인 스마트폰을 활용하면서 정보사회를 살아가고 있다.

정보사회를 살아가기 위해서는 누구나 컴퓨터에 관한 기본적인 지식을 갖추고, 응용 소프트웨어를 활용하는 능력을 갖추는 것이 중요하다. 장래에 어떤 직업을 선택하더라도 업무를 효율적으로 수행하고 다른 사람들과 소통하기 위해서 컴퓨터는 필수적인 도구가 될 것이다.

본 부록에서는 컴퓨터가 일상생활에 사용되는 다양한 사례, 컴퓨터가 사회에 미치는 영향, 컴퓨터 하드웨어와 소프트웨어, 운영체제, 이진수 등에 관해 살펴본다.

부록 CHAPTER 컴퓨터 시스템

A.1 컴퓨터 시스템

컴퓨터는 어디에나 존재한다

아침에 일어나 밤에 잠자리에 들 때까지 컴퓨터는 항상 주변에서 우리와 함께하고 있다. 우리는 알게 모르게 컴퓨터를 이용하면서 일상생활을 영위하고 있다. 컴퓨터가 우리 생활의 모든 면에서 중요한 역할을 하기 때문에 컴퓨터가 없는 세상에서는 살아가기가 힘들다. 주변을 한 번 둘러 보면 곳곳에 산재한 PC, 노트북, 스마트폰, 키오스크들을 쉽게 발견할 수 있을 것이다.

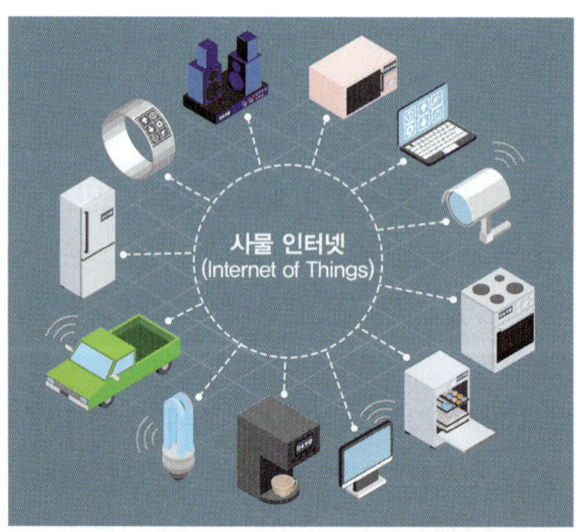

[그림 A-1] 인터넷으로 연결된 다양한 기기들
출처 (https://medium.com/agileinsider/internet-of-things-iot-101-7588a388ef70)

TV, 냉장고, 세탁기, 자동차, 운동 기구 등에는 **내장형 컴퓨터**(embedded computer)가 사용되고 있다. 컴퓨터 기술이 사용되는 사례를 일일이 열거하기 어렵다.

컴퓨터가 우리 사회의 구성원이 되었기 때문에 기본적인 컴퓨터 교양이 우리 모두의 필수적인 소양이 되었다. 컴퓨터 교양은 컴퓨터에 관한 기본적인 지식을 갖추고, 중요한 응용 소프트웨어를 활용할 수 있고, 컴퓨터를 문제 해결 도구로 사용할 수 있는 능력을 말한다.

사회 각 분야에서 활용되는 컴퓨터

컴퓨터는 다양한 분야에서 널리 활용되고 있지만 우리 주변에서 쉽게 발견할 수 있는 사례들을 구체적으로 살펴보자.

(1) 유통

대부분의 상품에 바코드 또는 QR코드가 인쇄되어 있다. 고객이 상품을 계산대에 올려놓으면 바코드 판독기가 읽어서 상품 이름, 가격 등의 내역을 화면에 표시한다. 팔린 상품의 재고 정보가 유통 업체 데이터베이스에서 자동으로 수정된다.

93560
9 788970 505831
ISBN 978-89-7050-583-1

[그림 A-2] 바코드, 바코드 판독기, QR코드

(2) 금융

은행에서는 고객의 정보를 컴퓨터에 저장한다. 은행에 직접 가지 않고 집이나 직장에서 또는 커피숍에서 잔액 조회, 계좌 이체 등 은행 업무를 보는 비율이 계속 증가하고 있다. 많은 주식 투자자들은 장소에 구애받지 않고 주식을 거래한다.

[그림 A-3] 주식 거래 화면, 커피숍에서 노트북과 스마트폰 활용

(3) 병원

환자가 병원을 직접 방문하지 않고도 인터넷을 통해서 진료를 예약할 수 있다. 병원에서는 환자의 예약 정보와 치료 내역 등을 컴퓨터에 저장한다. 환자의 질병을 정확하게 진단하기 위해서 첨단 의료 장비를 활용한다.

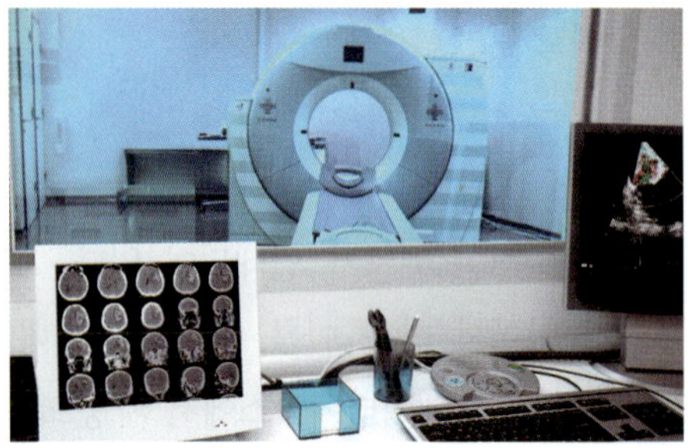

[그림 A-4] 병원에서 컴퓨터 활용

(4) 자동차 및 여행

자동차의 여러 부품에 컴퓨터의 사용이 증가하고 있다. 엔진을 제어하고, 탑승객의 몸무게를 감지하여 에어백이 팽창하는 정도를 조정하고, 자동차 스스로 주차를 한다. 운전자는 목적지를 입력하면 목적지까지 도달하는 데 가장 짧은 경로 또는 가장 짧은 시간이 소요되는 경로를 안내해 주는 네비게이션 또는 스마트폰 앱을 활용한다.

여행을 떠나기 전에 인터넷에서 비행기나 기차의 일정과 요금을 알아본 후 표를 예약한다. 먼 지역으로 출장을 떠나는 직장인은 비행기 안에서 노트북 컴퓨터를 사용하여 업무를 본다.

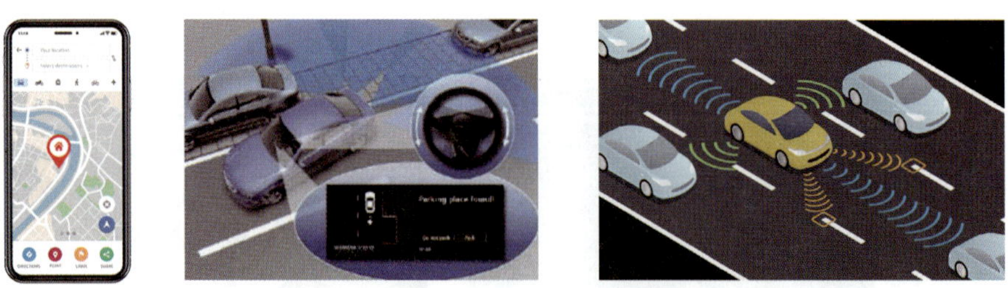

[그림 A-5] 네비게이션, 자동 주차, 자율주행 자동차

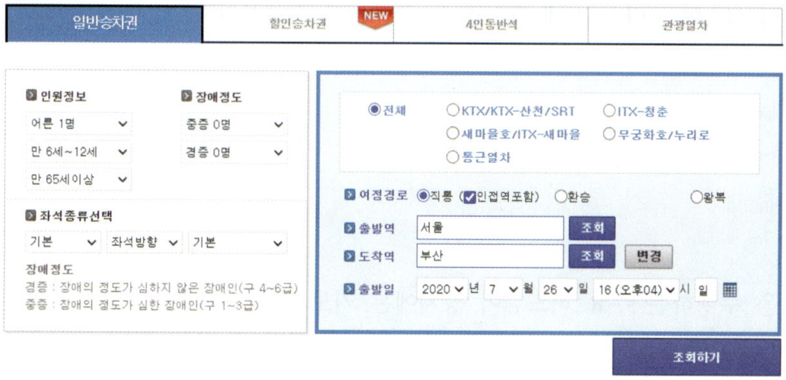

[그림 A-6] 기차 예약 화면

컴퓨터 시스템이란 무엇인가?

컴퓨터 시스템의 중요한 두 가지 구성 요소는 **하드웨어**(hardware)와 **소프트웨어**(software)이다. 하드웨어는 컴퓨터를 구성하는 물리적인 장치들을 말한다. 하드웨어 위에서 동작하는 프로그램을 소프트웨어라고 부른다. 소프트웨어를 프로그램이라고도 부른다. 하드웨어를 악기에 비유하고, 소프트웨어를 악보에 비유할 수 있다. 악보는 연주자가 악기로 무엇을 연주할지 알려준다.

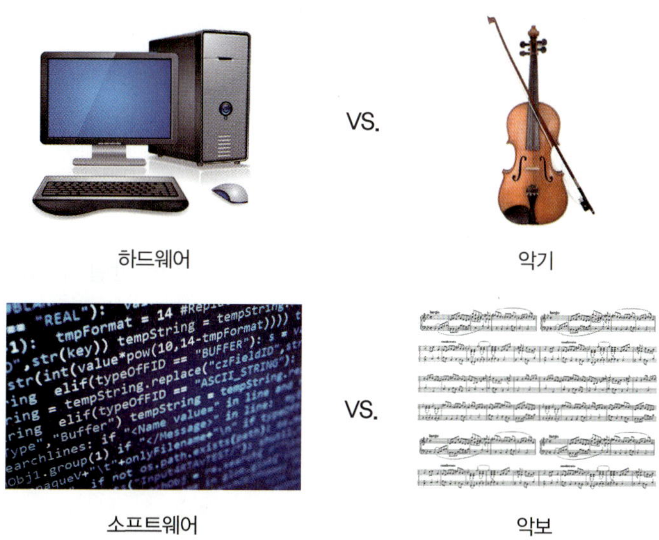

[그림 A-7] 하드웨어 vs. 악기, 소프트웨어 vs. 악보

컴퓨터 시스템은 다음의 네 가지 주요 연산들을 수행한다.

1. 입력(input)
2. 처리(processing)
3. 출력(output)
4. 저장(store)

입력을 수행하는 주요 하드웨어 장치에는 키보드와 마우스가 있다. 이런 장치들을 통해서 프로그램과 데이터가 컴퓨터 시스템으로 들어간다. 처리는 데이터를 조직하고, 데이터의 정확성을 검사하고, 데이터에 대한 수학적인 연산들을 수행하는 것을 포함한다. 이런 종류의 작업을 수행하는 하드웨어 장치를 **중앙처리장치**(CPU: Central Processing Unit)라고 한다. 처리된 후에 사용자가 보고 해석하고 사용할 수 있도록 결과가 프린터, 모니터 등의 출력 장치로 보내진다. 흔히 프로그램과 데이터 및 처리 결과는 하드 디스크, USB 메모리 등과 같은 저장 장치에 저장된다.

컴퓨터 소프트웨어는 어떻게 데이터가 입력되는지, 언제 데이터가 입력되는지, 어떻게 데이터가 처리되는지, 결과가 출력되거나 저장되는 형식이 무엇인지를 제어하는 모든 명령문들로 이루어진다. 음악 CD나 MP3 파일을 넣어 재생하지 않으면 오디오가 쓸모없는 것처럼 소프트웨어가 없다면 컴퓨터 하드웨어 자체만은 무용지물이다.

A.2 하드웨어

하드웨어는 본체, 키보드, 모니터처럼 눈으로 보고 손으로 만질 수 있는 것이다. 일반적으로 컴퓨터 하드웨어는 다음과 같은 다섯 가지 구성요소들로 이루어진다.

- 중앙처리장치
- 주기억장치
- 보조기억장치
- 입력 장치
- 출력 장치

PC를 중심으로 하드웨어 구성요소들을 살펴보자.

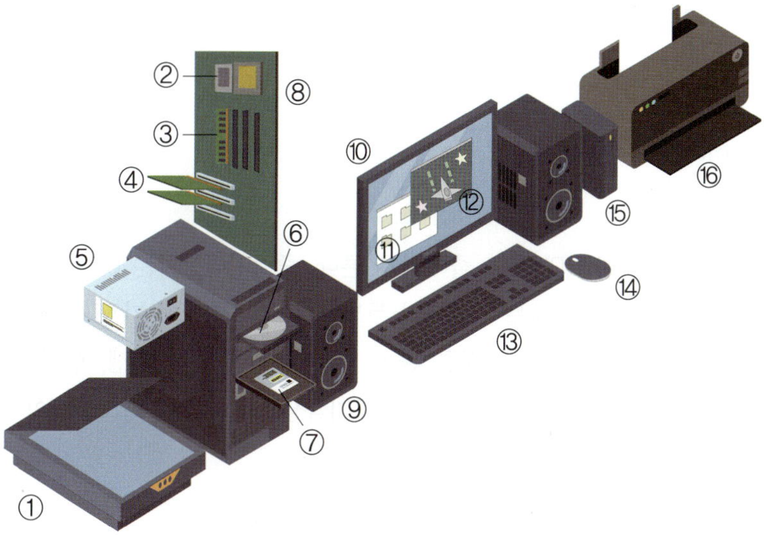

[그림 A-8] PC의 구성요소와 기능
출처(https://en.wikipedia.org/wiki/File:Personal_computer,_exploded_6.svg)

① 스캐너 - 입력 장치

② 중앙처리장치(CPU, 마이크로프로세서) – 처리 장치

③ 주기억장치(RAM) – 저장 장치

④ 확장 카드(확장 슬롯)

⑤ 전원 공급 장치

⑥ CD/DVD 장치 - 저장 장치

⑦ 하드 디스크(HDD) – 저장 장치

⑧ 마더보드

⑨ 스피커 - 출력 장치

⑩ 모니터 - 출력 장치

⑪ 시스템 소프트웨어(운영체제)

⑫ 응용 소프트웨어

⑬ 키보드 - 입력 장치

⑭ 마우스 - 입력 장치

⑮ 외장 하드 디스크 – 저장 장치

⑯ 프린터 – 출력 장치

A.2.1 하드웨어 구성요소

(1) 중앙처리장치

중앙처리장치를 흔히 CPU라고 줄여서 부른다. 중앙처리장치는 프로그램의 명령문들을 수행한다. 중앙처리장치는 컴퓨터의 두뇌로서 처리 속도에 가장 큰 영향을 끼친다. 하드웨어를 구성하는 모든 장치를 관리하고 데이터에 대한 덧셈, 뺄셈 등의 계산과 비교 연산을 담당한다. 중앙처리장치는 주기억장치에 저장된 프로그램이나 데이터만 직접 접근할 수 있다.

[그림 A-9] 중앙처리장치

(2) 주기억장치

주기억장치(RAM: Random Access Memory)에는 키보드에서 입력되는 명령문이나 데이터, 중앙처리장치가 수행 중인 프로그램과 이 프로그램에서 사용되는 데이터, 현재 수행 중인 프로그램에서 생성된 임시 데이터, 출력 장치로 내보낼 데이터가 일시적으로 저장된다. 예들 들어서 사용자가 아래한글을 사용하여 문서를 작성하고 있다면 아래한글 프로그램 자체와 작성중인 문서가 주기억장치에 저장된다.

주기억장치는 컴퓨터에서 기차역의 대합실과 같은 역할을 수행한다. 주기억장치의 용량이 커질수록 많은 프로그램과 데이터를 주기억장치에 담아 둘 수 있으므로 컴퓨터의 성능이 향상된다. 책상 위에 여러 권의 교재를 펼쳐 놓고 공부를 하려는데, 책상이 크면 클수록 많은 교재를 펼쳐 놓을 수 있는 것과 같다.

[그림 A-10] 주기억장치

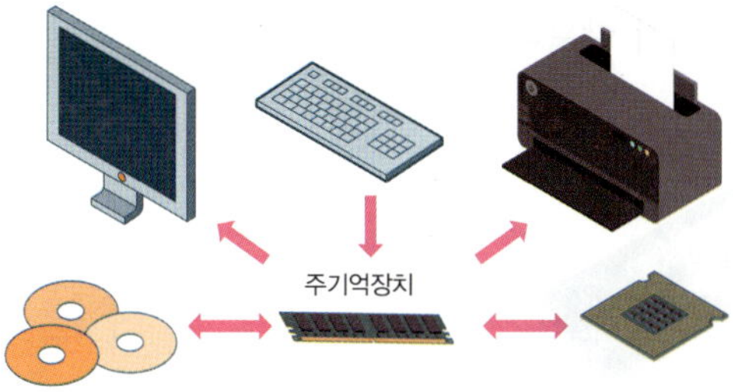

[그림 A-11] 주기억장치는 컴퓨터의 대합실

주기억장치는 하드 디스크 등의 보조기억장치보다 속도가 훨씬 빠른 반면에 가격은 더 비싸다. 하지만 주기억장치는 **휘발성**(volatile)이어서 전원이 꺼지면 기억되어 있던 모든 내용이 지워진다.

주기억장치는 무수히 많은 작은 방들로 이루어진다. 각 방마다 정해진 주소가 있고, 각 방에는 내용이 저장된다. 주소는 불변이지만 내용은 수시로 바뀔 수 있다. 예를 들어서 어떤 아파트 한 동의 각 세대마다 주소가 부여되고(불변), 각 세대마다 입주민(내용)이 살고 있는 것과 비슷하다.

주기억장치

주소	내용
100	48
101	3.14
...	...

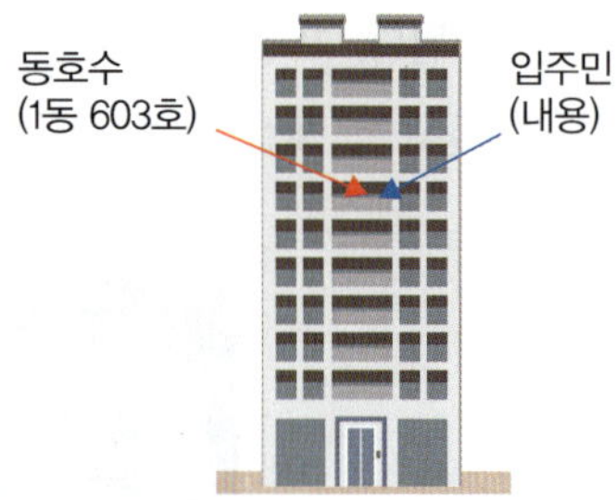

[그림 A-12] 주기억장치의 주소와 내용 vs. 아파트의 동호수와 입주민

롬(ROM: Read-Only Memory)에는 컴퓨터를 부팅하고 입출력 장치를 검사하는 데 필요한 프로그램이 저장되어 있다. 롬에 저장한 내용은 읽을 수만 있고, 수정할 수없다. 전원이 꺼져도 롬에 저장되어 있는 내용은 지워지지 않는다.

[그림 A-13] 롬

(3) 보조기억장치

보조기억장치는 주기억장치보다 느리지만 비휘발성이어서 전원이 꺼지더라도 데이터와 프로그램을 영구적으로 보관하는 장치이다. 보조기억장치에는 하드 디스크, SSD, USB 메모리, 마이크로 SD 메모리, 광학 장치(CD/DVD) 등이 있다.

① 하드 디스크

하드 디스크(HDD: Hard Disk Drive)는 대표적인 보조기억장치이다. 하드 디스크에는 컴퓨터의 운영체제, 사용자가 컴퓨터에 설치한 프로그램, 데이터 파일 등이 저장된다. 하드 디스크는 컴퓨터 본체 안에 위치하지만 내부 저장 장치가 아니다.

[그림 A-14] 하드 디스크

② SSD

SSD(Solid-State Disk)는 반도체 셀을 사용하는 보조기억장치이다. SSD 내부에는 하드 디스크처럼 회전하는 원반(디스크) 및 액세스 암이 없다. SSD는 하드 디스크에 비해서 물리적인 충격에 강하고 조용하게 동작한다. SSD의 가격이 계속 하락하고 있지만 동일한 저장 용량을 가진 하드 디스크에 비해서 여전히 비싸다.

[그림 A-15] SSD

③ USB 메모리

USB 메모리는 PC, 노트북, 디지털 카메라 등에 사용된다. USB 메모리는 USB 포트에 연결한다. USB 메모리는 저장되어 있는 데이터를 기억하기 위해서 전기를 항상 공급할 필요가 없다.

[그림 A-16] USB 메모리

④ 마이크로 SD

마이크로 SD는 비휘발성 메모리 카드이다. 크기가 매우 작아서 디지털 카메라의 메모리, 스마트폰의 외장 메모리, 블랙박스의 메모리 등으로 널리 사용된다.

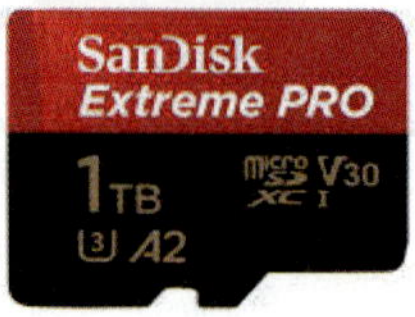

[그림 A-17] 마이크로 SD

⑤ 광학 장치(CD/DVD)

광학 장치는 레이저 기술로 데이터를 읽거나 기록하는 장치이다. 한 장의 **CD**(Compact Disc)에는 700MB 용량의 데이터를 저장할 수 있다. **DVD**(Digital Video Disc)는 CD와 동일한 크기이지만 CD보다 훨씬 많은 데이터를 저장할 수 있는 매체이다. 한 장의 DVD에는 4.7~17GB 용량의 데이터를 저장할 수 있다. CD와 DVD가 처음 등장한 시기에는 저장 용량이 큰 편이었지만, 다른 유형의 보조기억장치들의 용량이 계속 증가함에 따라 CD와 DVD의 사용이 점차 줄어들고 있다.

[그림 A-18] CD/DVD

(4) 입력 장치

입력 장치는 사용자가 컴퓨터에 데이터, 프로그램, 명령문 등을 입력하는 장치이다. 키보드는 문자와 숫자를 입력하고, 마우스는 메뉴나 아이콘을 선택하거나 드래그하고, 마이크는 음성을 입력하고, 스캐너는 이미지를 입력한다.

[그림 A-19] 입력장치

(5) 출력 장치

출력 장치는 컴퓨터의 수행 결과를 사용자에게 내보내는 장치이다. 수행 결과를 오랫동안 보관하려면 프린터에 출력해야 한다.

[그림 A-20] 출력 장치

A.2.2 컴퓨터와 사람의 비교

종종 컴퓨터를 사람과 비교한다. 사람은 컴퓨터에 비해 저장 능력과 처리 속도는 크게 부족하지만 컴퓨터가 갖고 있지 못한 창의성, 리더십, 상식 등을 보유하고 있다. 따라서 사람과 컴퓨터는 서로를 보완한다.

〈표 A-1〉 컴퓨터와 사람의 비교

컴퓨터	사람
중앙처리장치	두뇌
주기억장치	두뇌
보조기억장치	두뇌(노트, 일기장 등을 활용)
입력 장치	눈(시각), 귀(청각), 코(후각), 입(미각), 피부(촉각)
출력 장치	입, 손, 얼굴, 몸의 동작 등

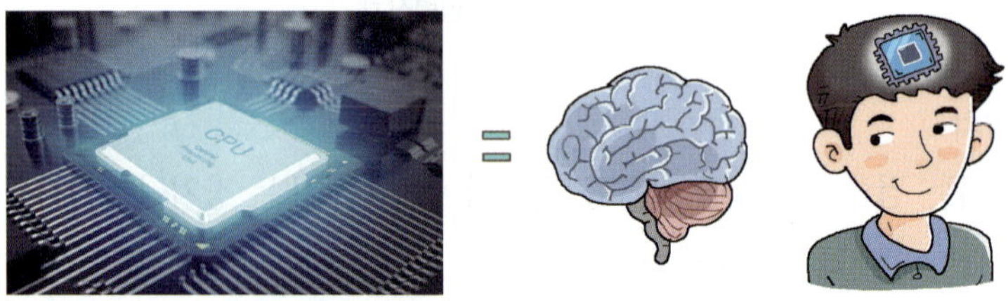

[그림 A-21] 중앙처리장치와 두뇌

A.2.3 컴퓨터의 분류

컴퓨터는 크기, 처리 속도, 저장 용량, 가격, 동시 사용자 수, 용도 등에 따라 여러 가지로 분류한다.

(1) 노트북 컴퓨터

노트북 크기와 비슷해서 노트북 컴퓨터라고 부른다. 작고 가벼워서 휴대하기 좋으며 배터리로 동작할 수 있다.

[그림 A-22] 노트북 컴퓨터

(2) 데스크톱 컴퓨터

개인이 집에서, 학교에서, 직장에서 책상 위에 두고 여러 가지 작업을 하는 데 사용하기 때문에 데스크톱 컴퓨터라고 부른다. 흔히 PC(Personal Computer)라고도 부른다.

[그림 A-23] 데스크톱 컴퓨터(PC)

(3) 대형 컴퓨터

대형 컴퓨터(mainframe)는 수백 명 또는 수천 명의 동시 사용자를 지원하는 컴퓨터이다. 방대한 양의 데이터를 저장하고, 매우 빠른 속도로 계산하며, 가격이 매우 비싸다.

[그림 A-24] 대형 컴퓨터

(4) 수퍼 컴퓨터

모든 컴퓨터들 중에서 가장 빠르고 강력한 컴퓨터이다. 1초에 10조 개 이상의 명령문을 실행할 수 있다. 매우 복잡한 계산을 필요로 하는 일기 예보, 과학 연구, 자동차 설계 등의 응용에 사용한다.

[그림 A-25] 수퍼 컴퓨터

A.3 소프트웨어

컴퓨터에 생명을 불어넣는 소프트웨어

소프트웨어는 하드웨어가 무슨 일을 어떻게 할 것인가를 단계적으로 지시하는 명령문들의 모임이다. 소프트웨어가 없으면 컴퓨터는 단지 부품들의 덩어리일 뿐이다.

컴퓨터 시스템의 하드웨어 구성요소들이 그대로인데, 수행 중인 소프트웨어가 바뀌면 컴퓨터 시스템은 다른 작업을 수행하게 된다. 컴퓨터는 소프트웨어 덕택에 다양한 종류의 작업을 수행할 수 있다. 소프트웨어는 우리가 인식하지 못하더라도 곳곳에서 사용되고 있다.

소프트웨어는 프로그래머라고 부르는 사람들이 작성한다. **프로그래머**는 프로그램을 작성하는데 필요한 지식과 기술을 보유하고 있는 사람이다. 소프트웨어를 작성하는 과정을 **프로그래밍**이라고 부른다.

반도체 기술이 발전함에 따라 초소형화, 고성능화가 이루어지면서 하드웨어의 가격이 계속 낮아지고 있다. 이에 반해서 소프트웨어 개발은 아직까지 자동화하기 어려워 사람이 주로 담당하고 전문 지식이 필요하다. 소프트웨어의 규모가 커지고 복잡해짐에 따라 소프트웨어 개발에 드는 비용이 크게 증가하고 있다.

[그림 A-26] 사람과 컴퓨터를 이어주는 소프트웨어

A.3.1 소프트웨어의 유형

소프트웨어는 시스템 소프트웨어와 응용 소프트웨어로 분류한다. **시스템 소프트웨어**는 윈도우(Windows)나 리눅스(Linux) 등의 운영체제(OS: Operating System)처럼 컴퓨터를 관리하기 위해서 사용되는 프로그램들을 뜻한다. **응용 소프트웨어**는 워드 프로세서, 스프레드시트, 급여 및 재고 관리 프로그램, 웹 브라우저, 이메일 프로그램, 게임 등과 같이 특정 업무에 사용되는 프로그램들을 의미한다.

시스템 소프트웨어

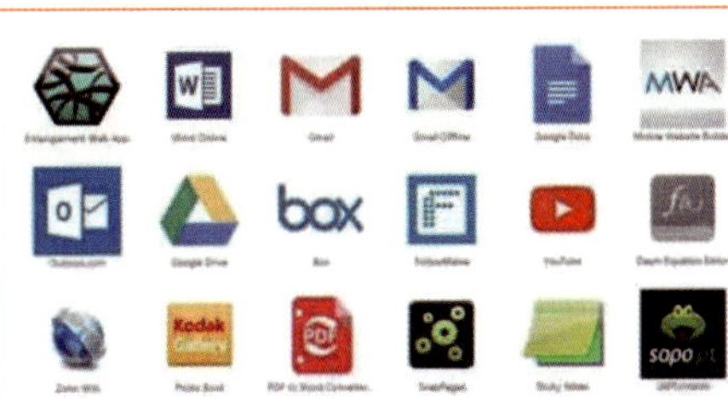

응용 소프트웨어

[그림 A-27] 시스템 소프트웨어와 응용 소프트웨어

A.3.2 시스템 소프트웨어

시스템 소프트웨어는 응용 소프트웨어가 동작할 수 있도록 컴퓨터 하드웨어를 관리하고 제어하는 소프트웨어이다. 시스템 소프트웨어는 사용자가 쉽고 편리하게 컴퓨터를 사용할 수 있도록 도와주는 동시에 컴퓨터 시스템을 효율적으로 운영하는 기능을 갖춘 소프트웨어이다.

시스템 소프트웨어에는 운영체제와 유틸리티 프로그램이 있다. 운영체제는 대표적인 시스템 소프트웨어이다. **운영체제**는 하드웨어 장치들의 모든 동작을 관리하고 다른 응용 소프트웨어들의 실행을 제어하는 프로그램들의 모임이다. 운영체제가 없으면 하드웨어가 동작하지 못하며, 응용 소프트웨어를 수행할 수 없다. 대표적인 운영체제로는 윈도우, 리눅스, 유닉스, 안드로이드, Mac OS, iOS 등이 있다. 컴퓨터에 먼저 운영체제를 설치하지 않으면 어떤 응용 소프트웨어도 설치할 수 없다.

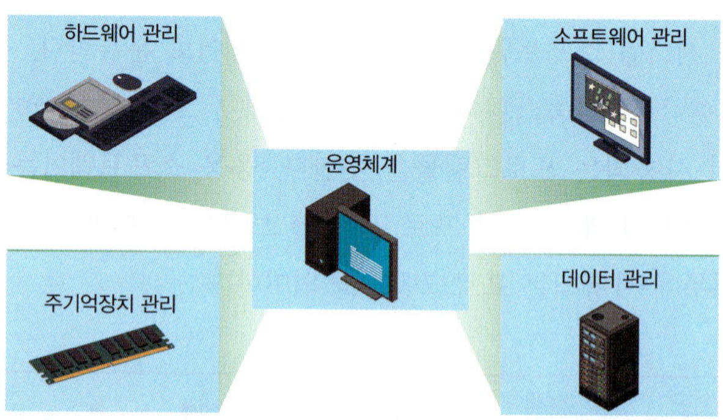

[그림 A-28] 운영체제의 역할

A.3.3 응용 소프트웨어

응용 소프트웨어는 사용자가 컴퓨터를 사용하여 특정 업무를 효율적으로 수행할 수 있게 하는 소프트웨어이다. 정보사회에서 컴퓨터가 널리 사용되고 필수적인 요소가 된 것은 응용 소프트웨어의 덕택이다.

문서 편집이나 사진 편집, 스프레드시트 등과 같이 하나의 응용 소프트웨어는 일반적으로 한 가지 업무에 사용되기 때문에 PC, 노트북으로 수행할 수 있는 다양한 업무만큼 많은 응용 소프트웨어가 존재한다.

자주 사용되는 응용 소프트웨어의 종류

(1) 문서 편집기

문서 편집기는 PC에서 가장 널리 사용되는 응용 소프트웨어이다. 문서를 작성하고, 저장하고, 수정하고, 출력하는 데 사용한다. 대부분의 문서 편집기에는 공통적으로 텍스트 작성, 표 만들기, 그림 그리기, 문단 모양 정하기, 다단 편집, 서식, 문서 저장 및 수정, 출력 등의 기능들이 있다. 문서 편집기의 예로는 한컴오피스사의 아래한글, 마이크로소프트사의 워드 등이 있다.

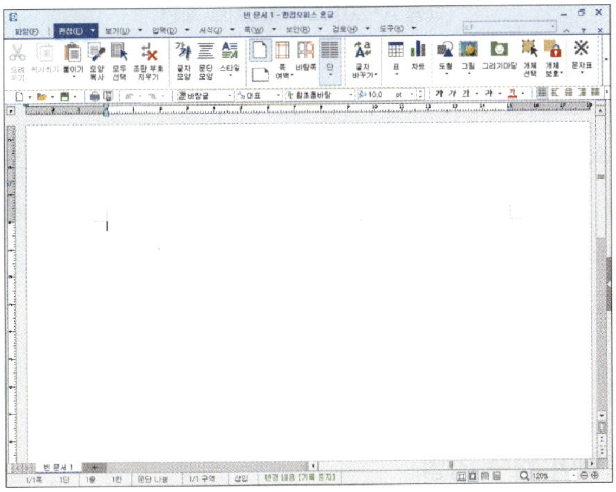

[그림 A-29] 문서 편집기 화면

(2) 스프레드시트

스프레드시트는 행과 열로 구분되는 셀에 숫자와 수식을 입력하여 계산을 쉽게 할 수 있는 응용 소프트웨어이다. 스프레드시트는 급여 계산, 성적 처리, 가계부 작성, 주소록 관리 등에 사용한다. 스프레드시트에서 사용자는 숫자들의 행과 열에 대해서 덧셈, 뺄셈 등의 계산과 수식 및 함수를 수행할 수 있다. 스프레드시트의 예로는 마이크로소프트사의 엑셀 등이 있다.

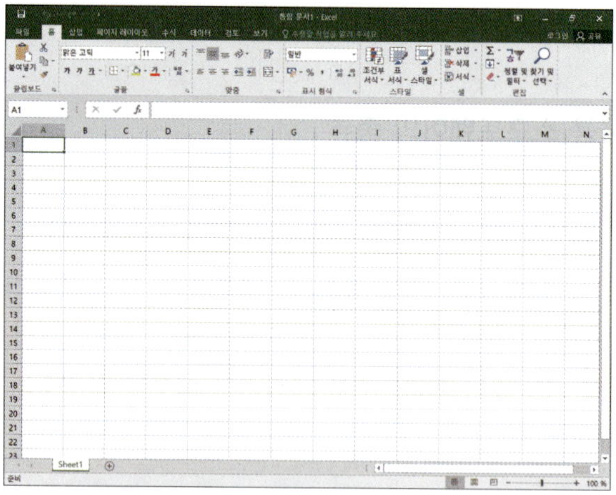

[그림 A-30] 스프레드시트 화면

(3) 프레젠테이션 소프트웨어

프레젠테이션 소프트웨어는 빔 프로젝터를 사용하여 스크린에 프레젠테이션할 수 있는 발표 자료를 만들 때 사용한다. 발표 원고 안에 텍스트, 이미지, 동영상, 애니메이션 등을 포함하여 정보 전달 효과를 높일 수 있다. 프레젠테이션 소프트웨어의 예로는 마이크로소프트사의 파워포인트 등이 있다.

A.3.4 소프트웨어 입수 방법

소프트웨어는 입수하는 방법에 따라 몇 가지 유형으로 나눌 수 있다.

(1) 공개 소스 소프트웨어

공개 소스 소프트웨어(OSS: Open Source Software)는 소스 코드가 공개되고, 자유로운 사용, 변경, 재배포 등이 허용되면서도 저작권자의 권익을 보호할 수 있도록 제도화된 소프트웨어를 말한다. 성능이 우수하고 시스템 호환성이 높은 공개 소스 소프트웨어들이 많이 개발되고 있다. 널리 알려진 공개 소스 소프트웨어에는 리눅스, 파이썬, 오픈오피스 등이 있다.

(2) 상업용 소프트웨어

상업용 소프트웨어는 소비자가 돈을 지불하고 구입하는 소프트웨어이다. 상업용 소프트웨어는 소프트웨어 소유권자가 소프트웨어 구입자의 사용, 복제, 수정을 제한한다. 예를 들어 마이크로소프트사의 오피스, 한컴오피스사의 아래한글, 어도비 일러스트레이터사의 포토샵 등이 이에 해당한다.

(3) 무료 소프트웨어

무료 소프트웨어(freeware)는 돈을 내지 않고 사용할 수 있는 소프트웨어이다. 소프트웨어 개발자가 프로그램에 대한 소유권을 보유하고 있어서, 사용자는 무료 소프트웨어를 수정하거나 판매할 수 없다.

(4) 셰어웨어 소프트웨어

셰어웨어(shareware) 소프트웨어는 무료 소프트웨어처럼 돈을 내지 않고 사용할 수 있지만 1개월 정도의 정해진 기간 내에만 사용할 수 있다. 정해진 기간이 지난 후에도 계속 사용하고 싶으면 개발 회사에게 비용을 지불하고 등록해야 한다.

A.4 운영체제

운영체제는 모든 소프트웨어의 으뜸

오케스트라의 지휘자는 현악기, 목관악기, 금관악기, 타악기, 건반악기 연주자들의 능력을 최대치로 이끌어 내어 아름다운 앙상블을 빚는다. 지휘자가 없이 오케스트라 단원들이 제각각 연주한다면 악기들의 소리가 뒤죽박죽되어 시끄러운 소음만 날 것이다.

운영체제는 컴퓨터 시스템의 지휘자로서 하드웨어와 응용 소프트웨어들이 효율적으로 작동하도록 이끄는, 모든 소프트웨어의 으뜸이다. 운영체제는 컴퓨터 시스템의 모든 자원을 제어하기 때문에 오케스트라의 지휘자에 비유할 수 있다.

마더보드(CPU, RAM), 하드 디스크, 케이스 등을 구입하여 PC를 조립한다고 가정하자. 또는 운영체제 없는 노트북 컴퓨터를 저렴하게 구입했다고 가정하자. 전원을 켜도

PC의 모니터에는 아무 것도 표시되지 않고, PC는 어떤 작업도 수행할 수 없다. 그 이유는 PC에 운영체제를 설치하지 않았기 때문이다. 운영체제가 없으면 컴퓨터 하드웨어가 아무런 기능을 수행하지 못하므로 모든 컴퓨터는 운영체제를 필요로 한다.

A.4.1 운영체제는 컴퓨터 시스템의 지휘자

운영체제는 컴퓨터를 부팅하는 것부터 시작하여, 응용 소프트웨어들을 하드 디스크에서 주기억장치에 적재하고, 파일을 하드 디스크에서 읽거나 저장하고, 데이터를 프린터로 보내는 등 광범위한 기능들을 수행한다. 운영체제가 담당하는 기능이 다양하여 운영체제는 다수의 프로그램들의 모임으로 이루어진다.

이제부터 운영체제가 하는 일을 좀 더 자세하게 알아보자.

[그림 A-31] 운영체제는 컴퓨터 시스템의 지휘자

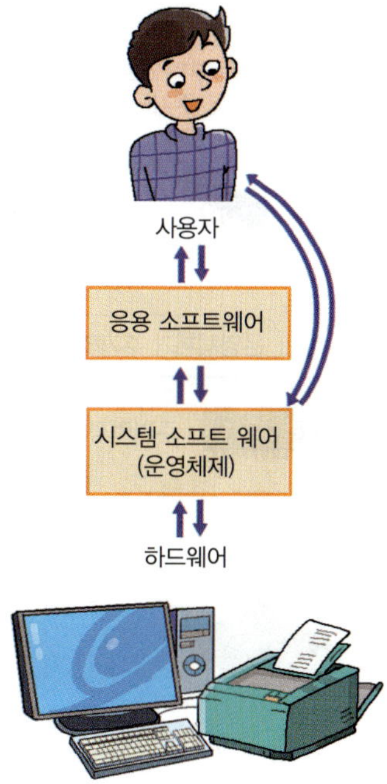

[그림 A-32] 컴퓨터 시스템에서 운영체제의 위치

(1) 컴퓨터 부팅

컴퓨터의 전원을 켜면 운영체제가 자동적으로 수행을 시작한다. 롬에 저장되어 있는 **부팅 프로그램**이 먼저 실행되어 하드웨어들이 올바르게 연결되고 정상적으로 동작하는가를 검사한다. 이 검사를 성공적으로 통과하면 부팅 프로그램은 운영체제를 하드 디스크로부터 주기억장치로 불러온다. 이후부터 사용자가 원하는 프로그램을 하드 디스크에서 주기억장치로 읽어오고, 중앙처리장치는 주기억장치에 올라온 프로그램을 실행하게 된다. 컴퓨터의 전원을 끌 때까지 운영체제가 계속 동작한다.

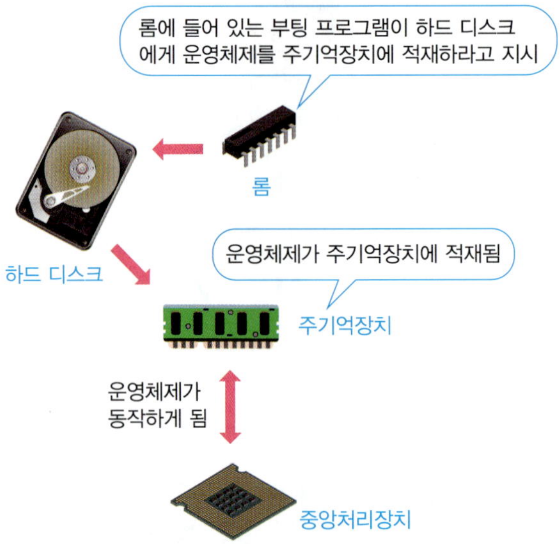

[그림 A-33] 컴퓨터 부팅

(2) 프로그램 수행

사용자가 응용 프로그램의 아이콘을 두 번 클릭하는 등의 방법으로 실행하면 운영체제는 응용 프로그램의 실행 파일을 하드 디스크에서 찾아서 주기억장치로 읽어온다. 실행 중인 응용 소프트웨어는 운영체제와 상호 작용한다.

예를 들어 문서 편집기에서 과제물을 입력한 후 [인쇄] 메뉴를 선택하면, 문서 편집기가 운영체제에게 과제물을 출력하라는 요청을 보내고, 운영체제가 그 과제물을 프린터로 내보낸다.

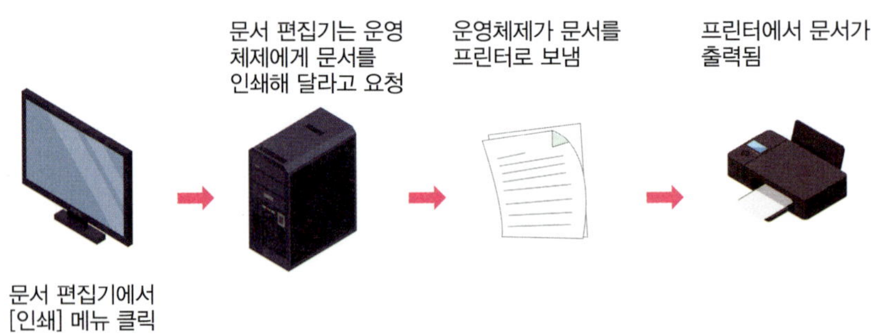

[그림 A-34] 응용 소프트웨어와 운영체제의 상호 작용

(3) 입출력 관리

운영체제는 입출력을 관리한다. 이를 위해 키보드, 모니터, 프린터 등을 제어한다. 키보드에서 입력한 문자를 받아들이고, 컴퓨터의 수행 결과를 모니터에 표시하고, 인쇄할 것을 프린터에 내보낸다.

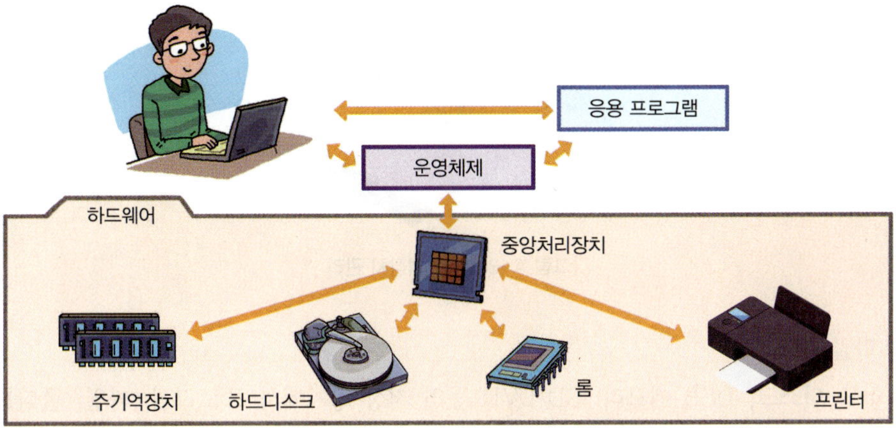

[그림 A-35] 프로그램 수행을 위해 하드웨어 관리

(4) 주기억장치 관리

주기억장치에 적재되어 수행되고 있는 다수의 응용 프로그램과 파일에게 주기억장치 공간을 할당한다. 운영체제 자신도 프로그램이므로 주기억장치의 공간을 필요로 한다. 주기억장치에 올라가 있는 프로그램끼리 서로 침범하지 못하도록 보호하는 기능도 수행한다.

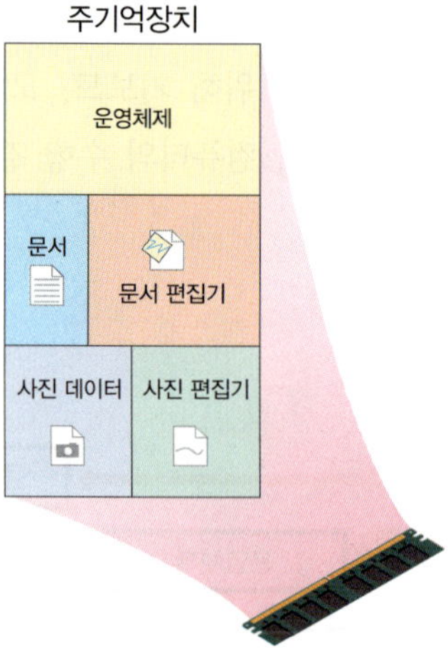

[그림 A-36] 주기억장치 관리

(5) 파일 관리

하드 디스크, USB 메모리, CD/DVD 등의 저장 장치에서 프로그램, 파일, 폴더를 관리하는 것도 운영체제의 일이다.

(6) 컴퓨터 자원 보호

악의적인 프로그램이나 사용자로부터 컴퓨터를 보호한다.

(7) 네트워크 기능

대부분의 운영체제에는 인터넷에 연결된 컴퓨터가 인터넷 서비스를 활용할 수 있도록 도와주는 기능이 포함되어 있다.

A.4.2 운영체제 선택과 설치

PC 또는 노트북 컴퓨터를 사용하는 목적, 용도, 응용 소프트웨어 등을 고려하여 내 컴퓨터에 설치할 운영체제를 선택하여 설치한다. 운영체제에 따라 그 위에서 동작하는 응용 소프트웨어의 개수와 종류가 크게 다르다.

(1) 내 컴퓨터에 맞는 운영체제

PC에 사용되는 대표적인 운영체제로는 윈도우, 리눅스, 유닉스, Mac OS 등이 있다. 대다수의 PC에는 마이크로소프트사의 윈도우 계열의 운영체제를 설치해서 사용하고 있지만 리눅스나 유닉스 운영체제를 설치해서 사용할 수도 있다. 애플 컴퓨터사의 매킨토시 컴퓨터의 구조는 일반적인 PC의 구조와 많이 다르기 때문에 전용 운영체제인 Mac OS가 사용된다.

[그림 A-37] 윈도우, 리눅스, Mac OS

윈도우

윈도우는 마이크로소프트사가 개발한 운영체제이다. 현재 PC와 노트북 컴퓨터의 운영체제로 가장 널리 사용되고 있다. 윈도우 10, 윈도우 11 등 여러 가지 버전이 있다.

[그림 A-38] 윈도우

리눅스

핀란드의 헬싱키 대학교 학생이던 토르발스가 **리눅스**의 초기 버전을 만들었다. 그는 이 버전을 1991년에 인터넷에 공개하였고, 수많은 자발적인 개발자들이 리눅스의 소스 코드를 공유하면서 리눅스를 계속 발전시켜 오고 있다.

리눅스는 수퍼 컴퓨터부터 PC에 이르기까지 거의 모든 컴퓨터에서 작동될 수 있다. 리눅스에서 수행되는 응용 소프트웨어의 종류와 숫자는 윈도우에 비해 많지 않아서 주로 서버용 컴퓨터에 사용되고 있다.

[그림 A-39] 리눅스를 개발한 토르발스와 리눅스

유닉스

유닉스는 1970년대 미국의 벨 연구소에서 중형 컴퓨터용으로 개발되었다. 개인용 컴퓨터에서 작동하는 유닉스 버전도 있지만, 이런 유닉스에서 돌아가는 응용 프로그램은 많지 않다. 은행과 보험 등의 금융 기관과 대기업의 서버 운영체제로 많이 사용되고 있다.

Mac OS

Mac OS는 애플 컴퓨터사에서 제조된 매킨토시 컴퓨터에서만 동작하는 운영체제이다. 이 회사에서 만든 컴퓨터의 구조는 우리가 흔히 PC라고 부르는 컴퓨터의 구조와 다르기 때문에, 윈도우 운영체제를 매킨토시 컴퓨터에 설치할 수 없다. 매킨토시 컴퓨터는 주로 편집 전문가, 그래픽 전문가, 멀티미디어 개발자들이 사용한다.

[그림 A-40] Mac OS

(2) 운영체제 설치

케이스, 마더보드(CPU, RAM), 하드 디스크, 광학 드라이브 등을 각각 구입하여 컴퓨터를 조립하는 경우에는 운영체제를 직접 설치해야 한다. 인터넷에서 저렴한 가격에 판매하는 컴퓨터 중에도 운영체제가 설치되어 있지 않은 컴퓨터들이 있다.

[그림 A-41] 컴퓨터 조립 후 운영체제 설치

A.5 이진수

A.5.1 데이터를 표현하는 두 가지 방법

데이터는 표현 방식에 따라 **아날로그**(analog)와 **디지털**(digital) 두 가지 형태로 구분된다.

(1) 아날로그 데이터

아날로그 데이터는 일정한 시간 간격 안에서 연속적으로 변하는 데이터를 말한다. 빛의 밝기, 소리의 높낮이나 크기, 바람의 세기, 기온 등 자연에서 얻는 신호는 대개 아날로그 데이터이다.

[그림 A-42] 아날로그 체중계

(2) 디지털 데이터

디지털 데이터는 숫자처럼 명확하게 구분할 수 있는 양으로 표현한 것을 말한다. 예를 들어 디지털 시계는 명확한 숫자로 시간과 분을 나타낸다. 컴퓨터에서 다루는 모든 데이터는 디지털 방식으로 변환되고 처리되어야 한다.

[그림 A-43] 디지털 시계

[그림 A-44] 아날로그 데이터 '음성'

[그림 A-45] 디지털 데이터 '컴퓨터 신호'

▌A.5.2 0과 1로 표현하는 디지털 세상

컴퓨터는 꺼졌다 켜졌다 하는 수많은 스위치로 구성되어 있기 때문에 0과 1만 이해할 뿐이다. 컴퓨터에서는 모든 것이 0과 1들의 조합으로 표현된다.

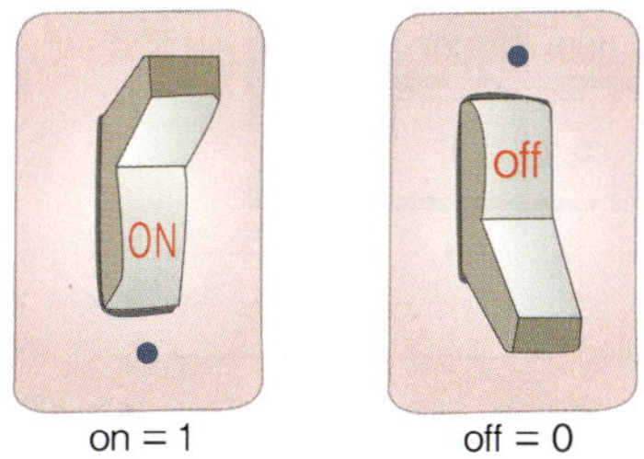

[그림 A-46] 스위치의 두 가지 상태

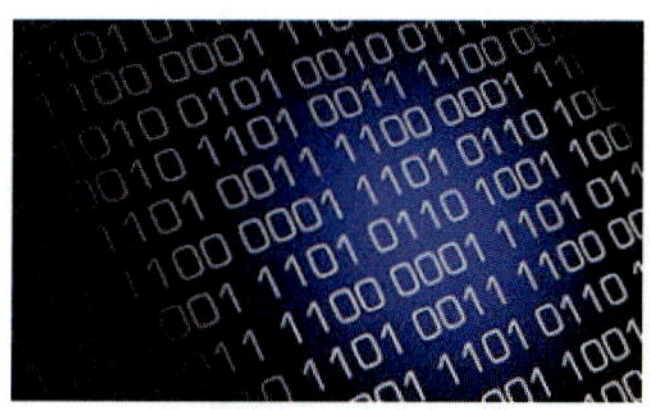

[그림 A-47] 0과 1의 조합

컴퓨터에서 다양한 업무를 처리하려면 모든 데이터와 프로그램을 0과 1의 조합으로 변환해야 한다.

열 개의 손가락을 가진 우리는 일상생활에서 십진수를 사용한다. **십진수**는 0~9의 열 가지의 숫자를 가지고 수를 세는 방법을 말한다. 만일 9보다 큰 값을 나타내려면 같은 10개의 숫자를 사용하여 여러 자릿수로 표현해야 한다.

켜짐과 꺼짐의 두 상태를 갖는 컴퓨터 내부의 스위치 상태를 나타내기 위해서는 0과 1만 사용하는 **이진수**가 적합하다. 십진수에서는 1이 열 개가 모이면 한 자리를 올리지만, 이진수에서는 0과 1밖에 없기 때문에 1이 두 개가 모이면 한 자리를 올려 10으로 표현한다.

십진수 '3587'이라는 숫자는 '삼천오백팔십칠'이라고 읽는데, 이것은 십진수에서 한 자리가 올라감에 따라 자릿값이 열 배씩 커지기 때문이다. 즉 7은 일의 자리(10^0), 8은 십의 자리(10^1), 5는 백의 자리(10^2), 3은 천의 자리(10^3)에 해당한다.

$$3587 = 3*10^3 + 5*10^2 + 8*10^1 + 7*10^0$$

(여기서 *는 곱셈을 의미)

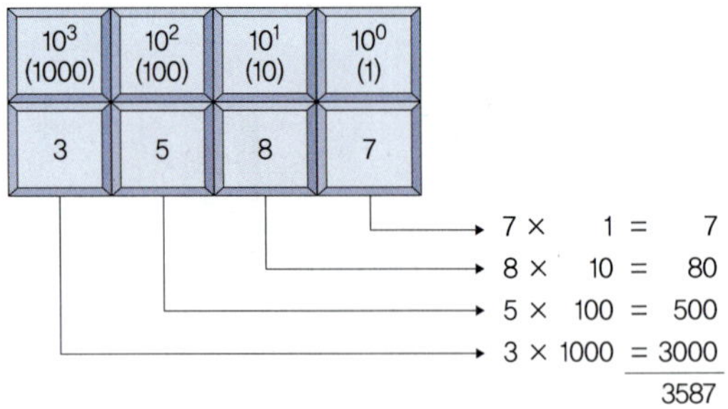

[그림 A-48] 십진수와 자릿값

이진수에서는 자릿값이 오른쪽부터 2^0, 2^1, 2^2, 2^3, … 순으로 바뀐다.

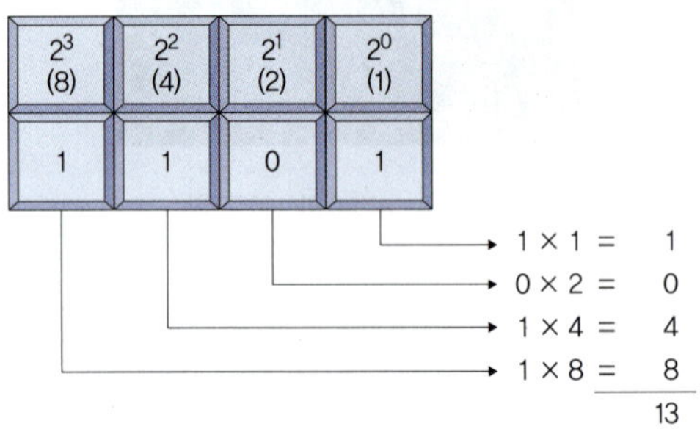

[그림 A-49] 이진수와 자릿값

진수 변환하기

십진수를 이진수로, 이진수를 십진수로 쉽게 변환할 수 있다.

• 이진수를 십진수로 변환하기

이진수를 십진수로 변환하려면 이진수 각 자리의 숫자에 해당하는 자릿값을 곱한 후 모두 더한다.

$$1101 = 1*2^3 + 1*2^2 + 0*2^1 + 1*2^0$$

• 십진수를 이진수로 변환하기

주어진 십진수를 더 이상 나눌 수 없을 때까지 계속 2로 나누고, 나머지들을 역순으로 기록한다.

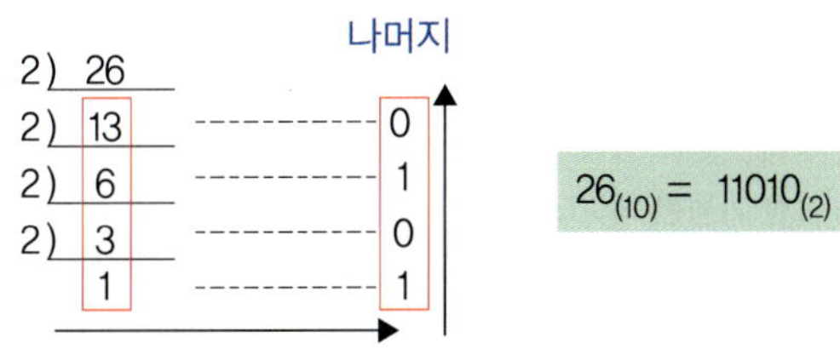

[그림 A-50] 십진수를 이진수로 변환하는 과정

A.5.3 비트와 바이트

컴퓨터 내부의 스위치가 켜지거나 꺼지거나 혹은 전기가 흐르거나 흐르지 않는 두 가지 상태를 표현하기 위해서는 0과 1처럼 두 개의 숫자만 있으면 된다. 이를 **비트**(bit)라고 한다. 비트는 0과 1의 두 숫자를 의미하는 binary digit의 줄임말이다.

(1) 비트의 조합

한 비트가 표현할 수 있는 정보는 단 두 가지이다. 그렇다면 좀 더 복잡한 프로그램이나 자료는 어떻게 표현할 수 있을까? 여러 개의 비트를 조합하면 더 많은 양의 정보를 표현할 수 있다. 비트들을 조합했을 때 얼마나 많은 정보를 표현할 수 있는지 살펴보자.

동전 두 개를 동시에 던져서 나올 수 있는 모든 경우의 수를 생각해보자. 편의상 동전 두 개를 각각 A, B라고 하면, A 동전을 던졌을 때 나올 수 있는 경우의 수가 두 가지이고, B 동전 역시 나올 수 있는 경우의 수가 두 가지이다. 각각을 조합하여 나올 수 있는 경우의 수는 모두 네 가지(2^2=4)이다.

이와 같이 비트들을 조합하면 한 자리당 2개씩의 데이터를 표현할 수 있기 때문에 n개의 비트로 표현할 수 있는 데이터의 개수는 2^n개가 된다.

〈표 A-2〉 동전 두 개로 표현 가능한 데이터의 개수

A 동전	B 동전	조합 결과
앞 뒤	앞 뒤	앞, 앞 앞, 뒤 뒤, 앞 뒤, 뒤

〈표 A-3〉 비트들의 조합과 표현 가능한 데이터의 개수

1비트(2^1=2개)		2비트(2^2=4개)		3비트(2^3=8개)	
	0		00		000
	1		01		001
			10		010
			11		011
					100
					101
					110
					111

비트는 컴퓨터에서 최소 단위이며, 기호로는 소문자 'b'를 사용한다. **바이트**(byte)는 여덟 개의 비트를 하나로 묶은 것으로 기호로는 대문자 'B'를 사용한다. 영문자를 기준으로 키보드의 모든 문자는 8비트의 조합(2^8=256)으로 모두 표현할 수 있기 때문에 바이트 단위를 많이 사용한다. 바이트는 컴퓨터 저장 용량을 나타내는 단위로도 쓰인다.

컴퓨터의 저장 용량

바이트보다 큰 정보 단위에는 **킬로바이트**(KB: KiloByte), **메가바이트**(MB: MegaByte), **기가바이트**(GB: GigaByte), **테라바이트**(TB: TeraByte) 등이 있다. 이는 10진 표기법에서는 천(10^3), 백만(10^6), 10억(10^9), 조(10^{12})를 의미하지만, 컴퓨터 내부에서는 이진 표기법을 사용하기 때문에 정확하게는 2^{10}, 2^{20}, 2^{30}, 2^{40}을 의미한다.

〈표 A-4〉 기억 용량의 단위

용어	약어	대략적인 양	정확한 양	표현할 수 있는 문자의 양
킬로바이트	KB	천(10^3) 바이트	2^{10} 바이트	 문서 1페이지
메가바이트	MB	백만(10^6) 바이트	2^{20} 바이트	 1천 페이지 책 1권
기가바이트	GB	10억(10^9) 바이트	2^{30} 바이트	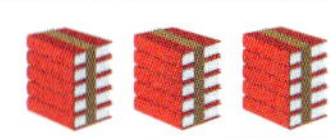 책 1천권
테라바이트	TB	조(10^{12}) 바이트	2^{40} 바이트	 도서관 책 1백만권

A.5.4 인코딩

키보드에는 알파벳, 한글 자모, @나 $와 같은 특수 문자, '0'~'9'의 문자 등이 있다. 문자를 컴퓨터에서 처리하기 위해서는 0과 1의 조합인 이진 코드로 표현해야 한다. **인코딩**(encoding)은 바이트와 문자들 간의 변환 규칙을 정의한다. 표현해야 할 문자의 개수에 따라 다양한 비트 수를 갖는 코드 체계가 개발되었다. 많이 사용되고 있는 아스키 코드, 유니코드의 특징에 관해서 알아보자.

(1) 아스키 코드

아스키(ASCII: American Standard Code for Information Interchange) **코드**는 미국에서 데이터를 다루기 위해서 만든 표준 코드이다. 알파벳 대문자 26개, 소문자 26개, '0'~'9', ! # $ @ 등의 특수 문자들을 모두 고려해도 128개를 넘지 않기 때문에 ASCII 코드는 각 문자마다 한 바이트로 나타낸다.

아스키는 한 바이트가 나타낼 수 있는 0부터 255(00000000 ~ 11111111)까지 총 256개의 문자를 표현할 수 있다. 예를 들어서 대문자 알파벳 A~Z는 65~90으로 나타내고, 소문자 알파벳 a~z는 97~120으로 나타낸다.

예를 들어 아스키 코드 '01000001은 문자 'A'를 나타낸다. 이진수 0100001은 10진수로 65가 된다. 01000001을 'A'로 인식하느냐 또는 65로 인식하느냐는 프로그램에 따른다.

아스키 코드에 포함된 숫자('0'~'9')들은 연산을 전제로 하지 않는 숫자들이다. 예를 들어 전화번호나 주민등록번호는 숫자를 포함하고 있지만, 사칙 연산을 수행하는 경우는 없다. 따라서 사칙 연산을 수행하지 않는 숫자는 문자로 인식하여 처리한다.

(2) 유니코드

아스키 코드가 총 256개의 문자밖에 표현할 수 없기 때문에 전세계의 모든 문자들을 하나의 코드로 통합하기 위하여 **국제 표준 기구**(ISO)에서 **유니코드**(Unicode)를 제정하였다. 한글, 중국의 한자, 일본어 등만 생각해봐도 얼마나 많은 문자들이 존재하는가?

유니코드는 각 문자마다 2바이트(16비트)로 구성하여 0~65,535까지 총 65,536(2^{16}) 개의 문자를 표현할 수 있다. 윈도우 10, Mac OS, 크롬(Chrome)과 같은 최신 버전의 소프트웨어는 주로 유니코드를 사용한다.

아스키 코드는 알파벳만 표현할 수 있는데, 이런 제약에서 벗어나 유니코드는 지구상의 모든 언어를 나타낼 수 있다. 전세계가 하나의 코드 체계를 사용하면 컴퓨터 프로그램을 각 나라의 언어에 맞게 수정하기도 쉽고 자료를 교환하기도 쉽다. 유니코드는 아스키 코드와 호환된다. 유니코드에서 문자 'A'는 아스키 코드의 10진수 값과 같은 65이지만 0000000001000001(2바이트)로 저장된다.

유니코드에는 UTF-8, UCS-4, UTF-16 등 몇 가지 인코딩이 존재하는데 UTF-8이 아스키 코드와 호환되므로 가장 널리 사용된다. 파이썬은 문자열, 변수 이름, 함수

이름 등에 유니코드를 지원한다. 파이썬의 유니코드도 UTF-8을 따른다.

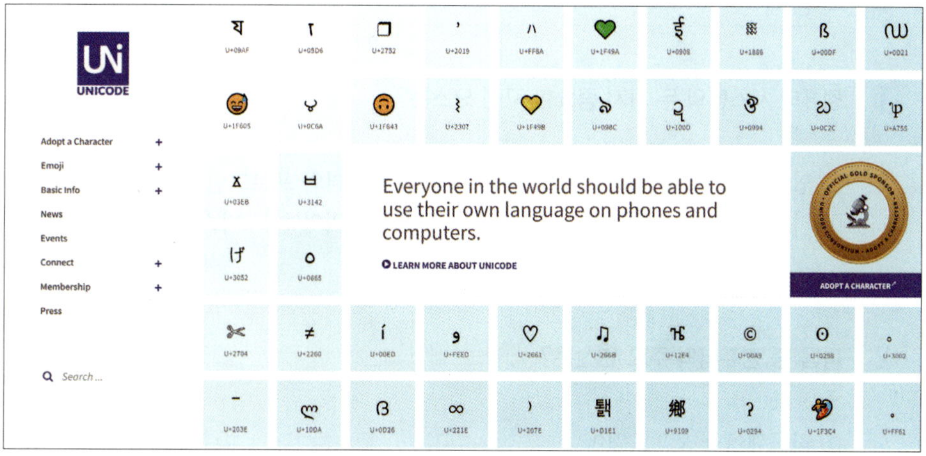

[A-51] 유니코드

객관식 문제

1 컴퓨터 시스템의 두 가지 중요한 구성 요소는?

① 입력과 출력　② 데이터와 프로그램
③ 하드웨어와 소프트웨어　④ 메모리와 하드 디스크

2 다음 중 컴퓨터의 주요 연산은?

① 하드웨어와 소프트웨어
② 입력, 처리, 출력, 저장
③ 순서와 반복
④ 스프레드시트, 워드 프로세서, 데이터 통신

3 다음 중 내부 저장 장치와 관련이 없는 것은?

① RAM　② USB 메모리
③ 비쌈　④ 휘발성

단답식 문제

4 하드웨어의 네 가지 주요 구성요소가 무엇인가?

5 컴퓨터의 전원이 꺼져도 프로그램과 데이터를 저장하는 부품이 무엇인가?

6 프로그램이 실행되는 동안 컴퓨터의 어떤 부품이 프로그램과 데이터를 저장하고 있는 작업 공간 역할을 하는가?

7 노트북, PC, 스마트폰에서 왼쪽 기능과 오른쪽 부품을 화살표로 연결하라.

계산	하드 디스크
임시로 데이터 저장	CPU
영구히 데이터 저장	RAM

8 아래의 소프트웨어는 운영체제와 응용 소프트웨어 중 무엇에 해당하는가?

(1) 윈도우 (　　)

(2) 리눅스 (　　)

(3) 웹 브라우저 (　　)

(4) 문서 편집기 (　　)

(5) 스프레드시트 (　　)

9 컴퓨터의 전원을 켰을 때 운영체제와 응용 소프트웨어 중 어느 것이 먼저 주기억장치에 올라가는가? 그 이유가 무엇이라고 생각하는가?

10 응용 프로그램에 속하는 예들을 3개 열거하라.

11 주어진 비트 수로 몇 가지 데이터를 표현할 수 있을지 계산하여 표를 완성하라.

비트 수	1	2	3	4	5	6	7	8
표현 가능한 데이터 개수								

12 9가지 데이터를 표현하기 위해서 최소 몇 개의 비트가 필요한가?

13 그림 데이터를 나타낼 때 최소 단위는 화소(픽셀)라는 단위이다. 만약 하나의 화소를 표현할 때 1024가지의 색깔을 지원하는 컬러 그래픽이라면 색상 데이터를 표시하기 위해서 한 화소당 몇 비트가 필요한가?

14 다음의 기억 용량을 환산해보라.

80GB	B
4MB	B
140,000,000B	MB
3,000,000,000B	GB

15 32GB 용량의 USB 메모리에 32KB 크기의 mp3 파일을 몇 개까지 저장할 수 있는가?

16 다음 이진수를 십진수로 변환하라.

(1) 1111

(2) 1000

(3) 0110

17 다음 표에 값을 채워 표를 완성하라

이진수	(2^7) 128	(2^6) 64	(2^5) 32	(2^4) 16	(2^3) 8	(2^2) 4	(2^1) 2	(2^0) 1	십진수
00001011	0	0	0	0	1	0	1	1	11
00110111									
11001011									

십진수	(2^7) 128	(2^6) 64	(2^5) 32	(2^4) 16	(2^3) 8	(2^2) 4	(2^1) 2	(2^0) 1	이진수
65	0	1	0	0	0	0	0	1	01000001
19									
47									

18 인터넷에서

(1) 'KOREA'의 각 알파벳에 해당하는 ASCII 코드를 찾아보라.

(2) '파이썬'의 각 글자에 해당하는 유니코드를 찾아보라.

참고문헌

국내서

- 홍의경, 김연진, 중학교 교과서 정보1, 정보2, 정보3, 생능출판사, 2009.
- 홍의경, 박종학, 순서도를 활용한 프로그래밍 원리와 실습, 번역서, 생능출판사, 2006.

원서

- Australian Computing Academy, DT Challenge Python Turtle, University of Sydney.
- J. R. Briggs, Python for Kids: A Playful Introduction to Programming, No Starch Press, 2012.
- N.R. Ceder, The Quick Python Book, 2nd Ed., Manning, 2010
- J. Cogliati, Non-Programmers Tutorial For Python, 2003.
- C. Dierbach, Introduction to Computer Science Using Python: A Computational Problem-Solving Focus, Wiley, 2012
- B. Dowling, An introduction to Python for absolute beginners, University Information Services, scientific-computing@ucs.cam.ac.uk
- A.B. Downey, et al., How to Think Like a Computer Scientist: Learning with Python, Green Tea Press, 2002.
- A.B. Downey, Python for Software Design: How to Think Like a Computer Scientist, 1st Ed., Cambridge University Press, 2009.
- A.B. Downey, Think Python: How to Think Like a Computer Scientist, 2nd Ed., O'Reilly Media, 2016.

- A. Friedrich, Introduction to Object-Oriented Programming, Centrum fur Informations-und Sprachverarbeitung LMU Munchen.
- C. Fuhs and D. Weston, A Short Introduction to Computer Programming Using Python, Birkbeck, University of London, 2019.
- T. Gaddis, Starting Out with Python, 4th Ed., Pearson, 2017.
- M.T. Goodrich, et al, Data Structures and Algorithms in Python, Wiley, 2013.
- A.N. Harrington, Hands-on Python Tutorial, Loyola University Chicago, 2015
- B. Heinold, Introduction to Programming Using Python, Department of Mathematics and Computer Science, Mount St. Mary's University.
- A. Johansen, The Ultimate Beginner's Guide, CreateSpace Independent Publishing Platform, 2016.
- K.D. Lee, Python Programming Fundamentals, 2nd Ed., Springer, 2015.
- Y.D. Liang, Introduction to Programming Using Python, 1st Ed., Pearson, 2012.
- B. Miller and D. Ranum, Problem Solving with Algorithms and Data Structures, Draft, 2013.
- L. Perkovic, Introduction to Computing Using Python: An Application Development Focus, 2nd Ed., Wiley, 2015.
- W. Sande and C. Sande, Hello World!: Computer Programming for Kids and Other Beginners, 2nd Ed., Manning Publications, 2013
- M. Summerfield, Programming in Python 3-A Complete Introduction to the Python Language, 2nd Ed., Addison-Wesley, 2010.
- C.H. Swaroop, A Byte of Python, ebshelf Inc., 2013.
- A. Sweigart, Automate the Boring Stuff with Python: Practical Programming for Total Beginners, 1st Ed., No Starch Press, 2015.
- B. Uyyanonvara, Python for Absolute Beginners – Introduction to Programming, Thammasat University.

- J. Zelle, Python Programming: An Introduction to Computer Science, 3rd Ed., Franklin, Beedle & Associates, 2016.

웹사이트

- http://www.bbk.ac.uk (Birkbeck, University of London) 파이썬 강의자료
- http://www.caltech.edu (Caltech) 파이썬 강의자료
- http://www.cam.ac.uk (University of Cambridge) 파이썬 강의자료
- http://www.depaul.edu (DePaul University) 파이썬 강의자료
- http://www.manchester.ac.uk (Universoty of Manchester) 파이썬 강의자료
- http://www.nyu.edu (New York University) 파이썬 강의자료
- http://www.psu.edu (Pennsylvania State University) 파이썬 강의자료
- http://www.purdue.edu (Purdue University) 파이썬 강의자료
- http://www.ucsb.edu (UC Santa Barbara) 파이썬 강의자료
- http://www.uky.edu (University of Kentucky) 파이썬 강의자료
- http://www.unc.edu (University of North Carolina) 파이썬 강의자료

- https://www.geeksforgeeks.org/
- http://www.google.com (이미지와 사진자료)
- https://www.wikipedia.org/

찾아보기